Planning Local Economic Development
Theory and Practice

经济学前沿译丛

地方经济发展规划
理论与实践
（第4版）

〔美〕爱德华·J.布莱克利（Edward J. Blakely）
    南赛·格林·莉（Nancey Green Leigh） 著

沈体雁 周 楚 李京京 等 译

ent:Theory and Practice

北京大学出版社
PEKING UNIVERSITY PRESS

著作权合同登记号　图字：01-2010-1789
图书在版编目(CIP)数据

地方经济发展规划：理论与实践：第4版/(美)爱德华·J. 布莱克利，(美)南赛·格林·莉著；沈体雁等译.—北京：北京大学出版社，2016.9
（经济学前沿译丛）
ISBN 978-7-301-27547-4

Ⅰ.①地…　Ⅱ.①爱…　②南…　③沈…　Ⅲ.①地方经济—经济规划—研究　Ⅳ.①F061.5

中国版本图书馆 CIP 数据核字(2016)第 220240 号

Planning Local Economic Development: Theory and Practice, 4th edition, ISBN 978-1-4129-6093-9, by Edward J. Blakely, Nancey Green Leigh, Copyright © 2010 by SAGE Publications, Inc.

书　　　名	地方经济发展规划：理论与实践（第4版）
	DIFANG JINGJI FAZHAN GUIHUA: LILUN YU SHIJIAN
著作责任者	〔美〕爱德华·J. 布莱克利（Edward J. Blakely）　南赛·格林·莉（Nancey Green Leigh）　著　沈体雁　周楚　李京京　等译
责任编辑	郝小楠
标准书号	ISBN 978-7-301-27547-4
出版发行	北京大学出版社
地　　　址	北京市海淀区成府路 205 号　100871
网　　　址	http://www.pup.cn
电子信箱	em@pup.cn　　QQ:552063295
新浪微博	@北京大学出版社　@北京大学出版社经管图书
电　　　话	邮购部 62752015　发行部 62750672　编辑部 62752926
印 刷 者	北京宏伟双华印刷有限公司
经 销 者	新华书店
	720 毫米×1020 毫米　16 开本　25.75 印张　396 千字
	2016 年 9 月第 1 版　2016 年 9 月第 1 次印刷
印　　　数	0001—3000 册
定　　　价	68.00 元

未经许可，不得以任何方式复制或抄袭本书之部分或全部内容。
版权所有，侵权必究
举报电话：010-62752024　电子信箱：fd@pup.pku.edu.cn
图书如有印装质量问题，请与出版部联系，电话：010-62756370

译者序

这是一本迟到的译著。从第2版、第3版到第4版,《地方经济发展规划》一书的翻译出版先后经历了15年。2001年,我的博士生导师杨开忠教授在美国加州大学伯克利分校戈德曼公共政策学院(GSPP)访学时,推荐我学习这本书。那时,我正在给北京大学城市与环境学院和政府管理学院区域经济学相关专业的同学们教授"战略管理"课程,于是我将这本书列为该课程的重要教科书之一,并在2002年和2003年的授课中要求同学们阅读和讨论该书第2版的部分章节,比较系统地了解美国地方经济发展规划的理论、方法、内容与程序。在我的授课记录中,当时区域经济学专业研究生班的王景岗、陈祁辉、李芳、金洁、田雨、钟宇宏、童品贵、毛娟、韩振海、姜玲、王征宇、党宁、白萌、雷平、杨晓、李文亮、雷鹏、乔鲁京等同学都参与了课程学习和部分章节的翻译工作,白萌协助我进行了资料收集和整理工作。当然,这时我们还没有翻译出版本书的计划,仅仅只是作为教辅资料而已。

2004年至2005年,我在加州大学伯克利分校城市与区域发展研究院(IURD)做访问学者时再次阅读了这本书的第3版。该书又一次给我留下了深刻印象。第一,一本城市与区域规划的书居然能够及时地反映"9·11"事件后美国地区经济发展形势的变化、布什政府的政策反应及其对地方经济发展规划的诸多影响。第二,一本城市与区域规划的书居然能够像经济学和工商管理学的书一样,持续地获得规划师、规划研究者和其他读者的反响与共鸣,能够一个版本接着一个版本地延续下去。这在很大程度上改变了我对规划类教科书往往刻板教条、经年不变的看法。因此,我尝试在北京大学出版社的支持下翻译出版这本书,并希望我们的学生、我们自己以及我们中国的地方经济发展规划能够与这本书共同成长和演进下去。在我的课程记录里,2006年选修"战略管理"课程的北京大学政府管理学院城市管理专业和区域经济学专业的刘增、马兰、苗苗、武倩倩、陶郁、吴晓栋、赵鑫、李倩、李银桂、韩伟玮等同学参与了课程学习和部分章节的翻译工作,我的助理张瑜协助我进行了校对和整理。2008年,我的研究小组成员高莹莹、周楚、赵益民、李倩、曾春阳、李京京、倪龙军等同学在北京大学出版社王花蕾编辑的帮助下对第3版的译文进行了修改完善。

然而,正当我们准备出版第3版的时候,本书作者爱德华·布莱克利教授和南赛·格林·莉教授又出版了第4版。于是,我的研究小组成员周楚、李京京、曾春阳、黄宁、王芝田等同学随即在北京大学出版社的张迎新、王花蕾、郝小楠三位编辑的支持下继续翻译和整理第4版。我认为,相比前几版,第4版最重要的特点在于,一方面,将可持续发展、气候变化和新奥尔良卡特里娜飓风灾后经济重建等要素融入本书,另一方面,凸显2008年全球金融危机以来美国地方经济发展的困境、不确定性与寻求发展新路径的艰难选择。事实上,这场危机至今仍未过去,危机对全球经济以及世界各地地方经济发展的影响仍然余震未了。因此,学习这本书对于理解地方经济发展规划的美国途径、美国故事和美国经验以及思考其中国途径、中国故事和中国经验依然具有重要的现实意义。

全书共分为14章。第1章介绍有关地方经济发展规划的背景以及长期受到关注的问题,包括全球化、新经济、外包和内包等过程对地方经济发展的影响以及地方经济发展规划未来的走向。第2章介绍美国国家和州的政策议程对地方经济发展规划的影响。第3章介绍地方经济发展规划的概念与理论,包括基本概念、理论、模型、应用及其发展趋势。第4章从社区区位、组织、任务职能、所服务的客户的特征以及从业者个人的倾向性等五个相互关联的要素出发讨论了地方经济发展职业问题,介绍了经济发展经理、分析师和社区工作者三种不同类型的地方经济发展职业所需要的技能和学科背景。第5章介绍了地方经济发展规划的一般流程、地方经济发展主体的角色、规划的类型与特征,并举例说明如何建立某个地方的经济发展战略。按照"分析评价—制定战略—计划实施"的技术路线,地方经济发展规划一般分为数据采集和分析、选择地方发展战略、选择地方发展方案、建立行动计划、明确规划细节以及全面的计划准备和实施六个阶段。第6章介绍地方经济发展规划分析的主要方法,包括规划分析方法的类型及其信息需求、评价地区经济优劣势与驱动力的因素、描述地区经济的特征变量、开展地区经济比较研究所需要注意的问题、需要搜集的描述性数据、主要的规划分析技术以及经济预测的基本原理等。第7章阐述了地方经济发展战略规划方法,包括地区经济发展目标以及确定目标的条件、制定和选择战略的方法、战略组合要素、战略方案及相应的资金筹措模式等。第8章讨论地区开发相关的各种问题,涉及土地银行和土地信托、基础设施开发、区划、商业改善、社区管制、景观规划、邻里、家政和社区服务等方面的内容。第9章讨论地区的商业发展,包括商业氛围营造、社区创业和企业家孵化、风险投资、小企业发展中心、各种不同类型的企业、产业区以及激励地区商业发展的财政政策等议题。第10章介绍地区经济发展的人力资源开发问题,如美国劳动就业状况及其公共意义、人力资源开发目标、促进地方经济发展的人力资源开发项目、教育、人力资源战略实施举措等问题。第11章讨论作为地方经济发展的重要类型的社区发展问题,包括社区发展公司、社区协作、本地企业中介、雇员持股和协作、社区资产经营与营销等。第12章介绍地方经济发展规划的实施问题,包括公私合作(PPP)、社区营销、项目融资、项目可行性评估、项目详细可行性研究、开发现金流、项目可持续性、组织结构设计、项目监测评估等项目管理层面的问题。第13章讨论各种不同类型的地方经济发展机构。第14章探讨了日益扁平化的世界和全球气候变化对地方经济发展规划带来的挑战,特别是高新技术条件下地方经济发展规划所需要关注的问题和未来的发展方向。可见,地方经济发展规划是一套从概念、理论、方法、技术到制度、流程、职业,从政策、战略、区划、商业开发、社区发展到基础设施、土地、人力资源、景观、品牌营销、投资融资和项目管理的异常复杂、细致、多维而动态的知识体系。

为了便于中国读者更加准确地理解地方经济发展规划知识体系中的部分关键概念及其在特定场合的特定含义,最大可能地"打通"作者对中、美两种不同语境下某些关键术语的理解与"对景",在此对几个常用术语进行定义如下:

- **地方经济发展**(local economic development)指地方政府和社区组织努力刺激和维持商业活动及就业的过程。地方经济发展的主要目的是刺激某些行业地方经济发展的机会,以使用现有的人力资源、自然资源和制度资源改进社区。
- **区域**（regional）和**地方**（local）可以互换使用，是由一组地方治理单位（local government authorities）组成的地理区域，一般具有某种共同的经济基础，地理上相互靠近，居民可以在相邻地域之间进行就业、休闲和购物等方面的通勤。
- **地方政府**（local government）指美国的**市级政府**（municipal-level government），包括市（city）、镇（town）、县（county）和市级自治单位（municipal corporation）。
- **就业/工作创造**（employment/job generation or creation）用于描述包括公共部门和私人部门在内的各种地方组织努力提高某一个社区或区域的就业机会，特别是弱势和失业群体的就业机会的所有活动。
- **规划**（planning）是一个比较宽泛的概念，指形成促进社会经济变化的各种行动计划的过程。在本书中，不仅限于城市规划（city planning）的含义。
- **社区融资**（community finance）是美国联邦政府制定的一套对社区进行资助的制度，借此可以向基于社区的经济活动提供产权融资和债权融资。
- **计划**（initiatives）是政府、企业、工会和社区团体（通常相互协调）为了实现预期的就业和经济发展目标而在特定的地理区域所采取的有目的的活动。此外，本书还多次用到了战略（strategies）、工具（tools）、方法（methods）、可行性（viability）等术语，读者可以根据上下文进行理解。

我想强调的是，在一个日益全球化、信息化、扁平化、环境脆弱、气候敏感和充满不确定性的世界里，"地方"以其独特的经济性、场所感和历史文化认同价值成为人们生产、生活组织的重要空间单元，也是人们对抗各种不确定性的"安全庇护所"。在中国经济新常态下，构建富有鲜明地方特色、浓郁草根精神、包容性治理结构、较强的创新活力进而环境适应性的地方经济发展体系，既是中国经济保持中高速增长的新的动力来源，也是规避经济风险、提高增长质量、增强发展韧性、使经济增长真正惠及民生的重要举措。可见，无论是中国还是美国，地方经济发展既是国家经济增长的"加速器"，也是国家应对各种风险的"减震器"，地方经济发展规划是国家发展战略中极为重要的公共政策议题。我们之所以坚持翻译出版这本书，除了便于读者更好地理解美国地方经济发展规划的逻辑与途径之外，更主要的是希望借此弥补中国现行规划体系之中关于地方经济发展规划的"短板",推动物资规划与经济社会发展规划、工程规划与政策规划以及城市规划、土地利用规划、经济社会发展规划等多要素规划的有机融合,促进中国公共规划体系的转型与重构。

北京大学城市与区域学科长期致力于发挥北京大学多学科综合优势,推动公共政策导向下的城市与区域规划学科建设与发展。2016年6月30日至7月3日,北京大学与国际中国规划学会(IACP)共同在北京大学政府管理学院举办了"转型中国的城市治理与城市规划"国际研讨会暨第十届国际中国规划学会年会,与会的国内外专家学者们就促进中国规划学科和职业体系的转型发展进行了广泛而深入的研讨。以这次研讨会为契机,根据学科发展规划,北京大学政府管理学院决定在城市管理本科专业和区域经济学研究生专业的基础上筹建"城市规划与管理"研究生专业,探讨公共管理学、应用经济学和城乡规划学等学科和学位兼容发展的新路子。我希望,本书的翻译出版为中国公共规划与治理体系的转型发展以及北京大学和全国规划学科的建设起到进一步的推动作用!也希望本书对经济发展、城市研究、公共管理等领域的师生们,地方政府、城市规划管理部门和非营利组织的经济发展专家们,以及其他相关领域的工作人员有所裨益!当然,由于种种原因,我们的工作难免存在很多不足之处,也恳请各位读者批评指正!

我要感谢我的合作者周楚、李京京、曾春阳、黄宁、高莹莹、王芝田、王菁以及所有曾经为本书翻译出版做出贡献的北京大学城市管理与区域经济学专业的同学们、我的研究小组和实验室的各位成员以及北京大学政府管理学院城市与区域管理系的各位同事!感谢北京北达城市规划研究院的合作伙伴们!感谢北京大学出版社的张迎新、王花蕾和郝小楠编辑!感谢这些年与我们一起经历和见证中国城市规划与管理转变之痛苦与欢乐、失败与成功、耻辱与荣耀的朋友们!

沈体雁
2016年8月30日于夏威夷

前　言

爱德华·布莱克利及其长期合作者泰德·布拉德肖教授共同撰写了《地方经济发展规划》的第3版,该书出版后引起了经济发展领域的持续共鸣,从而进一步扩大了本书的知名度和影响力。不幸的是,2006年8月,泰德因心脏病突发辞世,布莱克利以及第4版的新的作者南赛·格林·莉对泰德的逝世深表哀悼。南赛在加州大学伯克利分校攻读博士学位时,曾与布拉德肖共事。对于南赛而言,能够追随布拉德肖教授的脚步,并与她多年的导师布莱克利教授共同创作本书的第4版,是一件非常荣幸的事情。我们在第2版和第3版前言中曾经提及,南赛在本书第1版出版后,就将它应用于自己的教学工作之中,并持续关注本书的改版工作。

《地方经济发展规划》第4版仍然致力于满足规划师和研究者的需求。在修订过程中,作为作者我们认真听取了从业者和学者们的反馈意见。事实上,本书每个版本的改进都采纳了这些反馈意见,吸取了作者在规划研究和实践中取得的最新成果,并力求反映经济发展规划和实践环境的最新变化。我们将在概要中详细说明,要及时反映这种环境的最新变化,是多么具有挑战性。

第4版显著区别于第3版的主要特点有两个方面。第一个特点是基于南赛·格林·莉先前的研究,强调将可持续发展纳入经济发展规划。第二个特点是对新奥尔良卡特里娜飓风灾后经济重建工作的讨论,自2007年以来,作为新奥尔良市灾后重建工作的执行主任,布莱克利已经在这个方面做出了很多贡献。第4版的所有章节都增加了新的内容,有的章节尤其显著。特别是对第6章"地方经济发展规划分析方法导论",我们做了大幅修改,重点介绍了分析地方经济发展及其机遇与威胁的框架体系。在第3版中最后一章着重讨论高科技战略,而第4版扩展到了讨论"应对扁平化世界的到来和全球气候挑战"。在第 4 版中,我们保留了第 3 版中一系列的综合案例研究,并新增了一些实例研究。

许多人慷慨地允许我们使用本书涉及的各种材料,丰富了我们对地方经济发展规划的理解。我们要特别感谢 Dana King 对本书做出的研究支持和贡献,Dana 是一位卓越的经济发展研究者和规划师。我们也希望读者能够关注我们分别撰写的其他两本书,可能有助于对地方经济发展规划的研究。第一本书是《经济发展财政基础》(*Fundamentals of Economic Development Finance*, Giles and Blakely, 2001),是专门为本书设计的姊妹篇。第二本书是《经济振兴:城市与郊区的案例和策略》(*Economic Revitalization: Cases and Strategies for City and Suburb*, Fitzgerald and Leigh, 2002),该书重点讨论内城和近郊区如何创造更多发展机会、拥有更加强大的经济,对本书内容是一个有益的补充。

当然,我们还要感谢很多同事,尤其是 Michael Teitz,他的评论、批评和著作帮助我们更好地阐述与地方经济发展规划有关的观点。

爱德华 · J. 布莱克利(Edward J. Blakely)

南赛 · 格林 · 莉(Nancey Green Leigh)

参考文献

Fitzgerald, Joan, and Nancey Green Leigh. 2002. *Economic Revitalization: Cases and Strategies for City and Suburb*. Thousand Oaks, CA: Sage.

Giles, Susan, and Edward J. Blakely. 2001. *Fundamentals of Economic Development Finance*. Thousand Oaks, CA: Sage.

概　要

在第3版的概要中,我们提到,由于2001年的"9·11"事件,地方性议题被排除在美国的国家需求之外。很大程度上地方政府和公民都接受了这样一种观念,即应对共同的危险需要我们更加关注国际事务,而不是地方事务。然而,到2009年第4版付印之际,在将近十年的时间里,我们已经经历了忽视地方需求的严重后果。地方经济发展规划遭受了严重的影响。并且,由于国家危机摧毁了信贷市场,危及国家财产安全,并导致地方政府承受了更大负担,因此,未来经济发展规划在短期内将面临更多的挑战。此外,美国财政部门的某些不当行为,不仅加重了每一个地方政府、公民和诚信企业的负担,而且也将波及全球经济的一些重要组成部分。我们的经济形势迅速恶化,出现了20世纪30年代经济大萧条以来最糟糕的状况。经济秩序混乱、失业增加和房屋滞销,究竟是危机时期的特定现象,还是在危机过后也将持续下去?尽管现在判断还为时过早,但是,经济恶化的速度就像是切断了经济系统的主动脉一样,一发不可收拾。

因此,正如前言所述,要在当前全面地理解未来地方经济发展规划的环境,比以往任何时候都更具有挑战性。在国会的批准下,布什政府启动了有史以来规模最大的国家银行直接资助计划,共计7 000亿美元(截至2009年1月),但是,其中为州和地方政府以及经济发展机构提供的资助微乎其微。相反,它主要资助那些由于管理不善而导致经济危机,但其生存似乎又对错综复杂的国内和全球经济至关重要的金融机构。2009年1月下旬,奥巴马政府在经济持续恶化的情况下上台了,着手执行针对州和地方政府的新的经济刺激措施,但这些措施将产生什么实际作用,要在很长一段时间后我们才能知晓。

在2008年的金融危机之前,对很多美国人来说,国内经济表现欠佳,因此，人们越来越担心贫富差距扩大和失业率上升问题。相应地，地方政府和社会团体也越来越追求提升经济、财富和就业的机会，从而以这种方式推动了社会的可持续发展和平等。人们往往更加了解全球经济是如何影响地方经济的，却不知道通过开展常规的区划和许可程序或者基于公私合作伙伴关系，许多地方都在无意之中卷入了用次级贷款按揭买房的热潮之中，以至于目前美国到处都是被废弃的社区和未建成的郊区。

然而，早在克林顿政府时期，从推动地方政府计划开始，地方就有了走可持续的经济复苏和规划之路的基础。衰退社区和农村地区也在研究地方经济发展的方法，比如通过建立社区发展融资制度实现资本积累和稳定社区经济。一方面，地方政府和利益团体要做好本地社区的各项工作；另一方面，它们也要与其他社区和政府组织建立良好合作关系，以便更好地从事经济发展工作。虽然这些组织的结构和发展计划多种多样，但其目的是共同的，就是帮助社区、地方和区域培育更加强大的能力，从而能够决定自己的经济命运。

地方机构参与经济发展是一个十分复杂的过程，这一过程从 2009 年开始变得更加困难了。为了国家的繁荣，社区将不得不采取更多措施，提高人们的能力并加强创新，从而提供有竞争力的产品和服务，同时减少对能源和原材料的消耗。这需要政府部门、企业、工会、行业领袖和社会团体具备诸多相关知识，并进行广泛合作。因此，社区组织和地方政府官员在决定参与某项经济发展活动之前，必须认真地考虑他们是否拥有必要的组织资源和相应的经济发展机会。经济发展并不是在每一种情形下都是有用的或者合理的。而且，任何社区，无论其大小和区位如何，都必须将经济发展作为其政治议程中的一个主要组成部分来考虑。有一点是非常明确的：经济变迁的力量绝不会受到国家、区域、地方或社区地理边界的限制。

本书的主要目的是，帮助我们的学生们成长为区域、发展机构、市县政府或者社区层面从事地方经济发展工作的职业规划师或从业人员。本书力求反映这一领域的最新进展，我们希望，本书能继续作为经济发展行业的职业人员在履行其职责过程中的一本重要参考书。经济发展专家和规划师们会发现，本书所包含的各种材料对他们的工作是非常有帮助的。

本书将继续为社区组织及其客户群体提供指引，帮助他们寻求发展社区经济的可行方法。本书也可以作为经济发展领域教学所用的教科书和辅助材料。无论是参考文献,还是案例,我们都采用适合于教学的方式进行编排。示例材料的组织也是如此。我们希望,这些示例材料能够帮助读者理解社区经济和就业需求、谋划项目和形成工作思路。

地方政府和社区层次的政策制定者也会发现,本书可以帮助他们了解私人企业、工会、社区团体以及其他机构在地方经济和就业发展活动中所起的作用。而且,本书也可以帮助对地方经济发展和就业问题感兴趣的市民思考如何协助政府和社区团体实现其经济发展目标。社区团体将发现,本书中所讨论的案例和示例对他们在国内类似情形下建立自己的关系网络具有参考价值。本书虽然是写给美国读者的,因为在其他国家的法律框架下讨论方法和政策的适用性是困难的,但是书中阐述的基本原则对于世界其他地区和社区的发展机构也适用。

地方经济和就业规划领域的发展日新月异。在这个领域,既没有十分严格的规则,也没有长期的经验可循。本书尝试从地方的需求、议题及其各种可能的解决方案出发进行比较系统的阐述,我们也希望读者们能够贡献更多想法,以便我们在今后的版本中进行修改完善。

本书致力于系统地介绍地方经济发展规划的基本原则。本书极大地丰富了地方经济发展的观点,包括强调房地产开发和招商,考虑员工发展和社区决策过程,以及明确公平性和可持续性的基本概念。与其他有关经济发展规划的书籍有所不同,本书明确阐述了那些真正使得经济发展具有可持续性的基本原则。

显然,由于美国和全球经济危机的影响,经济发展规划师致力于实现社区经济可持续发展的努力正在变得越来越困难。但同样明显的是,地方经济发展规划正在扮演着空前重要的角色。本书讨论了地方经济发展规划相关的所有活动。如果每一个地方都能够系统地开展这一系列活动,那么,它们将既有能力承受各种不可避免的危机,也可以在经济条件向好时繁荣发展。未来几年,社区如何应对这场经济危机,将为我们考察和反思地方经济发展规划提供一个重要的机会。我们期待着在下一个版本中收录相关的案例研究。

目录
CONTENTS

第 1 章　地方经济发展规划的长期争论 ……………… 1
1.1　全球化下的地方经济发展规划 ……………… 1
1.2　外包和内包的影响 ……………… 4
1.3　新经济忽视的人群和地方 ……………… 9
1.4　地方经济发展规划的未来 ……………… 23
　　参考文献和建议阅读材料 ……………… 25

第 2 章　国家和州的政策议程对地方经济发展的影响 ……………… 28
2.1　制定国家经济政策的三种方法 ……………… 28
2.2　货币与税收政策 ……………… 31
2.3　贸易政策 ……………… 33
2.4　从社会福利政策到工作福利政策 ……………… 35
2.5　卫生保健政策 ……………… 36
2.6　就业政策 ……………… 37
2.7　针对地方经济发展的国家政策 ……………… 38
2.8　地方与国家发展政策的协调 ……………… 48
2.9　州的经济发展方法 ……………… 49
2.10　制定经济发展政策的内在挑战和机遇 ……………… 54
2.11　小结 ……………… 58
　　参考文献和建议阅读材料 ……………… 60

第 3 章　地方经济发展的概念与理论 ……………… 65
3.1　定义地方经济发展 ……………… 65
3.2　增长和发展的理论 ……………… 67
3.3　理论用于实践 ……………… 79
3.4　地方经济发展规划的理论、模型和潮流 ……………… 82

3.5 经济发展理论用于地方实践的演进 ············ 84
3.6 小结 ············ 87
参考文献和建议阅读材料 ············ 88

第4章 地方经济发展职业和专业人员 ············ 91

4.1 经济发展从业者的角色 ············ 94
4.2 社区 ············ 95
4.3 组织 ············ 96
4.4 任务职能 ············ 97
4.5 客户 ············ 99
4.6 职业角色 ············ 100
4.7 经济发展生涯 ············ 101
4.8 小结 ············ 101
参考文献和建议阅读材料 ············ 102

第5章 地方经济发展规划过程 ············ 104

5.1 地方经济发展规划的准备工作 ············ 105
5.2 地方经济发展规划的六个阶段 ············ 106
5.3 社区中的规划资源管理 ············ 108
5.4 选择地方经济发展中的"角色" ············ 111
5.5 规划方法的类型 ············ 114
5.6 地方经济发展规划的特征 ············ 120
5.7 小结 ············ 122
5.8 综合运用：制定地方经济发展战略（一） ············ 123
参考文献和建议阅读材料 ············ 126

第6章 地方经济发展规划分析方法导论 ············ 128

6.1 地方经济发展规划的信息和分析要求 ············ 128
6.2 了解一个经济体的优势和劣势 ············ 130
6.3 经济概况 ············ 131
6.4 比较分析 ············ 141
6.5 收集可得的描述性数据 ············ 142

6.6	考察分析技术	149
6.7	经济预测的原理	165
6.8	小结	177
6.9	综合运用:制定地方经济发展战略(二)	178
	参考文献和建议阅读材料	183

第7章 地方经济发展战略 187

7.1	地方经济发展目标	190
7.2	形成成功战略的先决条件	192
7.3	选择战略方法	193
7.4	综合规划框架中的经济发展规划	196
7.5	战略形成中的常见误区	197
7.6	组合战略要素	198
7.7	战略方案	200
7.8	规划的融资和实施	205
7.9	小结	208
	参考文献和建议阅读材料	208

第8章 地区开发 211

8.1	土地储备和社区土地信托	213
8.2	在工业和商业用地上的硬件基础设施开发	216
8.3	投机性建筑	217
8.4	分区管制	217
8.5	商业改善区	219
8.6	通过简化手续改善社区管制	220
8.7	城镇景观规划	221
8.8	商业建筑	222
8.9	住房和邻里改善	223
8.10	家政服务	224
8.11	社区服务	225
8.12	小结	237
	参考文献和建议阅读材料	237

第9章 商业发展 ·················· 240
9.1 营造良好的商业氛围 ·················· 243
9.2 企业家发展和经济培育计划 ·················· 244
9.3 一站式商业服务中心 ·················· 247
9.4 创业和风险融资公司及发展银行 ·················· 248
9.5 小企业发展中心 ·················· 250
9.6 微型企业 ·················· 251
9.7 女性企业 ·················· 252
9.8 旅游推广项目 ·················· 253
9.9 研究与开发 ·················· 254
9.10 产业区 ·················· 256
9.11 将财政激励用于商业开发 ·················· 257
9.12 小结 ·················· 257
参考文献和建议阅读材料 ·················· 268

第10章 人力资源开发 ·················· 270
10.1 劳动力开发 ·················· 270
10.2 非熟练劳动力的现状 ·················· 271
10.3 劳动力开发中的公共角色 ·················· 274
10.4 人力资源项目的目标 ·················· 277
10.5 人力资源项目与经济发展目标的匹配 ·················· 278
10.6 作为人力资源开发基础的教育 ·················· 285
10.7 实施人力资源开发战略 ·················· 287
10.8 小结 ·················· 297
参考文献和建议阅读材料 ·················· 297

第11章 社区经济发展 ·················· 300
11.1 社区发展公司 ·················· 303
11.2 社区合作组织 ·················· 307
11.3 本地企业中介 ·················· 309
11.4 雇员/工人所有权 ·················· 310
11.5 邻里/社区资产的定位和营销 ·················· 311

| 11.6 | 小结 | 315 |

参考文献和建议阅读材料 323

第 12 章 建立实施规划 326

12.1	公私合作关系	326
12.2	营销社区	327
12.3	项目融资	330
12.4	项目可行性评估	331
12.5	详细可行性研究	332
12.6	开发现金流分析	342
12.7	案例分析	344
12.8	项目可持续性	350
12.9	组织机构设计	355
12.10	监测与评估	357
12.11	小结	360

参考文献和建议阅读材料 360

第 13 章 地方经济发展的制度途径 363

13.1	地方发展的组织要求	364
13.2	公私伙伴关系	366
13.3	经济发展专家	369
13.4	地方经济发展的制度途径	369
13.5	发展组织的类型	370
13.6	小结	373

参考文献和建议阅读材料 374

第 14 章 应对扁平化世界的到来和全球气候挑战 376

14.1	通过技术和创新寻找解决方案	376
14.2	科技发展过程	378
14.3	培育高科技基地	381
14.4	小结:地方经济发展规划的未来	386

参考文献和建议阅读材料 393

第1章 地方经济发展规划的长期争论

全球化经济中的市、镇、县以及其他地方性实体都面临决定自身经济命运的挑战和机遇,对于最穷的和最富裕的区域而言都是如此。事实上,地方经济已不能仅仅依赖已经获得的自然资源、人口、技术和产业上的稳定地位。这一点一向如此,然而在当代背景下,地方经济发展规划面临着不平等加剧和全球变暖的严峻挑战,同时也被地方经济面对全球化浪潮而逐渐表现出的暂时性特征所挑战。这些力量正在使世界变得越来越扁平化,因为几乎没有地方经济可以免于全球化的影响,无论这种影响是带来增长与发展还是带来衰落与贫困(Friedman,2005)。

1.1 全球化下的地方经济发展规划

全球经济一体化——直到2008年经济衰退开始前——是一个整体效果优于各部分效果之和的典型实例。全国性和地方性经济整合为一个全球性经济,加快了世界生产总值的增长。国际货币基金组织(The International Monetary Fund,2007)的数据表示,世界经济在1988—1997年间以每年3.2%的速度增长,而在1998—2008年间的增长速度达到4.4%。与此同时,个人的世界经济产出份额(人均国内生产总值)持续增长,而新工业化和新兴市场国家的人均收入增长率更高。

然而,日益一体化的全球经济也有其负面效应——一个大型经济体的衰退可能扩散到全球,正如2008年下半年发生的那样。全球经济经历了20世纪30年代大萧条后最为严重的衰退。我们将这次全球性衰退的原因简要解释如下。

美国金融危机的症结是次级住房市场。商业银行违背审慎性原则和相关规定,为不合格的贷款者提供住房贷款。不良贷款并未就此止步,它们被商业银行出售给二级抵押贷款商(secondary mortgage consolidator),二级抵押贷款商又将其打包为金融衍生工具出售给全球的投资者。当贷款违约发生时,这些投资者蒙受了巨大的损失。当众多银行和投资机构破产后,紧随而至的就是严重的信用危机。美国经济的70%是以消费为基础的。银行破产、贷款能力整体下滑、贷款意愿减弱(即使是对财政状况良好的企业和个人)造成信贷可获得性下降,进而导致消费支出锐减。因此,所有以出售消费品为主的企业都严重受损。尤其是出售高价商品如汽车等的企业遭受了巨大打击。就生产体系和零件来源而言,美国汽车产业是全球化程度最高的行业之一;而且,很大比例的美国国内出售的商品是由进口而来的。因此,全球各国都因为美国的经济衰退而受损,国际贸易量、企业数量和就业人数减少。

全球一体化对于本书所关注的地方经济意味着什么?我们使用托马斯·L. 弗里德曼(Thomas L. Friedman,2005)提出的"全球化三阶段"来回答这个问题。弗里德曼所称的全球化1.0阶段是指,在2008年开始的全球经济衰退前的很长一段时间,美国的全球化就是出口产品,这给美国很多提供制造业产品、农产品和服务及娱乐的地方经济带来了巨大的繁荣。而在全球化2.0阶段,美国企业进军国际市场,雇用当地劳动力,美国的本土地方经济因此经历了严重的产业冲击。某些产业部门将其产业转移到海外以获得最大的经济利润,而过于依赖这些产业部门的地方经济就遭受了最严重的破坏。这些行业中的企业无法与便宜的进口品竞争,只得将工厂转移到海外以利用当地的廉价劳动力和低廉的生产成本。与此同时,其他国家的企业也选择将企业布局在全美各地以接近消费者市场,对于某些特定产业部门,则是接近便宜的劳动力和生产成本。总体而言,我们有理由担心全球化的过程可能使某些地方经济落后,而如果当地居民继续追求"传统商业"(business as usual),那么他们也无法跟上全球化的进程。

全球化3.0阶段就是我们正在经历的阶段。现在全球化的推动力已经从欧美的企业转移到了个人和非西方国家。此外,即使在这次全球衰退之前,全球化3.0阶段也给美国的地方经济发展规划和实践制造了很多挑战。弗里德曼(2005)敏锐地提出,应对方法是从传统的商业发展和引进逐步转变为地方经济参与者都做好做出最大贡献的充分准备。从全球衰退中恢复并且创造新的繁荣之路必须摒弃"传统商业"的观念。同时,地方经济也需要通过新技术、创新和在道德上的承诺来实现经济的再发展。地方经济发展面临着这一学科领域正式创立以来最大的挑战。因此,地方经济发展规划师和决策者非常需要一整套复杂而完善的工具和策略来重新促进经济的发展。

在全球衰退之前,随着美国和其他发达国家人口老龄化速度加快,新移民和未充分参与就业的常住居民对劳动力市场的贡献变得日益重要。由于出生率的降低,大多数欧洲国家以及日本在未来三四十年内将经历人口数量的锐减。由此带来的人口老龄化预示着医疗卫生和其他公共服务支出的增加,也制约着美国这些重要的欧洲贸易伙伴未来的经济繁荣。然而,由于不景气的股票和房产市场对退休基金投资的影响,年长的职工可能并不会在通常的退休年龄退出劳动力市场。

从历史上看,美国正拥有让其发达国家同盟艳羡的人口状况。因此,国际资本以前所未有的速度流向美国。美国还有世界上最为开放和有利的移民计划。美国每年平均净增移民达到125万人。预计的移民人口增长达到1.67亿人,甚至高于美国1950年的人口总数(Camarota,2007)。因此,经济开始恢复时,劳动力供给应该仍然充足。然而,地方经济发展面临的挑战是如何让这些劳动力在面对激烈国际竞争时做好充足准备,以满足雇主的要求。

对美国而言,保持高经济生产率非常关键。在大多数行业中,美国工人和技术的结合都会创造比其他国家更高的生产率。然而,普通的美国工人并未从生产率提高中获益。事实上,不平等日益增大和中产阶级生活水平受到威胁的一个最大原因是工作收入在过去25年内的增长非常不平均。普林斯顿大学的教授 Allan Blinder(2007)援引美国国税局(Internal Revenue Service,IRS)的数据说明,在1979年,收入最高的0.1%的居民的收入相当于44名收入最低的50%居民的收入总和,但是到了2001年,收入差距已经翻了两番,前者收入达到160名后者的收入总和。普通美国工人与管理层的收入差距正在日益两极化。

3

1.2 外包和内包的影响

随着美国越来越多地与国际力量而非国内和地方力量联系在一起,美国的工人和社区对自身的命运感到难以掌控。全球化正在改变工厂和就业机会的布局,这对于富国和穷国都是如此。美国国内外的跨国企业日益上升的影响力正成为伴随全球化而至的最重要的潮流之一。全球经济衰退之前,美国大约有 40 000 个跨国企业,而 1975 年只有 7 000 个(Atkinson and Correa,2007)。Sassen(2006)认为,在全球化过程中,跨国企业正逐步取代某些国家权威,相比之下,全球城市及其相互联系变得更为重要。

过去二十年里,全球化对制造业就业造成的负面影响引起了广泛关注。而近些年,服务业的离岸外包引发了日益强烈的担忧。然而,对于这些事实的回顾表明,在全球衰退之前只有不到一百万的服务业就业机会由于离岸外包而流失,少于每月劳动力正常转岗量(Blinder,2007)。

然而,这只是冰山一角。正如 Blinder 所言,"在信息时代,区分劳动力市场的关键不再是对工人的技能要求的高低,而是该行业提供的服务能否通过电子途径低损耗地传输"(Blinder,2007,p.3)。这将影响软件工程师和金融分析师等高技能的工作,也会影响零部件组装这类低技能的工作。随着信息技术在全球的扩散,Blinder 预测美国国内就业机会的 22% 到 29% 可能被离岸外包,虽然他也预计这种情况实际上只会发生在部分行业。然而,工作机会的转移将日益成为整体就业市场一个严峻的问题,而地方经济发展规划变得十分必要:

> 我们必须采取措施,确保我们的劳动力以及企业提供和需要的技能及就业机会会留在美国,而不是转移到海外。此外,这也要求我们对教育系统——从幼儿园到大学——进行改进。当然,我们还必须采取一系列措施来保持美国作为创新、发明起源地的地位,因为我们从未也不愿凭借廉价劳动力进行竞争。(Blinder,2007,p.4)

同样重要的是,全球化实际上也为美国带来了更多的工作机会。很多美国的法律、广告等公司正在为发达国家和发展中国家的企业提供增值服务和产品。此外,在美投资的外国企业也为美国提供了新的就业机会。2006年,美国从外国直接投资中获得215 300个新增就业,其中制造业最多(91 400),其次是存款机构(18 400)、金融保险(12 900)和信息产业(11 700)(McNeil,2007)。

1.2.1 网络

在新经济中,企业的竞争优势具有更高的专业性。但是,这致使新经济中的企业与其他企业、组织和供应商更多地相互依赖。商业不再由公司单独运作。当高科技公司需要特别技能时,它们会向其他的相关组织甚至是同一领域的组织寻求外购。很多公司雇用合作公司并且组成"虚拟公司"来联合生产一个产品,然后和完全不同的合作者再次联合生产另一个产品。

Kim and Mauborgne(2004)提出的"蓝海战略"(Blue Ocean)的概念就是建立在创新来源于"再发明"(reinvention)和新发明的想法之上。他们援引太阳马戏团(Cirque du Soleil)的案例阐释"再发明",即在已有产业门类里创造新的产品以满足新的消费者。很多个人和地方出于各种目的创造了很多这类的知识财富,除了Kim和Mauborgne,Florida(2002)也认为这类创造有利于产业协作和新想法的产生。Bradshaw and Blakely(1999)在其著作《第三次经济发展浪潮》(Third Wave Economic Development)中为这一说法提供了空间维度的解释。

因此,位于某地的公司不关注能够提供材料和智力的机构与供应商网络,将不再是可行的了。那些拥有成熟网络的企业将是灵活的,它们能够洞察新的市场,识别和选择强大的供应商。这对于劳动力发展的意义也是不言而喻的。在网络经济中,供应商的技能和企业自身所具有的技能是同等重要的。

地方经济发展规划的长期性挑战是,对于社区和工人而言,工厂的迁入转移和就业机会的得失并非是一一对应的。当底特律流失了一个汽车行业岗位时,替代其在美国经济中的地位的可能是金融服务业的工作机会,而且可能在别的地区。即使外国公司提供了另外一个汽车行业岗位,也可能不在底特律,而是在东南部某州的新的汽车工厂里。熊彼特(Schumpeter,

1974)为此现象提供了一个经典解释,即"创造性破坏"(Creative Destruction)。也就是说,资本主义和市场经济不断破坏旧的商业模式,创造新的商业模式,从而得以生存和发展。城市、地区和国家都被这一过程所影响,因为它们是经济活动的发生地,而经济活动会不断经历产生和衰落。资本主义发展的一些新的关键特征将在下文讨论。

1.2.2 新经济地理学

新经济最初产生于1990年。Atkinson and Correa(2007)将向新经济的转变描述为"其范围和深度可以媲美于19世纪90年代的工厂经济和20世纪四五十年代大规模生产的公司经济的出现"(p.3)。这次转变可以从五个主要方面定义和衡量:知识依赖、全球性、企业主导(entrepreneurial)、信息技术和创新(详见专栏1.1)。Atkinson 和 Correa 利用26项指标获取这五个方面的转变信息,检验了美国近期经济活动,得出的结论是,美国新经济的发展并不均衡:东北部、东海岸、西部山区和太平洋地区发展最为显著,而中西部、中部平原和南方各州发展较为迟缓。从都市区的角度审视这一转变,Atkinson and Gottlieb(2001)观察到从最大的都市区向中等都市区(人口在250 000到1 000 000)的转移。在都市区,向新经济的转移伴随着中心城市经济活动的分散。Atkinson and Correa(2007)注意到,不与都市区毗邻的乡村地区则不幸地被新经济抛下而遭受了就业流失。

工作的可转移性已经比人的迁移性大得多。在过去三十多年里,东北部和中西部的"雪/铁锈地带"(Snow/Rust Belts)制造业和相关就业已经衰落了。不过,20世纪90年代,这些地区的这类制造业就业有所恢复,但是,服务业就业,特别是在新技术领域和运输、货物移动部门,有了更明显的增加。老工厂已经恢复作为后勤中心来空运或是铁路运输货物。国际贸易上的扩张已经为心脏地带工人们创造了新工作岗位,即与拉丁美洲和加拿大之间的进出口。南部和西部也已经在增加城市建设、食品生产就业的同时增加了新的技术和贸易工作。虽然北部在20世纪80年代和90年代失去了制造业工作,但在东南部的汽车部门增加了一些制造业工作岗位,因为当时欧洲的汽车制造商正前往南部寻找廉价的熟练技术工人。

专栏1.1

新 经 济

到底什么是新经济？新经济指在过去15年里改变了经济结构、功能和规则的一系列质和量的变化。新经济是全球性的、以企业为主导的和知识依赖的经济，其中成功的关键在于知识、技术和创新在产品和服务中的融入程度。

今天的经济是知识依赖的。诚然，经理和"知识工人"从来都是经济中的一部分，然而直到20世纪90年代，他们才成为最重要的职业门类。管理型和职业化的工作在总就业中的比重由1979年的22%上升到1995年的28.4%，再到2003年的34.8%。相反，只有大约七分之一的劳动者是制造业中的生产工人，而即使是对于他们，知识和技能的提升也显得越来越重要。

今天的经济是全球性的。虽然一些公司早就有全球性的关联，但是今天的全球化却是广泛渗透性的，因为有更多的国家加入到全球市场，有更多的商品和服务进行贸易，更多的生产过程在全球供应链中紧密地相互联系。从1980年开始，国际贸易的增长速度比全球GDP的增长速度快2.5倍。现在，世界的出口量达到12.5万亿美元，占全球GDP的20%。

今天的经济是以企业为主导的。虽然从殖民地时代开始，企业成长、市场机制、经济"波动"（economic "churning"）和竞争就是美国经济的特征，但其重点在20世纪90年代以后逐渐转向了企业活动。与此同时，基本的经济运作速度加快，并且变得更加个性化和更具创新性。例如，1917年后的60年里，最大的100家公共企业的替代平均需要30年。在1977年到1998年间，大约需要12年。此外，从1980年到2001年，所有的美国就业净增长来自于成立不到5年的公司，而老公司实际上还在损失工作岗位。

今天的经济是根植于信息技术的。尽管从电报的发明开始，信息技术就在经济中扮演着角色，而直到20世纪90年代，当半导体、电脑、软件和电子通信技术变得更廉价、更快捷和更普及时，信息技术才成为推动生产力发展的无法忽视的力量。实际上，信息技术现在是驱动经济发展的核心技术，不仅在IT行业本身——其仍在经历高工资就业机会的增长——而且在应用IT技术的所有行业里，以促进生产力的提高、质量的改进和创新的产生。

今天的经济是创新驱动的——开发和应用新产品、新工艺和新商业模式。国家、州、地区、企业甚至个人通过积累、集聚和应用其禀赋和优势，为日益多样化的消费群体用新的方式创造价值。

资料来源：经许可转载自Atkinson and Correa（2007）。

Atkinson and Gottlieb(2001)提出审视新经济最合适的方式就是利用都市圈这一视角,原因是,美国"既非城市国家又非乡村国家,而是一个都市区国家(metropolitan nation)。大多数人口生活和工作在大都市区,这包括历史上的中心城市和扩散开的郊区"。与通常看法不同,就业的流动并未被限定在由南到北或者从东到西。在20世纪八九十年代,一些北部都市区流失了人口和就业机会,而它们现在正借助新技术和再发明迅速复兴,成为出版业、印刷业等通信公司的跳板。例如,在新英格兰风景如画的小镇上的学术出版商能够与纽约城的同行竞争,因为它们拥有数字印刷能力和方便快捷的互联网条件。

在大都市圈以外,美国也正变得更加城市化,更准确地说是我们后文将要提到的市郊化。乡村和其他非都市地区的人口和就业往往不如城市地区稳定(Kusmin,2003;Pigg,1991)。很多地区都受到持续性的制造业和农业就业机会流失的损害。然而,在2005年到2006年间(这是最近可获得数据的一年),乡村地区实际上经历了国内移民的净增长(迁入居民数量高于迁出居民数量)。在旅游、休闲、第二套房开发和退休移民条件的共同作用下,这种趋势在西部地区最为明显。南方乡村的部分地区(得克萨斯州希尔山村,南部的阿帕拉契迈山,佛罗里达海岸和弗吉尼亚州北部)也通过为周边的城市地区雇员提供舒适生活而实现了快速增长(Kusmin,2003)。

相应地,某些地方的乡村居民的职业技能已经提高到可以与城市和郊区居民竞争的水平。McGranahan and Wojan(2007)拓展了Richard Florida(2002)对创意阶层的研究,发现有高舒适性的乡村区域在吸引创意阶层方面很有竞争力。这项研究为理解近期经济发展潮流提供了重要的信息。创意阶层由高创造性的职业人员组成,如艺术家、建筑师、工程师、设计师、艺人或者科学家。Florida提到,经济增长是受知识创造驱动的,而知识和想法来自于高创造水平的行业。创意阶层追求高质量的生活和有意义的工作。McGranahan and Wojan(2007)提出,创意阶层的理论虽然是在大都市区的背景下创立的,却也与乡村地区息息相关,因为这些乡村地区由于高中毕业生普遍进入城市而面临年轻人才的流失(p.18)。McGranahan和Wojan还发现,在1990年到2004年间,拥有高比例创意阶层工人的乡村地区的就业量增长了44%,而城市地区只有39%的增长。无论是在城市还是乡村,与创意阶层相关的活动带来了新的就业岗位和经济增长,这对于所有地方的启示是,要细心保护其自然环境和文化资源。

1.3 新经济忽视的人群和地方

1.3.1 收入不平等的扩大

劳动和资本如何分享经济增长成果是理解经济变化的一个角度。劳动生产率的提升并不意味着工资的上升(DeNavas-Walt, Proctor and Lee, 2007)。美国预算与政策研究中心所作的研究(Aron-Dine and Shapiro, 2007)表明,2006年工资薪酬占国民收入的比例创历史最低,而公司收入的份额则是自1929年以来的最高点。因此,传统的个体收入随经济增长而水涨船高的观点不再现实。与此相反,实际收入的更大一部分流向了美国以外的投资方以及国内拥有股票和其他资产的财富群体。

不仅劳动者未能分享国家财富的增长,而且劳动者内部的财富分配也不平均。经济金字塔的最高层获得了比底层多得多的财富。依靠资本收入而非劳动收入的群体才能获得真正的收入增长(Willis and Wroblewski, 2007)。在1973年,占美国所有家庭的20%的最富裕的人群得到国家总收入的44%,而在2002年达到总收入的50%,其他人群所占的比例都下降了。比如,对于收入最低的五分之一的人群,其收入占全国财富的份额从4.2%降至3.5%。

经济体内各个领域的机会差距也在扩大。高科技、金融从业者和运动员、明星,虽然只是全民的很小一部分,相比之下却获得了巨额的财富。工会和制造业岗位的衰落将低教育水平、不会电脑的工人推向低收入的工作岗位,他们因而需要与国际劳动力竞争。中产阶级是衰落了还是只是转化为成长中的上层中产阶级,一直是伴随新经济的争论话题(见专栏1.2)。

> **专栏 1.2**
>
> **中产阶级怎么了?**
>
> 美国经济转型造成的"中产阶级的困境"一直是经济学家、政治学家、决策者和政治家关心的话题。经济发展规划师应该理解中产阶级是美国经济和社会的中坚力量。中产阶级的生活标准是经济发展进程的衡量标准。从历史上看,大众市场以满足中产阶级消费者需求为导向。成为中产阶级的一员通常被认为是底层群体和希望帮助他们的人的发展目标。
>
> 围绕着"中产阶级怎么了"的辩论中还夹杂着其他两个主要的经济辩论:关于美国的产业转型,以及关于国民人口结构变化(婴儿潮老龄化、移民……)的影响。如何定义中产阶级对于现象的观察和结论的得出有非常重大的影响。很多趋势分析都关注劳动收入或总收入以及家庭收入或个人收入。他们利用了"中产"的不同定义(围绕中位数的范围,或将收入分为五个等级并重点考察中间的三个组别)。而利用家庭收入则可以对总收入有一个总的了解。如果收入对生活水平的影响情况是考察的重点,那么家庭收入是最合适的研究变量。如果中产阶级衰落对于就业和收入机会的影响情况是考察的重点,那么个人收入则是最合适的变量。而从经济发展的角度看来,两者都非常重要。今天,双收入家庭占总家庭的比例在逐渐扩大,然而单一收入来源的家庭数量仍在上升。维持中产阶级生活水平的难度变大了吗?现在是否只有多于一个收入来源的家庭才能获得中产阶级生活水平?如果是这样,现在要两份或更多的收入才能获得原来一份收入所能获得的生活条件,那么这能否代表着经济发展的成果呢?
>
> 资料来源:Leigh, N. (1994). *Stemming Middle-Class Decline*. New Brunswick: Center for Urban Policy Research, © 1994 by Rutgers, The State University of New Jersey.

中等收入家庭的减少对工作的中产阶级邻里也产生了相应的影响。布鲁金斯学会的一项研究表明,自 1970 年以来,中等收入邻里数量减少了 58%(Booza, Cutsinger and Galster, 2006)。这一巨大的降幅远远超过了城市中等收入家庭的减少(从 1970 年的 28% 减少到 2000 年的 22%)。2000 年,美国 12 个最大的都市区中,只有 23% 的中心城市邻里是中产阶级(Booza et al., 2006)。

1.3.2 种族不平等的扩大

收入增长很大程度上已经停滞,种族之间的不平等却在加剧。在2006年,所有种族的中值家庭收入是48 201美元,比2002年增长了不到1.4%(美国人口普查局,2006)。而中值白人家庭的收入是所有家庭平均水平的105%,亚洲家庭是平均水平的133%,拉美裔家庭是78%,黑人家庭却只达到66%。黑人家庭的收入实际上在过去四年中有所下降,他们也成为唯一收入下降的群体。黑人贫困率是所有种族中最高的,这加剧了种族不平等。黑人的贫困率是24.3%,是白人和亚裔家庭的两倍,比拉美裔家庭高4%(见表1.1)。

表1.1 家庭贫困率(按种族),2002—2006年

	家庭收入 (2002年) (美元)	家庭收入 (2006年) (美元)	变化率	中值家庭收入占所有 中值家庭收入的 百分比(2006年)	贫困率 (2006年)
所有种族	47 530	48 201	1.41%	100%	12.3%
白人	50 530	50 673	0.28%	105%	10.3%
黑人	32 531	31 969	-1.73%	66%	24.3%
亚裔	58 980	64 238	8.91%	133%	10.3%
西班牙裔	37 100	37 781	1.84%	78%	20.6%

资料来源:U. S. Census Bureau, Income, Poverty, and Health Insurance Coverage in the United States: 2006, Tables A-1 and B-2.

在某种程度上,这些差异是由于不同种族教育程度和单收入与双收入来源的差异造成的。此外,由于缺乏良好的语言能力而丧失讨价还价的能力,外国出生的工人从事的工作仍局限在各种形式的低收入的家政服务工作。从经济发展的角度来看,高贫困率和低教育水平的相关性是不言而喻的。因此,良好的地方教育体系是地方经济发展的必要基础。

克林顿政府于2004年展开福利改革,旨在将贫困救济(尤其针对黑人单亲家庭)转化为工作福利。显然,领取救济金的人群由于此项法律而大幅度下降。现在,国家虽然花在福利本身上的经费变少,但增加了对职业培训、教育等项目的投入,并试图减少由于未成年人怀孕等原因造成的代际贫

穷(Haskins,Sawhill and Weaver,2001)。

然而,越来越多的证据表明,工作福利的受助人是低工资或者兼职工人。那些从前依靠福利的人越来越多地在工资处于或低于贫困线的工作岗位上工作,这就要求诸如食品券等其他形式的支持来帮助他们维持生计。

1.3.3 穷忙族

前文提到的福利受助人很大一部分是所谓的"穷忙族"(the working poor):他们至少工作了27周,但仍无法获得贫困线以上的收入。2007年,美国所有劳动力的6.5%可以被归为穷忙族,而10.5%的黑人和拉美裔的工人是穷忙族。相反,白人和亚洲工人只有4.7%是穷忙族。此外,非自愿兼职工作者(他们希望却无法获得全职工作)中的24%是穷忙族。一个人的职业和教育程度很大程度上决定了他是否会成为穷忙族。没有受过高中教育的人,以及服务业、自然资源开发业、建筑业和维修业的工人,最容易成为穷忙族(美国劳工部,2007)。然而,获得优质教育的机会的不平等又与种族和收入水平密切相关。

如表1.2所示,所有劳动力的四分之一是低收入者(平均小时工资略高于7美元,2003年),将近五分之三的低收入者是女性。

表1.2 低收入劳动者

特征	低收入劳动者	全部劳动者
劳动人口的百分比	24%	100%
平均小时工资(2003)	7.09	17.15
性别		
女性	58%	45%
男性	42%	55%
种族		
白人	58%	73%
拉美裔	22%	11%
黑人	14%	10%
亚裔/其他	6%	6%

(续表)

特征	低收入劳动者	全部劳动者
教育		
高中以下	23%	6%
高中毕业	37%	29%
大学肄业	31%	29%
大学毕业及以上	9%	36%
年龄		
18—25 岁	37%	10%
26—35 岁	22%	25%
36 岁及以上	41%	65%
职业		
服务性(Service)	50%	18%
操作性(Operations)	21%	24%
事务性(Clerical)	15%	16%
经理(Managers)	12%	41%
其他	2%	1%

资料来源：经济政策研究所(Economic Policy Institute,2007)。

低收入单身女性占低收入兼职者过大的比例，她们中的大多数都仅获得稍多于最低工资的收入，而这只占全职工作者收入的不到一半。由于产业结构转型和工会力量的衰落，她们也成为不断扩大的劳动力群体。

低收入的兼职工作不再是找到更好的全职工作前的短暂过渡。低收入工作中获得的技能很少能够用于高层次的工作。实际上，很多兼职工作会降低工人的工作技能。例如，工人越来越成为一个看守者，而非技术支持者。商场店员不再需要加减法或高阶函数，因为电脑会帮助他们进行计算和分析。很少有兼职工作会提供培训或者要求很多技能，因此它们也不能成为劳动者晋升的阶梯。

尽管全球化增加了很多国家的低技能工人的竞争，但是，美国最低收入的兼职工人不可能真正到国外去卖汉堡或者从事家政服务。这类工作深入到例如保管服务等曾经提供工作阶梯的单位，也是新移民获得政府和其他工作的途径。这些公务员工作的跳板现在也关闭了，因为这些工作现在由合约雇员承担。低收入的少数族裔，尤其是女性被困在低收入工作的恶性循环里:这类工作耗时多却无法提升工作技能,他们又常常缺乏继续教育的资源和支持体系,因此也无法获得高收入的职业。

1.3.4 优质就业机会减少

Bennett Harrison(1978)在三十年前提出的高度分化的劳动力市场在今天仍然存在。图1.1所示的劳动力分化图是在 Harrison 原图的基础上做了微小修改。在当前劳动力市场的核心是主流工作(primary jobs),即所谓"好工作"。主流工作包括职业性和技术性的工作。这些工作能够提供高工资和福利、职业流动性以及额外的培训机会。历史上,这些行业常常由工会组织,并且基于劳动者的议价能力而提供一定程度的就业保障,因为他们拥有一个生产性经济所需的技能和技术知识。此外,主流工作机会常常比其他工作更加有意义,因为它们往往是知识密集型的。也就是说,个人的智慧和技能还有可能在工作中得到运用。

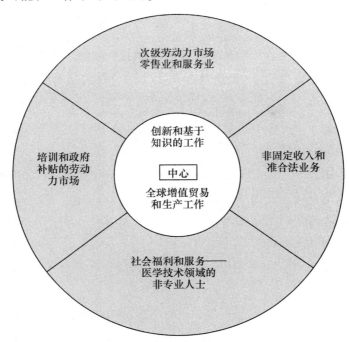

图 1.1 城市劳动力市场结构
资料来源:修改自 Harrison(1978)。

围绕在中心的主流工作周围的是更边缘化的就业活动,并且日益被视为"不好"的工作。这一类工作中最主要的真实就业存在于次级劳动力市场:个人消费性服务行业和游移性行业中的低工资、不稳定工作。次级劳动力市场包括很多职业门类,从制造业到文员。这一市场中的劳动者很难拥有就业保险和雇主提供的福利。低收入的结果之一是,大多数城市居民和家庭被迫要求更多的家庭成员去工作,包括达到工作年龄的子女。图1.1的上端是越来越多的兼职零售业工作。左边是参与由公共部门提供的"从福利到工作"职业培训计划的难以就业或失业的合法劳动者。右边是非法劳动力。其中,不合法的劳动力包括用现金交易而逃避课税的个人或企业。其中的一部分人参与不法活动。

位于图1.1下端的是政府部门,在 Harrison(1978)第一次绘制的时候其面积比在本图中更大。很多由政府提供的工作由社会福利部门和医疗、社会服务以及其他拥有合约雇员的部门中的非专职工作所代替。其中后一种工作是非营利的,因此这也依赖于一种新型的通过资助和合同进行的政府转移支付。它们虽然没有其替代的政府部门的权力,但仍作为一个产业部门逐步扩大。甚至教育部门也在朝着这一方向发展,越来越多的学校私有化,成为特许学校(charter school)。虽然这些特许学校使地方拥有更多的对教师和课程的控制力,却不能像公共体系一样保障就业的稳定性。

好的工作至少能够提供足够的工资,使得劳动者全年全职工作的收入保持在贫困线水平之上。这些工作有雇主提供的福利,比如医疗、退休和职业培训机会以及职业前景。随着越来越多的工作变为兼职工作,雇主规模越来越小,就业机会的质量正在降低。特别是,医疗卫生这一福利几乎与工资同样重要,因为如果没有医疗保险,哪怕很小的意外伤害也可能使家庭破产。对没有医疗保险的工人而言,唯一的救济来源就是地方政府资助的公立医院的急救室,而这种对最昂贵的医疗资源的过度的无偿使用也将损害社区的利益。

大型的企业雇主更容易提供医疗保险,因为它们可以大量利用优惠政策而节省成本。然而,大型企业雇主将年老和不健康的职员当作未来的负担,尤其是在 II 型糖尿病、哮喘病和其他可预防疾病的发生率提高的情况下。加之医疗卫生费用的急剧上升,大型企业雇主缩小了其在医疗卫生福利上的覆盖面。如图 1.2 所示,私营部门雇主提供的医疗保险的覆盖范围从 20 世纪 70 年代后期开始下降,而这一时期对男性的覆盖范围一直比女性的覆盖范围高。但是,尽管医疗保险的提供常常依赖于大型的私营雇主,最大的雇主沃尔玛却因其医疗福利的高成本和低覆盖率而获得了吝啬的名声。事实上,在沃尔玛 140 万美国雇员中只有不到一半拥有医疗保险。迫于国家和地方层面的压力,沃尔玛现在为全职和兼职职工提供了更好的福利条件(Barbaro and Abelson,2007)。

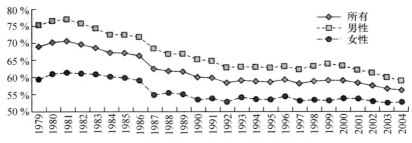

图 1.2 私营部门雇主提供医疗保险覆盖范围

注:私营部门,18—64 岁的工作者,每周工作至少 20 小时,每年工作至少 26 周。雇主提供医疗保险是指雇主至少承担一部分费用。

资料来源:经济政策研究所,作者的研究 The State of Working America:2006—2007, Table 3.12,www.epi.org/content.cfm/datazone_dznational。

企业裁员、离岸外包工作、工会衰落以及临时性服务外包,都是造成优质工作流失的原因。很多州和社区都试图通过将工作质量与经济激励挂钩从而保护和扩大优质工作基础。

总体而言,美国劳动力市场想要继续为大多数美国人、新移民者和原有劳动者提供美国式生活,还面临着巨大的挑战。除了企业的重组和离岸外包,另外两个潮流也代表了地方经济发展尝试与劳动力发展尝试结合中遇到的难题。第一个是外国出生人群的融合问题,第二个则是日益扩大的(大部分是黑人的)男性囚犯的改造问题。

1.3.5 外国出生人口增加

在过去三十年里,外国移民人数上升,尤其是 20 世纪 70 年代越南移民潮加速了这一进程。与先前的几代人不同,借助卫星电视、无线电和互联网等国际通信形式与母国保持联系,来自世界各地的新移民能够保持他们的语言和其他传统。当新移民定居下来,无论是以提供必要的劳动力的形式还是提供对产品和服务的消费市场的形式,他们都成为社区的重要组成部分。

另一方面,新的移民常常被认为在低端劳动力市场进行竞争,从而挤占了本地劳动力的就业机会。与本地出生的国内居民相比,移民生育率高,而且生育的孩子的数量仍在增加。移民也会工作和纳税,但是由于移民都高度集聚在低收入、低技能的行业,因此他们对于本国出生的居民造成的是税收的净负担。所谓"移民负担"的原因是非法移民能够接受教育和医疗服务,但不需要直接支付费用,因为他们很少缴纳物业税和个人所得税。此外,很大一部分合法移民也是最低收入群体,因此也获得了更高的福利和公共资助。但是,正如本书后文即将讨论的一样,移民也可能成为地方经济发展的强大动力。

1.3.6 服刑人员

监狱已经成为美国很多少数族裔男性的新"雇主",因为他们的第一职业选择是毒品交易。监狱已成为过大比例的年轻黑人男性的家,入狱人员甚至作为模范而得到歌颂。在 2005 年,美国每 100 000 名黑人男性中有 3 145 名服刑人员,对于拉美裔这一数字是 1 244 名,而对于白人男性则只有 471 名(Harrison and Beck,2006)。黑人男性极高的服刑率是家庭和社区失灵的体现,也给所有种族的决策者带来了很深的绝望,因为他们未能找到解决问题的良方。有前科者很少能在出狱后找到足以支持其生活的工作。此外,州立法者为了严惩犯罪而延长了服刑期,这也阻碍了服刑人员重归社区生活。表 1.3 清楚地表明,低受教育程度显著提高了黑人、拉美裔和白人入狱的可能性,并且降低了他们充分参与合法经济活动的可能性。

表 1.3 男性教育程度(20—39 岁年龄层,按种族分类)和罪犯占总人口的比例

教育程度	白人		黑人		拉美裔	
	总人口	州立监狱囚犯	总人口	州立监狱囚犯	总人口	州立监狱囚犯
八年级及以下	4.30%	9.90%	2.30%	9.90%	20.90%	24.10%
高中肄业	9.6%	17.8%	13.3%	34.0%	20.4%	27.7%
高中毕业	32.1%	61.0%	40.5%	47.9%	27.0%	41.6%
专科教育/大学肄业	30.7%	9.3%	32.4%	7.1%	22.8%	5.3%
大学毕业及以上	23.4%	1.9%	11.5%	1.1%	8.9%	1.4%

注:缓刑人员未被包括在总人数中;由于四舍五入,百分比加总可能不是100%。
资料来源:BJS, Survey of Inmates in State and Federal Correctional Facilities, 1997; Bureau of Labor Statistics, Current Population Survey, March supplement, 1997.

1.3.7 空间不平衡的扩大

衡量空间和地区不平衡的两种途径是对大区域(东北部、中西部、南部和西部)以及都市/非都市地区(城市/乡村的同义词)的考察。在表1.4中,我们看到四个大区域的城市内部和城乡之间的收入差距、贫困率和无医疗保险比例的差异非常大。虽然南部地区的人口和就业增长率在过去几十年内一直很高,但是其收入水平却持续性地落后于美国其他地区,而且其贫困率和无医疗保险比例也是最高的。此外,在2002年到2006年间增长最快的无医疗保险人口比例(1.5%)也发生在南部。虽然西部地区收入水平最高,

表 1.4 收入、贫困和医疗保险的空间不平衡

地区	收入			贫困线以下的百分比			没有健康保险的百分比		
	2002年	2006年	变化率	2002年	2006年	变化率	2002年	2006年	变化率
东北部	$46 913	$52 057	11.0%	10.9%	11.5%	0.6%	13.0%	12.3%	−0.7%
中西部	$44 621	$47 836	7.2%	10.3%	11.2%	0.9%	11.7%	11.4%	−0.3%
南部	$40 427	$43 884	8.6%	13.8%	13.8%	0.0%	17.5%	19.0%	1.5%
西部	$46 177	$52 249	13.1%	12.4%	11.6%	−0.8%	17.1%	17.9%	0.8%
城市状况									
都市圈内	$46 294	$50 616	9.3%	11.6%	11.8%	0.2%	15.3%	15.8%	0.5%
中心城内	$37 708	$42 627	13.0%	16.1%	16.1%	0.0%	19.2%	19.0%	−0.2%
中心城外	$51 879	$55 775	7.5%	9.1%	9.1%	0.0%	13.1%	13.8%	0.7%
都市圈外	$35 448	$38 293	8.0%	15.2%	15.2%	0.0%	15.0%	16.0%	1.0%

资料来源:DeNavas-Walt et al., 2006.

并且收入水平在 2002 年到 2006 年间的增长率也最高,但是西部地区人口的无医疗保险比例却几乎和南部地区一样高。东北部和中西部则在三大生活标准指标(收入、贫困率和无医疗保险比例)中排第二和第三。虽然两个地区在过去几十年中也由于工业腹地的制造业的衰落而失去了很多良好的工作机会,但是它们借助工会传承下来的强势的劳动协议而稳定了生活水平。

在四个大区域内部,州和"次州"(substate)范围内的生活水平和经济发展水平也存在巨大的差异。如前文所述,这种分化很大程度上取决于该地区是否拥有一些自然禀赋,如可以作为度假目的地的山地或者海岸,以及是否是都市圈的一部分。实际上,都市圈才是美国发展的真实推动力,而非某个地区或者州。美国人口的大约五分之四生活在大都市圈内,而大约一半则生活在这些都市的郊区。更加明显的是,美国人口和经济活动集中在三分之一的都市区域:

> 美国 100 个最大的都市圈拥有全国 65% 的人口和 68% 的就业,而且集聚了更大份额的创新活动(全美 78% 的专利)、受过教育的工人(78% 的大学学历者)以及关键性的基础设施(79% 的空中运输)。因此,这些都市圈也产生了全美四分之三的国内生产总值。(Berube, 2007, p. 7)

Dabson(2007)将国家的城市和乡村经济的联系具体化,提出大城市经济"从全国的小地方汲取力量并且回馈以利益……"实际上,超过一半的人口生活在被认为是低密度城镇的乡村地区,但这些地区仍然是位于都市圈的县内(Dabson, 2007)。Dabson 注意到,大都市圈的企业依赖于这些乡村地区的廉价劳动力,而这些工人可能居住在通勤范围内,也可能住在几百英里以外并通过信息技术完成商业服务。

1.3.8 城市不平衡的扩大

虽然美国城市——尤其是最大的 100 个城市——是美国经济增长的地理中心,但是近期的城市模式也引起了很多关注。首先,都市圈内部的分化越来越明显。这与美国都市圈的市郊化密切相关。市郊化将都市圈的空间结构从"中心城区—市郊"的二元结构转变为拥有市郊圈和亚中心的多圈层多中心结构(见图 1.3)。由此产生的大都会地区是市中心、内城、内环市郊、外环市郊、亚中心区和远郊的互动系统。在这个系统中,各城市的中心正经历着中产阶级化复兴,以应对大都市蔓延带来的长距离通勤,而少数族裔居住的城市中心的老城区却仍然遭受高犯罪率、投资减少、学校经费紧张和贫困的影响。与此同时,市郊正在变得日益分化,内环市郊家庭收入不断下降,这一地区的老式住房住进了新移民和传统的被"重返内城"运动挤出的贫困人口(Lee and Leigh,2007)。

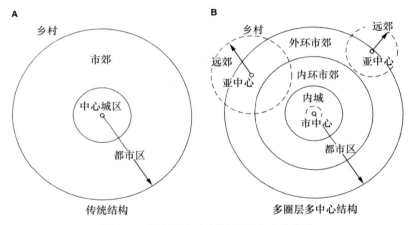

图 1.3 都市圈中市郊圈和亚中心的产生
资料来源:Lee and Leigh (2004).

市郊衰退的迹象是明显的,包括近郊甚至一些富裕地区的大型商场里出现的游民。在 20 世纪 80 年代作为低收入住房代名词的经济适用房现在已经成为市郊警察、教师以及穷人关注的对象。在市郊的中心区也出现了犯罪率上升以及一系列新的社会问题,如一些家庭正经受着压力,虐待小孩的情况和家庭功能紊乱的情况不断增加。市郊学校曾一度被认为是避难所,也经历了大范围的暴力和恐怖事件侵袭。2007 年 4 月,在弗吉尼亚州布莱克斯堡——一个没有发生过任何暴力事件的美丽的大学城——一名精神异常的学生杀死了 32 名同学,震惊了全国。而在不到十年前,在科罗拉多斯普林斯的科伦拜高中也发生过类似事件。尽管有些人谴责电视对这些恐怖行为起了诱导作用,但是许多社会学家则认为市郊不合理的生活环境安排将青年人从一个更大、更复杂的社会交际圈中独立出来,而这个大社会有利于培育和形成良好的社会生活。与此同时,公民对社区组织的参与度在减低,而在过去 50 年中,社区组织一直是市民生活的一个主要内容,并出现了著名的社区组织如家庭教师协会(Parent-Teacher Asociations,PTA)、四健会(Head,Heart,Hands,and Health,4-H Clubs)、狮子会(Lions Clubs)等。甚至是传统教堂的出席人数,也出现了长期性的下降(Putnam,2000)。

1.3.9 乡村不平衡的扩大

经济财富在乡村和小城镇区域的分化与城市内部的分化一样明显。繁荣的地区,如前文所述,往往拥有某种自然禀赋和/或临近一个繁荣的都市圈,而依赖农业就业基础的地区则经历了工作和人口的净流失。

农地投机、全球竞争和生产过剩已经严重制约了许多农村社区的发展。随着农场瓦解、矿山关闭和其他自然资源开发减少,农业和采掘业本就萎缩的就业基础以更快的速度衰落。农业、林业和矿业收入的损失在整个社区内引发了破坏性的涟漪效应。事实上,很多单一作物和单一公司的非城市社区由于其单一的经济而一直十分脆弱。此外,制造公司分厂的关闭对乡村的影响比对城市更加明显。作为分厂经济体,这些社区很难对企业的决策过程产生影响。当国际商品价格波动时,其他的原材料供应商的行动影响了经济基础。从某种意义上说,一些乡村社区受困于它们吸引企业和扩大对外贸易的成功。它们必须重新设计自己的经济发展战略,成为更有弹性的经济体。

1.3.10 改变全球变暖:美国经济引擎

2007 年是关于全球变暖和气候变化争端的一个分水岭,在此之后,只有极少数的科学家和政策拥护者拒绝接受气候变化将对美国及全球经济产生深远影响的言论。美国仅拥有占世界 4% 的人口,却向地球大气层排放占世界排放量 23% 的二氧化碳。美国人的生活方式使得其他国家也付出了代价。美国人为了维持自己摇摇欲坠的消费导向的生活,消费了世界上超过半数的自然资源,并且丢弃了比世界上所有其他国家的总和还多的垃圾。我们已经没有足够的空间来继续堆放过多的垃圾,也没有足够的清洁水供给。

国际气候变化委员会(Intergovernmental Panel on Climate Change,IPCC)的报告指出,在下个世纪到来时,全球平均气温将可能上升高达6摄氏度(11华氏度)。由于全球范围内较大的都市圈均位于沿海地区,温度上升将导致70%的全球大型都市圈被海水淹没。一旦海平面上升3—6米,纽约、悉尼、孟买等城市都将受到相似的威胁。海平面上升将导致亚洲和非洲的沙漠蔓延,澳大利亚的河流缺乏降雨补给。

全球变暖对经济的影响不容小觑,但我们还是有可能通过行动来应对气候变化的。但是,我们并不清楚每个国家将怎样主动应对这场即将到来的灾难。世界上最大的二氧化碳制造者美国认为,减少温室气体的排放将对其经济产生负面影响。与此同时,快速发展中的大国如中国和印度,正在向美式生活方式接近。两国的中产阶级正在经历城市化,并逐渐接受机动车化的经济与文化体系。美国接近3亿的人口与高达数十亿的中印两国人口之和比起来,简直是小巫见大巫,因此可以预见到,中国和印度采用美式消费方式与机动车化的生活方式,将在多大程度上加速全球变暖。

唯一的解决方式是新经济的产生,从而减少对化石燃料的依赖并倡导低能耗的生活方式。一些政策制定者和科学家认为,新经济就是要寻找化石燃料的替代品,诸如风能或利用玉米等作为替代能源。还有一些人认为,在这样的新经济下,我们的生活方式应该有巨大的变化:社区应该减少对化石燃料的依赖,并且自给自足以减少跨州或跨国的产品运输。后一种观点认为,人们应该停止使用机动车,而不仅仅是寻找机动车的替代品。这一去机动化与倡导低能耗的"美式生活方式"在美国和其他国家看来是不可能完成的主要挑战。因此,寻求新技术来减少燃料消耗和增加现存资源的使用率这一应对方式更为人们所接受。这意味着短期内必须创造一个与众不同的经济引擎,以避免大规模的人口混乱和大范围的饥荒。

尽管那些二氧化碳排放量最大的国家政府对全球变暖的认识与反应过慢,许多地方政府早已做出反应,例如2005年5月,西雅图的市长Greg Nickels是第一位接受《京都议定书》的市长。《京都议定书》为工业国家的温室气体排放减少量制定了目标。两年后,在 Nichels 的请求下,美国市长会议支持他的《气候保护宣言》,2009 年 4 月,有 935 位美国市长签署了该宣言。这一宣言要求:(1)努力在当地达成《京都议定书》中制定的减排目标,可以采取的措施包括出台阻止城市蔓延的土地利用政策、城市森林储备计划、公共信息宣传活动等;(2)呼吁州政府和联邦政府制定政策和立项,来完成《京都议定书》中对美国温室气体减排的要求;2012 年比 1990 年同比减少 7% 排放量;(3)呼吁美国国会通过两党联立的温室气体减排立法,创造一个国家级的碳排放交易体系。

此外,非营利组织诸如 KyotoUSA、地方环境理事会(International Council for Local Environmental Initiatives,ICLEI)的"倡导地区可持续发展国际理事会"正在向有意保护气候的社区团体与地方政府提供帮助(详情见 www. kyotoUSA.org 和 www. ICLEI.org)。截至 2007 年年末,已有超过 250 个美国城市在地方环境理事会的帮助下对它们的温室气体排放进行了测量,并实施了减排计划。

1.4　地方经济发展规划的未来

美国在国际市场中同时扮演了领导者、跟随者和参与者三种角色。无论规模大小,没有一个美国公司能仅固守于国内市场,这也导致每个美国社区都与国际市场紧密相连。美国的企业和劳动力曾竭力避免国际竞争,但现在也不得不受多变的国际金融影响。市场体系正在经历结构转型以应对全球化浪潮,这一转型也引起了环境和社会的结构转型,但是传统的经济发展规划和实践体系并没有对此做出响应。人们对上述一系列转型的认识日益增长,尤其体现在对贫富差距扩大与全球变暖上的认识上。这两个方面极有可能成为日后我们考察传统经济发展规划和实践体系转型的切入点。在全球变暖方面,除了 935 位市长签署了《气候保护宣言》[①],250 个城市已

---

① 签署由城市与地方政府联合会 UCLG(United Cities and Local Governments)发起的《气候保护宣言》(Climate Protection Agreement),努力强化各部门减排措施,包括制定全国第一个《工商业节约能源自治条例(草案)》。——译者注

经开始测定其温室气体排放量以外,还有其他个人与团体也在扮演重要的角色。例如,国际城市管理协会(International City Management Association,ICMA)在2007年10月通过了一项关于可持续发展的正式决议,该决议要求人们意识到环境管理、经济发展、社会平等和财务可行性这四者之间是相互依赖、相互影响的;布鲁金斯学会(Brookings Institution)制定了"美国繁荣蓝图",这里的"美国繁荣"指的是"富有成效、兼容并包、可持续发展,以维持美国在经济上的领导力,巩固中产阶级的实力与多样性,推动美国在气候变化方面的努力,实现能源独立的目标"(Berube, 2007, p. 22);奥巴马政府一系列缓解衰退的经济刺激方案,也创造了许多绿色职位和绿色经济活动。

也许美国社区曾经是在一个依赖于社区和员工长期忠诚的工业基础上发展起来的,但现在早已行不通了。硅谷与伊利诺伊州的皮奥瑞亚(Peoria)在应对新经济方面,两者的差距仅仅是硅谷占有稍微好一点的区位罢了。而这样的优势也只是暂时的。因此,社区在自身经济发展方向和命运方面应该握有更大的控制权。这一要求也许有些苛刻,但并不是不可能的。地方经济与政治决策者并不需要将地方的命运交给机遇、市场或不友好的联邦政策,而需要思考以下问题:要如何将更多失业者和未充分就业者吸纳进就业体系?现在有足够多的工作岗位吗?有足够多的好的工作岗位吗?有足够的能源和自然资源来支持当地经济吗?一个社区能只依赖自身来解决失业、游民或者气候变化这些问题吗?一个在政治上和经济上分权的国家能实现"满足所有人"的目标吗?

当然,这些问题并没有一个绝对的答案。但我们可以清楚地看出,社区在解决那些影响全球经济和全体市民或特定团体的问题时,应该从一个更好的视角出发,更加有效地规划地方经济的发展与就业岗位的创造。例如,"企业化、绿色化、文化适应、知识性战略"(Leigh, 2007)这四个地方经济发展战略将促进实践中的结构转型,也将成为地方经济发展规划的新基础,在本书结论章节中将对此有更进一步的讨论。

本书的中心论点是:开始于社区和地方层面的地方经济发展与就业刺激,最有可能成功。影响经济发展的每个因素在不同的地域都有其独特的表现与略有差异的起因。因此,解决社区问题的对策如果不针对个别团体,不与区域经济体系联系,是不会有成效的。虽然这本书针对的是美国的读者,但是我们也有所留意,让日益扩大的国际读者群也能采用同样的战略。本书这一最新版本已被全部或部分翻译为韩语、阿拉伯语、西班牙语、荷兰语、德语和俄语,同时在印度发行了特别版,现在又出版了中文版。

地方经济可以将全球化等一系列新变化、新环境为自身所用。我们希望,无论本书的读者来自于城市或乡村,在美国本土或其他地方,都能形成一个解决地方目前和未来困境的新概念。

社区领导者可以衡量他们所领导的社区所处的形势,并将其置于更广阔的背景下考虑。同样地,领导者们也可以评估相关群体对不同方针的反应。这样形成的地区对策还可以解决国家层面的问题。下一章节将深入探讨目前作为地区经济发展基础的国家政策的方方面面。

参考文献和建议阅读材料

Aron-Dine, Aviva, and Isaac Shapiro. 2007. *Share of National Income Going to Wages and Salaries at Record Low in 2006; Share of Income Going to Corporate Profits at Record High.* Washington, DC: Center on Budget and Policy Priorities. Accessed February 19, 2009 from http://www.cbpp.org/8-31-06inc.htm

Atkinson, Robert D., and Daniel K. Correa. 2007. *The 2007 State New Economy Index.* Washington, DC: The Information Technology and Innovation Foundation.

Atkinson, Robert D., and Paul D. Gottlieb. 2001. *The Metropolitan New Economy Index.* Washington, DC: The Public Policy Institute. Accessed February 19, 2009 from http://www.ppionline.org/ppi_ci.cfm?knlgAreaID=107&subsecID=294&contentID=3269

Barbaro, Michael, and Reed Abelson. 2007. A Health Plan for Wal-Mart: Less Stinginess. *The New York Times*, November 13.

Berube, Alan. 2007. *MetroNation: How U.S. Metropolitan Areas Fuel American Prosperity.* Washington, DC: Brookings Institution, Metropolitan Policy Program.

Blinder, Allan. 2007. *Will the Middle Hold? Two Problems of American Labor.* Testimony to the Joint Economic Committee, January 31.

Booza, Jason C., Jackie Cutsinger, and George Galster. 2006. *Where Did They Go? The Decline of Middle-Income Neighborhoods in Metropolitan America.* Washington, DC: Brookings

Institution.

Bradshaw, Ted K., and Edward J. Blakely. 1999. What are "Third-Wave" State Economic Development Efforts? From Incentives to Industrial Policy. *Economic Development Quarterly* 13(3): 229—244.

Camarota, Steven A. 2007. *100 Million More: Projecting the Impact of Immigration on the U. S. Population, 2007 to 2060.* Washington, DC: Center for Immigration Studies. Accessed November 6, 2007 from http://www.cis.org/articles/2007/back707.html

Dabson, Brian. 2007. *Rural-Urban Interdependence: Why Metropolitan and Rural America Need Each Other.* A background paper prepared for the Blueprint for American Prosperity Metropolitan Policy Program, Brookings Institution, November.

DeNavas-Walt, Carmen, Bernadette D. Proctor, and Cheryl Hill Lee. 2006. *Income, Poverty, and Health Insurance Coverage in the United States: 2005.* Washington, DC: U. S. Census Bureau, Current Population Reports. Economic Policy Institute. 2007. Data accessed February 19, 2009 from http://www.epi.org

Florida, Richard. 2002. *The Rise of the Creative Class: And How It's Transforming Work, Leisure, Community, and Everyday Life.* New York: Basic Books.

Friedman, Thomas. 2005. It's a Flattened World, After All. *New York Times*, April 3.

Harrison, Bennett. 1978. *Job! What Kind, for Whom, and Where?* Cambridge: MIT Press.

Harrison, Paige M., and Allen J. Beck. 2006, May. *Prison and Jail Inmates at Midyear 2005.* Washington, DC: U. S. Department of Justice, Bureau of Justice Statistics.

Haskins, Ron, Isabel V. Sawhill, and R. Kent Weaver. 2001. *Welfare Reform: An Overview of Effects to Date.* Washington, DC: Brookings Institution.

International Monetary Fund. 2007. *World Economic Outlook: Globalization and Inequality.* October. Accessed February 19, 2009 from http://www.imf.org/external/pubs/ft/weo/2007/02/index.htm

Kim, Chan, and Renee Mauborgne. 2004. Blue Ocean Strategy. *Harvard Business Review* 82(10): 79—88.

Kusmin, Lorin D. 2003. *Rural America at a Glance.* U. S. Department of Agriculture Economic Research Service, *Economic Information Bulletin* 31.

Lee, Sugie, and Nancey Green Leigh. 2004. Philadelphia's Space in Between: Inner-Ring Suburbs Evolution. *Opolis: An International Journal of Suburban and Metropolitan Studies* 1(1): 13—32.

——. 2005. The Role of Inner Ring Suburbs in Metropolitan Smart Growth Strategies. *Journal of Planning Literature* 19(3): 330—346.

——. 2007, Winter. Intrametropolitan Spatial Differentiation and Decline of Inner-Ring Suburbs: A Comparison of Four U. S. Metropolitan Areas. *Journal of Planning Education and Research* 27(2): 146—164.

Leigh, Nancey Green. 1994. *Stemming Middle Class Decline: The Challenge to Economic Development.* New Brunswick, NJ: Center of Urban Policy Research.

McGranahan, David A., and Timothy R. Wojan. 2007. The Creative Class: A Key to Rural Growth. *Amber Waves*, U.S. Department of Agriculture Economic Research Service, April.

McNeil, Lawrence R. June, 2007. Foreign Direct Investment in the United States: New Investment in 2006. *Survey of Current Business*, pp. 44—51. Accessed February 19, 2009 from http://www.bea.gov/scb/index.htm

Pigg, Kenneth. 1991. *The Future of Rural America: Anticipating Policies for Constructive Change.* Boulder, CO: Westview.

Putnam, Robert D. 2000. *Bowling Alone: The Collapse and Revival of American Community.* New York: Simon & Schuster.

Sassen, Saskia. 2006. *Territory, Authority, Rights: From Medieval to Global Assemblages.* Princeton, NJ: Princeton University Press.

Schumpeter, Joseph. 1947. *Capitalism, Socialism, and Democracy.* New York: Harper. U.S. Department of Labor, U.S. Bureau of Labor Statistics. 2007. *A Profile of the Working Poor, 2005.* Report 1001, September. Washington, DC: Author.

Willis, Jonathan, and Julie Wroblewski. 2007. What Happens to Gains, From Strong Productivity Growth? *Federal Reserve of Kansas City Quarterly*, first quarter.

第 2 章 国家和州的政策议程对地方经济发展的影响

国家采用产业政策和社会政策刺激和维持经济增长的行为在美国已经有很长的历史了。1803年路易斯安那州的购买、铁路大开发、南北战争后政府赠地大学体系的创建,以及大萧条时期的"新政"都是国家政策的体现。它们充满活力,并且采用一切可用的国家资源来获取预期的经济效果。其中很多计划,如"新政",在实施时曾备受争议。但是,利用联邦政府的税收政策、财政政策、规章制度和货币政策刺激国家经济发展已经成为"美国特色"了。

尽管很多美国经济学家不喜欢政府对国家或地区经济进行干预,但是,美国有一系列实际的或是特殊的产业政策。这些政策的范围涵盖了从农业补贴到对某些投资的税收优惠。各个州和城市也加入了它们自己的税收、土地补助以及与国家政策相似的一些激励措施。尽管这些措施的最终效果是令人怀疑的,并且有时是与目标背道而驰的,但是,这些政策共同构成了当前的国家经济政策——或非政策(non-policy)。

2.1 制定国家经济政策的三种方法

自1990年开始,关于经济发展的争论主要围绕着三种整体方法展开。其中第一种方法是援引过去经济规划的传统,支持国家范围的再工业化。这种方法通过新的目标税收激励系统和国家投资基础设施建设等举措重建国家工业体系。特别是考虑到国际贸易以及对海外低工资地区的公司外包,这一做法也支持放宽对劳工的管制,从而限制工会规范工业行为的力量。这种方法把经济发展规划的重心重新确立为在国家必须保持国际竞争力的领域内重建国家经济（Cohen and Zysman,1987）。作为这一方法的一部分,有人主张应尽快通过国家干预来定义"朝阳"产业——那些能产生在全球市场参与竞争的新职业的产业,从而加快新老工业和商业活动的转型,并且通过适当的投资和税收激励来促进商业活动（Reich,1991）。

第二种方法则对税收激励和专项税持消极态度。就经济发展和工业而言,他们认为政府干预越少越好。"政府少干预"派的提倡者警告说:正是过去那些干预主义者的行为导致了国家在规章制度、特殊支持体系等方面的失败;不一致的甚至是自相矛盾的工业和商业政策约束了贸易发展,进而使国家变得缺乏竞争力。因而这些反对派更赞同回归到根本的自由市场状态。他们认为,在美国的市场经济中,最好的企业能够也必将生存下来,而这也将造福整个国家。

一些自由市场经济的拥护者希望进一步解除对劳动力市场的管制,废止最低工资制度或者使之像货币政策一样浮动,以在全国范围内解决失业问题。他们声称,如果工资达到自然水平,将会有更多的就业机会被提供给那些真正希望工作且有工作能力的人们。相对于克林顿时期有较多政府干预的政策,布什政府明显更倾向于这种政策方法。此外,布什政府大量削减了税收以刺激经济。支持者认为此举刺激了消费和投资,而反对者则反驳说,减税扭曲了贫富差距,并且给中产阶级造成了更大的负担,因为他们需要分担更多的税负。同时,减税造成政府赤字的迅速上涨,对于未来世代无疑是新的负担。世界第三大富翁、美国亿万资产所有者沃伦·巴菲特在接受电视台记者 Tom Brokaw 采访时,就曾公开地表达他对美国不公平的税收体系的担忧:

> 过去十年里,税制的改变造福于富人却背离了中产阶级的利益,其程度之大不能不被重视。（Crippen,2007）

巴菲特以自己公司人员的纳税情况举例:即使没有采取避税措施,他本人按照国会规定的税制缴纳的税款仅占其收入的 17.7%,而 15 位办公室职员的平均纳税额竟占了各自收入的 32.9%,连办公室的接待员都比巴菲特本人支付了更高的税率（Crippen,2007）。奥巴马政府虽然致力于改变中产阶级的困境，但是全球金融危机的影响使得这一努力举步维艰。

第三类规划者和经济学家认为只针对公司的自由市场或者管制产业政策的观点都是错误的，因为这些观点都是基于一个被长期公认的，但是越来越与实际不符的前提，即"对商业有好处的东西对社区和工人也是有益的"。斯隆基金会（Sloan Foundation）主席 Ralph Gomory（2007）认为，这种观点源于 1953 年通用汽车董事会主席的参议院证词："对通用汽车有好处的东西对国家有益，反之亦然。"虽然这个观点解释了国家政策对跨国公司发展的作用，但是这种观点的解释力在全球化进程中越来越显乏力。现在的企业，如通用汽车，往往将自己的生产线转移到生产成本更低的地区——而这种对企业有利的做法对于社区或者国家却并非好事。

产业的集中是美国资本主义在战后的发展趋势之一（Adams and Brock, 2005）。这些高度集聚的，或者是由寡头垄断的行业中的企业规模急剧膨胀，以至于这些大公司一旦倒闭，将给整个经济带来巨大的冲击。美国金融业的次贷危机波及汽车产业并且进一步蔓延成为全球性的经济衰退，使得政府不得不提供前所未有的巨大投入为这些金融巨头担保，以防止它们的崩溃带来更大的经济波动。而这一举动让人们再次思考，政府干预应该在私人部门中扮演怎样的角色。

尽管在有些情况下帮助公司进行扩张是必要的，但是我们的基本观点仍是国家经济和产业政策必须加入本土维度的思考。因此，我们需要以下国家政策：(1) 让社区能进一步控制公司的投资政策；(2) 让社区在决定其经济稳定性和生活质量方面扮演更强有力的角色；(3) 让工人对他们的生计拥有更大的控制权和确定性。

由于受到全球化越来越强烈的影响，这一目标的实现需要来自地方、州和国家层面的措施。其中国家政策包括：限制对非生产投资的税收冲销；为地区经济发展规划提供政府支持，如提供贷款用于在社区层面上获得产业空间的所有权和发展；提供工人再培训资金和/或教育激励；以及更多的可携式退休津贴和福利；等等。基本上，每个工人都应该在社会保障之外拥有一份由雇主支持的可携式退休津贴，此津贴可以由任何一任雇主参与支持，也可由工人承担一部分。有效的地方事务参与也要求联邦政府在消除各种形式的种族和收入不平等方面发挥更积极的作用（Blakely and Shapira,1984）。

在这样的背景下，O'Connor(1999,pp.117—119)认为一个国家的产业政策应该包含如下要素：

（1）将工作重点放在通过提供更好的就业机会和减少种族、性别歧视来消除贫困并减轻收入不平等上。

（2）停止近几十年来将社会经济问题授权给州和市解决的做法，重新定位联邦政府在社区层面的真实角色。

（3）在白宫领导下，与劳工、公民权利、社区、教会组织等利益相关方建立政治协作，确立推进计划日程。

（4）以承认种族和贫困问题的相互关系为前提制定一个战略，并致力于通过消除种族隔阂使少数族裔获得更好的住房、交通和就业机会。

经济合作与发展组织（OECD）也一直在倡导类似的主张（1986）。OECD声称国家经济政策必须配合区域/地方经济发展以实现如下目标：缓和经济快速变化对企业、地方政府和个人的影响；复兴地方经济，使其适应国家经济的转型。

依据 OECD 的看法，区域/地方经济发展的目标包括以下几点：

- 通过开发在其他背景下未经充分利用的人力及自然资源潜力，提高区域和区域内各地方的竞争力。
- 抓住地方产品和服务的发展机会，实现本地经济增长。
- 提高本地居民的就业水平，为地方居民提供长期职业选择。
- 提高地方经济中弱势群体和少数族裔的参与度。
- 把提升物质环境作为改善商业发展环境和提高居民生活质量的一个必要的组成部分。

用于实现这些目标的政策包括：持续的投资；中长期的职位创造以及建立能够保证区域经济活力的地区公共机构。

2.2　货币与税收政策

20世纪70年代，联邦储备委员会开始提出一系列基于控制利率的经济管理办法。这些政策导致了国内商业贷款的成本相对较高。此办法的目的是战胜通货膨胀,解决高消费/低产出经济中的问题;这在某些方面的确取得了成功,但是从另外一些方面来说这些政策是失败的。对于新的小型企业,这些政策紧缩了资金;而对于其他的企业,降低的通胀率和稳定的经济则增强了企业信心,稳定了工资和价格。总体来说,联邦政策在基本的任务——控制快速的经济增长方面取得了成功。在之后几十年,相较其他国际领先的竞争者而言,美国的经济形势具有显著的优势。金融危机前,美国的经济实力创造了就业的增长和工业生产的繁荣,但是却未能阻止某些工厂的破产和内城邻里的投资减少。整体而言,仅仅通过财政政策并不能复兴国家的基础工业和脆弱的工业基础。事实上,经济学家 Robert Kuttner (2007)曾指出,30 年来,放松对金融业的管制是为了"慎重地拆分混合经济"(p.1),但这一实验已经宣告失败。Kuttner 评论说:

> 资本和商业的全球化使有管理的资本主义的实施在制度上和政治上更为困难。国家在平衡社会投资及管制与纯粹资本主义中扮演了重要角色。然而世界政府是不存在的,金融业者的影响力往往胜于普通公民,因此前者得以左右世界贸易组织和国际货币基金组织等规则制定机构的决策。"自由贸易"与"保护主义"并非争议的焦点,真正的分歧在于自由放任经济与混合的、平衡的经济的分别。(p.1)

直到全球经济衰退前,全球市场对于美国产品和服务的需求一直很旺盛(2006 年达到 1.4 万亿美元),但是美国对国际产品和服务的需求更高,达到 2.2 万亿美元。因此,美国贸易赤字 2006 年达到大约 7 640 亿美元,成为世界之首。该现象的原因很简单,就是因为许多外国产品始终保持相对廉价并且质量胜于美国本土的产品。仅仅靠货币政策无法解决这个问题。全球经济衰退使得美国的管理层必须对本国及外国的消费者需求变得敏感才有可能在竞争中获胜。

税收政策一贯是经济发展政策中重要的组成部分。联邦税收这个复杂的工具就是用来控制私人资本的投资。税收冲销和税收漏洞等是基本的短期投资刺激工具。在一些新技术产业中,最近几年实施了许多有针对性的税收抵免(targeted tax credits)政策,并且刺激了一些成功的投资和更多不是十分成功的投资。这一政策带来益处的一个实例就是,国会取消了对互联网产业发展的税收干涉以及相应的政府控制和管制,以加强对这一产业的支持。

近期,一系列税收刺激政策正在曾被"卡特琳娜"和"瑞塔"飓风严重破坏的墨西哥湾地区实行。这类墨西哥湾机会区(GO Zone)政策和其他刺激政策一起通过受灾地区不断提高的折旧抵扣为企业提供了高于50%的税收抵免。但是这些政策未能带回消费者,因此对墨西哥湾地区感兴趣的国有企业并未马上进行大量长期投资,而是将投资计划推迟到他们在当地的消费者基础恢复之后。

外国投资也一直是税前收入的一个潜在来源。美国政府已经着手制定一系列新的政策来对外国人征税,以便让他们对恢复美国经济做出应有的贡献。这些税收政策加上市场增长的放缓,可能会对国际资本流入美国起到正面影响。

不论资本流动的方向如何,社区都必须制定谨慎的、进取的规划,支持新公司,重建老公司,满足公司选择新市场或者开发新产品的需求。换句话说,我们必须主动地抓住资本——而不必去强行寻求投资。

2.3 贸易政策

正如前文提到的,美国正持续经历本国历史上最糟糕的国际收支余额(进口货物 vs. 出口商品)。对美国商品的需求一度曾是如此之大以至于我们几乎无法跟上需求的步伐。那时,美国是"自由贸易"的冠军。大家都相信最优秀的生产者一定可以保持其市场份额,关税保护只适用于保护弱小的产业部门和支撑羸弱的经济。

现在情况刚好相反,美国的商品没有办法像预期那样进入外国市场。某种程度上欧洲共同市场、日本和其他主要贸易伙伴的贸易政策并不像美国市场这样开放。截至2007年,美元作为世界货币被人为地保持着高汇率,这使得美国的制造商们在海外市场竞争中处于劣势。但是,2007年后美元的大幅贬值虽然引起了货币绑定美元的国家的担忧,事实上也刺激了美国的出口。同时,由于外国公司采取的维持美国市场的措施,进口产品价格上涨的幅度并没有预期的高(Andrews,2007)。2008年明显的例外只有石油。

《北美自由贸易协定》为美国在国际贸易市场上的竞争提供了新的平台。尽管很难对《北美自由贸易协定》的真实影响做出评估,但大多数分析人士都认为:逐渐增长的自由贸易最终将带给美国和墨西哥更多的就业机会,虽然短时期内两国的就业中心所在地及工资率将会发生剧变。

与此同时,美国的工会、农民,甚至一些商业部门也要求在不公平的国际竞争中保护美国企业。有时这一要求是针对其他国家(如日本)在该国的进口中对美国商品实施的配额和税收而实行的报复性措施。而在另外一些情况下,高关税是对不利的竞争地位的反映。工会和一些社区认为,高关税和进口配额是唯一能挽救就业的机制。不过,尽管这些保护主义措施可能有些短视,但是至少眼前看来是对工人和其所属公司的重要补救办法,对那些代表社区的国会议员们也十分重要,因而新的关税和贸易管制措施总是作为产业政策中的主要组成部分而时常被提出。这使得世界贸易组织(WTO)在美国蓝领工人和工会中只有极少数的支持者。比如,由于国际贸易对世界各地社区的不良影响,WTO的政策在2000年西雅图会议上遭到了强烈反对。

与国内产业的庇护伴生而来的是农业出口补贴。其基本原理是美国的农业要在国际市场上与享受更多补贴的欧洲、澳大利亚和亚洲农民竞争。关于农业方面的关贸总协定(GATT)几乎被享受高补贴的法国农民毁掉了。不管实施补贴的观点是否有任何经济学理论为依据,它们在政治上确实是容易实行的。国会已经屈服于贸易保护主义者的观点,为农产品提供了巨额的出口补贴。

最近的很多研究结果表明:最受保护的制造企业在国际竞争中是最没有竞争力的。很明显,采用关税保护和补贴确实使不同社区的境况有了短期的改进。然而,正如Ohlsson(1984)所描述的那样:

> 在经济著作中已经被广泛认同的是:关于国家或部门的产出和就业问题,关税和配额并不是最好的政策……对实现地区就业目标来说甚至是更不可取的。(p.14)

由于上述原因,一些经济学家声称:保护导向的贸易政策无法有效地区分真正有竞争力的企业和由于关税壁垒而生存下来的低生产能力的企业,因而无法保护前者。此外,关税保护作为一国的主要经济政策只不过是为一些区域留住了苟延残喘的、缺乏竞争力的企业和产业,只不过是阻碍了社区自发地演变成为国家和国际经济中更有竞争力的部分,从而破坏了其长期的经济生长力。

2.4 从社会福利政策到工作福利政策

社会福利相关文献基本都对这一政策的目标和结果持批评态度。一些反对者认为福利政策本身创造了下层阶级。显然,在过去的几十年中,贫穷并没有因为福利政策的推行而减少;事实上,贫穷在不断加剧。1961 年,有超过 65% 的生活在贫困线以下的非洲裔美国人从事某种形式的工作。此外,他们中的大部分来自尽管贫穷但完整的家庭。到 1971 年,生活在贫困线以下的非洲裔美国人中只有 31% 的人从事合法工作。绝大部分生活在贫困线以下的非洲裔美国人处在不稳定的家庭状态并且迅速沦落向下层阶级。截止到 1985 年,中心城市里贫困人口总量达到 2 090 万,几乎比 1970 年翻了一番(Goldsmith and Blakely,1992)。

国家福利政策一般来说总是暂时性的,其最终能发展演化成美国人生活中的一个永恒要素实在令政策制定者们及社会劳动者们吃惊和困惑。福利接受者们没有转向就业,实际上,三分之一的福利接受者来自福利院(Gottschalk,2001)。

广泛的大众,包括许多穷人在内都将福利看作一种耻辱,认为福利接受者主要是一些懒惰和放荡的人(Gottschalk,2001)。由于失去了公众的同情心以及就业结构萎缩,国家和各州的政策制定者们纷纷对福利制度进行实验,将其与教育和工作结合,试图寻找通向就业的途径。已付诸实施的许多计划旨在把福利接受者引入劳动世界,纠正他们恶劣的工作习惯或者防止这些糟糕的习惯继续发展。

工作福利制,顾名思义,目的在于增加福利接受者们的受雇就业能力和技巧,而不是仅仅消极地发放救济金,或者是成立非营利性社区服务公司,雇用那些接受福利的人作为劳动力。这样,这个非营利机构就成了福利接受者的雇主,除了得到福利报酬外还有一笔额外收入用以提供社会服务,从而为福利接受者们创造正规且高补贴的工作岗位。

这些方法的结果是综合的。不过,它们为福利接受者提供了被束缚在下层阶级之外的选择。作为经济发展政策工具,它们提高了城市地区的人力资本,从而提高了那些地区吸引或保留经济基础的机会。

2.5 卫生保健政策

近年来,越来越少的新工作岗位向员工提供卫生保健方面的福利。2005年,65岁以下的公民有17%没有医疗保险(美国国家健康中心数据,2007),而这其中超过60%是18—44岁的主要劳动力人群。

一次健康危机足以使许多家庭的经济状况受到冲击。雇员健康保障的减少主要基于两大原因:一是成本问题;二是一些健康政策和实践活动——如管制型保健系统——导致了卫生保健服务的提供者数量和服务质量都在下降。最初被认为能够救助美国工人的健康维系组织(Health Maintenance Organizations, HMO)已经不再如假定的那样有能力满足国民多样化的健康需求。许多HMO被合并了,另外一些已经停止营业。一直以来穷人的健康状况就使其风险过大而不被许多保险公司接受,现在甚至中产阶级家庭和自由职业者也仅仅因为服用降胆固醇类药物而被列入一些价格合理的私营保险公司的黑名单(Consumer Reports, 2007)。

到目前为止,关于如何通过国家卫生保健政策改革来解决这些问题还没有达成共识。但是可以确定的是,一个工人对工作的热爱并不能保证其享受高质量的医疗保险和服务。

2.6 就业政策

20 世纪 60 年代的大部分时期,就业和培训计划一般被设计用来提高失业者中"中坚分子"的就业能力或者提高国家的特定地区或某一组人群进入就业市场的能力。"在一个广阔的劳动力市场中,问题主要在于技术短缺,所以可以通过培训解决失业者的技术困境"的想法在项目构思时只是部分正确的。歧视、缺乏社交技巧、国家发展滞后地区或内城糟糕的总体职业结构阻止了大部分人进入就业市场。不过,对人力资本形成的投资在这一时期还是恰当的。

相比之下,尼克松政府的《综合就业和培训法案》(Comprehensive Employment and Training Act,CETA)的引入激发了一个新的、由经济发展带来的就业政策的浪潮。人们已经认识到仅靠技术培训项目是无法解决失业问题的,因为市场中并没有足够的工作岗位,而且明显没有足够的"好"岗位。结果,培训只是对于穷人产生了边际效果。因而,就业计划的设计者们开始尝试增加那些在贫困线以上、能够提供得体的工资和某种形式的福利的就业岗位的数量。CETA 计划及其继任者——《就业培训合作法案》(Jobs Training Partnership Act ,JTPA)的宗旨就是劳动力的投资开发必须与创造和维持就业岗位的投资相匹配。更多的近期政策,例如《劳动力投资法案》(Workforce Investment Act)和克林顿政府的就业计划,继续坚持这一重点,并致力于减少失业和为新企业重新培训员工。

但是,今天的"就业危机"显示了一个明显的空间分布上的不平等,并给国家政策制定者增加了困难:萧条的乡下农场、工厂小镇、被遗弃的产业用地占据着的内城与就业率不断上升的、富裕的、优越的、白人郊区形成了强烈的对比。宏观经济的解决方案并不能适用于这些不同的情况。因此,人们越来越认识到根据地方发展来调整联邦政策的必要性。

2.7 针对地方经济发展的国家政策

联邦政府长期以来都在参与地方经济的发展规划,虽然参与的程度在不同的阶段有所不同。联邦政府的影响来自立法、政策和联邦预算支持的项目等。2006年,联邦支出的3%以下用于明确的经济发展活动。[①] 这表明联邦政府的参与程度并不高,但是其他一些联邦项目和政策却对经济发展有重大的影响。比如,美国政府一直鼓励关键科学技术的研发,并且于近期起草了国家纳米科技计划(National Nanotechnology Initiative Strategic Plan)(参见 www.nano.gov)。

美国商务部下设的美国经济开发局(Economic Development Administration, EDA)负责制定联邦经济发展日程,鼓励创新和提升竞争力,促进区域在全球经济中的增长和成功。EDA 与其他联邦机构签订了众多的多边同意备忘录以实施其经济发展计划,如表2.1所示。多种经济活动都受到经济发展资助,这些活动发生在各个区域,包括印第安人居留地、乡村、内城、市中心区和郊区等。

尽管国家经济政策非常重要,但是其满足经济部门性调整与区域/地方就业双重需求的能力是有限的。而且,几乎没有有效的国家政策工具是有助于基本的工作形成的。联邦政府使用的许多经济刺激方法是用于推动整体的经济增长,而不是某一特殊阶层或某一个地方的发展。因此与就业相关的国家政策必须致力于增加企业竞争力,以及提高社区创造就业的能力。

为此,联邦政府采用了一些更加区域化和地方化的经济发展战略,包括区域经济政策、邻里复兴以及社区发展银行等。国家经济发展政策以地方为目标并不新鲜。经济发展滞后地区的发展政策是美国新政(New Deal)的基础。田纳西河谷当局(Tennessee Valley Authority)、乡村电气化(Rural Electrification)、合作扩张(Cooperative Extension)以及过多地关注农村欠发达地区的计划已经成为美国生活模式的一部分。20世纪60年代,肯尼迪总

---

① 这是由表2.1中的总支出(721.53亿美元)除以2005财年联邦总支出24720亿美元计算而来的。

表 2.1 联邦分项目经济发展支出(2001—2005 财年)(2005 年美元)

部门	项目	2001	2002	2003	2004	2005	5 年变化率
	林业激励计划	$4 760	$2 803	$1 067	$619	$7	−99.9%
	小企业创新研究	$23 129	$18 713	$14 609	$16 675	$14 756	−36.2%
	国家乡村发展合作	n/a	n/a	n/a	n/a	n/a	n/a
	乡村住房用地和自助住房土地开发贷款	$4 481	$529	$1 312	$3 440	$450	−90.0%
	乡村社区发展促进	n/a	n/a	n/a	n/a	n/a	n/a
	新兴市场项目	$165 888	$5 867	$6 335	$3 794	$11 404	−76.6%
	林业合作支持	$410 902	$175 377	$186 103	$70 433	$38 793	253.8%
	学校和公路补助金(州)	$11 801	n/a	n/a	n/a	$1 453 627	9.9%
	学校和公路补助金(县)	$333	$315	$609	$203	$12 973	28.6%
	国家级森林乡村社区	$3 504	$3 376	$3 125	$270	$428	−33.2%
农业	乡村发展,森林和社区	n/a	n/a	n/a	$419	$2 341	n/a
	交通项目木材计划	n/a	n/a	n/a	n/a	$42	n/a
	森林产品实验室:技术营销单元	$670 327	$1 077 705	$741 007	$535 524	$453 123	−32.4%
	农村社区污水垃圾处理系统	$26 207	$3 483	$20 354	$16 295	$10 677	−59.3%
	社区紧急用水支持补助金	$87 909	$77 953	$70 502	$55 594	$52 107	−40.7%
	社区设施贷款补助金	$48 451	$36 770	$46 452	$40 366	$33 657	−30.5%
	中间借款计划	$61 442	$1 274 424	$1 175 760	$1 360 641	$877 811	1 328.7%
	商业和工业贷款	$61 718	$53 893	$58 888	$52 628	$43 288	−29.9%
	乡村企业贷款	$42 260	$43 608	$51 261	$42 498	$44 482	5.3%
	污水垃圾处理贷款	$44 326	$9 723	$56 107	$46 958	$9 913	−77.6%
	农村合作发展贷款	$3 789	$622	$6	n/a	$250	−93.4%
	授权区计划	$11 474	$6 115	$3 502	$3 536	$3 075	−73.2%
	乡村商业机会贷款						

（续表）

部门	项目	2001	2002	2003	2004	2005	5年变化率
农业	乡村电气化贷款和贷款租保	$2 723 370	$5 465 565	$4 445 487	$4 412 735	$3 652 428	34.1%
	乡村电话贷款和贷款担保	$814 115	$725 993	$733 013	$719 473	$1 364 592	67.6%
	乡村电话银行贷款	n/a	n/a	n/a	n/a	$683 819	n/a
	乡村经济发展贷款和补助	$655	$3 088	$4 581	$11 529	$8 120	1 139.8%
	远程学习和远程医疗贷款和补助	n/a	n/a	n/a	n/a	n/a	n/a
	高能耗和乡村社区补助	$24 322	$29 463	$234 795	$219 078	$177 183	−49.6%
商业	公共工程和经济发展设施补助	$351 526	$253 805	$27 203	$25 719	$27 509	−4.8%
	规划组织经济发展支持	$28 891	$55 232	$10 801	$9 964	$10 302	−13.0%
	经济发展技术支持	$11 841	$26 441	$75 366	$79 246	$78 221	−61.4%
	经济调整支持	$202 746	$66 301	$13 026	$12 692	$12 006	−7.4%
	贸易调整支持	$12 962	$11 438	$104 854	$35 700	$88 250	−10.8%
	制造业拓展合作计划	$98 954	$109 702	$46 372	$36 912	$51 884	n/a
国防	议会通过项目	n/a	n/a	$428 869	$429 333	$426 093	−2.8%
	商业机构技术支持购买	$438 459	$403 121	$68	$5 548	$4 629	−9.5%
住房和城市规划	社区经济调整规划支持	$5 114	$3 479	$5 206 231	$5 100 132	$4 702 000	−16.6%
	社区发展支持	$5 637 344	$5 428 016	$67 954	$52 273	$47 687	n/a
	授权区计划	n/a	$22 109	$13 454	$24 565	$24 071	n/a
	乡村住房和经济发展	$8 937	$5 567	$5 073	$9 227	$12 075	35.1%
内部	道路维护——印第安道路	$179	$165	$74	$123	$506	183.1%
	印第安保留地矿产开发	$34 001	$15 410	$4 904	$35 028	$59 738	75.7%
	印第安事务局设施维护和运作	n/a	n/a	n/a	n/a	$29 534	n/a

(续表)

部门		项目	2001	2002	2003	2004	2005	5年变化率
内部		印第安拘留设施建设和维护	n/a	n/a	n/a	n/a	$725	n/a
		印第安经济发展贷款	n/a	n/a	n/a	n/a	$4 143	n/a
		娱乐资源管理	$3 943	$2 003	$100	$23	$57	-98.6%
		城市边缘社区和乡村火警支持	$3 755	$33 068	$41 947	$40 454	$29 629	689.1%
		室外休闲娱乐发展和规划	$8 468	$39 490	$18 459	$15 091	$49 276	481.9%
劳动力		就业服务	$963 970	$997 070	$899 011	$841 909	$824 504	-14.5%
		机场改进计划	$3 442 155	$3 335 840	$3 679 765	$3 616 217	$2 048 398	-40.5%
		高速公路规划和建设	$32 810 227	$38 089 044	$40 563 337	$34 114 088	$34 682 247	5.7%
		娱乐铁路计划	$2	$63	$559	$136	$642	34 755.0%
交通		非城市化区域公式补助	$268 317	$260 030	$142 235	$264 818	$139 094	-48.2%
		交通规划和研究	$33 432	$7 148	$189 407	$31 780	$20 692	-38.1%
		工作通勤	$102 551	$55 932	$87 327	$91 287	$69 037	-32.7%
		关键性航空服务费	$61 527	$86 679	$54 300	$8	$0	-100.0%
		小企业资源中心	$7 719	$5 428	$9 553	$8 271	$6 000	-22.3%
		小型社区航空服务发展	n/a	n/a	n/a	n/a	$16 764	n/a
医疗和人力服务		社区服务资助奖	$740 670	$1 557 192	$935 096	$729 448	$677 179	-8.6%
		低收入人群就业机会	$5 850	$10 528	$4 433	$5 319	$4 936	-15.6%
		印第安人计划	$49 447	$96 935	$41 719	$39 865	$37 189	-24.8%
		残疾人就业支持医疗设施	n/a	n/a	n/a	n/a	$25 040	n/a
		医疗及其他支持	$302 241	$730 757	$328 354	$329 172	$423 173	40.0%
		技术支持	n/a	$4 720	$428	$799	n/a	n/a
小企业管理		小企业投资公司	$3 334 544	$1 762 551	$1 927 710	$4 923 366	$363 290	-89.1%
		小企业贷款	$9 384 164	$10 495 701	$9 136 851	$10 292 136	$10 675 778	13.8%

（续表）

部门	项目	2001	2002	2003	2004	2005	5年变化率
小企业管理	注册发展公司贷款（504项）	$2 952 785	$2 932 263	$3 533 002	$4 278 833	$5 055 487	71.2%
	微型贷款计划	$4 119	$36 353	$13 913	$6 187	$13 329	223.6%
	州一轮资本补助	$1 597 481	$1 570 480	$1 305 033	$1 261 794	$1 033 812	-35.3%
	饮用水资本补助	$896 177	$979 694	$834 768	$884 168	$779 596	-13.0%
环境保护机构	棕地培训、研究和技术支持补助及合作协议	n/a	n/a	$3 148	$3 733	$4 066	n/a
	棕地就业培训合作协议	n/a	n/a	$2 253	$2 635	$1 576	n/a
	州和部落反应项目补助	n/a	n/a	$54 759	$50 961	$44 655	n/a
	棕地评估和清理合作协议	n/a	n/a	$79 950	$84 277	$76 959	n/a
阿巴拉契亚山脉区域委员会	阿巴拉契亚山脉区域发展	$88	$83	$83	$70	$46 660	n/a
德纳里峰委员会	德纳里峰委员会	$61	$89	$115	$114	$128	111.0%
三角洲	三角洲区域经济发展	$0	$31	$2	$7	$3	n/a
联邦支出总计（百万美元）		$69 725	$79 622	$78 506	$75 939	$72 153	3.5%
年变化率			14.20%	-1.4%	-3.3%	-5.0%	

资料来源：Consolidated Federal Funds Report，美国统计局；民防局次国防部部长室（Comptroller）；美国住房和城市发展部首席财政官；行政管理和预算局。财政资助估算基于财政资助的项目层面资助数据。与经济发展相关的项目估算基于2006年2月政府问责办公室（Government Accountability Office，GAO）报告 Rural Economic Development：More Assurance Is Needed That Grant Reporting Is Accurate。

统和约翰逊总统只是将这些美好理想在内城实施,以刺激受到郊区发展打击的城市邻里社区和中央商业区的发展。联邦政府诱使许多地方政府着手进行一系列社会和经济发展实验,试图援助那些没有从经济扩张中受益的社区和个人。模范城市计划(Model Cities Program)提出了邻里和城市中心的复兴计划;先前服务于乡村选民的经济开发局(Economic Development Administration)也将焦点转向城市。城市复兴活动和其他的政府计划向地方政府提供了系统规划地方经济的第一推动力。

然而在里根-布什时代(Reagan-Bush era,1980—1992),许多通过改善物质生活和加强产业支持来帮助地方的经济发展计划在急剧减少或几乎被废止。例如,在20世纪70年代,联邦政府每年向城市援助工程投入近600亿美元,其内容涉及从社区复兴到教育及就业培训等各个方面。仅针对公共服务的就业培训一项就花费了超过50亿美元(Ferguson and Dickens,1999)。但到了80年代,这些投资基本上消失了,这也导致了寄托在城市复兴上的希望和激情逐渐消退。

但是在90年代,地方经济的发展,尤其是城市社区的发展,又再次成为国家政策的重心。人们越来越认识到来自城市和郊区的挑战是紧密相连的,内城问题也不容忽视。在过去的十年中,城市规划专家向人们描绘了如果城市中的人力和经济资源未被利用的话,国家经济将会面临的可怕前景。终于,不论是城市还是郊区都接受了这一信息。来自城市和郊区的领导者们越过他们之间的分界看到了共同的经济蓝图。此外,更多的人开始赞同这样的观点:来自城市和郊区的经济社会问题都会对国家向生产性产业进行投资的能力产生威胁。因此,30年来全国的行政机构第一次呼吁区域和大都市经济的恢复发展。1992年克林顿政府上台后,和来自两个主要党派的州政府官员建立了推行全国范围的大都市政策的同盟。住房和城市发展部(Department of Housing and Urban Development,HUD)的部长Henry Cisneros开始了一项新的美国城市计划,目标在于重建一个以公民社会资本为核心的社区。

这一想法的目标在于创造可以作为国家经济骨干的经济和社会的综合社区。白宫和国会通过一系列联系松散的联邦机构的计划进行物质和人力资本的建设,如结束房屋租赁中的歧视;成立城市授权区;增加对内城学校的援助；为就业、房屋和经济发展提供税收抵免（美国住房与城市发展部，2000）。最新的联邦计划试图在新的企业形成中进行人力资本建设：在低收入社区中投资新的企业，而不是试图说服企业搬进这些社区。这一计划希望通过福利改革、内城基础设施的重建、学校条件的改善来整合地区企业，从而重建社区和地方技术基础。例如，美国劳工部引入了一系列示范性计划，目标在于通过加强技术能力培养和新企业建设与工作形成之间的联系解决青年的就业问题。其中有的计划向年轻人展示了如何创业；另一些则带有明显的导师制元素，使大小公司与地方学校的联系更加直接。

布什政府同克林顿政府一样，也在推行诸如结束房屋租赁中的歧视，成立城市授权区域，增加对内城学校的援助，为就业、住房和经济发展提供税收抵免等政策。由布什总统签署的政策重点在于地域性组织（place-organization），但是它们更关注利用市场力量和教堂等社区公共机构来促进社区的兴起及强化社区的社会结构，而不太关注如何增加社会福利支持。由于奥巴马政府在上任的第一个月就着手制定这类政策，要明确其与前任政府的差别还为时过早。然而，可以确定的是，布什政府后期困难重重的国家状况要求现任政府采用不同的政策，以解决老问题和由全球经济衰退引发的大量新问题。

布什政府在利用市场活动促进棕地再开发方面表现得非常积极。美国环境保护署（U. S. Environmental Protection Agency，EPA）是棕地再开发的主导机构，此外，如住房与城市发展部（Housing and Urban Development，HUD）等部门也参与其中。美国环境保护署的介入始于其1995年制定的棕地行动议程（Brownfield Action Agenda），其中包括针对棕地社区的试验补助金，棕地业主义务的确认，建立联邦、州和地方的合作机制以促进棕地再开发，以及就业增长和针对棕地恢复的培训。此外，2002年颁布的《小企业责任减免与棕地复兴法案》也明显地扩大了环境保护署的参与程度。住房与城市发展部颁布的棕地经济发展倡议（Brownfield Economic Development Initiative，BEDI），旨在棕地再开发过程中为社会实体（public entities）提供经济援助，以帮助棕地恢复生产性经济功能。1997年制定的《国家棕地合作行动计划》（The Brownfields National Partnership Action Agenda）联合了二十余个联邦机构,协同实施棕地清理和再开发,并将环境保护与经济发展、社区复兴结合起来。

国家政策也可能对经济发展产生一些意想不到的负面影响。事实上,联邦政府加快棕地开发的需要就是颁布于1980年的《环境应对、补偿与义务综合法案》(Comprehensive Environmental Response, Compensation, and Liability Act, CERCLA)带来的意想不到的后果。该法案旨在应对百余年的工商业活动遗留下来的环境污染问题,其最初的动机是促进受污染土地的清理,以及协助环境保护署从所有潜在责任方获得清理费用,其中包括过去和现在的业主以及承租机构。然而,这一举措的结果之一却是,由于担心为先前的污染承担责任,一些潜在投资者和开发商不再选择已经开发过的棕地地块。因此,为了消除这一不良后果,联邦政府颁布了后续的棕地计划来刺激市场。

国家层面的政策在地方经济发展中起到的不合意效果也体现在两个近期的事件中。第一个是最高法院案例——Kelo对康涅狄格州新伦敦城案。该案涉及出于地方经济发展目的对私人财产的征用权。第二个是在布什政府时期,联邦储备银行试图通过提高房产自有率来促进经济发展。传统上,征用权——即政府为了公共目的、不经业主同意而征用私人财产的权力——是被严格限定在特定的公共基础设施建设领域的,如公共设施、高速公路和铁路等。但是,由于Julie Kelo和其他一些私人业主不愿出售其物业,新伦敦城政府试图用征用权取得这些财产,并且转让给另外一些私人团体,以促进该地区的再开发。Kelo起诉政府,并且该案一直诉讼到最高法院。2005年6月的审判中,法院将"公共目的"(public purpose)的概念拓展到包括经济发展目标,因此允许新伦敦城征用Kelo等人的财产并且将其转让给其他私人团体。这项判决在州和地方层面都引起了巨大的反响。在该案发生后的两年内,为了防止这类事件的发生,35个州已经实行了改革,10个州的选民通过了议案,限制或禁止出于经济发展的征用权和管制征收(Shigley, 2007)。"管制征收"(regulatory taking)指的是对土地的用途采取的过度管制已经演变为另一种形式的征用。许多对于Kelo案的强烈反响是希望限制为发展衰落区经济而实行的政府征用。此外,很多州也缩小了衰落区的定义范围。

美国各地的重要的经济发展组织都试图消除这种反对征用的声音。比如,国际经济发展委员会(International Economic Development Council,IEDC)指出,对征用权的依法利用对地方经济增长和发展非常重要,可以通过重组土地来帮助地方经济焕发活力、创造就业机会和创造地方财政收入。该委员会还指出:"如果出于经济发展目的的征用权被禁止,一个人就可以否决整个衰落地区的再发展,而这实际上将导致这类复兴计划彻底不可能实施。"(IEDC,n.d.)

由2007年开始的次贷危机引发了全国性的经济冲击(同时也影响了作为美国抵押信贷市场的重要投资者的其他国家)。截至2008年年底,经济已经进入到自"大萧条"以来最严重的衰退阶段。次贷危机根源于美联储和布什政府对促进金融创新和布什总统所谓"产权社会"的优先考虑(Andrews,2007a)。其本质是放松按揭贷款的传统要求(例如需要首付)。次级贷款的发放对象主要是信用薄弱者,通常是穷人。一些激进的金融机构则将目标定为少数族裔群体。次级贷款人提供可调整利率抵押贷款(ARM)。银行根据其最初的较低的利率标准审批借款人资格,而非根据后续的明显更高的利率判断,实际上很多借款人根本不可能偿还后期更高的利息。按揭贷款拖欠率以及放弃抵押品赎回权现象在2007年急剧上升,许多住房建筑商和贷款人因此破产。国家住房市场专家Dan Immergluck评论,在这次严重影响少数族裔的次贷危机中,联邦政府的推波助澜是由于其对《社区再投资法案》(CRA)和《公平借贷法案》的执行的缺失(个人通信,2007)。此外,取消抵押品赎回权不仅影响房主本身的利益,也对附近邻里和社区产生了不利影响。例如,Immergluck and Smith(2006)的研究发现,如果一个住宅被放弃赎回,那么其附近住宅的市值平均会下降0.9%,同时这种波及在没收抵押品后的两年内会一直持续。此外,这种负面影响是累积的——也就是说,街道上每个取消抵押品赎回权的家庭都会使周围房产价值降低额外的0.9%。这种影响在低收入居民区的影响更为严重,取消抵押品赎回权造成的房产贬值的幅度达到1.44%。大部分城市都受到次贷危机的影响,有些地区甚至在全市范围受到波及(见专栏2.1)。

专栏 2.1

"克里夫兰市起诉 21 名放贷方进行次级按揭贷款"

克里夫兰市正在起诉 21 家全国最大的银行和金融机构，指控他们故意向不可能偿还贷款的人群提供贷款，导致当地房屋市场充斥着次级按揭贷款，城市也陷入金融危机。

克里夫兰市的法律主管 Robert J. Triozzi 在周五时表示，该城市正试图获得"至少"数亿美元的补偿金。被告名单包括一些华尔街上最重要的公司，例如花旗银行、美洲银行、富国银行、美林证券和美国国际金融服务公司。

Frank G. Jackson 市长在周五的一个访谈上表示那些公司将会"为他们所做的事付出代价"。

"我们需要从他们那里追回我们重建城市所需的资源。" Jackson 市长答道。

Jackson 市长表示，这次金融危机给克里夫兰市造成了极大的冲击；在最近两年，每年有超过 7 000 起抵押品赎回权取消事例。整个城市街区都被弃置了。市政府的预算都被用在维护几千家被封住的房屋和应对不断增长的暴力犯罪和纵火事件上。

被涉及的几家大银行并没有回应诉讼。美林证券的发言人 Mark Herr 说："我们现在拒绝发表任何评论。"

克里夫兰诉讼案分离自一起周二在联邦法院开庭审理的诉讼。在这场诉讼中，巴尔的摩市政府起诉了富国银行，指控其专门向非裔美国人提供高利贷，违反了公平居住法。

克里夫兰市诉讼案周二在凯霍加县普通诉讼法院开庭审理。市政府根据州公害法起诉金融机构，声称这些机构在克里夫兰市制造公害，因为他们的贷款导致大量房屋被弃置。"我们已经推倒了 1 000 所废弃房屋，却还没取得任何成果。" Jackson 市长如是说。

自有住房率的下降和人口的大量减少——根据人口普查数据，1950 年克里夫兰市约有 100 万人口，而 2007 年只有 44.4 万人——已经耗尽了克里夫兰市政府的预算。在 12 月，Jackson 市长宣布市政府已无法继续借债，并不得不推迟或永久搁置价值数百万美元的公共工程项目。

"我们的预算太过紧张，" Jackson 市长说，"这些公司利用克里夫兰市谋利，故意制造公害事件。"

Jackson 市长指出一些克里夫兰郊区也表明想要作为共同起诉方加入诉讼。因为目前克里夫兰市是在州法律范围内进行起诉，故俄亥俄州外的城市无法加入。法律主管 Triozzi 表示："这起诉讼的关键在于这些华尔街银行家们对克里夫兰市做了什么。"

> 这次诉讼主要是针对那些将贷款加入有价证券,再划分为股份并在证券交易所进行销售的公司,而不是最初进行次级按揭贷款的银行。Triozzi 认为,这个程序以及从中得到的服务费,驱使这些公司在低利息和房地产长期繁荣发展时代不断寻求借出尽量多的贷款。
>
> 资料来源:"Cleveland Sues 21 Lenders Over Subprime Mortgages" Christopher Maag, *The New York Times*, *Real Estate Section*, 1/12/2008 Issue, page A9. 重印经过许可。

2.8 地方与国家发展政策的协调

遍布全国的所有社区都在通过多种方式制定自己的产业政策。国家层面上的产业政策能起到的作用很小,除非在地方层面上有相匹配的政策来更好地利用所有可能的联邦资源。

总而言之,几乎所有的联邦发展努力都倾向于实体企业。联邦政府在最贫穷的地区刺激经济发展时扮演的角色是提供物质条件和基础设施以推动发展,而不是在私人部门进行直接干预(反贫困战争时除外)。这些计划也包括一些边缘性的干预手段,例如对军事设施和政府办公场所的选址等。

联邦政府和地方官员都认为,国家政府应该处在幕后,使用其金钱而不是强权来促使经济变化。但是现在可供地方使用的联邦基金正在减少,尽管地方官员渴望得到更多的联邦援助,然而随之而来的却是更少的联邦援助。例如,军事基地的关闭已经影响到 150 多个社区。由于预算的减少,地方和州政府都受到刺激经济发展和解决失业这两项承诺的重压。面对日益萎缩的收入基础,政府不得不对以往免税期等类似的刺激政策重新进行调整。

联邦政府对这一问题的反应是减少附加于剩余基金的官方文件和约束。本质上说,就是联邦政府给地方政府更多的权力来处置更少的资源。这给许多地方居民造成一个印象,即地方决策者对联邦基金有更大的决策能力,有更多的选择来解决地方问题。可是简单的事实是:存在的问题远多于拥有的资金。地方官员不得不将基金用作未来的投资,而不能将其作为临时援助花费在应对眼前问题上。这就是为什么解决地方经济发展问题很必要,但是也很棘手。

联邦政府对社区和个人需求的回应正在巨大的调整当中,新的政策结构在慢慢成形。现在预测这一系列政策能否起到预期的作用还为时尚早。但是与此同时,社区面临着工厂关门、高失业率、犯罪率上升、家庭瓦解、环境退化和公共援助负担增加等一系列问题,显然不能承担对自己的命运放任自流的风险,因而急需通过采取措施来应对眼前的困境。

2.9　州的经济发展方法

尽管国家政府在制定经济发展政策方面并不是很积极,但联邦制系统给予州政府很大的权力来制定这类政策。几乎合众国的每一个州都会制定一个明晰的或者虽含蓄但明了的经济发展政策。全州范围的税收或激励计划,或是更复杂的以激励特定产业为目标的规划都在州政策的范围内。事实上,各个州政府提出的一系列政策简直令人眼花缭乱。比如,有些州通过废止某些税种来作为隐含的发展激励。一些州,如俄勒冈州,取消了州销售税;另一些州,如得克萨斯州,则取消了收入税。内华达州几乎没有针对本地居民的税收,而是将它的州预算建立在从旅游业、酒店业和赌博业取得的收入上。这一政策促使许多加利福尼亚州的耐用品公司和运输公司迁到内华达州。

大多数州都会制订州发展计划并成立州经济发展办公室。在一些州,经济发展办公室与州长办公室设在同一地点。在另外的许多州,经济发展办公室因担负着维持并创造就业的责任而成为州政府中的核心部门。从与其他州的代理处合作,到利用精良的指南手册和一系列激励政策来宣传本州,每一件事都需要州经济发展办公室。在少数对州经济发展政策和规划进行的深入研究中,其中一篇研究的作者 Bradshaw 和 Blakely 发现,那些集中在商业维持、人力技能发展、基础设施建设等方面的政策取得了最好的整体经济发展成果(见表2.2)。

表 2.2　具有创新性的州经济发展规划的特征

领导阶层
　　州长官对经济发展的重视
　　欢迎商业投资的活动
　　贸易委员会,产业协会
　　对工人的补偿和民事赔偿行为的改革
　　环境监察官
　　抽签法
　　扩大社区容量以维持现状并增强吸引力

信息
　　技术援助和标准
　　大学拓展计划
　　电子公告板
　　站点信息
　　规划和推广的合作伙伴

代理业
　　允许一站式商店
　　经济发展与其他规划(如住房等)的协调
　　州际的区域合作
　　营销

资料来源:Bradshaw and Blakely (1999, p. 241).

2.9.1　经济发展的各个阶段

　　州政府提供了越来越多的服务、激励性政策和用于促进经济发展的州政策和规划工具。总的来说,这些手段的演变延续了在州和地方层面的五次经济发展实践浪潮的风格(见 Fitzgerald and Leigh,2002)。将目标从单纯的商业吸引转变为更宽泛的经济发展是这些阶段性计划的主要议题(Bradshaw and Blakely,1999;Fitzgerald and Leigh,2002),而不同阶段既是有序的,也是相互重叠的。也就是说,尽管这些阶段性计划可能发生在某一特定时间,但每个时期最主要的实践手法却不会消失。相反,州以及地方经济发展部门往往参与到多个阶段计划的实践中。

　　第一个经济发展阶段——产业吸引——开端于 20 世纪 30 年代。这一时期的经济发展策略注重通过减税、借贷、基础设施建设和土地开发创造良好的商业氛围。尽管这一阶段被人们认为开端于大萧条后，实际上，南方各州在南北战争结束后就积极采用这种策略吸引产业（例如，McMath，1991）。这一阶段可以从两个理论角度理解：从国际发展理论演变而来的区域和社区发展视角以及从公司行为理论演变而来的工业区位视角。两种研究视角都希望解读区域增长和发展的原因，以及地方的努力将如何改变这一进程。此外，经济发展潜力被认为可以根据地方的出口基础来预测。公共资金对私营部门区位的影响标志了后来被称为"公司福利"的政策的开端（Barlett and Steele，1998）。

二战之后，由于农业基础的衰落，南方各州非常积极地利用低工资和低工会水平的条件，以刺激政策吸引制造业工厂。这种策略为当地带来了数百万的就业机会。最终，实际上所有的州都为产业转移提供的工作机会相互竞争，所有的主要城市都成立了专业的产业转移机构，联邦出资建立的区域性工业园区为了吸引工厂入驻而提供的鼓励措施成为必要的支出。毫不奇怪，这种策略被称作"烟囱角逐"（smokestack chasing）。

在长期的经济增长的浪潮中，城市的领导者们认为这种吸引工业的概念和方法非常有效，因为那时有足够的新工厂和经济增长以支持每个社区的发展。虽然不同的区域之间也存在激烈的竞争，但人们普遍认为当时的经济非常有活力，足以容纳任何合理出价的竞标者。

但是，随着众多州参与到吸引工业的角逐中，投资者也学会了利用各个城市的竞争榨取更丰厚的鼓励措施，因此吸引一个工厂所需的支出飞速上涨。美国州长协会（National Governors Association）开始担忧各州正由于这种莽撞的行为而流失财政资金，而获得的新工作岗位却越来越少。此外，本州已有的厂商也认为，相比获得各种优惠的来自州外的竞争者，这些原有的、忠诚的当地企业处于明显不利的竞争地位。

第二个经济发展阶段开始于20世纪60年代中后期。这一阶段以对地方经济发展策略实践的政治批判为特色，并且由于制造业的衰退和市区再开发失败而愈演愈烈。经济发展研究将其研究重点从实施各种技术和策略转变为确定经济发展过程中的参与者、参与动机以及该过程的受益者。政治经济学家Molotch（1976）在其经典文章"城市就是增长机"（The City as a Growth Machine）中提出，经济发展活动是由希望使他们的财产增值的拥有土地的精英们主导的。他同时说,作为地方经济发展主要目标之一的就业机会,并未由于经济发展策略的实施而提升,只是工作机会在不同地区之间转移罢了。到了70年代后期,随着全球竞争的兴起以及世界经济的停滞,加上"烟囱角逐"引进的工厂并未如其承诺的那样带来财富和就业机会,有些地区抛弃了这种产业吸引策略。城市和州的利益与企业利益并不是共同的:城市和州寻求稳定的就业和税收基础,而公司寻求转移到低成本、高利润的地区的灵活性。第二阶段保留了商业吸引这一部分,但也增加了维持并扩张现存企业和孵化新企业的战略。在第二阶段中使用的手段包括:向失去竞争优势的企业提供激励政策,对有望开拓出区域性或全球性新市场的公司——如新技术产业——提供更多的贷款和许可,以及建立小企业部门来帮助小企业组建和发展。

为了应对前两个传统策略的失败,另外两个策略被引入到了第三阶段的地方经济发展中。首先,创业策略代表着从吸引供给方到创造新的产业(特别是高科技领域)的转变。其他的创业策略包括促进国际贸易、风险投资基金以及小企业的发展计划(Eisinger,1995)。近期的创意阶层吸引和发展计划(Florida,2002)可以被看做是这一战略的延伸。其次,70年代末和80年代初出现的平等策略是为了应对日益增长的不平等现象。该策略主张地方化策略,着重于解决平等和再分配问题。它也将地方经济发展决策制定的参与者的范围扩展到了邻里组织、公民团体和工会;同时,这种策略也引进了新途径以研究原有的问题(例如,确认种族和性别的含义)。出现在20世纪90年代的第三阶段计划则将其重点放在通过整合区域资源来支持特定的相关企业集群的发展,并且重视通过对本地劳动力的教育和培训提升本地竞争力。[①] 这些计划尝试通过整合技术、人力资源和资本来确立网络化企业的全球竞争优势。建立在"劳动力素质是新经济企业竞争的本质"这一认识的基础上,第三阶段的规划加强了学校和产业间的联系——如建立专业化证书授予计划。这些计划也强调产业协作中的地方参与、在产品测试设备方面的合作等。与前两个阶段不同,第三阶段的规划很少向企业提供直接的投资和好处,而是通过一系列包括信贷和低成本借贷的集资手段来帮

---

① 参见 Blakely(2001)对这些关系的全面讨论。

助企业融资，使其能迅速应对技术变迁。当前的规划正尝试创造一种环境，使地理优势和工业基础可以被视作区域优势，而不是简单地认为某个公司的单独决策可以使社区受益。

许多州为了提高州在国内和国际范围内的实际竞争力，已经投身第三次浪潮。正如Fosler(1991)提到的，它们的兴趣在于"将生产力和竞争力提升到新的高度，从而增加所有居民的收入，并为居民提供高标准、高质量的生活……它们关注工人和企业在生产网和产业群中相互影响的方式"(p.5)。为此，即使是处于国境线上的州，如得克萨斯州和华盛顿州，也开创了跨边界的经济发展战略。许多州设置国际办公室来调整产品、服务和人力资源交流，使其成为一种跨越国际文化边界的长期经济合作的渠道。

Bradshaw and Blakely(1999)在研究中发现，最有进取心的州(如华盛顿州、内华达州、佛罗里达州)已经设计了周详的、可以让州利益相关方(包括非营利性组织、社区组织和企业)主动参与的规划。这表明经济发展政策已经超越了私营部门的管辖范围。州办公室已经认识到，要重建一个有利于促进新的产业和保留现存企业的市民议程(civic agenda)，就必须重视学校和教会等参与者。一些州的战略已经成功地达成了公私合作，如加利福尼亚州公私合资的硅谷(Silicon Valley)。这种认识充实了在第三阶段中不断扩展的专业性关注，以应对社会经济不平等问题以及倡导重视经济发展中曾被忽略的问题。在经济发展中引入平等规划模式需要一套不同的制定和评估经济发展战略的标准，尤其是要确定经济发展过程中的获益者和受损者。正如Fitzgerald and Leigh(2002)所说："除了扩大在规划过程中的参与程度，平等规划也引入了新的方法以评估原有问题，如确定在经济发展战略中种族和性别的影响。"(p.17)他们进一步指出，平等规划者仍然只代表了经济发展实践中的少数派声音。

第四阶段的特点是可持续经济发展。经济发展应该对环境敏感，并且切实执行第三阶段的平等原则。Campbell(1996)提出，经济发展规划必须使得"经济'增长'，并且公平地分配增长的成果，同时在此过程中不损害生态系统"(p.297)。Jepson and Haines(2003)将可持续发展经济解读为更加强调自给自足而非出口依赖，强调发展而非增长。Newby(1990)认为，可持续的地方经济发展(SLED)必须是可以持续性地改善生活质量的手段。她评论说,人们常常"假设'对于经济有利'的事物自然就对社会有利"。此外,如何实施经济发展也对社会和环境产生了深刻的积极或者消极的影响。因此,落实可持续的地方经济发展时要关注所有可能的经济发展和复兴的选择,评估对于个人的影响,并且优先考虑那些"产生社会、经济和环境综合效益的方法,而非以牺牲一种效益为代价换取另一种效益的方法"(p.68)。

第五阶段开始于20世纪90年代,最初以两种途径为特征:第一种依赖市场手段,第二种推广都市或者区域战略。Porter(1998)在比较优势上的研究在这一时期非常有影响力。经济开发者被号召去识别未能满足的需求,提供政府支持和资助,以及鼓励在少数族裔企业和市场开发领域的公私合作。认识到城市蔓延以及随之而来的交通堵塞带来的负面结果,经济开发者和其他发展官员正在采取措施复兴废弃的和发展不良的地区。由于不同规模的地方经济普遍对汽车高度依赖并导致了无止境的城市扩张,这种首先在大城市实行的策略逐渐被推广到小城市甚至乡镇。这一阶段的市场重点正如Newby(1999)的观点:"对经济有利的一定对社会有益。"因为未对广义的可持续发展原则做出明确承诺,这一阶段的策略导致了一些预料不到的结果,比如随着高收入居民为了享受复兴的商业区和城市生活而回归内城,低收入人群被挤出到由于缺少必要的经济支持和公共交通而逐渐衰落的郊区,城市再次呈现出中产阶层化趋势。尽管这一阶段关注的空间范围是区域性的或者地区性的,但州在促进经济政策的实施上扮演了至关重要的角色。

正如本节开始时提到的,五个阶段是相互重叠的。我们仍然能够在今天的经济发展活动中观察到每个阶段的主要特点。对于不同阶段的战略的持续实施取决于规划者和经济发展情况对地方经济发展的明确或隐含的定义。

2.10 制定经济发展政策的内在挑战和机遇

为了实施经济发展战略,各州比以前更需要在各自的范围内加强与地方政府和特殊地域的联系。同时,如果已经接受了地方经济发展挑战的社区政策制定者们对他们可利用的备选方案保持一个开阔且现实的视角,他

们将得到更好的服务。为了贯彻最有效、最具综合性的政策,无论是各州还是地方,几乎所有的美国社区都将不得不对下列事实妥协:

- 经济发展更多的是要提升生活质量和增加社区财富,以吸引知识密集型的创新企业和工人,而非以社区的低生产成本吸引企业。这意味着社区必须能够提供高品质的住房和邻里环境、教育系统、交通、医疗和文化设施。

- 社区渐渐不再试图通过吸引新的制造企业来增加地方就业机会。在美国所有地区,现有企业的失业数量都大于新企业创造的就业数量。因此,社区和区域必须通过前文提到的信息和服务部门或其他活动领域来直接参与企业孵化,以此作为新的就业基础。社区必须将人力资本视为经济发展的新发动机。这样,社区的新就业机会建立在社区的人才基础所创造的新经济活动上,而不必争相从全国或全球其他地区引进已有的企业。

- 美国的各个社区曾一度可以仅仅依赖地区和国家市场来确定地方经济稳定性,而这种情况如今已不复存在。现在,全球经济体系占有主导地位。例如洛杉矶、纽约、旧金山和迈阿密等城市与国际经济的联系甚至比与国内经济的联系更为紧密。许多规划正在表明,基于国际经济的主要变化——而不是忽视这些变化——地方社区可以继续它们的发展政策以弥补国内经济目标的不足。显然,大都市的出口导向经济比小规模的乡村社区更容易利用国际发展项目。尽管如此,推行增强或促进地方产业的国际竞争力并力求满足社区所有居民的就业需求的经济政策,对于每一个社区都是非常重要的。

- 依赖于单一产业(如农业或矿业)或就业人口较少的社区比拥有更广泛经济基础的社区更容易受到冲击。因此,经济基础较为狭窄或正在衰落的社区必须采用更有效的经济策略来维持其经济和社会吸引力。

- 在制定应对成年人长期失业问题的计划方面,所有的社区都感到了越来越大的压力。而且,劳动力市场上新的(年轻的)进入者们,尤其是十几岁的青少年们都面对着区位特定就业难题。这些难题与工作可得性有关,也与未受充分教育和培训有关。工作的可得性问题来源于缺乏交通工具和缺乏能够给所有社区带来新机会的就业信息网络。而在面对小规模新型快速发展的公司时,择业者也缺乏对不熟悉的岗位名称以及含糊的工作技能需求的认知。此外,日益加剧的职业特征和社会特征与语言能力之间的失谐也是另外一个重要因素。

- 自然资源的可得性已经不再是决定地理或交通竞争优势的决定性因素。在当今的经济环境下,市场邻近度、自然资源或交通运输这类条件已经不如专门化技术导向的基础设施的可得性重要。这些重要的基础设施包括研究设备、高等教育服务、高质量的最新现代化通信以及对萌芽行业和扩张行业的特殊财政支持。本地支持服务质量的好坏决定了新经济活动的潜力。因而,暂且不考虑地理区位,仅仅通过认真评估并实现物质资源、自然资源和人力资源的最有效配置,地方就完全可以构造不同的经济未来。

- 21世纪前10年表明,国内经济、地方经济和大部分州内经济可能被恐怖主义或者自然灾害摧毁。专栏2.2重新计算了最近几次自然灾害的经济成本。社区能否在此之后恢复并且提高其经济发展水平,很大程度上将取决于它们如何预测和预防灾害。弹性规划被认为是长期经济发展政策和规划的基本组成要素。

专栏2.2

自然灾害对经济发展的影响

2007年佐治亚州的干旱一直被称为该州历史上最严重的旱灾之一。甚至在旱灾加剧的秋天之前,佐治亚大学农业企业和经济发展中心(Center for Agribusiness and Economic Development)就预测仅农业损失就将达到7.87亿美元(2007年7月预测)。而景观美化产业最初估计的经济损失是120万美元,而该产业的失业者将达到1.2万人左右。这些早期的预测并未包括娱乐设施、五金商店、食品店以及其他依赖降雨和佐治亚拉尼尔湖(Lake Lanier)的产业。该州大型的林业产业要在数年之后才能评估由于干旱引发的树木生长放慢和死亡造成的损失。经济学家现在也无法全面地评估干旱对农业机械、供货商和零售等农业相关产业及其就业造成的后续经济影响。尽管制定《全州综合水资源管理计划》(Comprehensive Statewide Water Management Plan)的呼声已经存在数年,但这次干旱造成的巨大经济损失是佐治亚州最终起草这份计划的主要原因。该州重要的经济发展和产业代表参与了该计划的制订过程。

2007年,加利福利亚洲发生了最具摧毁性的、造成重大损失的一系列森林大火。2007年10月,23场大火摧毁了南加利福尼亚州,其中圣迭戈的"女巫大火"(Witch Fire)是最具破坏性的。大火造成了 7 人死亡,如果考虑所有的保险、就业、收入损失和其他可计算的损失,这场大火的经济损失初步估计将高于 10 亿美元。有人估计,大火对圣迭戈城的影响就将达到 10 亿美元。加利福尼亚州的农场和旅游业遭到了无法恢复的损失;由于必要的急救服务和灾后基础设施清理,政府财政一度紧张;房屋所有者也被迫面对房产价值下降和保险费率增加带来的损失。加州劳动力市场信息部(Labor Market Information Division)早前预测,大火的影响直接波及了 3 135 家企业、41 394 个就业机会,并造成了 5.12 亿美元的收入损失。加上还未评估的零售业损失,大火对市场和收入的影响非常可观。

  2007 年的佐治亚州干旱和加利福尼亚州大火——被估计为美国历史上代价最高的干旱和火灾——仅仅发生在一度被认为是美国历史上损失最严重的自然灾害——2005 年墨西哥湾的卡特琳娜飓风——的两年后。美国商务部(Department of Commerce)国家气象数据中心(National Climatic Data Center)报告说,2007 年 3 月应对卡特琳娜的花费初步估计为 1.25 亿美元。这个相对较高的损失很大程度上是由于可预见的新奥尔良堤防系统的崩溃,从而造成了洪水、死亡(大约为 1 833 人)以及新奥尔良市的巨大经济损失。

  自然灾害造成的日益巨大的损失也让人们提出了一个问题:地方经济发展专家们能够做什么以减少灾害对居民、商业和政府造成的损失呢?如果佐治亚州政府能够早一点协商出更合意的水资源利用合约,佐治亚州干旱带来的危害能减少甚至消除吗?如果加利福尼亚州的土地利用形式能根据潜在的森林大火形势做出调整,那么南加州遭到的损失能够明显减少吗?只有很少人——如果有的话——认为,如果新奥尔良城先前就建造了能够抵御 5 级飓风的堤防系统,那么该城所受的损失也会大大减少。在卡特琳娜飓风之前,工程师们就认为,如果遭遇高于 5 级的飓风,新奥尔良城的堤防将会崩溃而洪水将会袭击城市。各级政府都未及时对这一已知的威胁采取行动。实际上,只要没有能够对抗 5 级飓风的堤防系统,新奥尔良城在飓风季节就将一直处于危险之中。

  佐治亚州旱灾资料来源:Shearer(2007).
  加利福尼亚州火灾资料来源:"Economic Impact of the 2007 Southern California Wildfires"(2007);Veiga(2007);Schoen(2007).
  卡特琳娜飓风资料来源:"Billion Dollar U.S. Weather Disasters"(2007).

2.11 小结

从国家政府的观点来看,各州和地方经济发展政策的原则就是促使公平分配,并且从地方促进和维持发展进程的能力中获利。基本的假设是:地方经济调整是推动国家经济持续发展的一个至关重要的组成部分。

在新经济中,地方层面上的经济发展被置于国内和国际的力量关系中。这一关系必然影响并创造着地方经济发展的机遇和挑战。全球化带给地方企业巨大的利益,如扩大的市场、高效的生产以及创新和人才资源。但这同时也意味着无论愿意与否,地方企业都是全球经济的参与者,也将受到比从前更加广泛的超出他们控制的外力的影响。

从经济发展的角度来看,地方不可能掌控全球经济体系中发生的事情,即使是它们所在的州甚至联邦政府也没有这个能力。但这并不意味着地方经济必须成为这种未知力量的牺牲品。社区需要了解塑造它们的外部力量,重新对自己进行定位从而有效利用机会以及规避不可控的风险。在抓住机遇、减少损失、投资新战略规划以及杠杆融资等方面,社区必须具备企业家的视角才能参与新经济的竞争。无论采取什么行动,地方社区都必须扩大现有的资源并且找到提高公共和个人生产率的途径。

无论是从联邦政府或合作伙伴处寻求援助,还是独立运转,地方社区都不可能在新经济中成功。若想成功,首先,它们必须了解联邦经济发展政策的规则,并且明白贸易政策、资金、劳动力和技术是怎样影响核心产业的。它们必须识别什么是它们的资产,并且不用等得联邦计划的援助,就能调动资产以积极应对全球经济变化。如果存在这样的一个项目或是贷款资源,地方社区必须很好地对其进行利用,但这只能是对地方主动反应的补充而不能是全部措施。此外,由于目前商业的流动性,大型企业和产业不再像从前一样是地方经济发展的核心资源。因此,解决就业问题需要一个更长远的战略而不仅仅是吸引大公司。商业和其他资源从正在衰落的社区中退出,涌向那些成功的社区。但是即使是最贫乏的社区也拥有可以带来商业增长的资源,这又将吸引其他必需的资源。

其次，全球经济中的社区不可能独立运转。这就与先前关于社区之间争夺有限数量的工厂，从而不是这个社区就是另一个社区得到这个工厂的经验相冲突。在一个以知识资源、专门化生产和快速变化为特征的经济中，地方社区很少能够凭借自己的力量在发展中获取竞争优势。发展往往不是以单个企业的形式，而是以一系列相互关联的企业的形式到来。雇员来自更广泛的区域，而专门化的服务可使一个地区的许多公司受益。一个地区的培训设施、交通、信息和市场给当地企业带来了额外的优势。因此，由提供集体经济发展资源这类有效合作形成的社区网络要比单个社区自身更具有吸引力。在国家政策为成功的地方经济发展提供支持的同时，社区因为从竞争走向协作而获得繁荣发展。

附录

2001—2006 年联邦支出明细（占财年支出百分比）

	2001	2002	2003	2004	2005	2001—2005 5年变化率	2001—2005 5年平均	2006	2005—2006 1年变化率
国防	16.4%	17.3%	18.7%	19.9%	20.0%	3.7%	18.5%	19.8%	-0.3%
国际关系	0.9%	1.1%	1.0%	1.2%	1.4%	0.5%	1.1%	1.3%	-0.1%
一般科学、空间科技	1.1%	1.0%	1.0%	1.0%	1.0%	-0.1%	1.0%	0.9%	-0.1%
能源	n/a	0.0%	0.0%	0.0%	0.0%	n/a	0.0%	0.1%	0.1%
自然资源和环境	1.4%	1.5%	1.4%	1.3%	1.1%	-0.2%	1.3%	1.2%	0.1%
农业	1.4%	1.1%	1.0%	0.7%	1.1%	-0.3%	1.1%	1.0%	-0.1%
商业和住房信贷	0.3%	0.0%	0.0%	0.2%	0.3%	0.0%	0.2%	0.3%	0.0%
交通	2.9%	3.1%	3.1%	2.8%	2.7%	-0.2%	2.9%	2.6%	-0.1%
社区和区域发展	0.6%	0.6%	0.9%	0.7%	1.1%	0.4%	0.8%	1.9%	0.9%
教育、培训、就业和社会服务	3.1%	3.5%	3.8%	3.8%	3.9%	0.9%	3.6%	4.0%	0.1%
健康	9.2%	9.8%	10.2%	10.5%	10.1%	0.9%	10.0%	9.9%	-0.2%
医疗保险	11.7%	11.5%	11.5%	11.7%	12.1%	0.4%	11.7%	12.7%	0.6%
收入保障	14.5%	15.5%	15.5%	14.5%	14.0%	-0.5%	14.8%	13.3%	-0.7%
社会保障	23.2%	22.7%	22.0%	21.6%	21.2%	-2.1%	22.1%	20.5%	-0.7%
退伍军人福利和服务	2.4%	2.5%	2.6%	2.6%	2.8%	0.4%	2.6%	2.6%	-0.2%
司法	1.6%	1.7%	1.6%	2.0%	1.6%	0.0%	1.7%	1.5%	-0.1%
一般政府行政	0.8%	0.8%	1.1%	1.0%	0.7%	-0.1%	0.9%	1.7%	0.0%

（续表）

	2001	2002	2003	2004	2005	2001—2005 5年变化率	2001—2005 5年平均	2006	2005—2006 1年变化率
净利息	11.1%	8.5%	7.1%	7.0%	7.4%	-3.6%	8.2%	8.1%	0.7%
津贴	0.0%	0.0%	0.0%	0.0%	0.0%	0.0%	0.0%	0.1%	0.1%
收入余额	-2.5%	-2.4%	-2.5%	-2.6%	-2.6%	-1.1%	-2.5%	-2.7%	-0.1%

资料来源：The 2007 Statistical Abstract, National Data Book, U.S. Census Bureau. Accessed from http://www.census.gov/compendia/statab/federal_govt_finances_employment/federal_budgetreceipts_outlays_and_debt.

参考文献和建议阅读材料

Adams, Walter, and James Brock. 2005. *The Structure of American Industry* (11th ed.). Upper Saddle River, NJ: Pearson Prentice Hall.

Andrews, Edmund L. 2007a. Fed and Regulators Shrugged as the Subprime Crisis Spread. *New York Times*, December 18.

———. 2007b. Strong Silence from U.S. on Dollar's Weakness. *International Herald Tribune*, October 10.

Bartlett, Donald L., and James B. Steele. 1998. What Corporate Welfare Costs You. *Time Magazine*, November 9, 16, 23, 30.

Billion Dollar U.S. Weather Disasters. 2007. NOAA Satellite and Information Service, National Environmental Satellite, Data, and Information Service (NESDIS), National Climatic Data Center, U.S. Department of Commerce. Accessed November 4, 2007 from http://www.ncdc.noaa.gov/oa/reports/billionz.html#chron

Blakely, Edward J. 2001. Competitive Advantage for the 21st-Century City: Can a Place-Based Approach to Economic Development Survive in a Cyberspace Age? *Journal of the American Planning Association* 67(2): 133—140.

Blakely, Edward J., and Philip Shapira. 1984. Industrial Restructuring: Public Policies for Investment in Advanced Industrial Society. *Annals of the American Academy of Political and Social Science* 475: 96.

Bradford, C., L. Finney, S. Hallet, and J. Knight. 1981. *Structural Disinvestment: A Problem in Search of a Policy*. Evanston, IL: Northwestern University, Center for Urban Affairs.

Bradshaw, Ted K., and Edward J. Blakely. 1999. What are "Third Wave" State Economic Development Efforts? From Incentives to Industrial Policy. *Economic Development Quarterly* 13(3): 229—244.

Campbell, Scott. 1996. Green Cities, Growing Cities, Just Cities? Urban Planning and the Contradictions of Sustainable Development, *Journal of the American Planning Association*, 62: 296—312.

Carter, Robert. 1984. The Spatial Basis for Economic Development and Adjustment Policies. In *Regions in Transition*, edited by R. Stimson. Canberra, Australia: Department of Local Government and Administrative Services.

Cohen, Steven S., and John Zysman. 1987. *Manufacturing Matters*. New York: Basic Books.

Consumer Reports. 2007. Are You Really Covered? *Yonkers* 72(9): 16—22.

Crippen, Alex. 2007. NBC's Tom Brokaw Puts Spotlight on Warren Buffet's call to "Tax the Rich!" CNBC post of October 30. Accessed February 12, 2007 from http://www.cnbc.com/id/21543506/site/14081545

Drucker, Peter. 1991. The Changed World Economy. *In Local Economic Development*, edited by R. Scott Fosler. Washington, DC: International City/County Management Association.

Economic Impact of the 2007 Southern California Wildfires. 2007. State of California Employment Development Department, Labor Market Information Division, October 30. Accessed November 4, 2007 from http://www.labormarketinfo.edd.ca.gov/article.asp? ARTICLEID=706&PAGEID=&SUBID=

Economic Indicators. 2000. *The Economist*, June, p. 106.

Eisinger, Peter. 1995. State Economic Development in the 1990s: Politics and Policy Learning. *Economic Development Quarterly* 9: 146—158.

Ferguson, Ronald F., and William T. Dickens, eds. 1999. *Urban Problems and Community Development*. Washington, DC: Brookings Institution.

Fitzgerald, Joan, and Nancey Green Leigh. 2002. *Economic Revitalization: Cases and Strategies for City and Suburb*. Thousand Oaks, CA: Sage.

Florida, Richard. 2002. *The Rise of the Creative Class: And How It's Transforming Work, Leisure, Community, and Everyday Life*. New York: Basic Books.

Fosler, R. Scott. 1991. *Local Economic Development*. Washington, DC: International City/County Management Association.

Goldsmith, William, and Edward J. Blakely. 1992. *Separate Societies: Poverty and Inequality in U. S. Cities*. Philadelphia: Temple University Press.

Goldstein, Harvey A., and Edward M. Bergman. 1986. Institutional Arrangements for State and Local Industrial Policy. *Journal of the American Planning Association* 53: 266.

Gomory, Ralph E. 2007. Testimony of Ralph E. Gomory, President, the Alfred P. Sloan Foundation to the Committee on Science and Technology, U. S. House of Representatives, June 12.

Gottschalk, Peter T. 2001. Ethnic and Racial Differences in Welfare Receipt in the United States (with Robert A. Moffitt). In *America Becoming: Racial Trends and Their Consequences* Vol. II edited by Neil J. Smelser, William Julius Wilson, and Faith Mitchell. Washington, DC: National Academy Press.

Government Steering the Economy. 1999. *The Economist*, September 11, p. 21.

Hanson, Burt E., Richard A. Cohen, and Edith P. Swanson. 1979. *Small Town and Small Towners*. Beverly Hills, CA: Sage.

Harrison, Bennett, and Barry Bluestone. 1988. *The Great U-Turn: Corporate Restructuring and the Polarization of America*. New York: Basic Books.

Herbers, John 1990. A Third Wave of Economic Development. *Governing* 9(3): 43—50.

The Hollow Corporation: A Special Report. 1986. *Business Week*, March 6.

Immergluck, Dan, and Geoff Smith. 2006. The External Costs of Foreclosure: The Impact of Single-Family Mortgage Foreclosures on Property Values. *Housing Policy Debate*, 17(1): 57—80.

International Economic Development Council (IEDC). n. d. Eminent Domain Tool Kit. Washington, DC: Author. Accessed February 5, 2009 from http://www.iedconline.org/Downloads/Eminent_Domain_Kit.pdf

Jacobs, Jane. 1969. *The Economy of Cities*. New York: Random House.

Jarboe, Kennan Patrick. 1985. A Reader's Guide to the Industrial Policy Debate. *California Management Review* 27: n. p.

Jepson, Edward J., and Anna L. Haines. 2003. Under Sustainability: Rebuilding the Local Economic Development Toolbox. *Economic Development Journal* 2(3): 45—53.

Kuttner, Robert. 2007. Prosperity Squandered. Comment in Kuttner, Robert and Robert B. Reich, Who's to Blame for the Brave New Economy? *The American Prospect*, November 5, pp. 1—6.

McMath, Robert C., Jr. 1991. Variations on a Theme by Henry Grady: Technology, Modernization, and Social Change. In *The Future South: A Historical Perspective* for the *Twenty-first Century*, edited by Joe P. Dunn and Howard L. Preston. Urbana: University of Illinois Press.

Molotch, Harvey. 1976. The City as a Growth Machine: Toward a Political Economy of Place. *American Journal of Sociology* 82(2): 309—332.

National Center for Health Statistics (NCHS). 2007. *Chartbook on Trends in the Health of Americans.* Hyattsville, MD: Author.

Newby, Les. 1999. Sustainable Local Economic Development: A New Agenda for Action? *Local Environment* 4(1): 67—72.

O'Connor, Alice. 1999. Swimming Against the Tide: A Brief History of Federal Policies in Poor Communities. In *Urban Problems and Community Development*, edited by R. Ferguson and W. Dickens. Washington, DC: Brookings Institution.

Ohlsson, Lennart. 1984. *International and Regional Specialization of Australian Manufacturing: Historical Developments and Implications for National and Regional Adjustment Policies.* Bureau of Economics Contributed Paper no. 1. Canberra: Australian Government Printing Service.

Orfield, Myron. 1996. *Metropolitics.* Washington, DC: Brookings Institution.

Organization for Economic Cooperation and Development (OECD). 1986. *The Revitalization of Urban Economies.* Paris: Author.

Porter, Michael E. 1998. Clusters and the New Economics of Competition. *Harvard Business Review* 76(6): 77.

Reich, Robert. 1991. The Real Economy. *Atlantic Monthly*, February, pp. 124—143.

Ross, Doug, and Robert E. Friedman. 1990. The Emerging Third Wave: New Economic Development Strategies. *Entrepreneurial Economy Review* 90: 3—11.

Schoen, John W. 2007. California Adds Up the Cost of Wildfire Damages. MSNBC, October 26. Accessed November 4, 2007 from http://www.msnbc.msn.com/id/21492649/page/2

Shearer, Lee. 2007. Economic Impact to Last Many Years, Experts Say. *Morris News Service*, October 28. Accessed November 4, 2007 from http://chronicle.augusta.com/stories/102807/met_149572.shtml

Shigley, Paul. 2007. Round 3 for Eminent Domain: An Update on Post-Kelo Battles. *Planning*, March, pp. 11—15.

Silver, Hilary, and Dudley Burton. 1986. The Politics of State-Level Industrial Policy. *Journal of the American Planning Association* 52: 277.

U. S. Department of Housing and Urban Development. 2000. *New Markets: The Untapped Retail Buying Power in America's Cities*. Washington, DC: Author.

Veiga, Alex. 2007. Economic Impact Will Rise Through Rebuilding Phase. *Associated Press*, October 24. Accessed November 4, 2007 from http://www. pasadenastarnews. com/news/ci_7273693

第 3 章　地方经济发展的概念与理论

本书第四版给出的地方经济发展的定义与前三版有很大的不同。原因很简单,一度用来支撑传统经济发展实践的主流定义已经越来越不充分。即使在最发达的经济体里,实践也一次次证明,这一定义已经无法解决主要的经济发展问题。实际上,这一定义带来的结果是全球变暖和日益加剧的不平等。由于过去对经济增长造成的分配和环境影响的关注不够充分,这两种趋势是现阶段美国首先需要解决的问题。

3.1　定义地方经济发展

第 2 章中讨论的经济发展在各个阶段的展开是建立在经济发展的定义之上。传统的对经济发展的主流定义是财富的创造。这一定义是前两次经济发展浪潮以及第三次的企业战略浪潮的主要推动力。这种定义将经济发展和经济增长等同起来(Fitzgerald and Leigh,2002;Malizia and Feser, 1999),将扩大税收基础和创造就业作为最基本的目标。财富和就业机会的创造以及税收基础的扩大无可厚非,但是将经济增长等同于经济发展就是一个极大的错误,对于经济增长的盲目追求可能会破坏经济增长的基础。比如,建立在对于自然资源(比如木材、海产品和煤炭等)的掠夺性利用上的经济增长最终将会停滞。如果对劳动力的教育和职业培训未给予应有的重视,以及未能发展出多样化的产业结构,那么工人将失业,而社区发展也将停滞不前。同样的情景在单一产业或者单一工厂的城镇中同样适用。全球经济和技术的转变弱化了社区对单一产业的期望。产业可能转移,或者厂商可能带着它们的资本退出该产业和城市。这些是最为简单的例子,一个只拥有非常单一的工业基础的城镇,即使拥有不止一个产业,也是非常脆弱的。

至少在公共部门和非营利部门,如果为了创造财富和就业而盲目追求经济增长将带来收入的不平等和不可逆转的环境破坏,或者恶化边缘群体的处境,那么我们应该拒绝这种做法。建立在对劳动力的剥削上的经济增长——而这些劳动力别无其他的就业选择——是不人道而且违反了公平劳动条例和其他法律的。扩大的不平等最终将破坏经济社会的稳定,导致有产者和无产者之间的冲突。这样的冲突将进一步导致足以破坏社区的暴力行为。

不平等的扩大有多种原因,但是往往反映了经济发展领导的失败——比如,未能提供合格劳动力以吸引先进产业,因此没有产生替代原有衰落产业的就业岗位;或者未能支持企业创造新的工作,或是成长为大型的地方企业;或者未能明智地提供经济激励,没能避免高昂的成本阻碍建设高质量的学校和基础设施,而后者是真实经济发展的基础。或许有一天经济发展规划领域将发展到一个节点,那时无须赘述经济发展并不一定等同于经济增长,而"发展"一词也无须用可持续性来限定;相反,这些将内化入经济发展的概念。相似地,也无须多言"可持续性和公平性",二者已经被认为有重要的共同性。然而在可预见的未来,对这些概念的强调仍然非常必要,以应对全球变暖和不平等的趋势,以及推动地方经济发展实践更多地被第四阶段的动力——可持续地方经济发展——广泛渗透。

我们在此为可持续地方经济发展提供三个部分的定义,这种定义强调合意的效果而非所谓增长目标[①]:

> 地方经济发展目标的实现要求建立在公平和可持续的原则上,通过一系列人力和物质的发展,社区的生活质量能够得到保持和提升。

这一定义有三个关键的要点:

第一,经济发展要为所有人设定一个最低生活水平,并且保证该水平的不断提高。

对最低生活水平的辨别并不仅仅意味着创造就业机会,而是创造能够

---

① 这一版本对可持续发展的定义最初见于 Fitzgerald and Leigh(2002),是对于 Leigh(1985)提出的定义的改进。

提供生活来源(全职的工作收入足以消除个人和家庭的贫困)的就业机会。生活水平的提升包括对优质商品和服务的消费、有品质的住房以及扩大免费医疗的覆盖面、帮助进行针对退休的储蓄和为孩子提供职业教育和大学教育。

第二,经济发展减少不平等。

"增长性的经济发展"的途径尽管可能意味着创造更多的财富和资产,却不能确保每个人都从经济的增量中获益。结果,特定的群体和特定的地区不仅未能跟上发展的脚步,还可能比以往更难以保证生活水平,因为经济发展提高了总体的生活成本。因此,经济发展要减少人口统计学上的群体(年龄、性别、种族和民族)以及特别定义的群体(如本地人和移民,原居民和新到者)之间的不平等。类似地,这也减少了不同的经济政治单元(小城镇与大城市、内城和市郊、乡村和城市)之间的不平等。

第三,经济发展促进和鼓励可持续的资源利用和生产。

如果经济发展不能包含可持续发展的目标,那么这一过程可能会产生在当代和未来之间的代际不平等。经济发展要求循环利用被日益富裕和消费导向的社会所抛弃的产品,以及对增长的更强控制以遏制绿地的消耗和城市蔓延的滋长。生活水平的上升要求资源的可持续利用和生产,同时要求经济发展的不同途径(越来越多地被归为绿色发展)。同时,这也创造了对新的不损害甚至有利于环境的产品、市场、工作、企业和产业的需求。

3.2　增长和发展的理论

正如我们在上文所述,地方经济发展是一个不断演进的领域,应该与经济增长相区分。历史上众多的试图解释区域性和地方性经济发展的理论都没有区分这一点。尽管如此,地方经济发展规划的学生应该对这些理论及其持续的影响力非常熟悉。表 3.1 显示了 Malizia and Feser(1999)关于 20 世纪末以前所有重要的经济发展理论的总结。该表介绍了每一种理论强调的对于发展的定义、优劣势以及应用。

表 3.1 经济发展理论概述

理论	基本类别	对发展的定义	关键动力	优劣势	应用
经济基础理论（Economic Base Theory）	出口或者基础性和非基础性产业；地方性或者居民部门	产业、收入或就业的增长率	外生需求变化的应对；经济基础乘数效应	美国对经济发展的最流行的理解。短期预测的简便工具，长期发展分析能力不充分	吸引工业；扩大出口产业；通过加强基础性产业和非基础性产业的联系进行进口替代；旨在出口扩张的基础设施建设
产品理论（Staple Theory）	出口产业	出口导向性经济增长	成功的世界市场出口产品的生产和营销；对出口产品的外部投资和需求	经济发展的历史性视角；描述性的理论，难以应用	出口专业化；国家不遗余力提升比较优势；经济基础决定政治和文化的上层建筑
产业理论（Sector Theory）	第一产业、第二产业和第三产业	产业多样性、单位劳动生产率的提高	收入需求弹性和第一、二产业劳动生产率	经验性研究；分类过于宽泛	促进产业部门转移；吸引收入弹性的产品的生产商
增长极理论（Growth Pole）	产业	推进型产业增长导致结构性变化	推进型产业是增长极	基于主导产业的启动和扩散的综合理论	增长中心战略
区域集中和扩散理论（Regional Concentration and Diffusion Theories）	产品和要素（Myrdal）或者产业（Hirschman）	更高的人均收入	扩散和回波效应（Myrdal）或者极化和涓滴效应（Hirschman）	解释经济发展的动力问题	积极的政府应该减轻回波效应和减少不平等（Myrdal）；公共投资促进发展（Hirschman）
新古典增长理论（Neoclassical Growth Theory）	集聚（大型）或双产业部门区域经济	单位资本增长率的提高	支持投资和资本经济的利息率	供给面模型	政府应该推行自由贸易和经济一体化，容忍社会不平等和空间二元化

（续表）

理论	基本类别	对发展的定义	关键动力	优劣势	应用
跨区域贸易理论（Interregional Trade Theory）	产品和要素的价格和数量	经济增长增加消费者福利	价格调整以促进贸易均衡；价格一数量效应	关注消费者福利和价格效应；忽略了发展的动因	政府干预必须推行自由贸易；基础设施发展和有效的地方政府
产品周期理论（Product Cycle Theory）	产品：新产品、成熟产品和标准化产品	新产品的持续创造和扩散	新产品开发；创新	广泛认同的理解发展的基础	发展战略要推进产品创新后续的扩散
企业家理论（Entrepreneurship Theories）	企业家和企业功能	弹性和多样性	创新过程；新融合	折中的理论	支持发展的产业环境或生态环境
弹性专业化理论（Flexible Specialization Theory）	生产体制，产业组织	通过灵活的生产、创新和专业化实现可持续增长	需求变化要求生产者的灵活性	对企业/产业组织的细致分析；未能详细刻画集聚效应和联系	通过采用先进技术，小企业和产业集群网络促进灵活性

资料来源：Malizia and Feser, *Understanding Local Economic Development*, 1999. Copyright © 1999, Rutgers, The State University of New Jersey, Center for Urban Policy Research. Reprinted with permission of the publisher.

此外，Malizia and Feser(1999)对这些理论着眼于发展还是增长做出了区分。不同于上文中增长和发展明显含有规范性元素的区分，他们的定义更多的是描述性的(Malizia and Feser,1999,第 11 章)。他们将注重地方经济的短期扩张划归为增长理论，包括经济基础和新古典经济理论；而将注重长期的演化性和结构性经济变化的理论归为发展理论，包括产品理论和企业家理论。但是正如 Malizia and Feser(1999)所言："理论提供了最主要的原则以解释我们观察到的关系，进而促进和解释我们的行动。"(p.16)因此，如果我们发现不平等的扩大和全球变暖是需要解决的问题，那么我们的经济发展理论就需要确定这些问题的原因以及解决这些问题的原则。

在这一章中，我们着重介绍表 3.1① 中的五种理论，然后讨论 2000 年以后的发展状况，以及经济发展理论为促进可持续发展而产生的新趋势。

一些局部理论能帮助我们理解地方经济发展的基本原理。这些理论可以共同表述为：

$$地方/区域发展 = c \times r$$

其中，c 代表一个地区的实力(经济、社会、技术、政治实力)，r 代表该地区的资源(可得的自然资源、区位、劳动力、资本投资、企业大环境、交通运输、通信、工业构成、技术、规模、出口市场、国际经济环境、地方政府能力、国家及州政府支出)。如果 c 等于 1，表示该地区的实力属于中性，不会增加也不会减少一个社区的资源。如果 c 大于 1，表示该地区有很强的实力，能够利用资源加倍发展。强大的组织可以进行高效合作以满足地方经济需求，由此加速资源发展。如果 c 小于 1，表示该地区实力较弱(社会、政治、组织领导等机能较差)，可能由于任人唯亲、腐败、利己、机构混乱、能力不足等，使得该地区的资源不能得到有效利用，阻碍了地方经济的发展。

资源可以从很多方面去衡量，不同的理论对不同资源，如自然资源、基础设施、政府支出和市场、市场容量以及资金、通信的可获得性，给予不同优先权。

经济发展理论，传统上主要关注 r(资源)这一部分，而忽略了 c(实力)

---

① 对于地方经济发展规划的专业学生，我们推荐阅读 Malizia and Feser(1999)的对于经济发展理论的综合讨论。

这一部分。例如，区位理论强调市场接近性的优势。虽然离市场最近，但是中心城市却在经济上落后，因为它们缺乏能够充分利用地理优势的社会、政治能力。其他理论主要关注基础设施和投资需要，如建设工业园、公路、机场、棒球场或通信设施等。但是如果没有成熟的项目来利用这些资源，也不会增强一个社区的实力。看看众多设立在乡县，不能够吸引投资而空空如也的工业园便能理解了。因此，地区经济发展的理论必须将资源和实力放在一起考虑。

一个地区较强的实力能够弥补经济发展中资源的有限。一个资源数量和种类都落后的地区，必须更加有效地利用现有资源。对于地区经济发展来讲，最明显的有利资源是自然资源，如铁矿、煤、森林资源、水资源、农业用地等。但是，自然资源并不足以促成一个强大的经济，这些资源所塑造的经济体往往过分依赖于初级加工业，只能提供不稳定的、低工资的就业岗位。大多数强大的经济体的优势并不在于自然资源，而在于能够从其他地方获得资源。人力资源、资本投入、基础设施、新技术、贸易渠道、政府支出等是更为理想的经济投入，以上资源较为丰富的地区应该会有更好的经济发展机会。

另外，从发展的角度讲，资源往往没有得到充分利用，这就需要地区实力来使资源得到有效利用。一个地区实力越多样化，它将资源转化为发展机会的能力也就越强。比如，社区也需要一个经济发展组织（如商业协会、商务会馆、经济发展公司、政府机构等）来有效解决经济落后地区出现的问题，并提高获取资源的能力。

3.2.1 新古典经济理论

新古典理论为区域和地方的发展提供了两个重要概念：经济系统的均衡和资本的流动性。这些概念认为，如果资本可以不受任何限制地自由流动的话，所有的经济系统都将达到一个自然均衡状态。也就是说，资本将从工资成本比率高的地区流向工资成本比率低的地区，这是因为后者将提供更高的投资回报率。在地方发展中，这意味着贫民区应当吸引资本，这是因为那里房产的价格，有时也包括劳动力的价格，低于市场平均水平。如果这个模型在现实中能够有效运行,那么所有的地区都将在经济系统中逐步达到均衡状态。这一基本原理为当前解除银行、航空、公用事业以及其他类似服务业的政府管制提供了理论基础。理论上,所有的地区都能在解除管制的市场上竞争。

新古典主义经济学家,如诺贝尔经济学奖获得者米尔顿·弗里德曼,反对在公司的国内选址迁移甚至是国际转移的过程中进行任何政府或社区管制。他们同样反对社区组织和地方政府对公司的任何限制,比如雇用少数族裔或地方参股。他们认为这些行为注定是要失败的,并且破坏了资本正常和必要的流动。而且,他们认为没有必要去挽救那些即将破产的和没有竞争力的企业。失业的工人应当转移到一些新的就业地区,以促进那些地区的发展。

这些理论在美国和其他国家都被检验过。国际货币基金组织(IMF)为各国提供紧急贷款,并要求发展中国家政府交出资产控制权并放松对市场和货币流通的控制。在很多例子中,这样的行为对这些国家经济直接的影响非常明显,如墨西哥的经济已经开始反弹,并且取得了极大的进步。而IMF的批评者指出,在放松管制的国家,贫富差距越来越大,这说明市场所进行的资源配置是不公平的,政府的干预和管制对于解决不平等问题来讲非常重要。

很多区域和地方经济发展的倡导者反对新古典理论及其政策。例如,Blair(1995)指出,总有一些集团在经济发展中获得的利益比其他集团更多(p.170)。另外,新古典的理论框架通常被认为是有悖于社区利益的,社区的存在意义不仅在于其经济效用。最后,新古典模型关于一些地区具有竞争力而另一些地区不具有竞争力的真正原因分析很少。

不过,从新古典经济理论的角度出发,可以得到一些有用的观点。首先,在市场经济的社会中,所有的社区必须保证它们在某种意义上是以吸引资本为目的来利用资源的。事实上,人为障碍、效率低下的政府官僚作风以及缺乏良好的商业环境,都阻碍了经济发展。其次,社区或贫困邻里能够而且应当赞成利用必要的资源来帮助它们和周边地区达到一个均衡状态。这可以通过依靠地方政府贷款和资助来增加商业财产而部分地实现,也可以通过提供培训或其他提高地方劳动力价值的项目来实现。这些措施可以促使内城邻里及其他贫困地区与那些繁华地区在价值上实现平衡。

3.2.2 经济基础理论

经济基础理论的拥护者假定经济增长的决定因素与其他地区对商品、服务、产品的需求是直接相关的,且这些地区在社区的地方经济边界以外。本质上,那些使用地方资源(包括劳动力资源和物质资源)并最终向其他地区出口的产业的增长,将创造地方财富和就业机会。

由这个理论得来的地方经济发展战略强调应当优先资助那些具有国内或国际市场的企业,而不是那些为地方服务的公司。运用这个模型可以减少那些依靠出口的企业在成立过程中的一些壁垒,例如减免税收、支持交通设施和电信建设,或者建立自由贸易区等。

当前很多以吸引和建立新企业为目的的创业战略和高科技战略都是基于经济基础模型的。其基本原理是非出口企业或地方服务提供企业将自动发展,以满足出口企业及其工作人口的需要。而且,该理论认为出口企业比地方服务企业有更多的就业人数。从而,每一个由出口企业创造的岗位将依靠其部门,在经济系统的其他部分产生数个就业机会。区域经济方法将验证并衡量地方经济中这些企业的影响。

值得注意的是,经济基础理论只适用于短期,因为出口部门和经济结构——该理论的基本着眼点——会随着时间发生变化。产品理论作为对于出口基础理论的拓展,则有一个长期的视野。产品理论试图通过观察出口专业化的变化来解释地方经济演变。一个经济的主要产品是指一种能够在国际市场上出售的商品(例如自然资源或者农产品),它可以带动相关的制造活动(产品加工),并且创造供给产业以及利用成长的市场来吸引外部产业(Malizia and Feser,1999)。

这个模型的关键缺点在于它依赖外部需求而非内部需求。因而,该理论忽略了进口替代的机会,而这也是地方经济中一种创造就业和增加收入的途径(同时可以减少由于购买进口产品而造成的收入外流)。过度应用经济基础模型将导致一个几乎完全依赖国际或国内的外部市场的扭曲经济。但该模型有利于理解地方经济是如何由于外部产品和服务需求的变化而增长或者衰落的,同时也有利于积极的旨在实现经济增长、发展和稳定的产业目标的制定。在第六章,我们将讨论确定地方经济的出口基础的方法。

3.2.3 产品生命周期理论

经济基础理论涉及理解产品生命周期,以及通过创新和扩散的过程来考察区域和地方的命运。产品生命周期理论最早是由 Raymond Vernon (1966)提出的。他指出,产品开发只能发生在能够为产品发明创新提供投资的富国,并在能够为新产品支付更高价格的当地市场支持下完成。例如,一个新电子产品最有可能首先在富裕和受教育程度较高的人群中找到市场,而不会出现在缺乏购买和使用产品所需的收入和技能的地区。随着时间的推移和产品的标准化,新产品开始大量生产并进入大众市场,生产线的出现使得产品生产不再需要专业人士,因而其所产生的工资和技能(或好工作)也将下降。在这个时候,生产可以被转移到欠发达国家,公司不再依靠产品的独特性竞争,而是依靠价格竞争(见图3.1)。

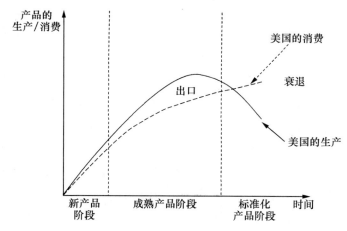

图3.1 生命周期

资料来源:改编自 Vernon(1966)。

正如 Malizia and Feser(1999)对这个理论做的表述:

> 经济发展可以被定义为新产品的产生、扩散和生产的标准化过程。发展起源于发达地区,发达地区通过贸易和投资将其输出到欠发达地

区,在欠发达地区建立一个新兴的行业会创造一种进步的动力,可以帮助消除实现地区平等的障碍。但是产品生命周期理论并不能预测区域间收入的趋同;发展的过程可能趋同也可能不同。(p.177)

工厂受到它所处的地点和产品生命周期的双重影响。有些行业的产品生命周期转换很快,新产品被频繁地引入,有些行业则相对稳定。例如,高技术电子产业从产品的扩散到低成本生产的转化过程非常快。其他行业被更紧地约束在它们的中心地,产品创新并不是一个重要因素。例如,投资银行的每一项决定都是有针对性的,很少能标准化。

3.2.4 区位理论

区位理论试图解释企业如何选择区位,并且为地方经济如何增长(或衰落)提供解释。企业为了最大化其利润,必须选择生产成本和运输成本最小的区位。早期的区位理论关注企业生产的产品在生产过程中是增重还是减重,进而关注最终产品的运输成本相较于原料的运输成本是增加还是降低。为了最小化运输成本,最终产品重量小于原料重量的企业应该布局在原料供应地,并将最终产品运输到市场。在规范经济学中,这种企业被称为失重或者原料导向型工业,表3.2显示了一些经典的例子。如果最终产品比原料更重,那么企业应该布局在其市场附近,而运输所需的原料进行生产。这种企业被称作增重或者市场导向型企业。

表3.2 企业的区位导向

导向	相对特点	例子
运输成本导向	运输成本更加重要	
原料导向	原料比产品重 原料比产品体积大 原料比产品更易腐坏	矿石加工 钢铁 水果罐头厂
市场导向	产品比原料重 产品比原料体积大 产品比原料更易腐坏	瓶装厂 汽车装配 面包
生产成本导向	本地原料成本更加重要	
能源	能源密集型产业	制铝业

(续表)

导向	相对特点	例子
劳动力	劳动密集型产业	纺织业
中间原料		
专业化投入	本地化规模经济	软件
商业投入	城市化规模经济	总部经济
娱乐休闲	气候、休闲、税收等	研发、旅游

资料来源：Bogart, William Thomas, *Economics of Cities and Suburbs*, The, 1st Edition, © 1998, p. 61. Reprinted by permission of PearsonEducation, Inc., Upper Saddle River, NJ.

区位理论也考察运输成本以外的影响企业布局的因素。随着在过去三十年里陆运、海运和空运的效率的显著提高，运输成本对企业区位决策的影响明显减弱。现在，考察后勤成本比仅仅考察运输成本更加合适。后勤配套产业包括一系列的活动，包括规划、仓储和物流、服务流管理，以及从出发点到消费点的相关信息。这不仅包括了运输，同时还包括仓储和配送活动。信息技术在后勤上的应用的发展在全球生产和市场网络发展中至关重要。

除了运输和后勤，其他影响区位质量和适宜性的显著要素是劳动力成本、能源成本、供给的可获得性、通信、教育和培训设施、地方政府能力和响应度，以及公共卫生设施。不同的企业在提高其竞争力的过程中所重视的要素不同。因此，社区通常试图控制其中一些成本，以吸引工业企业。所有这些行为都将在其原有的自然特性之上提升一个区位的吸引力。

表 3.2 中，我们看到本地化规模经济和城市化规模经济。这两个概念是城市与区域经济学的一个核心概念——集聚经济——的变形。集聚经济指的是由于空间接近而节约的成本。也就是说，一个地方性的或区域性的经济会产生特定的生产成本的节约，而这种节约在欠发达区域是不能实现的。本地化规模经济指企业从布局在其他企业附近获益，因为它们利用同类型的劳动力或原料，或者更易得到竞争者、供应者、新科技等信息。城市化规模经济指地方经济越大（即城市越大），生产成本的节约和其他优惠就越多。这来源于更大的市场，或者更加专业化的服务（例如，产业设计者、广告商、风险投资等），或者知识和技术在产业间的转移。

厂商在整个经济空间的选址行为，长期以来都是经济学者感兴趣的一个话题(Malizia and Feser, 1999)。早期的一些理论家在 20 世纪 50 年代就着手研究选址问题,包括提出"增长极"理论的 François Perroux(1983),提出累积因果循环理论的 Gunnar Myrdal(1957),提出中心——边缘模型的 Friedmann and Weaver(1979)。

Perroux(1983)的增长极理论假设增长的带动者是处于发展前沿的行业和厂商,或者某领域的主导者等。Perroux 想要反驳经典理论家所主张的增长会转移至成本较低的地区。事实上,相反的情况常常在那些在技术和财富上领先或者在政治上有影响力的"推动性行业"中发生。Perroux 认为这些增长极与其他增长极相联系,但是并不一定会带动周边地区的经济增长。这就解释了为什么并不是硅谷内的所有社区,如奥克兰或东帕罗奥图等,都能够从周边的经济快速增长地区受益。

Myrdal(1957)的累积因果循环理论揭示了为什么一些地区不断地获得优势而另一些地区却一直处于劣势地位。市场力量能够自然地配置资本、技术、专业人才等资源。这些地方相对其他地方,累积了大量的竞争优势。对城市周边地区逐渐衰落的观察说明了累积因果循环理论的基本原理:市场力量的相互影响最终增加而不是减少了不同区域经济的不平衡,所以不同区域收入的不同是可以预见的结果。Myrdal 对累积因果循环给出了如下举例:

> 假设一个社区发生了偶然的变化,而且这种变化在一连串的事件中不能立即消除;比如,一个雇用了大量人口的工厂被烧毁了……而且不能轻易重建,至少不能在原厂址重建。立即出现的影响便是工厂必须停业、工人失业。这将使得收入和需求减少。反过来,需求的减少又将降低收入,并且在社区的那些与该工厂及其雇员有关系的所有企业中造成失业……如果没有外部的变化,社区将对外部企业和那些预期迁入的工人失去吸引力。在这个不断加剧的过程中,社区已建的企业和居民将不断寻找原因搬出该社区,以期在其他地区找到更好的市场。这又进一步降低了收入和需求。(p.23)

早期的区位理论试图解释特定区位对于生产和分配商品的重要性,而这一情况被先进技术和电信业改变。小型社区能够与大型城市争夺企业和产业,因为信息技术和运输成本的减少降低了距离对区位选择的重要性。

一些无形变量,比如社区生活质量、文化和自然舒适度,以及合适的生活成本,由于企业主和雇员的偏好,可能在企业区位选择中更加重要。地方经济开发者非但没有受到自然禀赋和区位的初始特点的限制,反而现在能够改善区位选择的关键要素,而这些要素超越了最小化运输成本和接近市场的重要性。

3.2.5 中心地理论

区位理论的一个分支——中心地理论,在零售业活动中得到了很多应用。根据该理论,每一个城市中心由一系列更小的地域单元来支撑,这些小地域为更专业化和高产的中心地区提供资源(产业和原料),这些小地域反过来又被更小的地块所包围,由更小的地块向其提供资源和市场。城市中心由专业的零售商店,专业服务如法律服务、投资银行、心脏外科手术,公司总部以及非营利机构等来为整个区域服务。当小地方的居民在自己的社区有不那么专业的产品和服务,而需要专业产品和服务的时候,就要到中心地去。例如,一个小地方的居民虽然不用去中心地就可以购买到百货商品和享受汽车修理服务,但是他想听一场世界级水平的交响音乐会,就还是需要到中心地去。

假设中心地的发展能够带动整个区域的经济繁荣,乡村地区的区域发展模型在很大程度上是依靠中心地理论来进行资源配置的。从一些乡村服务机构的设置中我们可以看到中心地理论的应用,如田纳西流域管理局(TVA)、乡村电气局、经济发展管理局(EDA)以及类似的农村服务机构。每一个组织都试图在一个或两个社区内推行区域经济计划,这些社区无论是被指定还是自发形成,都将成为发展的区域中心点。

但是,正如 Bradshaw and Blakely(1979)指出的,在发达的工业社会中,乡村社区越来越能够利用专业化分工的优势。虽然缺乏城市的一些优势,如行业专家等,但是由于对乡村自然环境的喜爱,以及通过网络能够消除在小地方的局限性,乡村社区的竞争集中在先进制造业、专业化服务、通信服务等其他类型的商业。互联网以及巨型商场大大改变了中心和边缘地带的商业联系。如今,已有的零售商和新的"E-零售商"(e-tailer)在互联网上的交易额每年都有几十亿美元。

中心地理论在城市和乡村的地方经济发展中都有相应的应用。例如，为了能够使不同的邻里地区保留可行的中心区，对这些邻区的功能加以区分是必要的。一些地区将成为为整个区域服务的核心城市，而另外一些地区成为只服务于其所在的社区的小城镇。地方经济发展专家能够帮助社区或邻区在区域经济系统和电子等级系统中确定自身的功能定位。

同时，中心地理论不能解释在大的市场区域中，单独的邻里为什么可能严重缺乏零售服务。这种现象在低收入和少数族裔社区尤其突出，而且已经成为20世纪90年代后期以来经济发展的关注重点，也促进了下文讨论的"新市场"战略的发展。

3.3 理论用于实践

经济发展理论影响了实践活动，如下文所示。

3.3.1 吸引力模型

吸引力模型基于区位理论之上，是经济发展理论中被社区广泛应用的理论。全世界的社区都在通过推行一些政策和项目，使得自己的区域对投资者、厂商、新移民、企业家等更具吸引力，从而与同样资源禀赋的地区相比，更具竞争优势。

吸引力模型的基本假定是一个社区及其企业家可以通过提供激励和补贴来改变该社区的市场地位。这个假设认为，新的活动可以产生税收，刺激经济财富的增长，以取代最初的公共和私人补贴。而另一个针锋相对的观点通过大量的事实表明，这些措施的成本事实上是由社区的工人和纳税人来承担的，而其利益很大部分被土地拥有者和企业所有，因而加剧了不平等（Bluestone，Harrison and Baker，1981）。

吸引力模型的一个新方法，就是将吸引工厂转变为吸引具有企业家精神的人，特别是吸引特定的社会经济群体来到一个地方或者一个社区。年轻的中产阶级居住者不仅带来了购买力,也吸引了雇主。新移民者更可能开设工厂。因此,很多社区重新评估了它们的吸引力,并强调对"人"的吸引力。这种方式在乡村地区非常有效,在这些地区,生活质量因素可以吸引新的人群移居至此。由于新人群的迁入,增加了内需,产生了新的出口企业,这反过来又促进了经济的增长。并且,研究表明,一些地区可以为高科技企业和投资者提供特别的"知识网络",作为这些企业和投资者的孵化器。这些地区是天然的企业中心地,因为这些地区发展了某些特色和团队精神。马萨诸塞州的128公路、硅谷、北卡罗来纳州三角区以及佛罗里达州的一些地区,都被认为是创新中心。

在吸引力模型中,社区就是产品。同样地,它们也需要"包装"和适当的展示。在杂志和报纸对某一地区相对于其他地区具有的优势所进行的广告宣传中,我们可以发现这种包装的痕迹。有大量证据可以证明社区推广的确有效,而且证据还表明对这种方式运用的失败很可能是与政府能力有关的。任何一个城市或邻里都不应隐藏其优点。某些形式的营销是必要的;在发展计划中采用该模型时,方法和理论基础与希望得到的结果同样重要,因为目的并不总能证明过程的合理性。社区也都从过去经验中学习,因此越来越多的社区在吸引企业的公共激励措施中加入了限制和条件。如果企业在该社区不能存在足够长的时间以纳税和提供工资,那么这些资金将用于补偿之前的公共投资。这些限制同样规定了企业要给当地居民创造就业机会并提供生活来源。

3.3.2 新市场模型

根据美国住房和城市发展部(HND),2000年美国城市中心地区未实现的购买力高达33 100万美元,占全国城市商品零售额的近三分之一。有新移民的乡村地区也有大量未实现的市场潜力——例如,组成阿巴拉契亚地区肯塔基高地的城镇估计有13亿美元的零售购买力(Cuomo,1999)。这是由于错误的观念以及这些市场的信息不足。零售商离开这些社区或者不为其服务是因为他们认为这些社区的收入水平太低或者犯罪率太高,从而失去了市场价值。但是,随着国家经济的发展,这些社区的犯罪率已下降到过去三十年中的最低水平。此外,尽管内城家庭的收入比市郊家庭更低,更高的人口密度创造了更高的交易总额和更强的购买力。另外,市中心和乡村的就业不断增长。最后,互联网使得乡村地区能够获得服务业的就业机会。

根据 Michael Porter(1995)的理论,内城的特征使得它们处于新经济的前沿。内城靠近市中心这种活动集中的区域,这些区域使其成为零售最主要的市场,更重要的是,它们还接近关键的竞争集群。

> 内城未来经济发展最令人激动之处在于对临近地域集群的投资,其中包括具有国内或国际竞争力企业的聚集区。比如,波士顿内城临近世界级的金融服务集群和医疗护理集群。洛杉矶中南部临近娱乐集群和后勤服务批量运营综合体。(p.60)

新市场理论认为贫民区和处于衰退中的乡村中存在着很多商业机会有待开发。根据 James Carr(1999),这些地区的经济发展需要:
- 理解社区资产的价值;
- 创造或利用适合于社区资产的金融工具;
- 设计价值获取机制,使得新创造的财富能够重新投入社区,以鼓励该社区更多的经济活动,如商业、房地产、社会服务、社区服务业等;
- 采取措施以确保更多的社区成员分享社区所创造的财富;
- 设计评估投资长期效益的方法。

尽管上述措施可以增加内城和低收入地区的投资和再投资机会,但是启动投资仍然需要财政补贴。新的经济融资组织形式,如社区发展融资机构(Community Development Financial Institutions, CDFI)就以改善低收入地区的资产、负债融资状况为目的。新的融资方式相继出现,加之联邦政府财政部门向低收入地区提供了260亿美元的担保贷款,这些都促使大公司愿意承担风险而向这些地区投资。但对于像 Gap 和星巴克这类知名品牌的公司而言,它们对这些地区的投资更多的是要为传统的零售业寻找新的顾客群。而且,大量的新移民涌向原低收入地区和黑人聚集区,这对零售商来说预示着新的市场机会。新市场理论是旧市场经济学在新的经济体中的创造性应用。

3.4 地方经济发展规划的理论、模型和潮流

在这一章中,我们讨论了五种最重要的用于解释地方经济发展成果以及塑造经济发展规划的理论(虽然这里的发展等同于增长)。经济发展本质上不是一个学科,而是一个拥有各种学科专家——如商务、城市和区域规划、人口统计、教育、经济、地理、政治、公共政策、区域科学和社会学——的领域。因此,经济发展的理论可以被任一学科所影响。我们在本章开头就注明,经济发展是一个演进的领域。此外,正如我们将在第 4 章讨论的,这一领域的工作来自各种不同水平的学术和专业经验。

总的来说,经济发展专家是行动导向的。实际上,他们的工作依赖于生产结果。他们应用新的观点和理论以服务其地区。尽管他们的动机是良好的,但过去的经验表明,他们有时依赖于未经证明的观点和理论,这些理论产生于有限的时间、人力和资本。一个特别显著的例子就是在 80 年代 David L. Birch(1979)提出了小企业是真正的经济和就业创造的引擎以及创新的来源。这是建立在他对 Dun 和 Bradstreet 的数据的研究上。研究表明,1969—1976 年间 80% 的工作是由雇员少于 100 人的公司创造的,其中有三分之二的企业雇员少于 20 人。但是,他的方法后来被证明有错(White and Osterman,1991),而最终结论仍是"大型的企业组织仍然创造了绝大多数就业,支付最高的工资和福利,以及主导了企业网络的生产协调、融资控制以及新技术的应用和实施"(Harrison,1994)。但是到了此时,全国各地已经开始了"小企业浪潮",利用其资源创造新的中心和项目以促进小企业发展。鼓励小企业发展并非错误的经济发展想法,但却不是解决由于 80 年代以后美国制造业重建和就业下降而造成的经济发展问题的万能药。经济发展专家需要将其关注点和支持放在为社区创造经济基础的制造业工厂和其他大型企业上。

我们在第 1 章介绍的两种近期非常流行的理论引起了很大的关注:Kim and Mauborgne(2004)的"蓝海战略"理论和 Richard Florida(2002)的"创意阶层"的概念。"蓝海战略"理论关注创造新市场的企业,它们能反过来促进

其所在地的经济发展。相反,"创意阶层"理论强调驱动经济发展的人群。两种概念都引起了很大关注并且创造了私人或者公共部门经济发展的动力。但是二者的原创性、用于证明理论的分析以及理论的合理性受到了质疑。

关于创意阶层,Jamie Peck(2005)评论说:

> [这一理论]即城市财富越来越增加了吸引、保留甚至呵护高流动性而挑剔的"创造性"阶层的能力,而这一人群的集合力量是经济发展的主要动力——对于城市领导者有很强的吸引力,进而成为后者争夺的对象。Florida 的演讲费用达到了五位数。从新加坡到伦敦,从都柏林到奥克兰,从孟菲斯到阿姆斯特丹,实际上,一直到罗德岛州的普罗维登斯和威斯康星州的格林贝,城市愿意出高价聆听关于创造力的新信条,学习如何吸引和培养创造性的雇员以及评估已有的创意中心如得克萨斯州的奥斯汀和追随者如佛罗里达州的坦帕湾的最新的"创意发展战略":市政领导笃信他们不仅需要在原有的税收减免和再发展计划上,也需要在 Florida 所谓的 3T(技术、知识和宽容)领域竞争(She,2004:D1)。根据这种日益风靡的城市发展战略,吸引"新的基于人的创造力的资本"需要新的供给方面干预的形式,因为城市现在处于事关成败的"人才战争"中,而这场竞争只能靠发展某种被人才看重的"人的气候"取得——城市环境要开放、多样化、活力和时尚(Florida,2003c,p.27)。被广为赞赏为时尚城市的倡导者又被诟病为新经济的推销者的 Florida,确实在城市经济发展政策的死水中掀起了波澜。(p.740)

回到我们对于经济发展和增长的区分上,"创意阶层"理论被批评未能针对不平等、中产阶级化和贫困工人提出解决方法,同时强调狭窄的多样化的概念以推动经济发展(如只针对同性恋者)。因而,尽管该理论关于经济发展原因的前提是正确的(至少有一位作者——Malange(2004)发表了数据以证明所谓的创意阶层城市超过了传统的企业和工人阶层城市的表现),对创意阶层发展战略的全盘采用可能恶化长期以来的经济发展问题,如不平等问题和扶贫问题。正如小企业发展浪潮的情况,经济开发者需要谨慎地评估创意阶层理论后再投入大量的社区资源来应用于这一实践。

3.5 经济发展理论用于地方实践的演进

现有的发展理论必须与时俱进,以反映变化的经济结构和紧扣地方经济发展活动。我们将各个理论所强调的要素重新整合,把区位、商业和经济基础、劳动力资源和社区资源结合起来,形成一个新的综合理论(见表3.3)。

表3.3 地方经济发展要素的整合

组成部分	旧观点	新观点
区位	地点(临近自然资源、交通条件、市场条件)增加了经济的选择权	环境和社区能力能够促进自然资源优势的发挥
商业和经济基础	出口导向型产业和企业创造就业机会,并带动当地经济发展	竞争性的产业集群联结各类企业形成区域网促进新增长和收入增加
劳动力资源	有更多的企业创造更多的就业机会,即使工资是处于最低水平	全面技能发展和技术创新能够带来高水准工作和更高的工资
社区资源	单一目标的组织能够增加社区经济发展机遇	为竞争性产业建立发展基础需要各类社区组织合作

3.5.1 区位

技术改变了区位是发展主要决定因素的传统看法。特别是在减少了对自然资源的依赖性,而把知识作为更关键的投入的时候,工厂,甚至大规模的制造厂商,不再像原来一样,与特定的地点联系起来。越来越多的工厂都是自由流动的,由于信息和生产网络的国际化,即使是选择留在本地的企业也将越来越高级的工作进行外包。我们只知道,公司一贯重视的是,一个地区的自然资源、社会资源等因素能够相互作用来创造一个适宜居住和进行商业活动的环境。而认为交通和市场体系的通达度决定一个社区经济活力的传统观点已经过时了。

新区位理论的逻辑可以从乡村经济发展机会的变化中明显地看出来。尽管乡村社区以往竭尽所能地建设道路、工业园和基础设施来促进制造业的发展,但它们现在发现这种战略成效不大。越来越少的自由企业会考虑偏远的乡村,尤其是在它们能够将企业布局在墨西哥、亚洲以及世界上其他可以提供廉价劳动力和低价货运的地方的时候。相反,乡村的经济增长来源于其可供休闲娱乐的淳朴的自然环境和高质量的基础设施,包括各种市民组织、文化发展机会以及商业网络。因而,有些乡村地区的发展甚至没有对基础设施进行大规模的投资。一个乡村社区是否是指定的人口增长中心、产业发展或是资源开发的目标地区,看起来都是无关紧要的。乡村地区的经济发展机遇是由可获得的人力资源质量,而非自然资源的开采决定的。

区位不再单独是一个"拉动性"因素。一种新型的地方经济发展模式认为,存在地方性的发展驱动因素。这些因素更适用于地方性的自然和社会环境,而非大范围的地理分析。而且,休闲娱乐、住房、社交等方面的社区机构的建设决定了一个地区的经济发展活力。当社区集中力量建设社会和制度网络体系时,它们也就创造了一个富有魅力的环境,从而能够吸引更多企业到该社区发展。如果组织得当,那么经济发展将会水到渠成——无须刻意追求。

3.5.2　商业和经济基础

经济基础模型在经济发展中严重地依赖于一种部门性的方法。这个方法的关注点在于经济系统中的交易,而非交易系统的失灵和不足。该方法是基于地方经济必须在公共部门和私人部门中最大化其内部制度联系的观点。

地方经济发展理论的前提是:制度基础是在发现地方经济问题和改革制度安排的过程中要考虑的主要因素。建立新的制度关系是经济发展的新的核心问题。只有当社区在集聚资源和信息来创建其未来时,社区才可以掌控自己的发展方向。这不是一个封闭的政治过程,而是一个开放过程,使得地区居民能够计划并管理他们自己的经济前途。

在新经济中,商业仍然在经济发展议程上占有重要一席,但是重点已经从私人厂商转移到拥有人力、资源和技术联系优势的独立厂商的网络和集群。经济发展政策更多地关注如何在厂商间形成一种双赢的机制,而非为某个企业提供特别的激励。同时，该政策也包括向环境优美的产业的转型以及帮助企业建立新的可持续的产品和生产工艺，以充分利用其他企业的废料作为生产原料。

3.5.3 就业资源

社区在从事积极的发展活动时，非常重要的、有时也是唯一的理论基础是改善地方就业。在新古典模型中，低工资率和低成本对创造就业来说就是足够的了。古典模型认为：一个地区可以从拥有廉价劳动力中受益，但是这也就意味着低税收和有限的教育及培训机会。厂商根据自己的职位空缺来招聘，而较少考虑技能和工资。公司为了寻求低工资水平而进入一个地区，通常会使得这个社区仍处于贫困水平。这实际上并未提高该社区的生活质量，或者减轻不平等的程度，亦未提供可持续发展的基础。

在新经济中，厂商需要高技能的劳动力并愿意为他们付出高薪。高竞争力的厂商知道，它们必须与社区一同投资才能保证拥有高技能的劳动力。形形色色的职业培训和职业发展计划证明了提升现有劳动力素质对于其雇主的重要性。

一个地区人力资源的素质对所有行业来说都是一种吸引力。如果该地区人力资源基础雄厚，那么新厂商则会进入，而不管区位或者已经迁入的原有企业如何。因此，社区不仅必须创造与现有人口相适应的就业岗位，而且必须要建立各种机构来帮助居民提高素质和扩展能力。乡村社区和内城邻里很少有能够服务于厂商的高等教育或研究机构。事实上，乡村社区和城市邻里对上述资源的需求往往仅局限于教育功能或解决社区发展中出现的问题。

地方经济的发展，不管是现在还是不远的将来，都将依赖于社区利用高等教育和研究类机构等资源的能力。与其吸引一个能够吸纳上千劳动力的新工厂，不如吸引一些较小的研究实验室进行技术前沿的研发工作，它们最终将为整个地区创造就业和实现稳定发展。

地方经济发展的目标是提升居民和地区的价值。也就是说，社区要创造经济机会来"适应"人力资源，充分利用现有的自然和制度资源基础。从根本上说，在建立发展方案的概念框架上，重点从需求方（企业）转移到供给方（劳动力和自然资源）。

3.5.4　社区资源

在古典模型中，经济发展是在代表当地厂商利益的商业导向型的组织引导下实现的。在新经济中，社区中有许多组织代表不同的利益，只有通过这些组织的相互合作才能使经济发展变为现实。例如，政府、商业机构（如商会）、劳动力发展机构和社区的机构都必须相互配合，这是保证目前经济发展的必要前提。对经济发展负有责任的实体不再是单一的，而是与能够为经济发展做出贡献的某个项目相关的各个机构共同组成的一个有效组织；当这个项目完成之后，该组织将会被适用于下一个发展项目的组织所替代。

3.6　小结

在表3.2中列出的经济发展的新概念和理论框架，体现了新经济下发展的环境。它们表明，地区经济发展并不是像市场那样不受空间约束；在新经济下，过去一味追求扩大企业和就业的做法，并不能为社区带来福利。在变化的经济中，特定的地方必须与特定的人联系起来。在地方经济发展中，我们要同时关注人和地方。因此，地方经济发展过程强调的是最大化地利用人力资源和自然资源在特定地区内实现就业和创造财富。

原来的理论对于我们在本章提出的经济发展定义可能不再适用。这一新的定义要求仔细评估不严谨地应用基于这些理论的战略的影响。在日益技术化的时代，原有的重视创造就业机会的理论并非一无是处，但是必须限制在好的工作以及帮助工人和社区适应更具活力的劳动力市场和方兴未艾的相关技能发展等方面。

因此，经济发展理论应该与时俱进以发现社区如何建立可持续发展经济的基础，进而解决全球变暖、不平等和自然资源保护问题，同时提升生活质量。因此,公共和私人部门必须合作以辨明和支持可持续经济发展战略。政府要负责缩小经济和社会差距,同时保护自然资源。它还需要利用其资源和权力促进商业领域发展,以加强而非减弱可持续的地方经济发展。这样,政府将重塑"新市场"等已有战略并且消除现有的限制和阻碍。

参考文献和建议阅读材料

Alonso, Wiilliam. 1972. Location Theory. In *Regional Analysis*, edited by L. Needham. Harmondsworth, UK: Penguin.

Birch, David L. 1979. *The Job Generation Process*. Cambridge: MIT Program on Neighborhood and Regional Change.

Blair, John P. 1995. *Local Economic Development: Analysis and Practice*. Thousand Oaks, CA: Sage.

Blakely, Edward J. 2001. Competitive Advantage for the 21st Century: Can a Place-Based Approach to Economic Development Survive in a Cyberspace Age? *Journal of the American Planning Association* 67(2): 133—140.

Bluestone, Barry, Bennett Harrison, and Lawrence Baker. 1981. *Corporate Flight: The Causes and Consequences of Economic Dislocation*. Washington, DC: Progressive Alliance Books.

Bradshaw, Ted K., and Edward J. Blakely. 1979. *Rural Communities in Advanced Industrial Society*. New York: Praeger.

Carr, James. 1999. Community, Capital, andMarkets: A New Paradigm for Community Reinvestment. *NeighborWorks* (Summer): 20—23.

Corporation for Enterprise Development. 1982. *Investing in Poor Communities*. Washington, DC: Author.

Cuomo, Andrew. 1999. *New Markets: The Untapped Retail Buying Power in America's Inner Cities*. Washington, DC: Government Printing Office.

Czamanski, Stanislaw. 1972. *Regional Science Techniques in Practice*. Lexington, MA: D. C. Heath.

Daniels, Belden, and Chris Tilly. 1985. Community Economic Development: Seven Guiding Principles. *Resources* 3(11): n. p.

Eisinger, Peter K. 1988. *The Rise of the Entrepreneurial State: State and Local Economic De-

velopment Policies in the United States. Madison: University of Wisconsin Press.

Fitzgerald, Joan, and Nancey Green Leigh. 2002. *Economic Revitalization: Cases and Strategies for City and Suburb.* Thousand Oaks, CA: Sage.

Florida, Richard. 2002. *The Rise of the Creative Class: And How It's Transforming Work, Leisure, Community, and Everyday Life.* New York: Basic Books.

Friedmann, John, and Clyde Weaver. 1979. *Territory and Function: The Evolution of Regional Planning.* Berkeley: University of California Press.

Giloth, Robert, and Robert Meier. 1989. Spatial Change and Social Justice: Alternative Economic Development in Chicago. In *Restructuring and Political Response*, edited by Robert Beauregard. Newbury Park, CA: Sage.

Goldstein, William A. 1979. *Planning for Community Economic Development: Some Structural Considerations.* Paper prepared for the Planning Theory and Practice conference, Cornell University, Ithaca, NY.

Hackett, Steven C. 2006. *Environmental and Natural Resources Economics: Theory, Policy, and the Sustainable Society*, 3rd ed. New York: M. E. Sharpe.

Hanson, Niles M. 1970. How Regional Policy Can Benefit From Economic Theory. *Growth and Change* (January): n. p.

Harrison, Bennett. 1994. The Myth of Small Firms as Predominant Job Generators. *Economic Development Quarterly* 8(1): 13—18.

Hirschman, Albert O. 1958. *The Strategy of Economic Development.* New Haven, CT: Yale University Press.

Hoover, Edgar M. 1971. *An Introduction to Regional Economics.* New York: Knopf.

Isard, Walter, and Stanislaw Czamanski. 1981. Techniques for Estimating Local and Regional Multiplier Effects of Change in the Level of Government Programs. In *Regional Economics*, edited by G. J. Butler and P. D. Mandeville. Brisbane: University of Queensland Press.

Kim, Chan, and Renee Mauborgne. 2004. Blue Ocean Strategy. *Harvard Business Review* 82 (10): 79—88.

Leigh-Preston, Nancey. 1985. *Industrial Transformation, Economic Development, and Regional Planning.* Chicago: Council of Planning Librarians Bibliography 154.

Malanga, Steven. 2004. The Curse of the Creative Class. City Journal (Winter). Accessed September 15, 2008 from http://www.city-journal.org/hteml/14_1_the_curse_.html

Malizia, Emil, and John Feser. 1999. *Understanding Local Economic Development.* New

Brunswick, NJ: Rutgers University, Center for Urban Planning Research.

Myrdal, Gunnar. 1957. *Economic Theory and Underdeveloped Regions*. London: Duckworth.

Peck, Jamie. 2005. Struggling With the Creative Class. *International Journal of Urban and Regional Research* 29(4): 740—770.

Perroux, François. 1983. *A New Concept of Development*. Paris: UNESCO/Universite du Paris IX.

Porter, Michael. 1995. The Competitive Advantage of the Inner City. *Harvard Business Review* May-June: 55—71.

Richardson, Harry W. 1971. Urban Economics. Harmondsworth, UK: Penguin.

——. 1973. *Regional Growth Theory*. New York: John Wiley.

Robinson, Carla Jean. 1989. Municipal Approaches to Economic Development. *Journal of the American Planning Association* 55(3): 283—295.

Rubin, Herbert. 2000. *Renewing Hope Within Neighborhoods of Despair*. Albany: State University of New York Press.

Shragge, Eric. 1997. *Community Economic Development*. Buffalo, NY: Black Rose.

Vernon, Raymond. 1966, May. International Investment and International Trade in the Product Cycle. *The Quarterly Journal of Economics*, 80(2): 190—207.

White, Sammis B., and Jeffery D. Osterman. 1991. Is Employment Growth Really Coming From Small Establishments? *Economic Development Quarterly* 5(3): 241—257.

Williams, S. 1986. *Local Employment Generation: The Need for Innovation, Information and Suitable Technology*. Paris: Organization for Economic Cooperation and Development.

Wolman, Harold, and Gerry Stoker. 1992. Understanding Local Economic Development in a Comparative Context. *Economic Development Quarterly* 6(4): 415.

第 4 章　地方经济发展职业和专业人员

> 俗话说,如果问一百位经济开发者当初是如何进入这一领域的,九十五位会告诉你:纯属巧合……对于很多这一领域的从业者,这并非他们的专业、职业或者意想的事业——而只是一份工作……此外,地方层面的主要负责招聘(即政治性任命)经济开发者的政客们,还未能意识到这些经济发展专家的技能必须与城镇规划者和城市工程师相似。这是一个不断变化的时代。
>
> ——Waterhouse(1997,p.84)

经济发展从业者和规划师现在属于一个被承认的职业。但是,正如上文所示,这一认知的历史还不长,尽管经济发展的实践自第一次试图影响企业布局的努力起就已经存在。

经济发展领域中有大量的正式联合会,上述引文的作者 Waterhouse 就是前身是美国经济发展委员会(American Economic Development Council,AEDC)而后又经过一系列合并的联合会的主席。在经济发展行业,全美各州都有经济开发师联合会,以及全国性和国际性的联合会。这些联合会有别于经济发展部门和组织,如商会和小企业中心、镇经济发展局、州经济发展部或者美国经济开发署等。这些联合会是由选址专家、房地产开发商、公用事业公司、经济发展顾问等组成的会员制组织。

国际经济发展委员会(International Council of Economic Development,IEDC)是美国最重要的经济发展联合会。该会于 2001 年由美国经济发展委员会(最大、最老的经济发展协会,成立于 1926 年)和城市经济发展委员会(成立于 1967 年)合并而成。IEDC 提供经济发展宣传、教育、技术支持和网络。该会建立了一个经济开发师认证项目,包括达到经济发展工作经验的最低水平以及进行(非学位的)课程学习和通过经济发展的综合性考试。通过认证的经济开发师也需要遵守职业道德。

虽然任何领域的个人都可以成为认证经济开发师,但是经济发展领域还是有学术根源,其建立在地理、工商管理、公共财政、政治经济学以及城市和区域规划之上。此外,支持理论和方法实践的经济发展专业在城市与区域规划领域长期存在。美国规划协会(American Planning Association)——规划师的专业联合会——设有建于1978年的有专门工作人员的经济发展规划部。在规划领域,对于经济发展的关注点比其他实践更明确地指向公共利益。

美国经济发展职业的产生与19世纪末期产业招商人员的崛起密切相关,这些招商人员实际上为南方城市引进了工厂。这一职业的另一个起源包括来自商业会所或类似商业发展组织的城市商业促进者和社区援助者等。

20年前,Levy(1990)从城市和区域规划的视角,将这一职业归纳为理性规划和营销的结合:

> 如果学者们希望使他们在地方经济发展实践上的贡献更加实用,或者希望对国家和州的政策方向提出有用的建议,那么,他们必须认识到实际工作过程中销售方面的主导性。如果他们努力将地方经济发展联系到更加宽广的社区规划背景中去,那么,他们必须适应这样的情形,即销售可能居于主导性地位。(p.158)

此前两年,H. J. Rubin(1988)在一篇文章中将经济发展形容为"雁过拔毛,果落入袋"。在这篇经典的文章中,Rubin评论说,经济发展实践中,"对于管理确定性和任务完成的追求导致了公共部门支持的商业利益"(p.236)。他同时指出,经济发展从业者认为他们的工作环境是"复杂且不确定的",而且需要"努力搭建公私部门之间的桥梁"(p.237)。因而,为了推销其确定性,他们采取了一种"雁过拔毛,果落入袋"的哲学。

2004年由国际城市/城镇管理协会(International City/County Management Association,ICMA)发起的对地方政府经济发展从业者的调查显示了同样的动力在主导着该职业。调查覆盖了人口在1万以上的市和5万以上的设有议会制政府或执行官制政府的县,结果表明只有52%的地方政府制定了经济发展规划（ICMA，2004）。在回答有关经济发展活动的问题时,这些经济开发师表示他们的精力大部分花在引进企业（44%）上,接下来是保留企业（41%）和发展小企业（19%）。当被问及促进该区域内部经济发展的项目时,约一半的受访者表示他们支持社区发展公司和职业培训。然而,接近五分之三的受访者表示没有建立社区发展贷款基金,超过四分之三的受访者没有小企业项目,少于三分之一的受访者支持幼儿看护项目。

实际上,地方政府参与的经济发展活动一直都严重依赖于与私营公司合作开展营销。即便如此,他们的做法显得过于特定。尽管几乎所有人都表示希望吸引新的企业,但是 70% 表示并未制订企业吸引计划。这一点印证了 Rubin(1988)的早期调查中的判断:经济发展实践者担心他们的营销和推广计划毫无用处。

回顾近二十年来的经济发展文献,尤其是如何应对全球化的问题,其主题多是保留已有企业以及扶持本地的小企业。然而 ICMA 的调查中,77% 的受访者表示他们没有制订企业保留计划,而 83% 没有小企业发展计划文本。相反,70% 以上提供了企业激励政策。五个最常用的激励政策包括分区和审批协助、基础设施改造、税收增额融资制度、税费减免和一站式审批。这些也印证了 Rubin 的评论,即经济开发者相信地方政府的角色是"制定灵活的规定和限制以不阻碍商业发展"（p.65）。

超过 80% 的受调查的地方政府表示它们衡量企业激励机制的有效性的标准是新企业创造的就业数量（90%）、建设材料和劳动力投资额（63%）。但是,接近 90% 表示他们从未考虑社区内新创造的就业。此外,当被问及是否用绩效评估衡量经济发展效率,例如项目的投资/税收创造额比值时,大多数（67%）给出了否定的答案。

ICMA 表明对营销和引资的激励政策的重视是经济发展实践长期以来持续的特征。

经济发展的灵活性特点对于经济发展从业者很有利,他们要用有限的资源去满足大量却常常并不明确的期望。但是,问题在于缺乏标准就很难阻止一些活动——甚至那些明显反社区的活动——被标榜为地方经济发展。此外,任何政府或者地方社区团体都可以（有时实际上也）只是更改一下活动名称就将其标榜为经济发展活动。

从非营利团体的视角来看,经济发展不只是堆砖砌瓦。它将为那些美国梦已经破灭的弱势人群和弱势地区重新构筑起社会和经济的大厦。在一系列对经济发展人员的访谈中,Rubin(2000)捕捉到了这种情感。他的一位被访者如是说道:

> 我的使命是授权,是教育,是倡导……绝对不是为任何人生产任何东西,或者提交任何东西。授权、教育、倡导,以改变社会,将使社区变成一个适宜生活的优雅的场所。(p.138)

另一位被访者强调:

> 我认为我们是催化剂……在人们中间点燃行动,点燃某种感觉,告诉人们在集体工作和为需要奋斗的时候如何去做。(p.139)

还有一位被访者说:

> 假如这里有一座空的建筑,我们就是最后一道工序的开发者。我们正是这样看待自己的……我们将在这一宗业务上赔钱,但它就是这样运作的。(p.139)

非营利性的社区组织承担了营利性开发商决不会承担的风险。这种风险包括组织不同种族和阶层背景的人,他们有时甚至是相互害怕和憎恶的。尽管这些非营利组织也许赚钱,也许不赚钱——大多数情况下不赚钱——但是,它们从事的是经济发展中最困难的工作。这就是,它们正试图使不毛之地变成宜居之所。

4.1 经济发展从业者的角色

经济发展职业由五个相互关联的要素组成,即区位因子、组织地位、任务职能、所服务的客户的特征以及从业者个人的倾向性。其中,经济发展(ED)从业者的角色可以看作所有这些因素的函数。

上述五个因素中的每一个都具有"雁过拔毛,果落入袋"观点所描述的所有特征。在某些情况下,一个经济发展专家可以实现那些环境实现不了的事情。此外，经济发展从业者选择或被分配的任务本身也可能产生一个有利于或不利于实现目标的环境。二十多年以前，Luke et al.（1988）这样评论道：

> 训练有素的经济发展经理的经验和知识越来越不奏效，很多时候在应用到新的相互联系的经济状况下时甚至是有害的。在与其他城市争夺有限的工业机会时产生的敌对的竞争关系可能阻碍未来的经济发展。新的协作战略的产生由于以下原因成为必要：第一是日益扩张和密集的经济发展区域……选举或者任命产生的多样性的公务员负有相似的政策制定责任；第二是一个政府机构或者单个经理单边行动的有效性大大降低了；第三是政策制定和执行的缓慢；第四是受外界经济力量的影响度和开放性的不可避免的增加，城市和州被企业在其他地区的投资决策所影响。经济发展是置于跨政府和跨部门的网络的影响中，而政府很难独立地处理经济问题。（Luke，Veattriss，Reed and Reed，1988，p.227）

尽管上述评论仍非常贴切，但也有证据表明这一职业的认知和动机有突发性的变化。下面的讨论将为这种变化建立一个背景框架。

4.2 社区

几乎所有的社区或区域都具有不同的环境条件，这些条件可能是经济问题的根源，也可能不是。这些条件是否发生作用也受到一些因素的影响。比如，某个社区的动员能力可能是非常强的，因为它具有明确的领导模式；而另一个社区则可能没有公认的领导。在这种情形下，即使两个社区的目标可能是一致的，经济发展从业者采用的方法和工具表面上看起来也是相似的，但是，具体的运作模式则根据条件不同而不同。可见，对于经济发展从业者而言，无论是客观条件还是发展环境都是极为重要的议题。

在评估经济发展需要时，我们必须考虑整个社区和区域的环境条件。而且，导致变化的氛围与这种变化同样重要。因此，经济发展从业者必须超越技术性事务，帮助社区将自己看作一个边界大大超过狭小的市政范围的社会的和自然的实体。这种认同工作是经济发展过程的必要环节,如果不能把握真实的"区位"议题,那么,即使是最认真的经济发展从业者也会受到惩罚。

除了正确地把握经济地理因素之外,经济发展从业者也需要帮助社区正确认识经济发展的因果关系问题。正如前文所述,这不是一个容易的工作。许多社区将其发展问题归因于某种外部因素,如来自国外低收入地区的竞争,或者不公平的国际经济秩序。这可能是其原因,也有可能不是其原因。然而,仅仅归因于外部因素也许不能带来任何新的解决方案。因此,经济发展从业者的任务就是确定在地方背景下能够被解决的问题。这常常意味着,我们需要帮助社区认识到,其他地区选择的解决方案,如高科技、旅游、招商引资等,也许并不适合于自己。基本上,环境条件既决定了经济发展的方式,也决定了其选择空间。经济发展从业者必须清醒地认识到这一点,并采取恰当的技巧帮助社区找到一条可持续发展的正确道路。

4.3 组织

正如前文所述,地方经济发展活动受到地方和州两个层次的各种制度的影响。经济发展从业者主要在市级或跨市的地方政府组织开展工作。因此,本节主要讨论地方一级的若干实践问题。

任何一个经济发展组织之所以成立,都是为了完成一些预先设定的使命。不管这种使命描述是清晰的还是模糊的,它都形成了组织存在的合法性,并对经济发展从业者的权力施加了某种限制。在许多情形下,甚至是大多数情形下,经济发展组织只是一个协调机构,很少直接采取行动。因此,从某种意义上讲,经济发展从业者更多的是一个资源整合者,而不仅仅是一名专家。由于其他组织正在实施着某种职能,因此,经济发展从业者必须具有很高的技巧来鼓励而不是替代,监督而不是控制。这的确是一个很难扮演的角色。

当然,在另一些情况下,经济发展组织也许将自己看作一个开发商或者开发伙伴。在这种情况下,经济发展从业者必须是富有创造性的、进取的,不断地寻找各种机会参与包括从住宅到工业开发在内的广泛的、新的经济活动。经济发展从业者甚至被要求设计一些新的融资工具，或者帮助公司进行有效组织，以充分利用政府和其他发展项目。

渐渐地，经济发展从业者正在成为一个更大的政府和非营利组织的官僚体系的一部分。作为一个政府专员，经济发展从业者也许会受到来自包括咨询委员会和选举办公室等在内的各方面的约束。不过，我们可以想办法缓解由此所造成的种种紧张状况，特别是当人们对于经济发展从业者的角色和责任有着很多不同的理解的时候，尤其如此。

经济发展组织正在不断增加，而且日渐专门化。于是，对于某一个经济发展从业者而言，他不得不在一个大的经济或规划官方部门中工作。这样的组织往往希望经济发展从业者在某些更小的专业领域，如住宅、金融、企业家才能和棕地开发等方面具有专才。

最后，经济发展组织总是在一个更大的组织和制度框架内进行运作，包括地方、州、国家，甚至国际层次。地方经济发展的国际空间正在不断扩大。经济发展从业者需要在地方与诸如机场管理机构或国际发展机构之类的更大或更加专业化的机构之间建立联系，也需要在州议会和联邦议会进行有力的院外游说，这些都为他们提供了一个充满不确定性的动态环境。

4.4 任务职能

地方经济发展从业者的任务是极其复杂的，至少可以分成营销、分析和项目开发几个维度。事实上，这些工作是很难分离的，因为当经济发展从业者在执行某一任务的时候，这些工作是相互关联的。营销维度的工作包括各种与组织市民、营销思想、动员资源等相关的活动。除非一个社区建立足够的内部能力，否则，仅仅只靠技术上正确的行动不太可能帮助社区实现振兴和经济发展。而能力审核过程可以帮助社区建立包括领导力和组织力在内的内部能力。

分析维度是指经济发展从业者可以适合不同情形而采用的一套战略和方法。我们将在第6章具体讨论这些方法。这些方法包括：(1) 明确社区的各种问题;(2)提供技术性和分析性的帮助;(3)确定资源组合,以满足某种情形下经济发展的需要;(4)确定某些建立个人和机构间网络的过程技能;(5)确定某些激励多样性的社会群体之间的互动而达成共识的过程技能。

经济发展从业者的具体任务可以归纳如下:

(1)建立发展组织。经济发展从业者的一个最重要的职能就是建立一个强大的、可行的、持续的组织。一方面,经济发展从业者要推进组织的能力建设,帮助组织取得专门化技能,明确和建立未来的领导地位。另一方面,经济发展从业者必须帮助组织加强它与地方、国家和国际等各个层次的机构之间的网络联系。

(2)整理地区资源账户。跟踪社区或地区的所有资源账户,而不是仅仅关心实物资产。区域发展的资源包括其文化、领导地位和社区社会生活的质量。经济发展从业者不仅要熟悉社区的资源基础,而且也要找到新的途径来使用这些资源实现社区目标。当然,经济发展从业者还必须找到发现短缺资源和实现资源转换以满足发展需要的途径。

(3)选择战略。社区将选择其战略,而经济发展从业者将帮助社区完成这一过程。这是经济发展从业者最为重要的过程技能之一。他们必须谨慎地"辅助"社区选择战略,而不是强行推销某一战略。而且,经济发展从业者应该帮助决策者理解综合性方法的重要性,并将多种方法进行有机集成。

(4)地区营销。营销一个社区与营销一个产品不同。产品在其性能方面总是不变的,而社区则是变化的。社区在一系列事件中要么增强能力,要么失去能力。无论经济发展从业者在社区中扮演何种角色,营销都是不可或缺的一种职能。当然,地方的营销也是与其他因素的营销相关联的,如人力资源、组织能力和社区激励机制等。

(5)数据开发与分析。经济发展数据通常是不够清晰和简练的。经济发展从业者总是试图寻找从人口统计到制度分析等各个方面的有用的地方信息。然而,大尺度数据源对于地方经济发展分析而言往往是不够用的。因此,经济发展从业者必须从人口普查和其他数据源中提炼所需的数据,进行调查,采用某些谨慎的方法来测度特殊的发展现象。得到数据并明确其含义也不是容易的事情。所以,经济发展从业者要不断地开发新的方法来向非专业人士传达复杂的信息。这需要经济发展从业者具有非常优秀的分析和表达技能。

上述所有任务都与社区的制度环境和区位环境有关。五个任务在不同时期都是必需的。

4.5 客户

经济发展从业者必须与各种各样的客户一起工作。客户们可能是个人,也可能是一个群体。在大多数情形下,所有社区的居民形成了一个客户基础。经济发展从业者通常与某个正规群体进行直接接触,而与大量选民则只能进行相对有限的接触。一般来说,经济发展从业者将与某个咨询小组一起工作,并通过某些组织或团体机构与其他组织进行接触。

地方经济发展的客户群常常包括外行领导。这些人通常是为社区利益而工作的志愿者。作为外行,他们对专业领域知之甚少,甚至毫无所知。他们对社区各种利益团体具有很大影响,但却没有任何专门知识。对这些外行领导们,经济发展从业者必须充分地尊重他们从其选民中带来的知识,并将这些知识运用到发展项目中去,当然,还需要对他们进行培训和技术帮助。这是一个十分微妙的工作。经济发展从业者必须巧妙地平衡他们的非专业认知和专业技能。

地方官员通常是经济发展从业者的雇主。经济发展部门和机构是地方政府的重要组成部分。经济发展从业者可能需要指导这些部门,并因此向地方选举办公室进行汇报。在这种场合下,经济发展从业者的成功与否,取决于如何帮助这些官员更好地满足社区的需要。这可能需要经济发展从业者做所有的事情,从一般的经济发展规划到社区教育,再到为社会团体提供咨询。

市民和经济发展组织常常是经济发展的主要资助人。正如前文所述,这些组织是一些负有地方发展的职责的公私合作机构,一般受到地方权力机构或跨政府权力机构的官方批准。尽管这些团体也是由一些非专业的志愿者组织起来的,但是,其中也常常包括了一些具有丰富商业知识和资源的个人。经济发展从业者通常需要帮助这类机构开展活动。由于这些团体往往掌握足够的资源,因此,它们在协调经济发展活动时需要更多的职业能力,雇用更多的专业人员。经济发展从业者承担着许多组织和机构之间的主要联系人的角色。

总而言之,组织的形式和任务不同,地方经济发展的客户也不同。经济发展从业者需要适应社区的环境条件,既要能与非专业人士工作,也要能与专业人士进行合作。经济发展从业者的工作性质要求其既能利用客户的专业知识,又具有根据社区情况选择经济发展战略的职业技能。

4.6 职业角色

经济发展从业者的任务也与顾问、推动者或社区组织者三种工作角色密切相关。有时候,环境条件决定了经济发展职业的地位。更多的时候,组织的使命决定了其地位。

顾问的角色并不是指一种职位,而是指一种交付方式。作为顾问,经济发展从业者提供专业知识和问题解决技能。顾问是技术信息的准确提供者,将各种可能的选项提供给决策团队。

推动者本质上是一位促进者。在这一角色中,经济发展从业者是一位催化性的领导,他着眼于将人们聚集在一起,并建立一种有助于解决社区经济发展问题的结构。推动者也会动员资源,但是很少以独立专家的身份出现。而且,推动者将试图创建某种持续的问题解决能力,而不是致力于解决单个的经济或社会问题(Luke et al.,1988)。

社区组织者的角色更倾向于作为一位倡导者。一位社区组织者通常是某个特定团体和区域的成员或支持者,是迫使团体和区域采取政治和经济行动的催化剂。在经济发展的角色中,如果组织者模式要发挥作用,社区需要有特定类型的制度结构,如社区发展公司。

很明显,这些角色是相互融合的,甚至是不断演进的。随着某个团体不断提高其能力和力量,经济发展从业者也许从一名社区组织者开始,接着担任推动者和顾问的角色。不管怎样,重要的是,经济发展从业者需要采取负责任的态度将"过程"和"内容/方式"任务交付给社区。这里只是描述了一个与经济发展从业者的任务职能相关的角色模型的概要框架,而不是一个结论性的定义。

4.7　经济发展生涯

经济发展从业者可以采取几种不同的职业生涯路径。一般来说，他们会采取三种截然不同的模式：

经理——最高级的经理需要管理经济发展组织，如独立的或者复合型的组织，并要求具有充分的管理才能。经济发展经理必须是一位过程领域的专家，具有很强的商务和经济学两方面的背景知识。大型经济发展机构中存在项目层面的经理职位。

分析师——几乎所有的经济发展组织和咨询公司都要求经济发展从业者具有很强的分析技能，特别是在区域经济发展、经济学、城市规划或商务等方面的技能。

邻里/社区工作者——在邻里和小社区层次，经济发展从业者几乎需要所有的发展和过程技能；在这一层次开展工作时，社区组织和发展培训是尤其有用的。

经济发展从业者是过程（社区组织、领导力和能力培养）和任务（经济和数据分析）导向的。经济发展从业者的工作目标与其情景和资源的需求相关。希望成为经济发展从业者的读者可以在城市和区域规划、公共政策、经济学、区域科学、地理或者相关学科进行深造，并且着重学习经济发展的课程。美国大学很少提供经济发展的本科学位。此外，正如前文所述，国际经济发展委员会提供经济发展的研究生教育和职业培训。

4.8　小结

经济发展从业者的任务和角色一直由他们在哪里实践决定。小城镇或者县城的经济发展从业者多将他们的工作定义为营销和产业吸引活动。产业吸引也是公用事业公司和商会的经济发展从业者的主要任务。大城市的规划局或者发展局的经济发展从业者则有更加广泛的责任。除了营销和引进,他们的工作还包括小企业发展、产业保持、商业振兴、税收增额融资区实施、劳动力和部门发展以及棕地再开发。

回顾历史,经济发展从业者最开始参与到营销和引进、谈判和项目实施。随着该领域的成熟,这一行业变得日益具有反思性和自我批判性,如前文所述。总体上来说,这是专业化的表现(Schön,1987),也是为了建立和满足经济发展目标的行业特殊使命。迄今为止,对于战略规划和实施、资源利用以及标准和道德建设的重视是建立在传统的经济发展的定义和目标,即增长、财富和创造就业之上的。但是,往前看,如果经济发展从业者要将平等和可持续性纳入经济发展的定义和评判标准,以更有效地面对"更加扁平"的世界和气候的挑战,那么他们还需要更多的自我反思和批评。

参考文献和建议阅读材料

Benveniste, Guy. 1983. *Bureaucracy.* San Francisco: Boyd and Fraser.

Blakely, Edward J. 1979. *Community Development Research: Concepts, Issues and Strategies.* New York: Human Services Press.

Christensen, James A., and Jerry W. Robinson. 1980. *Community Development in America.* Ames: Iowa State University Press.

International City/CountyManagement Association (ICMA). 2004. *Economic Development Survey.* 2004. Accessed June 10, 2007 from http://www.icma.org

Levy, John. 1990. What Economic Developers Actually Do: Location Quotients Versus Press Releases. *Journal of the American Planning Association* 56(2): 153—160.

Luke, Jeffrey S., Curtis Veattriss, Betty Jane Reed, and Christine Reed. 1988. *Managing Economic Development.* San Francisco: Jossey-Bass.

Rothman, John, Jack Erlich, and Joseph Teresa. 1975. *Promoting Innovation and Change in Organizations and Communities.* New York: John Wiley.

Rubin, Herbert J. 1988. Shoot Anything That Flies; Claim Anything That Falls: Conversations with Economic Development Practitioners. *Economic Development Quarterly* 2(3):

236—251.

——. 2000. *Renewing Hope: Within Neighborhoods of Despair.* Albany: State University of New York Press.

Schön, Donald. 1987. *Educating the Reflective Practitioner.* San Francisco: Jossey-Bass.

Vollmer, Howard M., and Donald L. Mills, eds. 1966. *Professionalization.* Englewood Cliffs, NJ: Prentice Hall.

Waterhouse, Mark D. 1997. Professionalizing the Economic Developer. *New Directions for Higher Education* 97: 84—95.

Weiner, Myron. 1982. *Human Services Management.* Homewood, IL: Dorsey.

第 5 章　地方经济发展规划过程

地方经济发展规划是一个成果导向的过程。大多数人都知道经济增长带来的可能结果包括：更多、更好的就业机会，不断增加的财富和收入，更多的个人发展机会，等等。重要的是要明白社区能力建设的目标不仅包括这些，它是一个复杂的、多任务的、涉及多个主体的过程。这个过程影响着整个社区环境——自然环境，制度环境，态度环境——并决定了经济产品的特性和质量。

然而，规划的过程不仅仅要明确在何时、何地、怎样来创造新的就业。事实上，获得更多、更好的就业机会并不一定能给社区带来很多益处。例如，把高科技职位引入一个煤矿社区可能不会对失业的煤矿工人有什么帮助，但它却扩大了地方经济的基础。所以，判断发展提案的长期和短期影响都是重要的。

近年来出现的一些规划失误值得关注。例如，20 世纪 80 年代房地产导向的经济发展的目标是增加市区中的办公岗位，但却忽视了新增工作机会与现有人口基础的匹配性。90 年代，所有的社区都把注意力转向小型的新兴商业企业，从小商品店比如古董店，到互联网企业。但是，在很多的例子中，这些初创期的企业需要难以获得的人才，或者引发了期望外的房地产需求，包括商业和居住用房，最终导致了当地的人口外迁。

一般说来，有地区基础的或地区所有的新兴企业可能比大企业的分厂对一个社区的稳定性和未来有更重要的影响。同样，近期的研究已经表明，小型的创新性企业可能比大企业更加偏向于劳动力密集型。然而，人力资源优势和教育培训机会，以及当地基础设施，是社区选择经济发展战略时所应考虑的基础性因素。总而言之，地方经济发展规划要想达到理想的结果，需要艰苦的工作、细致的分析、准确的目标和长期的资源投入。

5.1 地方经济发展规划的准备工作

在制定地方经济发展规划之前有两个重要的任务。第一，必须首先确定和动员负责实施或协调经济转变的机构或组织。第二，确定规划所涉及的经济发展范围。

5.1.1 确定规划者

建立一个有效的经济发展组织结构是决定一个规划能否成功的重要因素。最普遍的地方经济发展规划的组织单位就是经济发展公司（Economic Development Company，EDC）或是相似的经济发展机构，负责帮助城市、县城或是区域制定发展规划。作为地方政府的一部分——经济发展机构通常也是发展规划的重要一环。另外，商会、商业联合会、职业培训机构或是其他任何的地方组织都会对促进经济发展的计划感兴趣。很强的组织能力总是以广泛参与、领导力和权力合法性为基础的。

参与度。一个规划组织的最主要的任务就是保证社区关键部门的充分参与。企业必须连同政府和有市民意识的个人一起，参与到社区规划的过程中来。企业参与的重要性是显而易见的，但是在很多情况下，经济发展是靠社会服务社、劳工组织或其他的社区组织来推动，缺乏积极的企业、职工以及政府部门的参与。因此，尽管社区组织广受赞誉，但经济发展却收效不大。

领导力。在经济发展规划过程中，具有领导权力的地方机构应具备两种核心能力——对经济发展潜力的洞察力和使社区人民共享发展成果的能力。组织必须愿意并且有能力担任领导者的角色，否则就没有资格被选为经济发展规划活动的领导者。

合法性。领导组织应该被视为是合法的，即它需要来自社区成员的广泛认同，能够代表整个社区的福利。然而，领导组织经常不被信任，因为它们仅仅代表某个利益集团（比如，某个行业、某个有权势的家族、公共事业部门），或者因为组织的腐败问题。因而，合法性的获得需要社区领导组织的不懈努力，否则，它很容易会被内幕、偏袒以及无决断力所侵蚀。

5.1.2 确定规划的地理范围

经济发展规划的第二项准备工作是要确定地理范围。所针对的地区可能是一个城市的街区，也可能是包括一个或几个村镇，甚至是一个或几个州的区域。最重要的是，这些地区必须具有内在一致性和凝聚力。对地区经济布局的决策要特别注意，不要受行政边界的影响，特别是在大范围的村镇中，行政区划很少与经济区域一致。总之，进行有效规划的关键在于意识到没有哪个经济体会与周边地区或城市边缘的发展步伐一致。

经济发展的实质是：各个社区是都在主导产业的孵化下发展繁荣，这一产业涉及更大尺度的地理区域，在区域内的所有社区共享一个共同的交通体系，生产要素自由流动。规划范围通常由劳动力的属性决定，也会选择自然条件和经济联系上密切相关的地区。有时为使经济发展更有效率，更小或更大的区域尺度也要列入考虑范围。最有效的经济发展规划应着眼于整个经济区划范围，以最大化整个地区的资源基础。

5.2 地方经济发展规划的六个阶段

在准备工作完成后，被广泛应用的经济发展过程的六个阶段就可以开始了。表5.1在很大程度上反映了这六个阶段发展顺序的情况。在大部分情况下，应当遵循这一顺序，但不能因墨守成规而错失关键性机遇，毕竟，经济发展战略还没确定。第5章到第12章详细介绍了这六个主要阶段的相关任务。下面先简单介绍这六个阶段。

基本的地方经济发展规划过程包括：自我分析评价、发展战略确定、计划项目实施。

阶段一：规划组织应收集关于其经济基础特征以及在创造更多就业和财富中出现的问题的信息。没有准确、属实的数据，发展规划必然难以最大化本地资源的利用率。在许多情况下，数据采集非常困难，需要做详尽的调

表 5.1 地方经济发展规划的阶段和任务

阶段一	数据采集和分析 　决定经济基础 　评估目前的就业结构 　评估就业需要 　考察经济发展的机遇和限制条件 　考察制度能力
阶段二	选择地区发展战略 　创立目标和准则 　决定可能的行动路线 　发展目标战略
阶段三	选择地方发展方案 　确定可能的方案 　评估方案可行性 　— 社区 　— 商业 　— 选址 　— 实施
阶段四	建立行动计划 　预评估方案结果 　发展方案投入 　建立可供选择的融资方案 　确定方案的结构
阶段五	明确规划细节 　进行详细的可行性研究 　准备商务计划 　发展、监督和评估方案
阶段六	全面的计划准备和实施 　准备方案计划实施进度表 　列出全面的发展纲要 　选择社区资产并市场化 　融资需求市场化

查和精确的分析；但有时，只需要简单地收集有关产业发展、就业情况、劳动力以及社区组织结构的数据就可以了。

阶段二：规划者确定发展战略以解决阶段一中所发现的问题。第 7 章将描述战略选择过程，第 8 章到第 11 章将描述适用于不同发展目标的战略方案。

阶段三：重点发展那些符合战略方向的项目。这些项目必须落实到具体方案、设施建设、投资以及营销方面上。相关的例子将贯穿全书。

阶段四：制订保障规划实施的行动计划。行动计划为项目设计、融资和实施提供备选方案。第 12 章将具体介绍这方面内容。

阶段五：详细研究规划细节，建立监督和评估机制。

阶段六：规划进入全面实施阶段，由详细的财政计划、实施进度表和其他具体安排来控制。当完成社区资产和服务评估后，规划正式启动。

5.3 社区中的规划资源管理

5.3.1 确定自然环境

经济发展规划第一阶段的任务可以通过调查三个需要管理的方面来完成。这些方面也可以被看作规划中的资源。地方政府通常会关心对工商业非常重要的自然环境，即自然基础。私人部门也对自然环境有着特殊的和基本的需求。特殊的需求经常包括特殊的运输服务或废品处理服务。在多数情况下，自然环境是可以被"定制"的。换句话，地方政府可以提供特殊的服务或设施，以满足特定的工商业需求，这将增加新的就业机会。

对于新的私人投资来说，影响他们投资决策的一个最重要的因素就是该地区或城市的吸引力或舒适程度，也就是我们通常所说的"生活质量"。地方政府和邻里在提升地区生活质量方面备受瞩目，但是地方议会多久才会考虑通过建立艺术中心来吸引私人投资呢？相同的问题也适用于减少对文物的破坏或缓解交通拥挤。工商业把"宜居性"看作一种重要的区位因素。打造"宜居城市"这一重任理应由地方政府承担。

宜居性对于不同的人含义不同。几乎所有社区都拥有自然属性、基础设施和适宜特定人群的审美情趣。地方政府必须确定他们的"生活质量"属性的内容，把其中的优势用于商务社区。事实上，许多地方政府已经开始这项工作了。

全国的许多城市和乡村社区存在着一系列的经济问题，亟须精神上的复兴和改善经济环境方面的尝试。这种复兴的氛围可以通过各种不同的机制来营造。例如，小城镇可以实施创建凝聚力和美感的改良方案。这些方案可能小到改进街道标志和树木,大到修复整个城市中心广场。所采取的方案类型应与商业发展的目标相符,而非仅仅出于改善硬件条件的目的。

利用自然环境作为规划核心的一个很好的例子是华盛顿特区的 Le Droit 街区。它毗邻霍华德大学历史悠久的校区,社区中心拥有美丽的后内战时期住房和护城河。1999 年,华盛顿特区、房利美、霍华德大学与该社区建立了合作伙伴关系,共同致力于地区复兴,包括修复住房、降低犯罪率、重振零售业,并将旧的水库改建为社区公园,使其成为一个社区娱乐休闲设施。还有成千上万的类似的例子:改建高档住房和未充分利用的基础设施,打造更适宜居住的社区环境,以重新吸引中产阶层。这些设施可以刺激当地商业和工业企业的再投资,也可以吸引新的投资者。

5.3.2 以制度环境作为规划资源

财政激励和政策优惠在经济发展过程中是非常重要的。事实上,这些正是经济发展环境中的关键因素。许多地方政府现在都在彻底审查他们的办事程序,以保证"做生意的成本"能够反映出他们对经济增长的强烈愿望。例如,一些城市最近建立了"一站式"商务服务中心。尽管公众对政府办事效率问题高度关注,但这样的中心还不多见。

制度环境可能促进也可能阻碍社区的发展。一个反应敏捷的制度环境比减少管制负担更重要。研究洛杉矶城市制度结构的蓝丝带委员会得出结论,洛杉矶各部门对制度规则的解释相互矛盾,这是造成城市经济难以发展的根源。还有很多别的城市也面临相似的制度难题。一个正面的例子是纽约,通过强化隐性规范、精简司法程序以及授权建立商业改善区以支持地方企业等举措,纽约市减少了政府部门和地方商业之间的很多摩擦。

5.3.3 营造态度环境

私人企业做出的扩大投资或重新选址的决定并不总是只依据理性数据。实际上,最终的决定(特别是在竞争性选择之间)也总会受直觉或冲动的左右。例如,企业有时不选择某个地区是由于当地人的反感或敌意。公司不想把它的雇员派驻到这样的社区,而更可能选择"次优"地区,因为后者更愿意接纳该行业的进入。世界范围内几乎所有地区都有越来越平等的市场准入机会,所以一个地区的特色对其未来的发展意义重大。

通常,地方政府对开发者是一种准对抗的态度,而不是为开发者提供便利。开发者们普遍认为,当地的那些漠视投资项目经济和社会效益的社会活动家很难应付。开发者的这种批评经常也针对许多地区的地方管理机构,包括行政部门和技术部门。所有开发者们主要的批评都是针对"拖沓"问题的:从企业提出申请到收到政府管理部门的决定,这一过程时间太长。其他的批评还包括:市政府官员往往为其政治前途而不惜一切代价,他们的墨守成规将许多有潜力的企业拒之门外。鉴于这种情况,各方利益相关者要对规划中的问题(如开发申请、重新申请、再分区)采取更积极的态度,并且要高效合理地予以处理。

很多小社区把信息资源和其他的战略部署相联系,创立了更好的制度框架,来吸引当地的企业投资者。Alvin Skolow and Julia Spezia(1990)为我们提供了一些具有启发性的例子:17个小型的乡村社区——从特拉华州西弗德(人口:5 500),到夏威夷州毛伊岛(人口:85 000)——都把态度资源作为实现经济发展转变的关键。尽管每个社区的规划项目不尽相同(如修建新的工业园,吸引或保留企业投资),但最根本的结合点在于不断提升社区的认同感。正如一位市长所言:"态度转变,将营造不同的发展氛围。"

好的态度并不必然产生好的规划,但是"坏的"态度——源自政治商业权威、社区或其他的利益集团——可能阻碍甚至磨灭好的主张。我们都知道有些社区反对发展,有些组织对经济活动表示质疑,对经济活动带来的益处不以为然。

就政策而言,城市能为所有发展和其他相关规划实施建立相应的日程表,并使它们作为公共信息被利用。公开所有发展规划决策的时间表应该是一种有效的方式,避免开发者对政府行政效率提出毫无依据或不公平的意见。同时,它会激发全体市民提出更加可行的和有时效性的解决方案。有些地区委派规划部门的一位高级官员专门负责审批商业/产业发展方面的有关申请。这包括受理、处理、同意或拒绝申请,也包括全程监控其实施过程。

5.4 选择地方经济发展中的"角色"

在确定了规划者和选定了规划范围后,初步的规划必须在阶段一完成。所有组织在地方经济发展中首先要清楚自己在发展过程中所扮演的角色。一个组织所采取的姿态将会在规划过程的各个阶段有所体现,它决定了该组织促进经济发展所采用的工具。

各种组织都会受到现有的和历史的角色限制,或是相关章程的制约。所以,角色定位必须先于任何塑造本地经济环境的尝试。基本上组织四种可选的角色包括:企业家、协调者、推动者、激励者,或者是任何这些角色的组合。

5.4.1 企业家/开发者

这一角色要承担起商业运作的完全责任。地方政府或基于社区的组织可能决定自己运作商业企业。为保存或为未来发展,地方政府控制的土地或建筑可能为经济目的所利用。地方政府可能希望留存公有的商业土地和建筑或更多的资源以给予本地社区组织。

很明显,地方政府能更好地利用这些他们控制下的土地或建筑的商业潜力。海滨、路边地、保留地和市民中心都可能被用于各种各样的提供就业机会的行为。地方政府可以采取一种积极的方法去确定和评估商业机会的可能范围,并平衡其他目标。专门化的开发或特殊地点的议题可能增加来客交易,最终也可能增加商业运作的潜力。

城市和乡村的地方政府已经找到了激励小商业者和其他富有创造力的企业投资者的新方法,那就是更好地利用已存在的便利设施和机会。例如,在洛杉矶中南部,交通转运机构已经建立起了一个互联网亭,作为网络和制造企业家交流和集中的地方。小的城镇已经为新建立的企业提供了种子资本和土地,比如乡下肯塔基州佛洛德村的"养耕共生系统"(个人通信,Eddie Patton Clark Allison of Sandy RC&D Floyd County Fiscal Court, Kentucky)。显然，在为本地居民创造新的机会时，地方官员和政策制定者需要具有一定的企业家精神和冒险精神。

基于社区的组织非常适合运作那些能够创造就业的企业，这时私人企业无力去做，或者确保某种服务的供应，这时私人企业不愿意去冒险。可能还有一种情况，地方政府为了它们自身的运转提供商品和服务（也包括就业），尤其是在这种商品和服务可能需要从地区之外进口的情况下。例子包括宾馆、面包店、隔绝地区的旅行车停车场、在市区的混凝土机械或破碎站和苗圃。

当一个地方政府有了重新恢复低迷的工商地区的目标以便增加本地贸易、就业、收入等时，它可能会独自扮演一个积极的角色，也可能积极与基于社区的团体或私人企业合作。一些可用的选择包括规划专门技术、必需的获取权和为刺激改址或产业升级所做的供应。

5.4.2 协调者

地方政府或社区团体可以作为一个协调者来为地区发展制定政策或提出战略。因为由政府、社区和商业组织提供的服务有一种地区影响，地区委员会正在不断尝试在规划和协调本地服务方面承担领导者的角色。这一角色还可以延伸到那些负责收集和评估经济信息（例如就业水平、劳动力、失业、企业）的社区团体。它将与其他政府部门、企业和社会团体合作，共同实现社区经济发展的目标、规划和战略。这样的途径能够保证所有企业将它们的渠道和资源集中在相近的目标上，使得有限资源能够被有效利用。这种途径也能确保国家经济计划和战略的连续性，使地方经济的利益最大化。

区域旅游业开发计划或是已经在一些地区制订出的经济发展计划，代表了一种可能实现的新途径——即由政府的三个部门联合制订经济计划。这些联合计划将具有单部门政府计划所不具备的效力和资源。

由各部门代表所组成的区域规划组织通常更有效地将计划付诸实施，因为此时政府将会把注意力集中在整个区域经济的发展。它也代表着更高的州际政府合作的管理水平。由于其代表各部门的利益，从而产生了更实际的分析和方法，区域规划组织能够得到政府更多的信任，也会有更大的政治影响。该组织很好地扮演了提供信息和催化经济的角色。有些社区已经成立了非营利组织来收集经济数据并通过信息分享来提高社区的研究能力。

5.4.3 推动者

已经有社区团体和地方政府决定将提高本地区的态度环境作为促进地方发展的最佳途径,这将规范发展进程并改进规划程序和分区管制。

城市或社区团体将在经济发展的政策陈述中综合考虑不同功能区的利益。这一过程并不需要额外的资源,但是需要提供更好的目标表达。也就是要为现有资源和能力提供一个着力点,也为其他的项目奠定基础。

积极的社区规划还包括建立有特色的开发区,通过制定相应的标准来培育新的阶层或确定发展的特色。尽管有些规划常与环境条件相关,但同时也具有经济意义。面对机遇,这些地区可以通过各种形式的广告,向潜在客户进行地方营销。

最后,地方议会成员,作为社区利益代表,将设法提高本地区的关注度,让更高层政府能够充分关注该地区的经济发展,为该地区带来更多的发展机遇。如果得到社会和商业部门的支持,地方政府的支持作用将被强化,更真实有效地推动地方经济的发展。

5.4.4 激励者

社区团体和市议会都能够通过招商引资和支持既有企业来刺激经济发展。它们可以综合采取各种措施,从制作宣传册到实际建设产业园区或小型加工厂等。

在有些情况下,这些刺激措施甚至还包括厂房建设。政府建设小型加工厂,然后将其低价租给经营者,以降低厂商启动成本。对于那些基础设施还不完善的地区,地方政府可以采取这种措施来刺激地方经济的发展。

在旅游业中,地方政府可以通过打造一个特别的主题或节庆活动,来刺激工艺品生产、工艺品展示等产业的发展,使该地区形成一个工艺品交易市场。

在国外的大量事例中,地方政府给予了基于社区的企业减少租金等优惠条件,来促进地方就业目标的实现。地方议会的行动进程将取决于地区的发展形势。应用自身资源来促进整个社区的良性发展是地方政府的职责。尽管这些发展措施并不一定是解决所有地方发展问题的灵丹妙药,但却是刺激经济发展和就业的重要组成部分。我们要讨论的问题并非政府该不该采取行动,而是应该采取什么样的行动和如何采取行动。

5.5 规划方法的类型

地方经济发展规划受两个条件的影响:(1)来自国内外的发展压力;(2)产业发展不平衡,即在有些地区产业不断壮大的同时,有些地区的产业正在衰落。

那么,上述条件如何影响社区的经济发展定位呢?在阶段一,社区的定位或愿景要能够明确地指引整个经济发展过程。进而,地区要根据其发展定位改进或调整其发展战略。对经济发展方向的展望往往包括以下两点:满足外部需求和满足地方社区内部需求。如前所述,现在的规划通常侧重于外部需求,而满足内部需求的规划被视为新兴的(或是潜在的)做法。

基于上述分析,我们可以把规划分为四类:两个主流模型(引进型规划和影响型规划)和两个新兴模型(相机型规划和战略型规划)。这些模型对于增长或衰退的地方经济都适用(Bergman,1981)。前两个模型用于应对环境变化。引进型规划是以先发制人的策略满足外部环境的需要。更确切地说,是在外部的竞争压力下,社区主动采取行动来建立或巩固其经济发展基础。而采用影响型策略的规划者直到环境改变时才会有所行动。这种后发规划是在丧失原有经济基础后才会做出反应。后两类模型对于应对一个区域乃至全国经济条件的变化更为有效。战略型规划是真正的主动规划,它将对地方环境变化建立长期的应对系统;而相机型规划是一种互动式的应对策略,需要对条件变化具有敏锐的反应能力(详见表 5.2 规划方法的总结)。

表 5.2　规划方法

	响应式		规划式	
	先发 I	后发 II	主动 III	互动 IV
规划				
模型	引进型规划	影响型规划	战略型规划	相机型规划
政策				
产业	产业化	去产业化	新兴本土企业	基于现有企业基础
企业类型	调节型企业	政府资助	高新技术	社区企业
发展				
干预模型	产业引导	政府计划支出	公众动员	社区动员

资料来源：改编自 Bergman(1981)。经许可使用。

5.5.1　引进型规划

引进型规划是大多数地区吸引外来经济开发的传统方式。这种经济发展规划主要依靠私人部门，公共投入很有限。私人部门的积极性将体现地方对外在规划或政策制定的关注。相关政策都是假定所有经济活动都对社区发展有利。地区的工业化被认为是理应实施的政策。这通常是基于工业化对整个社区有利的理解。

这种方式的典型规划包括一系列的产业刺激和提高地区商业氛围的努力。因为这是最常见的地方经济发展规划形式，不同的引进型规划几乎可以在各个地区看到。

5.5.2　影响型规划(后发)

影响型规划是一种更新的实践，它试图减少或缓和地区经济产业损失的最坏影响。它源自对社区里倒闭工厂的关注，尤其是工厂倒闭后对工人的影响。对于大多数国家，这种规划主要是依靠公共部门来带动经济发展，在很大程度上依赖于联邦基金的持续可获得性。

联邦和地方影响型政策的主要假设是，政策应该只是在面临危机时才采取的短期行为。这类政策的最好实例是在 1992 年 4 月的罗德尼·金事件后，地方政府斥资近 10 亿美元重建洛杉矶中南部地区的商业基础。

影响型规划没有考虑到对策的灵活性,而是将重点放在争取获得联邦基金上。尽管联邦基金的政策指向通常是明确的,但地方政策通常却因为预设背景而显得含糊不清。除非明确标明,否则几乎没有规划者能够识别地方产业、劳动力和企业政策。在衰退中的地区,企业关闭,利润微薄的老工厂不断缩减营业规模。当然,这是繁荣地区产业发展循环的镜像。地方社区可以承受由其同模式的政策制定和投资行为带来的一定风险,也可以制定自己的战略以应对共同决策问题。扩大——尽管在大部分地区这一说法正变得越来越有争议——对企业的市场驱动型决策带来的风险的接受程度意味着企业可以转移这些工厂和投资而无须承担任何隐含的社区责任。劳动力市场的影响主要来自劳动力资源的重新配置,同时也受到就业情况依赖于地方购买力变化的其他企业的工人的间接影响。工资的损失、心理和生理上的压力、重税负担、庞大的社会计划支出以及分摊工业基础投入的义务等这些成本最终都将由社区的工人承担。

影响型规划中也隐含着社区的发展。为解决突发性的工厂关闭和员工失业问题而进行的规划项目就是这方面的典范。发展政策和规划用来应对不可避免——也不可控制——的企业转移对地方带来的影响。因而,规划的目标通常是满足社区中的长期存在的需求。

单纯影响型的规划带来了两方面的后果。第一,因为对联邦政府和州政府的依赖,规划者们很少注意其地区经济发展政策的连贯性。他们每日忙于为发展目标和"捐赠项目"制定详细的标准,完全忽略了对规划的深入思考。第二,当联邦基金撤走时(这种情况经常出现),或当地方政府不堪重负时,或当规划者没有备选项目时,规划者在地方经济复兴方面的领导地位就岌岌可危了。

5.5.3 相机型规划(互动)

相机型规划是一种新兴的规划方式,它来自在衰退地区影响型规划的无效,也来自一种意识——规划必须预期影响而不仅是应对影响。当工厂停工,经济的负面影响增加时,当市议会逐步认识到问题的严重性时,有人已经开始质疑影响型规划的假设。因为影响型规划对经济萎靡的反应只在事后，而很少对该地区采取全面的计划。而且，减轻负面影响的努力主要在于防止企业改址。地方官员已经开始怀疑他们过去对公司需求的反应是否恰当。

工厂停工、银行倒闭和房地产崩溃的反复发生已经改变了地方官员对于经济发展规划的观点。相机型规划将预期最好和最坏的结果。它有助于动员一个地区的所有资源和潜力来适应或调节外部冲击。

相机型规划也会评估所有经济部门的实力，并预期工厂关闭以及经济恢复计划的前景，还为社区组织及其领导者提供必要的信息。为了有效地开展上述行动，这种规划应该由一个地方经济发展组织或一个现有的市政规划发展部门来引导。着重点的变化要求相机规划者不仅要会写资金申请书，而且必须了解关于地方经济如何发展的实践性知识，分析经济的关键因素，并且设计能够有效执行的经济发展项目和政策。

基于相机型规划模型，关于产业、劳动力和企业的地方政策将响应本地需求。地方发展政策力求各产业的稳定发展，以实现巩固地方经济基础的长期目标。经济发展规划必须评估各产业的可持续发展水平。规划者要通晓现有产业结构、各产业间的相互关系以及产业发展阶段，了解新兴产业的投资潜力和对地区资源的实际需求，帮助地方官员制定切实可行的产业稳定政策。

工人持股、雇员认股计划、生产合作社、工人—社区企业、社区发展公司以及其他稳定失业的例子，都是值得仔细考察的。很多措施在规划、融资和执行阶段都需要公众的及早关注。政府应该在地区需求产生前，制定有关劳动力和企业的政策。另外，本地区经济发展也需要吸取历史上的经验教训，通过研究其他成功地区的规划政策及其相应的社区环境来更好地制定本地区不同发展阶段的相机经济政策。

相机型规划中的很多发展措施已经在引进型规划和影响型规划中详细讨论过了。但是在相机型规划中，这些行为倾向于由社区发动，而非依赖于联邦基金。也就是说，相机型规划作为一种发展模式，只会在必须进行全区动员时才开始出现。经济实力强的地区已经制定出针对弱势产业和弱势群体的扶植措施，并非等到工厂倒闭才会进行全区动员。

5.5.4 战略型规划(主动)

战略型规划对所有社区来说都是最合适的方式。这是一种未来导向的规划方式,它把地区经济建立在地区需求的基础上。这里所说的"战略",囊括了词典中定义的全部要点(去除其军事含义):"利用[一个地区]所有力量,通过大规模的、长期的规划和发展来确保[繁荣]。"

为确保地区经济发展的稳定繁荣,地区政府采用了一种长期的经济发展观。这一态度避免了地区随意的高速发展所引发的问题。它也为组织地区资源和调节经济扩张提供了时间。即使当地的企业家对这种深思熟虑的方法有点不耐烦,但研究其他地区的艰苦历程还是很值得的。这种长远规划能够广开言路,在影响社区发展的各方面政策上集思广益。

战略型规划也要在配置资源方面必须有"大动作"。这并不必然意味着巨额的地方政府支出或巨大的州政府补贴;实际上,它可能意味着从所有资源中缩减当前支出,降低长期繁重的公共和个人成本的风险。这里的"大动作"是指地区经济发展所有政府职能部门的长期目标。所有的地区管制、税收政策、公共项目和政府计划支出都将是经济发展长期目标的题中应有之义。在战略规划中,经济发展专家要综合考虑预算、税收政策、公共采购、支出类型和公共财政等方面。地区经济规划部门或发展委员会将负责战略执行,致力于解决政策冲突和地方发展的无方向性。因此,战略规划可以归结为将"经济发展"这一长期目标贯彻到地方政府的日常事务中。

最后,地区在选择优先发展的产业类型时,依据的是其自身的资源条件和发展需要,而非外界的发展机遇。在选择过程中,政府并不会特别优待某种组织形式的企业。因而,公司、连锁企业、小企业、合作社、社区—工人企业和所有其他所有形式的经济实体都会在地方经济发展中拥有平等的地位。这样的政策无疑会要求地区管理机构对特惠措施进行调整。

这里干预政策依赖于广泛的公共参与。经济繁荣来自公众行动、精密计划和各种政策的整合实施,正是这种积极的公众力量,让地区经济走向繁荣。有证据显示,地方政府正考虑采纳战略规划政策,但是迄今为止还没有一个地区能够将战略型规划完全应用于地区经济发展。

主动战略型规划案例

2002年,肯塔基州的帕迪犹卡市建立了一个创新的"艺术家重置计划"(Artist Relocation Program),以复兴该地区的一个紧邻闹市区的老社区——

图 5.1　下城社区房产重置前后对比图
资料来源:经帕迪犹卡市许可翻拍照片。

下城（Lowertown）。该计划吸引了来自从洛杉矶到纽约等一系列城市的超过80位艺术家，到这个肯塔基州西北部人口仅为25 000人的城市定居。这一成功可以归结为具有创造性的定位于艺术出版物的广告战略，以及着眼于鼓励所有权和现有建筑恢复的刺激政策。该城市提供的刺激政策包括为建筑物的购置和复原提供100%的融资、提供固定利率为7%的30年期贷款、为新建筑物提供免费土地以及提供高达2 500美元的建筑业服务和其他专业服务。成功的另一关键是下城的区划管制，允许画廊所有者在同一建筑内生活和工作。自该项目开始，私人总投资已经达到约2 840万美元，而公共部门支出仅为260万美元。得益于新的艺术区的旅游业发展，帕迪犹卡市估计潜在销售收入为2 000万美元，而这一数字仍在增长（Barnett，2007）。

这一计划也对下城周边地区造成了革命性的实质影响。图5.1显示了艺术家重置计划资助的再发展工程实施"之前"和"之后"的情况。

5.6 地方经济发展规划的特征

地方经济发展规划以地区发展过程中的一系列关键概念为基础。因为地区的发展方向并不确定，这些关键概念也随之发生变化。地方经济发展，作为一个区域性的行动，必须要以历史上的经验教训以及应对现实的发展环境来引导其进程。尽管诸如规划、分区、城市管理等政府管理行为还并不是广受认可的领域，但已经有各方人才投身其中，他们之中包括地方政府部门的从业人员、地区商会、行业协会、招商处的工作人员，以及社区组织中的工作者。

尽管地方经济发展的环境各不相同，但是以下特征是规划者在社区经济发展中应当考虑的重要方面。

5.6.1 设定行动区域

设定行动区域在这里是指选定经济和就业规划的地理区域。地方政府的工作是将资源、能源和关注度都吸引到设定的区域内，而不受宏观经济政策或社会政策的左右。地方经济发展规划是在正确的时间、正确的地点实施干预——其影响范围不受行政区划的限制。

5.6.2 建立社区一级发展机构

建立地方发展机构和组织是规划中的重要环节,这些机构和组织将跨越公共部门和私人部门间的政治、经济障碍,促进地方的经济发展。这些机构是综合性的,能够将社区中有影响力的行动者组织起来。同时,它们必须找到必要的资本并与现有资源结合起来作为经济发展的基础。

5.6.3 扩大企业所有权

创建新企业或保留目前的社区企业对地方经济发展而言是非常重要的。其原因在于地方企业是经济发展的基础,是它们在利用地方资源——包括人力和物质资源。从本质上说,它们通常是社区的好公民,并会为地区繁荣做出贡献。

5.6.4 公共福利体系的资源合并

对于萧条的社区来说,公共福利是一柄"双刃剑"。尽管它缓解了对弱势群体的冲击,然而,多年的公共援助和失业的产生很明显地说明这种体系的作用是有限的,即制造了一个"依赖循环"。现在已经出现了将福利政策与工作技能提升相结合的措施,以试图打破这种循环。例如,福利资金用于支付工资,或者参与各种经济发展项目。社会福利中的一部分来自非营利组织,这些组织提供包括语言和技术训练、住房、心理治疗和药物治疗在内的一系列项目。通过这种积极有效的方式,这些资源能够刺激经济活动的活跃。例如,将这些资源利用在现存建筑和住房的改善上,可以促生新的徒步交通方式,为该地区创造更安全的生活环境。

5.6.5 就业和经济发展政策及方案相结合

地方经济发展的目标之一就是在地方经济中增强就业选择的多样性。公共资源可以增进招募的目标企业和求职者之间的联系。虽然永远不会存在完美的匹配，却总会有改进的余地。

5.6.6 保证高质量就业岗位

吸引企业并不等同于改善社区的发展环境。决定哪种工作适合社区劳动者并为他们提供增强这方面技能的机会，不管是在目前还是未来都是非常重要的。所以，作为市场体制下的政府干预手段，其目标是为社区人民的稳定工作提供更多可能性，从而实现社区的经济和社会稳定。

5.6.7 公私联合

美国在地方经济发展中的特点是把公共部门和私人部门的资源联合起来，以实现某个部门无法单独实现的目标。无论是政府部门还是社区组织，公私联合已经成为其促进经济发展的普遍经验。

5.7 小结

总的说来，美国政治制度的现状和特征已经造就了一个新的和异常复杂的制度，形成了所谓"地方经济发展"的新概念。它的关键特征是对地方人力和财力的认可。它依赖于社区的自助精神。

国家政府已经成为一个激励者、协调者、财政资源和技术援助的提供者。不管是好的还是坏的方面，国家政府都致力于产业和国家发展政策，而默认其他的方式都不起作用。政府持续修补市场机制，而非建立一套新机制。它利用现有的地方制度基础——地方政府的同时，也更加重视邻里一级的发展机构，并逐步给予其更高的政治地位。

国家和地方政府都坚信，要通过调整资源在空间和人群中的分配，来解决发展中的问题，就必须纠正现有市场体制的缺陷。为创建或重建社区经济基础以确保长期的经济实力，这些缺陷，无论大小，地方政府都必须予以关注。

5.8 综合运用：制定地方经济发展战略（一）

5.8.1 案例分析

由于制造业向廉价劳动力地区转移，美国东南部的很多地区的纺织业正遭遇严重的就业岗位流失。而这些就业岗位几乎不可能再回归。因此，由于从纺织业下岗的工人缺乏替代性的就业机会，这些地区的失业率持续走高。很多历史性的工厂城镇从此开始着手振兴地方经济。

其中一个著名的案例是北卡罗来纳州的坎纳波利斯。在 2003 年，由于 Pillowtex 的关闭，超过 3 000 个就业机会消失，而坎纳波利斯和附近康科德的经济遭到破坏。现在，得益于 Castle & Cooke 和 Dole 食品公司所有人默多克（David H. Murdock）的眼光和慷慨，这个城镇很快将成为北卡罗来纳州研发园所在地，其产值达到 10 亿美元（Textile Plant Closings and Layoffs，2007）。

纺织业不是唯一的遭受严重失业的制造业领域，另外一些产业却并未屈服于摧毁美国纺织业的这种压力。这些制造业领域，尤其是高科技的部门，仍被认为是美国就业增长的持续来源。最具前景的部门就是依赖创新和高技能员工的部门。由于美国员工的期望待遇不大可能与国际劳动力市场的低水平待遇相竞争，因此如果现在和未来的劳动力能够保持基于技能的竞争优势，那么美国也能因此保持健康的经济体系。

佐治亚州中西部地区是传统的依赖纺织业经济的另一个例证。该地区包括 10 个县，毗邻阿拉巴马州，且能够连接亚特兰大都市区（该区的两县位于美国人口普查局定义的亚特兰大都市区）。该区的经济可以分为三个不同的经济分区：亚特兰大区（卡罗尔和考维塔）；乡村地区（巴兹、赫德、拉默尔、梅里韦瑟和派克);纺织业区(斯波尔丁、特鲁普和厄普森)。特鲁普是该区域最大城市拉格朗日市的所在地,2006年人口数为27 652人(美国人口普查局,2007)。

以下为该地区的统计数据:

• 如图5.2所示,相对于全国增长率,纺织业地区(以及梅里韦瑟的乡村地区)的人口增长迟缓。

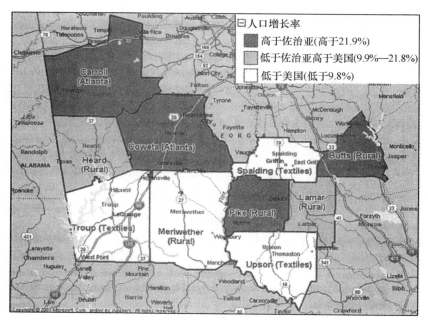

图5.2 1997—2006年人口增长率
资料来源:美国人口普查局(2007)。

• 该区域的人口正在分化,其中西班牙裔和拉美裔人口在快速增长,而黑人和非洲裔人口比例高于全国水平。
• 根据45岁、65岁和85岁以上人口比例的核算,该区域的人口年龄高于平均水平。
• 该区域未受高中或者大学教育的人口比例偏高。
• 厄普森县的托马斯顿等传统的纺织业社区受教育率尤其低(美国人口普查局,2007)。

该地区经历了大量的工作流失,很大程度上是因为纺织业及其对于区域经济其他产业的影响。在1997年到2007年间，由于纺织工厂的倒闭，该区域总共流失了4870个就业岗位。仅Thomaston Mills的关闭就造成厄普森县的1955人失业、斯波尔丁县的150人失业以及派克县的145人失业。Westpoint Steven的关闭则造成了特鲁普县的1550人失业(Textile Plant Closing and Layoffs, 2007)。

其他产业部门也有工厂的关闭，但是损失远远小于纺织业。近期的非纺织业工厂关闭包括斯波尔丁县有378个雇员的Cooper-Standard Automotive，特鲁普县有308个雇员的Inflation System和斯波尔丁县拥有270个雇员的Nacom公司(Bussiness Layoff/Closure Listing, 2007)。

纺织业仍然是区域经济的一个组成部分，比如地毯制造商Milliken & Company就是该地区最大的雇主。其他大型企业包括沃尔玛、Southwire Company(电线制造商)、Tanner Medical Center和西佐治亚大学(West Central Georgia Local Workforce Area Labor Profile, 2007)。

很大程度上因为佐治亚州的哥伦布市(位于中西部地区南边)的经济实力，佐治亚中西部地区的未来变得更具前景。哥伦布市是美国军事基地Fort Benning(计划期结束时将达到大约14 000名雇员)(*Demographics*, 2007)的所在地和保险公司AFLAC(计划期结束时将达到大约6 000名雇员)的全国总部所在地(*Demographics*, 2007)；在2009年，一个将有2 500名雇员的汽车制造商Kia将落成(*Valley Partnership Newsletter*, 2007)。

佐治亚州中西部地区从拉格朗日到托马斯顿都感受到了哥伦布市的发展带来的收益。许多城镇在建造特别的建筑以吸引Kia汽车的供应商在此处落户。派克县将其成功吸引Frito-Lay物流中心归功于其工业园投资70万美元的基础设施升级(West Central: Riding the Wave, 2007)。2006年，厄普森银行完成了500万美元的扩张，厄普森区域医疗中心完成了1 600万美元的融资和改建。

5.8.2 综合运用：创立地方经济发展战略

佐治亚中西部的经济前景很有希望，但是该地区仍然面临着就业流失的影响和纺织业工人的失业问题。

佐治亚中西部的案例旨在提醒你回顾本书的前四章。你应该在阅读案例的同时回顾前四章讨论的地方经济发展的理论和概念。基于你的阅读和对材料的理解，思考以下问题：

- 影响佐治亚州中西部就业的国内和国外经济力量是什么？它们是怎么样产生的？它们在未来的社区中有着怎样的意义？
- 佐治亚州中西部经济中的重要角色是谁？
- 佐治亚州中西部的优势是什么？你计划怎样利用这些优势来为这个社区构建一个经济发展战略？
- 佐治亚州中西部的政府机构扮演了什么样的角色？考虑各个层次的政府：地方、州和联邦。
- 佐治亚州中西部的规划方法是什么？如果存在，解释你这样认为的原因。
- 描述你提出的替代规划方法。
- 在你的经济发展规划中，佐治亚州中西部地方政府应该扮演什么样的角色？

参考文献和建议阅读材料

Beed, Thomas, and Robert Stimson, eds. 1985. *Survey Interviewing: Theory and Techniques.* Sydney, Australia: Allen and Unwin.

Bendavid-Val, Avrom. 1974. *Regional Economic Analysis for Practitioners.* New York: Praeger.

Bergman, Edward. 1981. *Citizen Guide to Economic Development in Job Loss Communities.* Chapel Hill, NC: Center for Urban and Regional Studies.

Business Layoff/Closure Listing. 2007. Georgia Department of Labor. Accessed November 17, 2007 from http://www.dol.state.ga.us/Access/Service/WarnIDListing

Butler, Lorna, and Robert Howell. 1980. *Coping With Growth: Community Needs Assessment Techniques.* Corvallis: Oregon State University, Western Rural Development Center.

Demographics. 2007. The Valley Partnership. Accessed November 17, 2007 from http://www.thevalleypartnership.com/demo.aspx#major_employers

Isard, Walter. 1975. *Introduction to Regional Science.* New York: Prentice Hall.

Jensen, Rodney Charles, T. D. Mandeville, and Neil D. Karunaratne. 1979. *Regional Economic Planning*. London: Croom Helm.

Kemp, Roger. 1992. *Strategic Planning in Local Government*. Chicago: American Planning Association Press.

Mahood, T., and A. Ghosh, eds. 1979. *Handbook for Community Economic Development*. Sponsored by the U.S. Department of Commerce, Economic Development Administration, Washington, DC. Los Angeles: Community Research Group of the East Los Angeles Community Union.

Skolow, Alvin, and Julia Spezia. 1990. *Political Leaders as Entrepreneurs? Economic Development in Small Communities*. Economic Research Service: Rural Development Report no. 77. Washington, DC: U.S. Department of Agriculture.

Textile Plant Closings and Layoffs. 2007. National Council of Textile Organizations. Accessed November 17, 2007 from http://www.ncto.org/closings/NC.html

U.S. Census Bureau. 2007. *State and County Quickfacts*. Accessed November 18, 2007 from http://quickfacts.census.gov/qfd/states/13/13293.html

Valley Partnership Newsletter. 2007. Vol. 1, no. 3 (Fall). Accessed November 17, 2007 from http://www.columbusgachamber.com/ED/2007fall/#Kia

West Central Georgia Local Workforce Area Labor Profile. 2007. Atlanta: Georgia Department of Labor.

West Central: Riding theWave. 2007. *Georgia Trend*, April. Accessed November 17, 2007 from http://explorer.dol.state.ga.us/mis/profiles/WIAs/wia08.pdf

第6章 地方经济发展规划分析方法导论

经济发展规划要想取得成功,必须建立坚实的分析框架,包括对地方经济发展环境的精确描述,识别出利益群体的特殊需求和能够满足这些需求的可利用的地方资源,以及地区在更大的区域、州、全国乃至全球范围内的区位。一国的经济是由所有地方经济组成的,无论城市经济还是乡村经济,无论大小,无论处于增长阶段还是衰退阶段,这些地方经济体都是国家经济的重要组成部分。正如第3章中提到的,当人民生活水平能够在基于平等和可持续原则的人类物质发展进程中有所增长并维持时,经济才能有所发展。而经济发展规划则是以分析社区现有经济发展条件和发展潜能为起点的。

6.1 地方经济发展规划的信息和分析要求

经济发展的规划与实施要求对构成地方经济的各个方面进行分析,包括描述性分析、预测性分析和评价性分析三种类型。通过描述性分析,社区可以确定自身的经济相对过去有何改变,或是相对发展目标有何不足,或是相对其他供参考的经济体(如国家或者与其竞争资源的大小类似的乡镇)有何优势和劣势。这种分析也可以用于社区营销,即提供信息以帮助社区吸引企业、开发项目、雇主、雇员以及居民等主体。

经济发展方面的预测性分析通常采用影响分析或者因果关系分析的形式。这种类型的分析试图对经济增长或经济发展对于地方经济的影响进行评估,但也可以拓展到一个更为宽泛的考虑因素范围内。例如,Edwards(2007)提出了发展影响分析这一框架用于分析具体发展项目所预期带来的经济、财政、环境、社会和交通等方面的影响。其中,财政和社会经济方面的影响分析最常用于经济发展分析。财政影响分析侧重于估计特定开发项目对提供服务的地方政府部门收入和支出的影响。社会经济影响分析则用于评估经济发展是如何改变社区的人口特征、住房需求、零售业及其他服务、就业水平、收入水平以及社区的美观程度(Edwards,2007)。

许多所谓的"影响性分析"特别关注建筑和土地开发与新的经济发展活动之间的关联。直到近三十年来,财政影响分析才被应用于实践。经济发展的因果关联分析(特别是这种分析方法可以同时应用于城市和区域分析)在长期内一直关注就业水平变化的推动力量,原因在于这些因素可以反过来造成在人口、迁移、区域收入等许多相关方面的变化(Isard et al.,1998)。

评价性分析旨在确定经济发展规划具体目标的实现程度如何,并且判断经济发展条件的转变。例如,近期增加的就业量和贸易量缩小还是扩大了收入差距?这一变化是否显著改变了生活成本?对某一特定产业集群战略的公共投资是否创造了新企业和新的就业岗位,是否创造了更多高技术的就业岗位以及更高的平均工资水平,是否提高了税收收入?在三种经济发展分析方法中,评价性分析运用得最少,部分原因在于其缜密的评价过程通常需要通过建立控制或对照组来证明实行特定的经济发展战略或项目的确产生了在对照组中无法产生的效果,而问题在于对照组的建立很难并且成本高昂。其他解释评价性分析运用较少的原因包括认为那些花钱作评价性分析的人并不是经济发展项目的受益者,以及项目管理者有可能会对负面的评价所带来的后果感到恐惧(Bartik and Bingham,1993)。

每一类经济发展分析领域都需要大量对分析方法本身的研究作为支持。来自众多不同学科的学者们从事着相关领域的研究,包括(但不限于)城市和区域规划、人口统计学、经济学、地理学、政治科学以及区域科学等,力求为提升这些分析领域做出贡献。地方经济发展规划的研究者们也将会继续从事经济发展分析方法方面的研究工作。这一章的剩余部分将会用较大篇幅对描述性分析做一个概述,因为这是筹备战略性经济发展规划的首要步骤,也是获取对地方经济运行状况正确理解的首要途径。这些描述性分析涵盖了一系列能够反映一个社区优势和劣势的重要领域,以用于提升地方经济发展水平,例如人口特征、经济学、土地利用、基础设施、房地产和金融等。在对这些分析进行考察后,本章将主要讨论四种地方经济发展分析的关键方法：经济基础、转移—分享法、投入—产出法以及集聚。

6.2　了解一个经济体的优势和劣势

　　对经济发展的干预需要在充分了解地方经济的优势、劣势以及约束或驱动力量的基础上进行。同时，还必须将地方的发展置于全球背景中的外部经济力量环境下进行考虑。例如，新技术、变化中的自然资源的可获得性、贸易和货币政策都会对地方经济的需求和机会产生影响。了解地方经济的优势和劣势的首要步骤是建立一个描述性的框架。首先，经济发展分析者必须确定合理的分析单元——地方经济的地理范围是什么？是法律上界定的城市或县，还是一个分区域，比如邻里规划单元？很多时候，地方经济发展规划的地理关注点与法律上或行政上的管理单元并不完全一致。进一步来讲，正如McLean and Voytek（1992）所发现的："经济活动的影响范围几乎从未与行政单元的管辖边界相一致。溢出现象的发生是双向的，一个行政管辖区的政策可能会影响到相邻地区的经济活动，尤其是在经济活动可以在相邻行政管辖区之间自由流动的条件下。"（p.10）

　　经济分析者还必须选择分析的时间周期。有两种周期现象会影响到对地方经济状况与之前某一时间点相比是否好转的判定，以及对经济发展变化趋势的判断。第一种是全国性经济周期。能源价格上涨、自然灾害的发生以及供给面的瓶颈等冲击会引起对特定商品和服务需求的暂时性波动，由于一国的经济是由所有地方经济组成的，许多小的经济单元，如城市，都会受到一国整体经济放缓或者激增的影响。然而，这并不意味着所有地方经济都是全国经济的缩小版本。事实上，经济体规模越小，与全国经济相比，所受的限制或者专业化程度越高。而地方经济受经济周期影响的程度依赖于该地区受周期影响的产业部门的比例。随着全球化进程的加快，我们现在也能找到地方经济受全球经济整体放缓或激增影响的例证。

　　这种情况对于第二种周期现象也同样成立。第二种周期现象通常是长期性的、结构性的，被称为长期波动。在这种周期现象中，经济活动会发生显著的、永久性的转变。这种转变可能是部门转移——例如20世纪70年代发生的从制造业向服务业或者制造业内部的转移，以及贯穿20世纪的从蒸汽到煤炭、电气再到以微电子为基础的生产过程的变革。向以纳米技术为基础的生产活动的结构性转移也正在进行中。如果能够提高这种技术的可持续性，那么我们就有理由相信，在结构性转移的过程中，以碳为基础的生产过程和产品将会被淘汰，一次真正的产业革命可能会应运而生。

结构性转移也可以被感知为地理上的转移。例如，如果一个区域或者地方的经济与某一特定部门联系紧密，那么，当有一个新的部门在其他地区产生时，这个地区的经济可能会走向衰退。而新部门的产生地则会经历较大的经济增长。更进一步来讲，国际化程度的提高已经导致了制造业和服务业从美国的地方经济中转移到处于快速增长期的经济体中，如中国、韩国和印度。

在下一节，我们将会讨论主要的分析类型，这将会帮助经济开发者了解他们的地方经济在更大的经济、产业以及国际环境中处于怎样的位置。

6.3 经济概况

表6.1显示了地方经济概况中应该包含的主要描述性统计量，并列举了在每个类别之下的具体数据项。这些统计量所包含的信息能够满足编制经济概况的最低要求。除此之外还需要多少额外信息，一方面取决于社区的具体需求，另一方面则取决于信息的可获得性以及社区的规模。通常来讲，社区规模越小，或者社区的地理范围与行政管辖界线越不一致，通过第二手资料来获取具体经济信息就越困难。

表 6.1　经济概况的组成要素

1. 人口统计因素
按年龄分组的人口数
按种族分组的人口数
家庭
过去5年的净迁移人口

(续表)

劳动力受教育程度
- 低于高中
- 大学肄业
- 高中
- 大学
- 研究生

2. 生活质量

气候(平均气温、雨/雪量、晴天数量)
住房供给和价格
劳动力住房供给
教育
- 每名学生的支出
- 学生—教师比例
- 成绩测验结果
- 高中毕业率
- 大学入学率
- 高等教育(职业教育或者大学教育)

卫生保健(医院、门诊、内科医生、牙科医生)
犯罪率
文化
- 博物馆、表演艺术、运动队以及比赛项目
- 绿地和娱乐用地

3. 收入和工资

收入中位数和收入水平线
收入分配五分位数
低收入工作者
拥有医疗和退休福利的工作岗位比例

4. 劳动力特征

A. 劳动力
　失业率
　参与率
　- 女性
　- 男性
　- 种族
　- 合计
　在居住地以外的地区工作
　通勤时间中位数

（续表）

B. 产业
   商品生产
   - 自然资源和采矿业
   - 建筑业
   - 制造业

   服务提供
   - 贸易、交通和公共事业
   - 信息
   - 金融活动
   - 专业及商业服务
   - 教育及医疗服务
   - 休闲服务业
   - 其他服务
   - 公共管理

C. 职业
   经营管理
   商业和金融服务
   计算机和数学
   建筑和工程
   生物、物理和社会科学
   社区和社会服务
   法律
   教育、培训和图书馆
   艺术、设计、娱乐、体育和媒体
   卫生保健医师和技术
   卫生保健支持
   保护服务
   烹饪和相关服务
   建筑和地面清洁、维护
   起居照顾服务
   销售及相关服务
   办公室和行政助理
   农业、渔业和林业
   建造和提炼
   安装、维护和修理
   生产
   交通和物流
   军事相关

（续表）

5. 按产业部门和雇员人数统计的商业机构
按照产业和功能（总部、后台、分厂、研发机构）
新进入者
扩张/新设备
缩小规模/关闭/解雇工人
6. 国际联系
外国公司
在国外有分支机构的美国公司
国外银行分支
有国际部门的美国银行
外国领事馆
进/出口登记人
国际教育项目
7. 研究基地
公司、非营利组织、大学、政府
8. 高等教育资源
9. 交通
商业机场
• 枢纽、运输公司、每日直达、最大的辐射城市
铁路
机动车/卡车
港口
对外贸易区
隔夜快递服务
公共交通
10. 公用事业
水和下水道、电力、天然气、电信
11. 税收
公司
个人收入
销售/使用
机器和设备
财产
12. 土地/建筑物可获得性
工业园区（工业、办公、研究、混合用途）
商业目的的土地及建筑物
空置率和平均地租（仓库、工业、办公类 A 至 C）
通过审批的使用时长和地方许可类型

(续表)

13. 环境管制
联邦空气污染法规的地位获得
平均审批许可时间(空气、水、危险废物)
垃圾填埋
回收法规和规划

资料来源：来源于作者的研究与实践；International Council of Economic Development (IEDC)；U. S. Bureau of Labor Statistics (BLS)；McLean and Voytek (1992)；Edwards (2007)。

6.3.1　人口统计因素

一个社区的人口特征能够显示出这一区域的规模大小、处于增长还是衰退阶段(当收集了两个以上时间段的统计数据时)以及该社区的人口是否是同质的。年龄概况(通常以5岁为一个年龄段进行分析，或者是以低于工作年龄、工作年龄——16岁至64岁、退休年龄——65岁及以上这三个更大的年龄段进行分析)表现了一个社区的人口是合理分布在所有年龄段，还是向某一特定年龄段集中，如年轻劳动力或退休年龄段。由于年龄概况不同，人口特征对于经济发展目标和战略的含义也不同。劳动力的教育程度水平则显示了经济发展战略的先进程度。

了解地方人口的年龄分布也有助于经济开发者理解老年人退休后，社区经济发展将会受到什么影响。例如，在一些大城市中，分析者已经注意到熟练的机械师或工具印模工人中的大部分是同龄人，都是在第二次世界大战后就接受了培训，又因为这些社区的产业发展稳定，所以，一旦他们现在退休了，则没有受过培训的学徒能够取代这些技术熟练的工人。这样的职业对于其他企业的成功通常是很关键的，这就要求社区要留心为需要多年训练的关键职业寻找替代工人。

能够回答诸如劳动力的流动性如何这类问题也是很重要的。例如，年轻人在本地工作还是在外地工作？高中毕业后，他们是选择去附近的城市工作还是上大学？或者，正如发生在许多乡村地区的那样，年轻人会不会因为当地就业机会太少就再也不回去了？

地方社区经济发展经常利用年度或者半年度的人口调查数据，包括一个地区在人口普查时期之间的人口数量。通过修订人口普查数据中的出生人口、死亡人口以及人口迁移因素（如新房屋、地址变更、公共服务、学校入学率、移民许可）等建立该地区当前的人口调查数据。小地区需要与更大的县或者州的人口估算进行加总和平衡。

由于很少有地区具备估计未来迁徙模式的基础，无论是进入或者离开某些区域，因此可以用趋势数据来代替对未来迁徙模式的估算。在很多情况下，我们用从住房情况和学校数据等统计量中估算出的过去5年或10年的移民趋势对未来20至50年移民状况进行预测，但结果是，短期的趋势通常扭曲了未来的模式并导致了误导性的预测。这一点表明，经济开发者要谨慎使用这些预测数据，并注重与有经验的城市规划师和政府官员进行信息的核实，因为他们拥有评估人口发展趋势的独立信息。

人口统计因素还包括更多地了解一个地区内种族融合的变化情况。某一族裔的大量流入能够为经济发展带来新的机遇与挑战。例如，因越南战争而流离失所的洪族难民（来自柬埔寨和老挝）倾向于集聚在少数几个地区，如加利福尼亚州中央山谷和纽约；俄罗斯移民则大量聚居在纽约的布鲁克林和加利福尼亚州的西洛杉矶地区。而在洛杉矶东部的圣盖博谷，大量来自中国香港地区和韩国的移民已经建立了一个充满活力的国际社区。

最后，乡村地区对退休阶层有很大的吸引力。退休的老人会卖掉市区的房子移居到郊外，而带给郊区的不仅是购房支出，还包括社会保障和养老金收入。通常，这部分收入远超过了好的工厂工作所能为社区带来的收入。简而言之，一个社区的人口特征勾画了该地区的劳动力和经济状况。

6.3.2 生活质量

生活质量指标之所以被看作是经济发展中的重要考虑因素，是因为它能够影响一个地区吸引和留住企业和雇员的能力。一般来说，属于更先进产业部门的企业和从事更先进职业的劳动者对于生活质量有更高的预期。高品质住宅、教育、卫生保健、文化等是企业或劳动者进行选址决策的重要考虑因素。员工住房的提供已经越来越多地被认为是生活质量中的一个要素。因为几十年中住房价格的增幅都超过了大部分城市地区的收入，所以目前工人能够支付得起的住房严重短缺。这一现象在五类极其重要且工资属于低到中等水平的职业中表现得尤为明显,包括管理员、小学老师、警察、护士和零售店销售员(Bell,2002)。正因如此,警察和护士无法住在社区中以便及时应对紧急状况;地方学校难以维持足够的师生比例;零售业的服务水平也会受到影响。所有这一切都会对地方经济和地区生活质量的提升产生不良影响。

6.3.3 收入和工资

收入和工资是了解地方生活水平的关键。正如在第3章中所讨论的,提高生活水平是地方经济发展规划的三大目标之一。利润和收入水平应该分别考察,因为不是所有的家庭都有利润收入或者说利润不是收入的主要来源。收入分配五分位数是地方经济不平等水平的关键指标,这一指标的降低也是地方经济发展规划的三大目标之一。低收入工作者的衡量标准是一年中拥有全职工作且一年的工资低于贫困线水平。这是经济发展中的重大失败并且应该得到首要关注。最后,"好"工作通常被定义为能够提供医疗和退休福利以及足够收入的工作。医疗和退休福利支出一般占劳动者工资的25%以上。如果雇员必须支付这一比例的收入,那么他们的整体生活水平就会降低。此外,对于低工资的劳动者来说,他们正在为解决住房问题和生活必需品而挣扎,因而没有能力为自己准备医疗保险资金,一旦身患突发疾病,他们很有可能会陷入财务危机。

6.3.4 劳动力特征

地方经济发展规划的一个重要活动是创造工作岗位。从工作中赚取的收入是个人供养自己和家庭的首要来源。收入还决定了绝大多数人的生活水平。正如我们接下来要讨论的,从利润中积累的收入是决定地方经济基础的关键要素。因此,劳动力特征对于地方经济的未来发展至关重要,加强劳动力特征也是重要的经济发展目标。

表6.1中劳动力特征部分是描述最详细的,因为这部分在地方经济中十

分重要。我们将从民用劳动力开始进行分析。虽然一些地方经济中有相当数量的劳动力被政府和军队雇用,但事实上地方经济发展规划很难对这些部门进行勾画,也正因如此,经济规划者们把注意力集中在民用劳动力上面。

较低的失业率表明劳动力市场处于供不应求的状态,市场中很难再容纳新企业,除非地方劳动力市场出现增长。相反,高失业率表明地方经济正处于衰退阶段,需要积极的经济发展努力刺激经济。弄清楚失业是否与特定的产业部门和职业相关联是很重要的。此外,还要明确失业是与一国处于经济周期中的衰退阶段相关,还是与地方经济结构相联系,以便提出相应的经济发展规划来解决失业问题。

某一性别或种族较低的劳动参与率表明了机会的缺乏、系统歧视和失去信心工人的出现。失去信心的工人是指那些已经放弃寻找工作的人,并且由于他们已经不再寻找工作,也就不再被计算在劳动力之内。

在居住地郡县以外地区工作的统计数据可以被解释为本地就业机会的缺乏。这种结论在多大程度上有效,部分地取决于郡县的规模。例如,加利福尼亚州的地块面积近156 000平方英里,只有58个县。这些县包含了许多地区和劳动力市场。相反,佐治亚州的面积约为58 000平方英里,却有156个县。因为每个县的规模都很小,所以许多劳动力市场是横跨县的边界的。"通勤时间中位数"是更具启示性的指标。过长的通勤时间表明了住房与就业之间的失衡(劳动者的居住社区附近没有足够的工作岗位提供或者地方工作岗位与居民职业不相匹配),这一点应当成为经济发展规划关注的重点。过长的通勤时间不仅降低了劳动者的生活质量,还导致了道路拥堵、空气污染和社区生活质量的恶化。

在劳动力特征之下的另一个子分类是产业。所有的经济活动都从属于特定的产业部门。产业结构在地区经济之间是有差别的,从而构成了地区间不同的发展动力。产业的官方定义是一组主要生产或处理相同的产品或者提供相同服务的营业机构。表6.1中所列出的产业是北美产业分类体系(NAICS)中聚合程度最高的20个部门。NAICS运用一个六位的分等级编码体系来将所有经济活动划分入20个产业部门,其中,5个部门主要从事产品生产,另外15个则是服务提供部门(美国劳工统计局,2007a)。所有的职业都被划分入不同的产业部门。

相似地,所有的职业也都被划分入不同的部门。美国劳工统计局制定了官方标准职业分类体系(SOC)。表 6.1 列出的是其中最重要的 23 个职业组别。这 23 个组是对 96 个小的组别和 449 个广义职业的集合。另外,对于每一个广义职业,SOC 囊括了与其工作职责、技能、教育或经验要求相似的职业(美国劳工统计局,2007b)。每个产业组的职业数据也会公布。

美国劳工统计局会定期地对标准职业分类体系进行修订,以便能够反映新类型职业和商业活动的产生。随着经济活动在经济体系的修订中从一个类别转移到另一个类别,或者当分类体系反映了新形式经济活动的出现和过时活动的消失时,对经济进行趋势预测也变得困难起来。官方的对照表能够为分析者在比较和结合过去和最新的分类体系方面提供指导。对北美产业分类体系最近的一次修订是在 2007 年,对 20 个产业部类中的 7 类做了修订,北美产业分类体系实际上替代了在 20 世纪 30 年代至 1997 年使用的标准产业分类(SIC)。对这一体系的重新命名和修正使得对加拿大、墨西哥和美国的经济活动进行标准化收集和分析成为可能,从而为越来越受到重视的全球化和这三大经济体的一体化奠定了基础。标准职业分类体系的最近一次修订是在 2000 年,美国劳工局正在进行研究以确定哪些新兴职业需要纳入 2010 年的职业分类体系修订中。这些新兴职业中囊括了与目前职业有显著差别的工作,正在被跟踪考察的职业包括高级见习护士、生物信息科学家和技术人员、地理空间信息系统领域的科学家和技术人员(美国职业信息网络发展研究中心,2006)。

6.3.5 商业机构

第五个类别着重分析地方经济中的商业机构的特点。特定产业部类中所容纳的商业机构数量显示了该部门是否处于竞争中。商业机构的功能也为我们了解特定产业部门在整个经济中所扮演的角色提供了线索。具有研究开发功能的机构可能成为新的发明和公司的来源。承担总部功能的机构在地方经济中的发展可能比承担后台和分支功能的机构更具持久性。

6.3.6 国际联系

处于经济全球化进程中,经济发展规划者们可能对国际联系很熟悉,并且在地方经济中支持国际联系和出口导向型经济的建立。表 6.1 的第 6 部分列举了分析国际联系的关键考虑因素,但是分析者可能会考虑得更加深入,比如确定地方提供的产品和服务在世界市场上销售的范围和程度。

6.3.7 研究基础和高等教育资源

第 7、8 部分中指出了能够成为发明和新经济创造来源的研究活动。高等教育可用于培训劳动者,正因如此,在"生活质量"部分,高等教育被列入其中;此外,高等教育机构还可以通过支持制造业延伸合作、小企业发展中心和经济孵化器等活动而成为支持地方经济发展的源泉。

6.3.8 交通、公用事业、税收、土地/建筑物可获得性和环境管制

在经济概况的剩余 5 个部分中强调了在本地做生意的传统要求和成本。交通数据显示了地方经济与其他经济中心是如何联系的,以及人与产品在地区之间移动的效率如何。公共设施供给的成本与特定公共设施的可获得性对于任何经济区位的影响力取决于企业的生产要求。例如,这一企业在生产过程中需要大量用水吗?或者它是否依赖于精密的电信基础设施来传递信息密集型服务或产品?

税收方面表明公司和雇员需要遵从一系列税收政策。税收水平在传统意义上被看作是地方经济发展竞争力方面的问题,尽管在税收对经济区位选择重要性方面的研究结果是混合的。这一问题的另一方面在于税收水平过低可能意味着这一地区在物质与社会基础设施的投资上并不成功,从而为长期经济发展带来不利影响。

土地和建筑对容纳或者扩展新企业的可获得性在经济发展中是一个关键性的因素。如果社区所有的土地都已被开发完毕或者拥有额外的土地但

不会用于商业或工业用途,这就会对扩展现有企业或者吸引新企业在社区选址产生抑制作用。在商业世界中,"时间就是金钱",但冗长的建设工程规划许可过程会提升营商成本并且成为经济开发商的障碍。

这一问题也与经济概况中的最后一项,即环境管制密切相关。表格中列举了企业基于其生产过程的考虑而需要获得的环境许可证。达到联邦空气污染法规要求的难度成为未来经济开发商的一个主要障碍。

垃圾填埋在地方经济发展中具有重要意义,原因在于一些产业制造出比其他产业更多的废弃副产品,对那些会制造出危险废弃品的企业要实行严格的(代价很高的)废物处理管制。尽管有些州和地方把垃圾填埋操作当作经济开发活动,并且为了赚取垃圾处理收入,它们还从其他地区进口垃圾,但是流行的观点认为确保垃圾填埋安全的成本很高,并且会为周围的发展带来负的外部性,所以应该使垃圾填埋减到最少。有一种使垃圾填埋最小化的做法是通过回收管制和程序。最具前瞻性的地区正在推行循环再利用以减少环境污染的影响,同时借助能够实现循环再利用、利用废物生产产品的企业和职业促进经济发展(例如,Leigh and Patterson,2006)。

6.4 比较分析

经济发展数据分析需要建立在与可以作为该地区重要参考的其他地区进行比较的基础上。在大多数情况下,规划者会将本地(地方、县或者多个县)的优势和劣势与更大尺度的地区(州、多州区域或者国家)作比较,但不同规模的社区其比较的尺度也会有所不同。例如,加利福尼亚和得克萨斯的社区通常适合在本州的范围进行比较,但像在罗得岛或佛蒙特的社区则更适合与新英格兰地区或国家这样的大尺度进行比较。通过比较,规划者可能会发现,在州内占有很高比例的电子产业或医疗医药业在全国或区域范围内并不具有明显优势。很多地方也可能发现,它们的失业率总是高于或低于区域内的平均水平,抑或是变化的方式不同。例如,有些地区失业率的周期长于或者短于国家平均水平,有些地区的峰值滞后,而有些地区复苏缓慢。

与更大尺度区域的比较,不能简单地比较就业或企业的总数,显然,更大尺度的区域经济总量必然更大。因而,需要应用一定的分析技术将数据标准化,使得不同规模的地区数据具有可比性。例如,使用人均收入(替代总收入)、失业率、小企业占全部企业的比例、每千人拥有医生数等标准指标。在每一种情况中,经济利益的因素都依据地区规模进行了标准化。

区域数据分析还需要动态比较,显示出不同阶段的经济变化。趋势分析之所以重要是在于它揭示了地方经济在有干扰和没有干扰情况下的发展轨迹,并对未来的规划具有指导意义。经济分析者通常以五到十年为一个周期——既能反映动态发展过程,又能检验政策的实施效果。时间周期也要与美国人口普查局的经济普查、美国社区调查等第二手数据来源的发布频率一致。另外,这样的分析必须考虑经济发展的周期性,即增长、衰退、低谷和复苏。这几个发展阶段将在特定产业的就业率、劳动力中的女性比例、通货膨胀对实际购买力的影响等指标中有所体现。

地方经济规划者需要将专业统计数据与大量分析结合起来,要符合地方社区的独特性。他们在筹备分析时,首先要了解在地区的分析复杂性、对数据的需求以及运用数据的能力上的差距。然而,在分析的过程中,随着规律的发现——分析者对地方经济的了解更加深入,社区也对自身发展状况的理解更加明晰,分析者经常需要进行再思考。小规模的社区通常无法供养得起专职的经济发展规划师,只能寻求专家的支援,如私人经济发展咨询公司、州和区域规划机构、大学的外展中心等。他们能够帮助社区了解相关的信息并制定一个合理的经济发展规划进程。

6.5 收集可得的描述性数据

地方经济发展的数据源于个人、政府、私人资源,各种资源都有其优势和劣势。这些信息可以很快地传播,尤其是通过互联网。表6.2中列出了之前经济概况描述中所应用的13个类别的数据的潜在来源。

表 6.2　经济概况的数据来源

1. 人口统计因素
　　美国人口普查局
　　　　十年一次的人口普查
　　　　美国社区调查
　　地区/区域规划机构

2. 生活质量
　　国家气象资料中心
　　美国人口普查局
　　美国(地方)房地产商协会
　　州教育厅或公共教育厅
　　地方学区
　　大学系统校长办公室
　　联邦调查局(FBI)
　　地方犯罪报告
　　地方商业指南
　　地方医学会
　　商会
　　旅游局

3. 收入和工资
　　美国人口普查局
　　美国劳工统计局,国家和地方办公室
　　州劳动和就业保障部

4. 劳动力特征
　　美国劳工统计局地方失业数据
　　州劳动和就业保障厅
　　美国人口普查局
　　　　县商业模式
　　　　经济普查地理区域系列
　　　　十年一次的人口普查
　　　　年度制造商调查

5. 按产业部门和雇员人数统计的商业机构
　　美国企业统计(美国人口普查局)
　　地方商业杂志
　　地方和州产业/经济发展机构
　　地方调查

6. 国际联系
　　美国贸易在线(美国人口普查局)
　　行业协会
　　美国联邦储备委员会

(续表)

7. 研究基地
美国国家专利和商标办公室
行业协会
大学研究办公室
8. 高等教育资源
州大学系统校长办公室
大学和社区大学地方校长办公室
私立学院/大学校长办公室
9. 交通
州交通厅
美国交通局
地方交通和公共工程局
10. 公用事业
州公用事业委员会
地方知识
11. 税收
州财务和税收收入厅
地方资产评估办公室
12. 土地/建筑可获得性
美国房地产商协会
商业地产供应商
美国人口普查局商品住宅许可
13. 环境管制
美国环境保护局
州环境厅
地方政府环境部门

6.5.1 地方机构和个人

很多社区的规划部门和服务机构已经拥有大量的数据。同时还有许多亲历社区发展的人能够提供一手资料。在社区生活、工作的人都可以在社区发展方面提出自己的理解和想法,他们可以通过以下途径参与地方经济发展规划:

- 个人访谈
- 听证会

- 邻里会议
- 教堂、姊妹会和同业组织
- 出版物、广播、电视等
- 报道、案例分析、可行性研究等

除了这些,在规划的过程中,还应尽力邀请社区领导和其他感兴趣的市民组织成立顾问委员会,或其他形式的类似组织。这些人通常反映了集体思想,并代表了未能实际参与的广大市民的宝贵见解和专业知识。

6.5.2 产业分类

正如上文中提到的,我们利用北美产业分类体系(NAICS)来了解经济部门的多样性。

这一体系替代了标准产业分类体系,它作为美国经济收集、汇总、演示、分析的结构,使用了超过60年。产业部门由主要从事生产或处理同一产品或一群产品或者提供相同的服务的营业机构组成。北美产业分类体系运用面向生产的概念框架,按照营业机构的经济活动将它们归入不同的产业部门。使用相似原材料、资本设备和劳动力的营业机构被归入同样的产业。在从标准产业分类体系向北美产业分类体系转换时,一个融合通信、出版、电影、录音以及网络服务的信息产业首次产生。制造业改组后归入高新技术产业。一个为计算机与电子业创造的新的分部门产生,包括软件的再生产等。食品和饮料部门从零售业转移到新的住房和膳食服务业。零售业与批发业的差别反映在每家店铺经营的方式上。

对于标准产业分类体系的主要批评在于它没有反映经济中服务业部门的增长。北美产业分类体系中新增了9个服务部门和250个新的服务产业。为了符合美国经济不断变化的要求,北美产业分类体系自2002年推出以来就经历了修订。尽管当分类体系需要修订时,人口普查局提供了"对照表"以简化时间序列分析,但从标准产业分类体系向北美产业分类体系的转变确实阻碍了对特定产业部门的时间序列分析。

6.5.3 职业数据

和产业分类体系类似,对职业分类体系的修订需要用到对照表来进行时间序列分析。然而,与北美产业分类体系不同的是,标准职业分类体系(SOCS)只用于分析美国数据。

标准职业分类体系的数据能在大量公共信息来源中找到。美国职业就业统计(OES)项目提供了按产业统计和跨产业统计的就业和工资评估。州和地区层面的数据则由州就业保障局提供。

美国人口普查局在每十年一次的人口普查数据中公布具体职业的数据。只有汇总的数据以纸版形式公布。标准职业分类体系的标准和定制的表格可以在人口普查局基于网络的美国实况数据搜索网站上获取。

美国劳工统计局的就业预测办公室(OEP)每两年会发布《职业展望手册》(*Occupational Outlook Handbook*)、《各行业职业生涯指南》(*Career Guide to Industries*)和《职业预测与培训数据》(*Occupational Projections and Training Data*)。除此之外,就业预测办公室还会发布《职业展望季刊》(*Occupational Outlook Quarterly*, www.bls.gov/soc/socguide.htm)。

6.5.4 人口普查

也许应用最广泛的经济数据来源是每十年进行一次的美国人口普查。这些普查从每个家庭中获得年龄、种族、性别、家人等数据。按照惯例,每20个家庭就有1个需要填写一系列经济开发者感兴趣的问题。这个较长的表格包括了行业、职业、收入、教育水平、身体状况等方面的情况。样本数据被用于推断全部人口的特征,但是在人口较少的地区,为了保护受访者的隐私,他们的回答要汇总起来。从长表格中获得的信息可以用于指导对联邦计划的管理以及联邦资金的分配。

美国社区调查(ACS)作为新推行的一项调查正在逐步取代每十年一次的人口普查。因为人口普查每十年才进行一次,它所收集的数据很快就会过时。由于决策成本高昂并且关系到上千人的生活质量,规划者和其他数据用户不愿意依据人口普查的数据做出决策。美国社区调查的意图在于每年而不是每十年提供社区所需要的数据,美国社区调查在每个县全面实施,覆盖超过300万个家庭。

美国社区调查中包括对各州、城市、县、大都会区和以65 000人及以上为单位的人口群体的人口统计因素、住房情况、社会和经济特征的年度估计。美国社区调查也会覆盖更小的地区,但可能需要几年的时间来积累精确的数据。

人口普查数据有许多优点。第一,人口普查有一系列非常标准的问题和分类,并且在一段相当长的时间内保持一致的分析方法,从而形成了良好的长期分析视角,通常是至少50年有效。尽管分析者必须对产业和职业分类的变化非常小心,但是人口普查数据仍然是长期趋势分析的最佳数据来源。第二,人口普查数据反映了地理分级,小地区不断发展为大地区。国家、州、区域、县、城市、镇、地方、统计街区等是最主要的分类。此外,数据对城市有相应的划分尺度,如大都市区等。第三,数据的广泛性为各种各样的地理分析视角提供了可能性。

但是,人口普查数据也有一些局限性。第一,数据是基于人们的生活地而不是工作地。尽管普查中涉及通勤情况,但这些数据并不能与就业地数据直接比较,特别是当有大量劳动力在所研究地区之外工作时。第二,人口普查十年才进行一次,通常这个数据已经过时了。并且,普查需要花费两年的时间,普查开始两年后经济开发者们感兴趣的数字才可能被公布。第三,经济数据是由抽样调查得到。一些小区域的重要数据由于私密性限制不能够获得。最后,也是最重要的,普查数据在人口迁移情况复杂的地区就不那么有说服力。人口普查的权威性在中心城市、小山村以及有许多非法移民的地区受到了很大的挑战。比如,无家可归的人在人口普查中被忽略了。尽管人口普查数据是我们能够得到的最佳数据,但是认识到它的局限性还是非常重要的。

对经济开发者来说,还可以得到一些定期的、专门性的统计数据。每五年,就有对制造业、农业和政府的统计数据。这些专门性报告提供了较为详细的信息。尽管这些专业数据显示了制造业厂商所属地,但是没有每一个厂商雇员的数据。

6.5.5 雇主报告

雇主能够提供准确的、全面的常规报表,因为获得执照、缴费和纳税是他们经营活动的一部分。政府部门收集这些报告并转化为数据。经济发展规划师对雇主提供的两种报告最感兴趣:每季度上交给州政府的失业保险税和上交给联邦政府的社会保障减免。通过这些税收记录,雇主提供了及时而准确的数据,于是规划师可以通过地方上特定行业的 SIC 编码追踪经济情况。

作为支付失业保险税的一部分,所有的厂商必须报告雇员、工资、区位以及其北美产业分类体系代码。这些详细的信息是州就业保障局出版的《就业与工资报告》的主要内容。这些厂商层面的资源数据是根据雇员工作地点而定的。这样的数据对于分析季度的趋势非常有用。并且,许多州也会根据特殊的地理信息(如邮政编码)或者地方的具体产业部类(北美产业分类体系中的四位数产业),生成一些自己的专业报告。

社会保障部门、国税局和美国劳工部对雇主的行政记录,也是获取县域商业模式数据的来源。如同《就业与工资报告》一样,这一信息也是基于人们的工作地而不是居住地。县域经济模式数据提供了县级的数据。而最近,这些年度数据开始以邮政编码为单元发布。

政府数据也有专门性来源。比如,几乎所有州发布的报告都基于销售税收入,其中给出了县或者城市中具体营业机构的应税销售额。根据税法,应税销售额可能不包括大部分零售部门(例如,免税的食品或服务、商业服务),但是大部分对零售的分析都依赖于这些数据。

《州所得税报告》通常用于分析企业税和个人所得税,并提供了收入信息。农业数据可以从种植的作物、销售量以及其他可以从市场中收集的数据中得到。由于交通监控的实行,通勤和货运数据可以从高速公路数据中得到。这里,作者的目的不是把所有经济发展可得的数据资源都列举出来,而是帮助规划者在其他部门已收集好的数据中寻找他们所需要的数据。

6.5.6 私人数据

私人数据的种类和数量不断上升,有时候,这些数据来源于公共部门,但经过私人企业重新包装后变得更有助于分析。比如由盖尔集团(Gale Group)运作的商业与公司资源中心(Business & Company Resource Center),是一个订阅数据库,能够在较大的公共和学术图书馆中查阅使用。在其他情况下,私人数据提供者收集来自企业的数据,并在处理之后卖给客户。例如,邓白氏商业资料公司(Dun & Bradstreet),它提供经收集整理并不断更新的私人数据,作为所提供的企业信用信息的一部分,包括雇员数量、销售收入、厂商地点等。不同于许多其他数据库,它提供的信息是私人或小企业持有的。

私人数据有几个优点:第一,私人收集数据的可信性比政府公布的数据高。有几家公司出售某些企业详细的数据。第二,可以获得详细的地理位置,甚至街牌号码。第三,只要分析者和市场调研公司愿意支付费用,它们就可以通过数据库生成特别的报告。

私人数据来源的受限之处在于数据的覆盖面既不统一,也不完全。比如,企业被列入邓白氏商业资料公司名单的前提条件是接受其信用评级。这一问题的严重性在理论界存在争议。另外一个不足之处在于,数据升级不是实时进行的。比如,邓白氏商业资料公司试图确保每三年对各厂商的数据进行更新,但事实上,只有需要新的信用报告时,才会对厂商数据进行更新。并且,上市公司必须向美国证券交易委员会报告,并且当其陈述失实时还可能受到法律制裁,但是向邓白氏商业资料公司报告的公司并不会受到处罚。

其他类型的私人数据也有助于地方经济发展分析,比如商业和工业房地产市场数据、行业协会数据等。这些数据能够帮助分析者辨别地方主要经济活动面临何种挑战,以及推动更大程度的重点产业集群的潜力所在。

6.6 考察分析技术

地方经济发展规划者需要理解至少五个方面的分析。

(1) 地方经济中居民和政府官员认为最有价值的是什么?这里的居民

与其他地区居民相比,如何看待自己?

(2)地方经济基础是什么?对地方就业的财富增长贡献最大的产业是什么?

(3)地方经济中哪个部门增长最快,最能拉动就业?地方官员应该如何应对某些部门的衰退?

(4)地方经济的乘数效应是如何发生的?某一个经济部门的增长或者衰退是如何影响其上下游部门的?

(5)在地方经济中,哪些经济部门是由于处在强大的并且日益增长的产业集群中而变得尤为重要?

第二至第五个问题的答案提供了对与每一个社区相关联的经济系统的深入理解。图6.1呈现了经济系统的一种表现形式。如图所示,健康的经济能够输出工作岗位,得到可观的收入并建立起内部联系。确定这些经济联系的规模和表现、评估社区改变其与区域中其他地区关系的能力是这一章中所讨论的分析技术的重点(Landis,1985;Rochin,1986)。

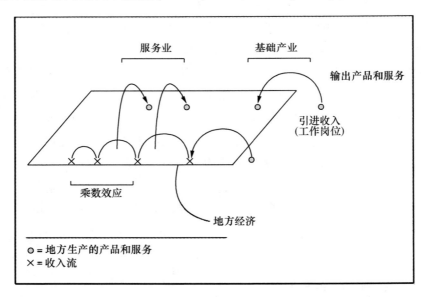

图6.1 地方经济模型

资料来源:改编自 Agajanian(1987)。

第一个问题的答案来自一手资料收集,例如调查、访谈和座谈会。从我们运用二手数据进行的描述性分析中,我们能够理解第二个问题和第三个问题。对第三个问题的深入理解以及对第四个、第五个问题的理解可以通过额外的分析技术获得。这一章余下的部分将重点分析最常用的分析技术。

6.6.1 作为经济发展规划基础的经济基础分析

坚实的经济发展规划取决于对影响地方经济水平和增长的因素的理解。地方企业如何满足社区居民的需求,这些企业对外部驱动力——比如地方商品的出口市场、进口、旅游甚至国际贸易的重大变化(如美元汇率的升降)——做出何种反应。每一个企业都是特定产业部门的组成部分,并且一个地方经济的产业结构是影响经济增长的最基础的因素。① 正如 McLean and Voytek(1992)所评论的:

> 对地方经济增长最重要的产业是地方经济之中为其他地方经济生产产品和服务的产业,因为它们能够带来收入的流入。这些产业被称为一个地区的"经济基础"或者"出口基础"。它们赚取的收入用于维持经济中的"服务部门"或者"非基础部门"——餐厅、食品杂货店、汽车修理店、洗衣店等。
>
> 除了出口,地方经济还进口消费者和企业需要,但在地方经济之外生产的产品和服务。地方经济进口的商品性质和范围也是经济分析者所感兴趣的地方,因为可能存在用本地生产的产品和服务替代从外地购买的产品和后人服务的机会。(p.60)

简单的经济基础模型可以被描述为:

基础部门就业量 + 非基础部门就业量 = 总就业量

传统经济基础理论的原理是,创造财富的企业应该以吸引力为目标并获得比其他企业更多的优先权。正如 Malizia and Feser(1999)论述的,经济基础理论认为,最常见的经济发展战略是产业招募(Industrial Recruitment),

---

① 一些企业可能从事一些跨产业的经济活动,尤其是在企业的规模很大的情况下。这时,企业所从事的活动中占比例最大的业务所属部门是经济调查的目标(美国劳工统计局,2009)。

因为出口导向型的企业的吸引力将能够增加对本地企业的需求。投入—产出分析可以用于分析一个经济中本地服务和出口企业的关系，以及出口型增长对服务部门经济增长的刺激作用。投入—产出分析技术属于经济发展方法的范畴，我们将在本章中对这一方法做一个简要介绍。投入—产出分析的应用催生了对经济乘数效应的准确估计。乘数的概念是地方经济发展关注的重要指标，它用于估计在基础部门经济活动中的一个外生改变会对整个地方经济（例如，收入、税收或工作岗位）带来多大的影响。

传统的经济基础分析以产业部门为分析单元，但目前，经济发展分析已经更多地强调以职业作为经济基础的驱动力，特别是能创造新的经济活动形式或者激发企业家精神的职业。创意阶层的概念便是以职业为中心进行经济基础分析的一个例子。

在下一节，我们将讨论一个分析经济基础的技术，它可以用于考察产业或就业结构。为了简化表述，我们使用产业来描述这一技术。

经济基础分析的区位商法

区位商衡量的是一个地区的某个产业相对于一个更大区域范围的集中程度，即一个产业在地方经济中的份额与该产业在更大区域中的份额的比较。区位商也称为集聚因子，只是在某一时点的经济统计指标，并不能表现出某地区相对于其他地区的繁荣或衰退情况。

区位商表示为地方产业就业量与被参照地区相同产业就业量的比率。如果这一比率大于1，说明这一产业在地方更具代表性；如果这一比率小于1，则说明其缺乏代表性。区位商（LQ）等于1意味着这一产业部门在地方和参照地区经济中具有相同的比例。在经济基础分析中，区位商为1还意味着地方经济能够满足这一产业生产的需求。小于1的区位商可以理解为地方经济内部无法满足这一产业的需求。所以，服务部门和地区可能需要进口这一产业的产品和服务，从而充分满足产业发展需求。另一方面，区位商大于1的地区生产的产品供给超过了地方需求，促使区位商大于1的部分就业被分配到作为地方经济支柱的基础部门。McLean and Voytek（1992）建议分析者关注区位商大于1.25和小于0.75的情况。区位商大于1.25的地区发展的是出口导向型产业，它对整个经济增长的刺激性很强。区位商小于

0.75 的地区也需要关注,因为它们为进口替代发展战略的实施提供了机会。

区位商的标准表达式:

$$\mathrm{LQ} = \left(\frac{e_i}{e}\right) \div \left(\frac{E_i}{E}\right)$$

其中,

$e_i = i$ 产业的地方就业量

$e =$ 地方总就业量

$E_i = i$ 产业的国内就业量

$E =$ 国内总就业量

实质上,区位商是专业化的指数。例如,如果一个乡村拥有 10% 的乳制品业人口,而整个州乳制品业人口所占比例为 5%,区位商等于 2。但是,如果一个城市地区只有 1% 的乳制品业人口,区位商即为 0.2。在第一个例子中,区位商为 2 说明乳制品业占地方经济的比例是期望比例的两倍。而在第二个例子中,区位商为 0.2 表明乳制品业在经济中所占的比例仅是所期望的 20%。

分析者进行的区位商分析通常会达到二位数或以上代码的行业细分度。使用一位数代码的行业细分度数据的冒险之处在于,比如对于农业,全部或者没有就业会被错误地分配入经济基础部门。

表 6.3 显示了美国三个大都会区:亚特兰大、印第安纳波利斯和西雅图。我们将通过找出区位商高于 1.5 的产业部门来判断这三个地区专业化程度最高的产业部门。首先,对于亚特兰大,我们可以看出,航空运输(NAICS 481)是专业化程度最高的产业部门,其区位商达到了 4.19,这也与区域中的哈特菲尔德-杰克逊机场作为乘客和货物运输的主要枢纽的事实相联系。亚特兰大在信息经济上的排名也很高。它在互联网搜索服务提供商、搜索门户和数据处理(NAICS 518)上的区位商为 1.95,在电信业(NAICS 517)上的区位商为 2.07。同时,它在除互联网之外的广播业(NAICS 515)也有很高的区位商。亚特兰大是 CNN 的总部所在地。如果 CNN 是这一地区中属于这一产业部门的唯一企业,我们就无法依据数据披露原则计算区位商。然而,这一都会区中也有其他广播公司。

表 6.3 三位数 NACIS 部门的总就业量和区位商

产业	总量	亚特兰大都市区		印第安纳波利斯大都会区		西雅图大都会区	
		1 981 803		739 167		1 407 193	
总量,所有产业	112 719 311						
NACIS 111 农作物生产	540 904	1 062	0.11	ND	ND	1 916	0.28
NAICS 112 性畜生产	215 536	467	0.12	547	0.39	811	0.30
NAICS 113 林业与原木	68 466	576	0.48	ND	ND	661	0.77
NAICS 114 渔业,狩猎	8 747	22	0.14	ND	ND	1 371	12.56
NAICS 115 农业和林业支持性活动	327 228	752	0.13	317	0.15	589	0.14
NAICS 211 油气提炼	134 852	NC	NC	ND	ND	NC	NC
NAICS 212 采矿(除石油和天然气)	219 261	1 424	0.37	ND	ND	907	0.33
NAICS 213 采矿业的支持性活动	262 418	ND	ND	NC	NC	13	0.00
NAICS 221 公用事业	546 593	10 797	1.12	3 871	1.08	1 666	0.24
NAICS 236 房屋建筑	1 789 273	29 675	0.94	12 445	1.06	26 792	1.20
NAICS 237 重型及土木工程	974 759	19 842	1.16	ND	ND	13 000	1.07
NAICS 238 专业贸易承包商	4 837 450	ND	ND	32 047	1.02	67 896	1.12
NAICS 311 食品业	1 470 421	25 009	0.97	4 525	0.47	13 687	1.12
NAICS 312 饮料和烟草业	195 289	2 043	0.60	1 895	1.48	ND	ND
NAICS 313 纺织印染	193 949	3 347	0.98	567	0.54	85	0.04
NAICS 314 纺织产品业	160 548	4 678	1.66	403	0.26	1 161	0.58
NAICS 315 服装业	238 918	2 609	0.62	ND	ND	2 068	0.69
NAICS 316 皮革及其制品制造业	36 672	71	0.11	ND	ND	ND	ND

（续表）

产业	总量	亚特兰大都市区		印第安纳波利斯大都会区		西雅图大都会区	
NAICS 321 木材家具制造业	555 352	6 252	0.64	2 637	0.72	6 640	0.96
NAICS 322 造纸业	468 579	8 872	1.08	2 296	0.75	ND	ND
NAICS 323 印刷业及相关支持性活动	632 733	13 267	1.19	5 655	1.36	6 037	0.76
NAICS 324 石油和煤制品业	113 063	720	0.36	ND	ND	590	0.42
NAICS 325 化学制品生产	860 835	10 442	0.69	16 524	2.93	2 696	0.25
NAICS 326 塑料和橡胶制品生产	793 157	14 264	1.02	5 224	1.00	5 716	0.58
NAICS 327 非金属矿物制品生产	510 833	10 636	1.18	ND	ND	5 903	0.93
NAICS 331 初级金属制造业	463 168	4 977	0.61	2 560	0.84	ND	ND
NAICS 332 金属加工制品制造业	1 545 070	12 792	0.47	11 614	1.15	11 321	0.59
NAICS 333 机器制造业	1 178 614	8 633	0.42	9 470	1.23	6 859	0.47
NAICS 334 计算机和电子产品制造业	1 303 835	10 826	0.47	5 401	0.63	16 027	0.98
NAICS 335 电气设备和电器制造业	431 418	5 523	0.73	778	0.28	ND	ND
NAICS 336 交通运输产品制造业	1 756 328	19 105	0.67	18 113	1.57	78 308	3.57
NAICS 337 家具和相关产品制造业	557 126	6 594	0.67	2 337	0.64	5 315	0.76
NAICS 339 其他制造业	647 479	7 804	0.69	6 121	1.44	7 162	0.89
NAICS 423 商业批发商（耐用品）	3 069 065	81 879	1.52	ND	ND	44 443	1.16
NAICS 424 商业批发商（非耐用品）	2 029 645	38 581	1.08	ND	ND	26 276	1.04
NAICS 425 电子市场和机构,经纪人	785 815	22 594	1.64	2 479	0.48	8 941	0.91
NAICS 441 汽车及零部件交易商	1 906 801	ND	ND	11 790	0.94	21 486	0.90
NAICS 442 家具和家居摆设商店	583 083	11 645	1.14	ND	ND	7 761	1.07

155

（续表）

产业	总量	亚特兰大都市区		印第安纳波利斯大都会区		西雅图大都会区	
NACIS 443 电子和电器产品商店	548 334	10 988	1.14	3 639	1.01	7 394	1.08
NACIS 444 建筑材料和园艺材料商店	1 320 045	23 659	1.02	ND	ND	14 053	0.85
NACIS 445 食品和饮料商店	2 813 420	47 735	0.97	13 303	0.72	30 983	0.88
NACIS 446 卫生和个人保健商店	966 164	14 667	0.86	5 854	0.92	8 717	0.72
NACIS 447 加油站	860 605	11 541	0.76	5 360	0.95	5 905	0.55
NACIS 448 服装和服装配饰商店	1 451 062	28 097	1.10	ND	ND	19 029	1.05
NACIS 451 运动产品、爱好、图书和音像制品商店	654 376	10 801	0.94	4 440	1.03	10 134	1.24
NACIS 452 百货商店	2 950 499	49 980	0.96	ND	ND	27 846	0.76
NACIS 453 其他商店零售业	886 509	15 738	1.01	6 216	1.07	11 462	1.04
NACIS 454 非商店零售业	426 234	ND	ND	2 727	0.98	7 952	1.49
NAICS 481 航空运输	481 202	35 472	4.19	3 905	1.24	ND	ND
NAICS 482 铁路运输	450	NC	NC	NC	NC	ND	ND
NAICS 483 水路运输	61 031	ND	ND	ND	ND	ND	ND
NAICS 484 公路运输	1 423 331	28 477	1.14	14 753	1.58	13 257	0.75
NAICS 485 公共交通与地面客运	393 427	2 876	0.42	1 037	0.40	3 955	0.81
NAICS 486 管道运输	38 755	156	0.23	136	0.54	ND	ND
NAICS 487 景区与观光交通	27 360	40	0.08	41	0.23	ND	ND
NAICS 488 运输业支持性活动	568 350	10 714	1.07	3 655	0.98	13 507	1.90
NAICS 491 邮政服务	3 776	ND	ND	ND	ND	30	0.64
NAICS 492 邮递员和信使	576 964	15 690	1.55	9 386	2.48	6 906	0.96

（续表）

产业	总量	亚特兰大都市区	印第安纳波利斯大都会区	西雅图大都会区
NAICS 493 仓储业	630 782	15 371	1.39	12 288	2.97	6 445	0.82
NAICS 511 出版业（除互联网）	899 121	23 978	1.52	5 631	0.96	49 250	4.39
NAICS 512 电影和音乐产业	372 584	4 319	0.66	1 157	0.47	3 447	0.74
NAICS 515 广播业（除互联网）	327 944	10 828	1.88	1 451	0.67	ND	ND
NAICS 516 互联网出版和广播业	34 636	589	0.97	52	0.23	1 724	3.99
NAICS 517 电信业	970 167	35 391	2.07	ND	ND	18 813	1.55
NAICS 518 ISPs 搜索门户和数据处理	385 198	13 209	1.95	1 072	0.42	4 101	0.85
NAICS 519 其他信息服务	51 058	ND	ND	ND	ND	ND	ND
NAICS 521 货币当局——中央银行	21 383	ND	ND	ND	ND	ND	ND
NAICS 522 信用中介和相关活动	2 922 086	55 335	1.08	17 111	0.89	34 519	0.95
NAICS 523 证券、期货合约、投资	821 499	11 034	0.76	4 106	0.76	8 596	0.84
NAICS 524 保险业和相关活动	2 150 084	41 180	1.09	ND	ND	26 265	0.98
NAICS 525 广播业（除互联网）	91 950	ND	ND	ND	ND	ND	ND
NAICS 531 房地产	1 488 924	30 284	1.16	5 523	1.32	24 598	1.32
NAICS 532 租赁服务	637 301	13 902	1.24	ND	ND	ND	ND
NAICS 533 非金融无形资产出租人	27 514	ND	ND	ND	ND	ND	ND
NAICS 541 专业和技术服务	7 389 517	155 229	1.19	40 142	0.83	99 727	1.08
NAICS 551 公司和企业管理	1 785 155	ND	ND	ND	ND	26 562	1.19
NAICS 561 行政和支持性服务	7 947 689	179 845	1.29	ND	ND	91 273	0.92
NAICS 562 废物管理和污染整治业	345 917	ND	ND	ND	ND	4 065	0.94

（续表）

产业	总量	亚特兰大都市区		印第安纳波利斯大都会区		西雅图大都会区	
NAICS 611 教育服务	2 206 905	36 671	0.95	9 848	0.68	19 612	0.71
NAICS 621 门诊医疗服务	5 285 046	73 732	0.79	ND	ND	62 337	0.94
NAICS 622 医院	4 367 092	62 410	0.81	31 412	1.10	ND	ND
NAICS 623 护理和居家护理设施	2 879 194	22 812	0.45	ND	ND	ND	ND
NAICS 624 社会支持	2 171 513	31 158	0.82	9 487	0.67	ND	ND
NAICS 711 表演艺术和体育比赛	392 848	6 167	0.89	5 166	2.01	6 760	1.38
NAICS 712 博物馆、历史遗迹、动物园和公园	121 026	1 274	0.60	1 257	1.58	1 739	1.15
NAICS 713 娱乐、赌博业	1 387 810	18 812	0.77	6 452	0.71	19 321	1.12
NAICS 721 住宿	1 826 715	24 084	0.75	8 147	0.68	15 382	0.67
NAICS 722 餐饮服务场所	9 295 919	175 236	1.07	65 546	1.08	111 530	0.96
NAICS 811 修理和维护	1 240 836	20 679	0.95	7 856	0.97	14 860	0.96
NAICS 812 个人和洗衣服务	1 283 705	22 847	1.01	8 481	1.01	16 932	1.06
NAICS 813 协会和组织	1 312 406	13 693	0.59	9 856	1.15	14 832	0.91
NAICS 814 家政服务	526 804	2 416	0.26	853	0.25	19 106	2.91
NAICS 999 未分类	25 5812	ND	ND	26	0.02	NC	NC

ND：未公开；
NC：不可计算，数据不存在或为 0。
资料来源：BLS, 2006, Location Quotient Calculator, Accessed August 20, 2007 from http://data.bls.gov/LOCATION_QUOTIENT/servlet/lqc.ControllerServlet.

在印第安纳波利斯大都会区中,有三个专业化领域。首先,它在传统产业部门的专业化程度更高,化学制品生产(NAICS 325)和交通运输设备制造业(NAICS 336)的区位商很高。其次,印第安纳波利斯在三个产业部门——公路运输(NAICS 484)、邮递员和信使(NAICS 492)以及仓储业(NACIS 493)——的高度专业化也表明了它是一个重要的集散中心。最后,对印第安纳波利斯的区位商分析反映了其在艺术和娱乐业(NAICS 711——表演艺术和体育比赛、NAICS 712——博物馆、历史遗迹、动物园和公园)方面的专业化。

对西雅图的分析表明这一地区仅在三个产业部门高度专业化,这三个产业部门也是工业化三个重要阶段的代表。首先,渔业、狩猎(NAICS 114)这一部门的区位商超过了 12。其次,西雅图地区的交通运输设备制造业(NAICS 336)区位商比印第安纳波利斯的该部门区位商高了一倍多,这在很大程度上是因为波音公司在西雅图地区有主要的工厂。此外,西雅图大都会区在除互联网之外的出版业(NAICS 511)以及互联网出版和广播业(NAICS 516)的区位商也很高。其中,出版业包括软件业——西雅图是微软公司所在地。最后,西雅图地区在家政服务(NAICS 814)的区位商很低,这一部门是收入最低的产业部门之一。

理解区位商分析对专业化程度的指示作用是很重要的。产业具有高区位商并不意味着该产业的就业规模大。例如,西雅图地区在家政服务部门的区位商是 2.91,但这一部门的就业量仅占总就业量的 1.3%(19106/1407 193)。较高的区位商表明的是家政服务在这一地区是支付得起的,或者说很大比例的高收入者能够承担雇用家政服务人员的费用。更进一步来讲,在渔业、狩猎部门虽然区位商高达 12.56,但就业量还不到总就业量的千分之一。这一部门的区位商很高的原因在于西雅图位于太平洋沿岸,这一部门的经济活动自然更加活跃。

除了显示地方经济的专业化程度,区位商对于确定地方经济基础也有重要意义。

区位商分析的数据要求

计算区位商基本的数据可以来源于任何可靠的统计数据,并且这一数据对地方和参照地区都是可得的。通常的数据序列是由就业和收入收据或县域经济模式得来的分行业就业数据。很多分析者将地区数据与国家一级的数据比较,有的则选择与州或自治区一级的数据比较,这种选择取决于州的大小和影响力。像加利福尼亚、纽约、得克萨斯等因规模较大,可以作为州内的市县在计算区位商时的良好参照。而佛蒙特州由于规模较小,不足以成为其城镇分析的参照,佛特蒙的分析者只能以新英格兰这一区域为参考。

区位商计算最常用的是就业量数据,区位商也可以用销售额、工资等其他相关数据系列来计算。事实上,只使用就业量作为区位商的分析基础可能会得出错误的结论。例如,随着生产率的提高和资本投入的增加,需要的工人正在减少。裁员不再是行业不景气的信号,而是代表着该行业的发展进步。因此,对于像建筑、农业这样的生产率迅速提升的产业,应该用销售额等其他经济统计量来代替从业人数。

6.6.2 地方经济增长点:了解未来的就业在哪里

与了解地方经济基础同样重要,分析者还需要了解以下几个方面:经济将向哪里发展;就业将在哪里产生。评估可预见未来是很难的,分析者要承受很大风险。地方经济发展机构规划者经常与经验丰富的顾问合作。但是,作为顾问的客户,规划者也要了解其中的核心问题。

在这部分内容中,我们将帮助规划者了解评价动态经济的复杂性的两个组成部分。首先,我们要在区位商的基础上介绍新的概念和方法,包括描述地方经济变化的动态分析法。其次,我们会归纳总结出经济预测和一些改变经济轨迹的原则。

6.6.3 动态分析的基本原理

出于以下原因,分析者需要了解地方经济的变化情况。一方面,他们需要决定公共投资的方向,以及为哪些产业提供相应的公共设施。另一方面,了解哪个产业发展最快,也可以尽早培养那方面的人才,这是《劳工培训方案》的核心问题。事实上,地区必须要预测未来的工作需要。

动态分析中所用的数据与静态分析中的一致,但是动态分析需要两到三个时间点的数据。当选择两个时间点时,分析者的最理想选择是经济周期中的下降拐点。例如,分析者应该避免将经济高峰和低谷时期的经济状况进行比较,以免歪曲事实。一些产业可能在经历暂时的经济衰退并在随后很快复苏了(电器制造业是一个历史案例)。分析者在经济低谷时观察到的数据变化可能被错误地解释为经济结构的调整。

在地方经济动态分析中,主要的分析工具是"转移—分享"分析。尽管很少有分析者完整地运用这种方法,但部分应用就能够帮助人们回答这些重要的问题——我们的地区是怎样变化的?它将会变得更具竞争力吗?

6.6.4 分析工具:转移—分享分析

转移—分享分析是分析地方经济结构变迁的有力工具。与区位商不同,它所展现的不仅是一个时点的经济状况。与区位商相同的是,所研究的地区可以小到一个镇,也可以大到一个大都市区。与此同时,参照区域既可以小到一个县,也可以大到整个国家。而正如读者所预想的那样,这种分析方法并不适用于邻里层面的分析。

转移—分享分析的目的是将一个产业的增长过程分解为三个主要方面。这种方法也要统计就业量或其他经济数据,但通常使用就业量数据。根据这种分析方法,地区的增长或衰退是以下三个既相互联系又相互区别的部分的结合:

(1) 经济增长是社区在全国、整个州或某个区域的经济变化中受益或受损的过程。不管是哪一类产业,都会受到整个区域经济增长或衰退的影响。部分产业就业量或销售额的变化,也会带来广泛的经济影响。在经济扩张或衰退时,所有产业都会受到影响,经济的整体走向是所有产业的发展环境。关键是要意识到"水涨船高",这被称为分享。

(2) 第二个因素是某个产业相对于所有产业的变化。在转移—分享分析中,这种变化被称为"比例转移"或"产业转移",它是用来衡量一个产业在经济增长中的相对优势或劣势。例如，如果通信产业和卫生保健行业比整个地区经济增长的速度更快，则它们对地方经济增长的贡献相对更大。如果产业处于衰退期，比如农业和林业，地区发展会受到该产业变化的左右，而不管地区经济是处于扩张还是衰退。因此，影响地方经济发展的第二个因素是地方产业混合情况与参照区域整体产业混合状况之间的关系。通过比例转移能够识别出影响地方经济增长或衰退的产业。

（3）转移—分享分析中最常用的是"差别转移"，有时也称为"竞争优势"。它是用来衡量本地产业变动率与区域内该产业变动率的差别。因此，对于比例转移不大的产业，地方经济的变化意味着地方产业的兴衰。但是，如果某个产业在整个州或全国的增长都很快，那么只有该产业的本地增长速度更快，才能使差别转移为正。类似地，如果整个国家的农业都处于衰退，那么地方的衰退速度慢则意味着具有竞争优势。差别转移分析作为动态分析，并不是要看一个产业的增长或衰退有多快，而是要看它相对于整个区域的变化程度。如果一个产业的差别转移为正，就可以推断它在区域内更具竞争力。

转移—分享分析可以表示为：

1990 年至 2000 年地方产业的就业量变化

$$= \{ref00/ref90 - 1.0\} + \{emp00_i/emp90 - ref00_i/ref90\}$$
$$\qquad\quad\text{（经济增长）} \qquad\qquad\qquad \text{（比例转移）}$$
$$+ \{loc00_i/loc90_i - emp00_i/emp90_i\}$$
$$\qquad\qquad\text{（差别转移）}$$

其中，ref90 = 1990 年参照区域的就业量

ref00 = 2000 年参照区域的就业量

$emp00_i$ = 2000 年 i 产业的就业量

$emp90_i$ = 1990 年 i 产业的就业量

$loc00_i$ = 2000 年本地 i 产业的就业量

$loc90_i$ = 1990 年本地 i 产业的就业量

表 6.4 显示了对辛辛那提 2000 年和 2006 年的转移—分享分析。首先计算的是每个产业的变化率，而非像计算区位商那样计算它占整个经济的

表 6.4 辛辛那提大都市区转移—分享计算

		辛辛那提			美国			转移—分享	
	A 2000年就业量	B 2006年就业量	C 比例变化[a]	D 2000年就业量	E 2006年就业量	F 比例变化[a]	G 转移（总增长）	H 比例转移[b]	I 差别转移[c]
11 农业、林业、渔业和狩猎	319	423	32.6%	1 201 637	1 167 004	−2.9%	3.3%	−6.2%	35.5%
21 采矿业	488	496	1.6%	511 418	617 048	20.7%	3.3%	17.4%	−19.0%
22 公用事业	6 068	2 951	−51.4%	847 075	803 859	−5.1%	3.3%	−8.4%	−46.3%
23 建筑业	47 905	48 792	1.9%	6 848 386	7 793 430	13.8%	3.3%	10.5%	−11.9%
31—33 制造业	145 757	120 576	−17.3%	17 363 496	14 153 115	−18.5%	3.3%	−21.8%	1.2%
42 批发贸易	51 773	55 630	7.4%	5 741 228	5 885 436	2.5%	3.3%	−0.8%	4.9%
44—45 零售贸易	114 649	108 981	−4.9%	15 344 490	15 435 110	0.6%	3.3%	−2.7%	−5.5%
48—49 交通运输与仓储	45 342	40 139	−11.5%	5 386 807	5 302 583	−1.6%	3.3%	−4.9%	−9.9%
51 信息产业	20 314	16 247	−20.0%	3 757 053	3 185 907	−15.2%	3.3%	−18.5%	−4.8%
52 金融和保险业	44 623	49 369	10.6%	5 578 028	6 037 467	8.2%	3.3%	4.9%	2.4%
53 房地产、租赁业	15 086	13 465	−10.7%	2 074 629	2 203 542	6.2%	3.3%	2.9%	−17.0%
54 专业、科学和技术服务	50 303	52 427	4.2%	6 919 298	7 502 331	8.4%	3.3%	5.1%	−4.2%
55 公司和企业管理	29 653	32 430	9.4%	1 783 807	1 785 257	0.1%	3.3%	−3.2%	9.3%
56 行政、支持、废物管理和整治服务	61 058	67 195	10.1%	8 125 498	8 376 060	3.1%	3.3%	−0.2%	7.0%

（续表）

		A 2000年就业量	B 2006年就业量	C 比例变化a	D 2000年就业量	E 2006年就业量	F 比例变化a	G 转移（总增长）	H 比例转移b	I 差别转移c
		辛辛那提			美国			转移—分享		
61	教育服务	43 467	46 914	7.9%	10 554 237	11 734 366	11.2%	3.3%	7.9%	-3.3%
62	医疗卫生和社会支持	108 102	125 095	15.7%	14 233 766	16 480 734	15.8%	3.3%	12.5%	-0.1%
71	艺术、娱乐和休闲	19 649	19 638	-0.1%	2 071 818	2 286 930	10.4%	3.3%	7.1%	-10.4%
72	住宿和食品服务	75 761	86 515	14.2%	10 055 329	11 189 512	11.3%	3.3%	8.0%	2.9%
81	其他服务	33 027	30 587	-7.4%	4 200 336	4 420 427	5.2%	3.3%	1.9%	-12.6%
92	公共管理	30 975	34 214	10.5%	6 961 574	7 228 408	0.8%	3.3%	0.5%	6.6%
99	未分类	n/a	617	n/a	n/a	245 310	n/a	3.3%	n/a	n/a
	总计	944 319	952 701	0.9%	129 559 910	133 833 836	3.3%	3.3%	0.0%	-2.4%

注：a. 比例变化率或增长率是用 2006 年就业量除以 2000 年就业量，再减去 1（B/A - 1，或（B - A）/A）。

b. 比例转移是用各个产业的增长率或下降率减去国家整体所有产业的增长率（F - G）。这个指标可以显示假设国内所有产业以同样的速度发展的话，个别产业是超过还是低于预期。

c. 差别转移是用产业在国家层面增长率减去同一产业在地方层面的增长率（F - C）。

份额。要计算国家级和大都会区一级两个增长比例。计算结果有正有负。如果就业人数增加，则产业是正增长。而就业人数降低时，产业出现负增长。我们希望能够发现地方经济与国家经济之间的差别，因为地方经济不可能完全等同于全国经济。此外，探查地方经济表现也正是转移—分享分析的目的所在。

转移—分享分析对于识别该地区具有竞争优势的产业是很用的。这一分析方法也可以反映地方经济的缺陷。在辛辛那提的例子中，我们看到大都会区在2000年和2006年之间的总体经济增长还不到全国经济增长的三分之一（0.9%与3.3%相比）。比例转移显示了如果国家产业部门与全国市场的增长率相同，这些产业部门就业量超过或滞后的比例。差别转移反映了辛辛那提特定产业部门的经济增长率和全国经济增长率之间的差别。在对表6.4中的内容进行解释时，我们要关注产生转移的实际就业量。辛辛那提的很多产业增长率低于在国家层面与其相对应的部门。产业规模越大，应该考虑的因素越多。同时，应该注意到，2000年就业规模较大且增长率高于国家水平的产业正是辛辛那提具有竞争优势的产业。例如，"公司与企业管理"和"批发贸易"的差别转移较大，分别达到了9.3%与4.9%。

6.7 经济预测的原理

为了规划地方经济的未来变化，经济发展分析者依据目前可以确定的经济变化条件进行预测。预测需要运用经济计量和其他的分析策略，经济发展规划者通常需要顾问的帮助。然而，经济预测的关键是要建立在现有发展轨迹的基础上。首先，经济开发者需要预测到依循过去十年的发展趋势，地区经济将会有怎样的未来。因为未来从不与过去相同，可以利用最近的数据作为分析改变未来经济发展方向驱动力类型的起点。例如，在一个刚经历过削减军费开支、关闭军事基地的社区，可以预计这一军事削减所带来的困难在未来不会仍像当下这么严重。与此类似，在21世纪初期经历了互联网盛衰的社区也意识到这一状况在下一个十年中不太可能会再次上演。另一方面，旅游业和医药产业稳定增长社区可以预见到这一趋势在未来仍会继续。对于所有经济发展分析来说,一个好的现状核实要求明确过去的发展趋势,并检查在什么情况下这一趋势不会延续下去。

对整个国家或更大区域的发展预测对地方经济发展方向的判断也有参考作用。例如,美国劳工统计局发布对未来五年职业和产业的增长、衰退的预测。分析者可以利用这一数据来检验地方经济并确定本地区是否需要新的培训项目和经济调整援助。

另一种经济预测方法是考虑当前或近期变化会产生怎样的长远影响。我们会在下一章阐述这一方法。

6.7.1 经济乘数效应是如何发生的?

积累变化的概念

地方经济的动态发展过程不能用彼此独立的产业来说明,而是要依靠产业间的网络联系。在这一网络中,消费或出口只是最后一步。例如,当一个人购买计算机时,生产计算机的企业也要从其他企业购买相关配件,配件供应商可能与生产计算机的企业不在同一个州,甚至不在同一个国家。而当计算机生产企业的销售额增加时,也会拉动其供应商的销售额上升。

例如,计算机生产者经常从专业生产者那里购买芯片,生产芯片的厂商又会向其他厂商购买它所需要的原料,如硅、金属导体、化学制剂、塑料精密仪器、能源、包装物等。计算机生产企业还需要硬盘,而硬盘生产企业又有一系列需求。因此,计算机购买量的提升,将为其各级供应商提供发展机遇。同样,计算机购买量的下降也会导致各级供应商销售额的下降。

地方经济规划者要问的第四个问题是:在联系密切的经济体中,某个方面的变化怎样影响整体经济的发展。为此,他们用乘数的概念来概括经济的累积变化。乘数是任何经济部门所带来的所有经济活动的总和。地方区域的乘数是地方经济活动的总和。因此,在计算机产业中,1 000 美元订单所带来的乘数是:1 000 美元再加上由这一订单所引发的直接或间接的经济收益。

通常来讲,如果大量的投入品在本地生产或者产业链中的交易量较大,地方乘数就会较大。例如,如果计算机生产者所处的区位没有任何配件供应商,而所有配件都需要从其他地区进口,那么 1 000 美元的订单对地方经济的影响就很小。相反,如果是在硅谷中的计算机生产者,那么地方乘数会很大。而一些劳动密集型的产业,其对外经济联系不多,主要的成本来自劳动力,因此不管其供应商是否在本地区内部,它所带来的增加值都很小。

6.7.2 分析工具:投入—产出分析

1973 年的诺贝尔经济学奖得主是华西里·列昂惕夫,他开发出了投入—产出分析法。他的首篇主要论文"美国经济结构,1919—1939 年"在 1941 年发表。列昂惕夫将经济体看作是进行产业间贸易的大型系统。随着电子计算机的普及,已经有一些软件能够运算地区的投入—产出分析。其中最有名的是 IMPLAN,它能够在个人电脑上运行。尽管该软件十分复杂(本章对它不作具体解释),但是它在经济发展咨询中应用广泛。

投入—产出分析框架是一张表格,其行和列都列明了各个产业。表的纵列上是供给者,横行上是需求者。为制作投入—产出表,要走访很多企业,了解价值一美元的产品所需原料的价值。因为,一个典型企业的需求通常会固定在有限的几个行业上。企业还需要购买劳动力,劳动力的价值需要评估。类似地,企业产品的买者数量也是相对有限的,可能是其他产业。当然,产品也会卖给消费者——被称为最终需求。国家的投入—产出表能够算出每一个环节的增量,加入出口和进口后,该表能够反映经济交易的整体情况。然后再将出口与进口数据标准化为 0—1 之间的比率,从而计算出乘数。

投入—产出分析最早是应用于全国的,但它也适用于地方。从全国到地方的转换也需要相应的策略调整,但其原理都是一样的。用 IMPLAN 可以把国家一级的产业相关系数调整成州或县一级的。IMPLAN 是以州或县中各个产业的产量为基础进行调整,追踪产量上升或下降所带来的产品流变化。这种基于统计数据的分析可以得出地方产业间联系的特点。

投入—产出分析可以生成三种乘数。第一种乘数包括增加一美元产品所直接需要的所有资源的价值。如一个钢笔生产企业需要购买塑料、金属、墨水等原材料,也要购置能源、厂房、机器,还要雇用工人、律师及其他商务服务人员。这种一阶乘数只计算钢笔厂的直接支出,是三种乘数中最小的。

第二种乘数是要看上述直接购买所带来的投入—产出影响。钢笔生产企业的上游供应商也需要购买特定的资源来生产钢笔生产企业所需要的原料。金属生产企业要购买矿石、机械设备、能源等。墨水生产企业要购买石墨、油等化学制剂。于是这种购买关系又会向上延续到石墨生产企业、采矿企业、机械制造企业等企业。事实上,这种延伸可以无限进行下去,尽管间接购买价值并不是很大。从地方的角度来说,这种二阶乘数会由于购买行为发生在区外且它们不会购买区内的产品而降低。

第三种乘数考虑了另一层影响。增加的每一美元销售额都会带来工人工资的上涨,工资上涨能够提升居民的购买力,这又会拉动对住宅、汽车、服装、食品、电子产品等行业的需求。(每个行业工人购买的消费品的一般市场篮子已经被开发出来。)而这些行业的工人工资上涨又会启动新一轮的需求拉动。

投入—产出表不能度量由于一美元支出增加所带来的所有间接影响。但是投入—产出表能够告诉我们每次购买行为的交易额,通过计量模型,能够统计出所有的交易额,直到影响小到可以忽略不计为止。所得出的结果是基于所有厂商和个人的平均支出。

投入—产出分析在地方经济发展中的应用

投入—产出分析在地方经济发展中应用广泛。但是它对特定产业也有很多错误的解释和不恰当的使用,例如高估了对特定产业的补贴的影响。在解释结果的过程中,要注意以下几个方面:

- 投入—产出分析及由此得到的增加值是基于国家而非地方的数据。如果某地区有很特殊的产业,很可能不包括在国家模型中。有的地区专门生产面向高端客户的定制家具,那么它的行业相关系数就与整个国家的平均水平差别很大。但这种差别在地方投入—产出表中并没有反映。
- 地方层面的乘数通常很低。很多人宣称如果将某个企业引入本地区,该地区的增加值会提高两倍甚至更多。因此,他们呼吁给予这些企业优惠措施以吸引它们进入。事实上,很少有地区的乘数能超过2,通常都在1.57到1.75之间。
- 乡村的乘数要低于大都会区。在乡村,企业需求能够在本地区得到满足的情况很少,其投入大都需要依靠外部市场,使得收入外流。这种大量的外流意味着乘数会非常低。在有些农业区中,种子、化肥、农用机械等产业会在本地区,因此其农业的乘数效应会很高,但这些供应商通常还为很多其他乡村提供服务,这一行为也会拉低乘数。像洛杉矶这样的大都会区,各个行业的企业都能找到其供应商,很多产业的乘数都接近于2。

- 投入—产出分析的产业细分程度由数据的可得性和地区规模来决定。有些小规模的产业不必细分到三位数或四位数的行业分类程度。
- 投入—产出分析和乘数只是经济发展分析的起点,它还需要深入访谈等其他分析方法的支持。

总之,投入—产出分析的复杂性让地方经济发展专家能够更好地理解不同发展情境下的各种结果。

6.7.3　识别产业集群:地方经济的重中之重

购买和销售的地方网络

最后一个经济发展策略强调什么是地方经济增长的重中之重。在典型的地方经济中,很多产业非常集中。并且这些产业会与一个庞大的地方购买和销售网络联系起来。对于地方经济的增长、地方就业机会的创造和地方福利的增进,并非所有的企业贡献都一样大。

产业集群的概念被应用到地方经济发展中,以解释和培育不断增长的地区经济。一个集群,并不只是地区内的大公司集合在一起,而是相互关联的公司组成的网络,这些公司从相同的供应商购买投入品、分享市场并共享专门的基础设施服务。

集群的原型是硅谷的电子产业。这些从事电子行业的公司组成了一个网络,由于它们都来自相关的领域,接近拥有先进技术的企业和实验室从而能够更快地获得技术优势,能够从基础设施(即附近的大学、研究机构、风险投资、行业协会)中受益,并且与有利的市场渠道直接联系,从而使这些公司取得了全球优势(Bradshaw,2000)。

其他地区同样有强大的产业集群,但是并不是所有的集群都是高科技产业集群。比如,加利福尼亚州的纳帕谷和索诺马市酿酒集群;中部山谷的农业集群;洛杉矶的服装集群、时尚中心;萨克拉门托市逐渐发展起来的信息技术集群;底特律的汽车集群;纽约的金融业集群;艾克伦(俄亥俄州北部)的塑料和橡胶制品集群。许多城市和地区都有明显的集群,然而产业集群分析方法是针对那些不能很好地判断集群的地区和有潜力发展集群的地区。多种产业集合在一起(经济学家称之为产业聚集),意味着它们不仅依靠自身条件,更多的是受益于共同的区位条件(Bradshaw, King and Wahlstrom, 1999)。

分析工具:集群分析

经济开发者需要:(1)理解区域集群;(2)通过规划满足集群中企业的不同需求。为了完成这两件事,要先识别出产业集群。产业集群可以被定义为在相关行业的厂商:

- 地理上集中在一个特定的区域;
- 由于相互临近而获得竞争优势;
- 由于区位而分享特定的供应商和市场;
- 受益于这个区域有利的基础条件,如自然资源(如便于获取矿产的港口)、教育和研究优势(如大学)、金融机构(如风险资本)、劳动力优势(如培训项目)等。

这四个标准对于定义集群来说是通用的,但是在定义集群的方法上还没有取得一致。的确,一些经济规划者赞成通过对经济和社区的领导者的调查而不是通过统计分析来识别地方产业集群。另一方面,一些识别产业集群的技术涉及过于复杂的数据和统计方法,导致了重点关系模糊不清。

产业集群分析的目标是识别由于地理位置相邻而具有竞争优势的厂商组成的相关的产业群。这个目标并不是简单地将北美产业分类体系的分类重新划分,从而使得具有相似投入—产出关系的产业互相融合。一个产业集群实际上是一组具有竞争优势的厂商,它可能是在一个很窄的行业中的厂商,也可能是由类似的北美产业分类体系代码划分的一个行业,或者是由北美产业分类体系中不同代码所组成的行业。为了地方经济发展而进行的产业集群分析,目标还在于识别那些还不明显但能够通过数量分析识别出来的产业集群。如果地方数据显示厂商形成了竞争性的产业集群，但是这些厂商并没有明确的NAICS代码，这种情况下，还是可以认为它们构成了一个产业集群。例如，地方手工艺品通常被分别归入珠宝、艺术品、家具等行业中，在北美产业分类体系中没有这一类别。同时，手工艺品通常与旅游产业相联系并成为经济发展的重要力量。简而言之，如果要想使产业集群分析得到的结论切实有用，那么分析者必须考察当地厂商网络。

集群分析可以遵照如下四个步骤进行：

步骤一：高度集中和竞争性的产业是建构一个产业集群的基础。为了进行最基本的产业集群分析，每个产业的区位商和转移—分享必须计算出来。如上文所述，区位商大于1的产业可能向外输出产品。我们在上面也分析了地方差别转移大于0的产业具有增长更快的竞争优势。这两个产业分析指标显示了地方经济的优势，可以形成一个四象限表（见图6.2）。

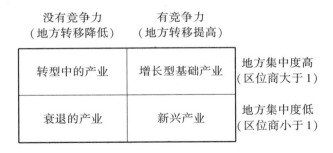

图6.2 四象限表

步骤二：在四象限表中位于右上角的是可能发生集群的产业。这里需要注意的是，集中度高、有竞争力的产业并不一定能形成产业集群，产业集群中的产业也不一定都是那个象限中的产业。最佳的策略是用二位代码和三位代码来构造四象限表。进行产业集群分析的关键是从具有集中度和竞争性的产业开始，然后再逐步细化这个分类。例如：

A. 集中但是并不是出口型的地方产业，应该被剔除。典型的集中型产业如建筑业应该被剔除，因为这个行业的集中和增长可能与当地人口和经济的增长有关。建筑业有可能增加就业需求，但是它对该地区之外并不能产生什么作用。

B. 类似于交通运输、公用事业等对所有行业都有支持作用的行业，通常不是某一个产业集群的组成部分,但是构成了专门的基础设施,使得众多厂商受益。

C. 由一个厂商主导某个行业并不能构成一个集群。这在乡村地区比较常见。

去掉右上角方格内明显不合适的产业后,分析者需要寻找相关产业。通常在第二步中,将识别出一部分候选的产业集群。需要对这些候选的产业集群做进一步筛选,并且最终选出最好的候选产业集群。对产业集群的分析不是讨论哪些厂商属于或者不属于一个集群。显然,厂商从共同的区位所获得的竞争优势的程度不同,经济开发者对增强竞争优势十分有兴趣。

步骤三:在分析者对集中度高、有竞争力的产业缩小范围后,下一步是确定候选集群是否满足以下条件:(1)共享当地供应商和市场链带来的益处;(2)从该地区的特定基础设施受益。当地供应商的关系可以从投入—产出表中得到。首先,分析者必须确定对于一个产业来说,哪些是最重要的供应商,无论是当地的还是外地的。这个数据可以从投入—产出表得到。对供应商和市场的识别可以帮助我们理解产业、供应商、市场三者的沙漏型关系。其中,集群的核心(在第二步中识别)位于中心点。

与供应商的联系还要与对市场渠道的理解结合起来。市场驱动了一些产业集中化。例如,Scott(1988)指出,洛杉矶的时尚圈是时装设计师的重要聚集地。并且,纺织品供应商、佩饰生产商和其他公司都可以因为在此地设立而受益。这样的专业分工会激励更多的时尚商品生产厂商在此设厂,以方便他们寻找设计师。市场赋予这个地区以优势。其他专业化的市场也扮演了同样的角色。

步骤四:最后,为了完成产业集群的分析,我们必须检验对当地主要产业集群以及供应商有益的自然条件和特殊的基础设施。这种关系不太可能通过定量方法得出,但是可以通过对一个产业运行模式的分析得到。从全美范围来看,不同的地区基础设施优势对形成产业集群的作用很大。军用品市场需求推动了航空公司在洛杉矶地区集中,造船公司集中在弗吉尼亚。临近厂矿促进了铁矿区的形成,国家公园的布局也会刺激旅游业发展。交通路线对港口、机场等产业来说十分重要,促进了东海岸和西海岸城市的繁荣。远程通信设备(如光纤、互联网的主要枢纽等)也赋予了特定地区相对于没有这些基础设施的地区的优势。虽然一个产业集群的发展有可能不依赖于特定的基础设施,但是基础设施可以将一些优势迅速地确定下来。

集群形成了区域经济的核心,确立了随着经济增长或改变会产生哪些新的工作岗位,因此十分重要。一个地区的集群包含的企业数量与该产业在州里的企业数量不成比例,因而被视为是一个区域当前经济基础的核心。不仅如此,位于集群里的企业往往比同一产业的其他企业增长得更快,因为集群内充满竞争,也是天然的网络,使核心企业可以找到能够一起发展的其他公司。

6.7.4　集群案例研究:辛辛那提大都会区

2004年,美国辛辛那提合伙团(Cincinnati USA Partnership)、辛辛那提地区商会的经济发展部门和辛辛那提大学的经济学教育与研究中心(2004)一起撰写了产业集聚鉴定报告。2004年5月发布的《美国辛辛那提用于指导经济发展的产业集群鉴定》报告运用可得数据、最新分析方法和六个先前研究结果对合伙团未来应该主要关注的产业集群做出评估。

以下是对经济中心在鉴定辛辛那提区域的产业集群时,所使用的主要分析方法的一个总结。

第一部分:以计算地方区位商(LQ)为分析起点,应用二位 NAICS 经济部门代码。这些数据用于确定辛辛那提区域哪些产业部门专业化水平较高,即区位商大于1。

分析发现,这一区域已不再依赖于传统制造业,企业与公司管理、交通运输和仓储以及批发贸易的区位商均比制造业高。对县一级的工作岗位分布分析则帮助获取了对次区域经济发展模式更深入的理解。

第二部分:下一步是对以就业量计算的22个类别群组的区位商分析。职业分析很有效,因为它是评估目前劳动力的技术基础的最好方法,技术基础还会在短期内影响具有吸引力和增长性的职位类型。

最初的职业分析发现,辛辛那提区域在生产和交通运输以及物流职业上成比例地拥有更多的工作岗位。

进一步的分析在34个更加具体的职业组别中进行。分析发现这一区域区位商较高。分析还按照平均工资将职业进行了分类,并重点关注潜在收入较高的工作岗位。

这一额外的职业分析发现辛辛那提区域在管理、营销、宣传、广告和销售方面的工作岗位较多。而金融、保险、计算机编程、科学、建筑、工程和卫生保健的专业化程度较低,这一点也是值得关注的。

第三部分:分析的第三个方面是以国家工作岗位量趋势(1990 年至 2000 年)为参照,衡量各部门的工作岗位增长率,美国劳工统计局对于工作岗位增长率的预测(从 2002 年至 2012 年)也对于决定哪一经济部门发展更加健康有重要作用。最主要的发现是基于服务的部门通常比基于生产的部门发展更健康。

在类似的对职业的历史分析和增长预测分析中,报告发现,在辛辛那提区域,服务、行政、专业和技术职业的增长较快。而在国家层面,管理、商业、金融、专业和服务工作岗位被预期有较强的增长。这一报告强调了这些职业中的大部分都要求四年的雇佣期。

第四部分:分析的下一个方面是着重于更多质的因素,分析部门之间是如何通过供给链或竞争关系相联系的。这一研究使用了美国商务部经济局1997 年的分析报告、《北美产业分类体系中各部门投入—产出交易》和自身对于 29 个国家级集群的因素分析。

经济中心运用了六种衡量办法对这 29 个产业集群进行分析,他们认为这一分析是评价辛辛那提地区的国家级集群的良好基础(以 2001 年数据为依据):

- 平均工资超过 35 000 美元
- 代表了至少 1% 的区域总工作岗位数量
- 出口者(主要客户群超出了该地区)
- 区位商分析(相对更高的占总量的百分比)
- 国家层面的健康部门,以工作岗位增长率计算
- 转移—分享分析(地方增长超过国家整体增长)

以这一分析为基础,报告识别了辛辛那提区域内的一些产业集群:

- 高级设计服务
- 先进制造业(金属加工、工业机械、主要有色金属)
- 航空业
- 生物技术

- 工商管理
- 化学制品和材料
- 数字设备和电信
- 金融服务
- 汽车制造
- 软件和数据处理

目标是在职业组别的背景下通过分析得出的，为的是确定现存劳动力是否能够支持这些目标。分析中采用了"关键职业"或者难以填补的职业，因为它们要求很高的技术水平，同时在产业的整个工作岗位量中占了很大的比例。高级设计服务的产业集群定义在这些分析结果的基础上进行了改进，但这一分析并没有影响被识别的集群。

第五部分：为了验证并进一步完善集群的定义，上面列出的产业集群也与在1999年和2003年之间的研究结果进行了比较。这一范围包括了从辛辛那提汉密尔顿县到俄亥俄和肯塔基州。经济中心的分析表明，所有的产业集群（除了高级设计服务）都至少包含在之前的两个研究结果中。

汉密尔顿县分析——2004年4月汉密尔顿县区域规划委员会报告，汉密尔顿县的比较优势和竞争优势（汉密尔顿县区域规划委员会社区指南，2004）——运用了四象限表的概念阐述了区位商和转移—分享分析的结果（见图6.3）。

没有竞争力的 （地方转移降低）	有竞争力 （地方转移提高）	
转型中的产业——"新兴" ● 艺术、娱乐和休闲 ● 信息技术	增长型基础产业——"明星" ● 高级商业和金融服务 ● 先进制造业 ● 化学制品 ● 食品加工和技术	地方集中度高 （区位商大于1）
衰退的产业——"衰退" ● 交通运输、物流和配送 ● 新材料	新兴产业——"转型" ● 生物医药/生物化学 ● 信息、通信和电子媒体	地方集中度低 （区位商小于1）

图6.3 汉密尔顿县四象限表

资料来源：汉密尔顿县区域规划委员会。

6.7.5　辛辛那提美国合伙团四年后的集群工作

识别出产业集群只是为经济发展设定目标的第一步。自从经济中心在 2004 年发布了报告，合伙团开始在刺激经济增长中应用报告中的结果。首先，辛辛那提区域的航天业、汽车制造业、化学制品与材料部门有了很大的进展。

在经济发展过程中，合伙团发现区域中的集群比 2004 年鉴定时的专业化程度提高了。例如，在航天业，辛辛那提的优势在于生产产业中的推进设备。在化学制品产业中，辛辛那提在食品调味料方面有很强的实力，未来的发展前景很好。

基于以上事实，2007 年，合伙团向经济中心提出要对地区的产业集群做更具体的定义与鉴定。辛辛那提的事例表明，对地区产业集群的定义还需要在地方知识扩展或者国家经济有了新变化的背景下不断更新、完善。尽管为了政策有效性，地方发展目标要保持一定的一致性，但地方经济发展专家必须意识到区域经济形势处于不断变化之中。

运用产业集群分析地方经济

产业集群这个名词在经济发展分析中逐渐变为一个强义词，而且有被过度使用的趋势。这也说明，经济开发者可以以很多方式应用产业集群这个概念：

- **专业性基础设施战略**。这个战略的制定旨在建设基础设施，以支持核心厂商、其供应商和市场。很多经济发展项目关注基础设施，如交通、港口、电信、工业园、再开发、自然资源开采和利用以及工业发展所需的"硬"环境。同样也需要金融、法律专业服务、规制环境和其他"软"设施。经常被提及的、对产业集群贡献最大的是教育和研究机构，如大学实验室、技术中心以及其他高等教育项目。加州大学戴维斯分校对葡萄酒的研究等经常被认为支持了附近产业集群的发展。与此类似，加州大学伯克利分校和斯坦福大学的研究项目大力支持了加州的电子产业和生物产业集群，但是也有人认为这些大学的作用被过分夸大了。

● **缺失环节完善战略**。政策制定者可以考虑的第二个战略是通过识别供给和市场之间遗漏的环节来扩张一个产业集群的实力。如果一个集群由于供应商或者购买者的缺失，在全国或者全球范围内没有达到潜在优势，那么就可以采取措施填补这个空缺。这是因为，公众的角色并不是建立一个公司来填补空缺，经济发展项目经常以某些行业为目标，利用产业集群分析识别地区发展所面对的挑战和相应的解决方法。在新经济中，经济开发者可以把自己作为信息传递者，这样可以填补供应商和购买者之间空缺的企业就会意识到其在当地的优势。

● **人力资源战略**。第三种办法是加强培训和提高工人技术。拥有有竞争力的劳动力也就意味着产业集群获得了更具竞争力的核心资源。社区能够从《劳工投资法案》、高等教育项目和终身学习以及再培训项目中受益。此外，人力资源的技能可以集中于相似的产业，从而使每个企业都能从中受益。协助增长性产业的发展是人力资源培训项目的重要目标。

● **市场营销战略**。当产业集群为人熟知时，它也就获得了成功。如果一个产业集群并不为市场了解，则不大可能继续成长壮大。政府的角色就是找到识别和宣传推广产业集群的方法。公共政策能够强烈地影响产品市场。建立会议中心、游客中心、博物馆以及其他设施等树立领导地位的公共事务活动都有利于市场营销。行业协会也可以在市场营销中发挥作用。

这四个重要的政策适用于所有类型的产业集群，为把握政策机遇和满足发展需要给出了具体的战略选择。

6.8 小结

正如我们在本章开始时所说的，经济发展规划要想取得成功，必须建立标准的分析框架，对地方经济发展环境进行精确描述，其中包括有特殊需求的利益群体和能够满足这些需求的可利用的地方资源，以及在更大的区域、州、全国乃至全球范围内的区位。然而，分析技术本身既不能识别发展的问题,也不能挑选解决问题的方法。每一个地方问题都具有独特的维度,需要洞察力和创新性的战略。这里提出的标准方法对一些规划者来说是有用的,能够帮助他们决定干预经济发展的时点和步骤。标准的衡量体系帮助我们评估要想实现社区的目标究竟要在哪些方面进行改进。在实施新的政策之后,我们将对发展战略的有效性进行经济发展评估。

6.9 综合运用:制定地方经济发展战略(二)

6.9.1 案例研究(二)

现在你已经掌握了发展战略分析的知识,你应该能够完善你对佐治亚州中西部地区的经济发展规划的建议(第5章结尾的案例研究)。首先,通过表6.5和表6.6获得更新的该地区工作岗位数据,然后回答下列问题:

(1)佐治亚州中西部地区现有的集中度高的的产业部门有哪些?这些产业在什么程度上是这个地方特殊的历史产物?

(2)在经济发展规划中,这些产业中哪些是该地区希望保护的?请解释。

(3)在佐治亚州中西部地区的产业中,哪些可能是一个产业集群的基础?画出四象限表。

(4)佐治亚中西部地区的哪些产业是具有竞争力的(即有正的差别转移)?这些部门受地方和区域经济发展趋势的影响有多大?

(5)哪些产业既不具备竞争力同时集中度也不高?

(6)如果你要分析佐治亚中西部地区的产业集群,你还需要知道什么?假设你可以识别出一组产业集群,你会怎样利用这些信息?

表 6.5 1998 年和 2006 年佐治亚州中西部地区和美国就业分部门工作岗位情况

		佐治亚州中西部				美国			
		1998	2006	变化	变化(%)	1998	2006	变化	变化(%)
		A	B	C	D	E	F	G	H
11	农业、林业、渔业、狩猎	226	155	-71	-31.4	1 206 059	1 167 004	-39 055	-3.2
21	采矿业	*	*	*	*	568 640	617 048	48 408	8.5
22	公用事业	*	218	*	*	852 038	803 859	-48 179	-5.7
23	建筑业	5 551	8 153	2 602	46.9	6 216 946	7 793 430	1 576 484	25.4
31—33	制造业	32 966	29 535	-3 431	-10.4	17 668 078	14 153 115	-3 514 963	-19.9
42	批发业	2 190	4 489	2 299	105.0	5 527 955	5 885 436	357 481	6.5
44—45	零售贸易	16 856	19 643	2 787	16.5	14 694 552	15 435 110	740 558	5.0
48—49	交通运输与仓储	2 044	1 769	-275	-13.5	5 148 374	5 302 583	154 209	3.0
51	信息产业	2 166	2 970	804	37.1	3 359 021	3 185 907	-173 114	-5.2
52	金融和保险业	2 986	4 108	1 122	37.6	5 412 813	6 037 467	624 654	11.5
53	房地产、租赁业	1 092	1 263	171	15.7	1 982 356	2 203 542	221 186	11.2
54	专业、科学和技术服务	1 616	2 226	610	37.7	6 218 214	7 502 331	1 284 117	20.7
55	公司和企业管理	975	864	-111	-11.4	1 730 435	1 785 257	54 822	3.2
56	行政、支持、废物管理和整治服务	5 946	8 460	2 514	42.3	7 337 847	8 376 060	1 038 213	14.1
61	教育服务	6 178	12 162	59 984	96.9	13 793 525	11 734 366	1 770 005	17.8
62	医疗卫生和社会支持	9 222	14 215	4 993	54.1	13 793 525	16 480 734	2 687 209	19.5
71	艺术、娱乐和休闲	956	1 161	205	21.4	1 932 221	2 286 930	354 709	18.4
72	住宿和食品服务	8 481	12 420	3 939	46.4	9 605 117	11 189 512	1 584 395	16.5

（续表）

		佐治亚州中西部			美国			
		1998	2006	变化	变化(%)	1998	2006	变化	变化(%)
		A	B	C	D	E	F	G	H
81	其他服务	3 015	2 786	-226	-7.6	4 046 965	4 420 427	373 462	9.2
92	公共管理	3 089	6 913	3 824	123.8	6 669 838	7 228 408	558 570	8.4
99	未分类	*	98	*	*	*	245 310	245 310	*
	总计	105 555	133 608	28 053	26.6	123 935 355	133 833 836	9 898 481	8.0

*：依据雇员隐私保护政策而未公布的数据。
A：1998 年在佐治亚州中西部地区的总工作岗位数量
B：2006 年在佐治亚州中西部地区的总工作岗位数量
C：佐治亚州中西部地区 1998—2006 年的工作岗位数量变化
D：工作岗位数量的变化比例
E：1998 年美国的总工作岗位数量
F：2006 年美国的总工作岗位数量
G：美国 1998—2006 年的工作岗位数量变化
H：工作岗位数量变化比例
资料来源：数据整理是基于 NAICS 系统根据就业部门划分的工作岗位数据。（1998 年的数据来自 BLS，它将 1998 年的 SIC 数据转变为新的 NAICS 分类代码。）

表 6.6 2006 年佐治亚州中西部地区的比例和差别转移—分享数据

	区位商分析			转移—分享分析			
区域	区域(%) I	美国(%) J	区位商 H	分享(%) L	比例转移(%) M	差别转移(%) N	总和 O
11 农业,林业,渔业,狩猎	0.1	0.9	0.13	8.0	-11.2	-28.2	-31.4
21 采矿业	*	0.5	*	8.0	0.5	*	*
22 公用事业	0.2	0.6	0.27	8.0	-13.6	*	*
23 建筑业	6.1	5.8	1.05	8.0	17.4	21.5	46.9
31—33 制造业	22.1	10.6	2.09	8.0	-27.9	9.5	-10.4
42 批发业	3.4	4.4	0.76	8.0	-1.5	98.5	105.0
44—45 零售贸易	14.7	11.5	1.27	8.0	-5.0	-16.4	-13.5
48—49 交通运输与仓储	1.3	4.0	0.33	8.0	-5.0	-16.4	-13.5
51 信息产业	2.2	2.4	0.93	8.0	-13.1	42.3	37.1
52 金融和保险业	3.1	4.5	0.68	8.0	3.6	26.0	37.6
53 房地产,租赁业	0.9	1.6	0.57	8.0	3.2	4.5	15.7
54 专业,科学和技术服务	1.7	5.6	0.30	8.0	12.7	17.1	37.7
55 公司和企业管理	0.6	1.3	0.48	8.0	-4.8	-14.6	-11.4
56 行政、支持、废物管理和整治服务	6.3	6.3	1.01	8.0	6.2	28.1	42.3
61 教育服务	9.1	8.8	1.04	8.0	9.8	79.1	96.9
62 医疗卫生和社会支持	10.6	12.3	0.86	8.0	9.8	79.1	96.9
71 艺术、娱乐和休闲	0.9	12.3	0.86	8.0	11.5	34.7	54.1
72 住宿和食品服务	9.3	8.4	1.11	8.0	8.5	29.9	46.4

（续表）

		区位商分析			转移—分享分析			
		区域(%)	美国(%)	区位商	分享(%)	比例转移(%)	差别转移(%)	总和
		I	J	H	L	M	N	O
81	其他服务	2.1	3.3	0.63	8.0	1.2	-16.8	-7.6
92	公共管理	5.2	5.4	0.96	8.0	0.4	115.4	123.8
99	未分类	0.1	0.2	*	8.0	*	*	*
	总计	100.0	100.0	1.00	8.0	0.0	18.6	26.6

* 依据雇员隐私保护政策而未公开的数据。

I:该产业部门工作岗位占佐治亚州中西部总就业的比例

J:该产业部门工作岗位占美国总就业的比例

K:区位商

L:分享,美国总就业量的增长比例(H 的总和来自表6.5)

M:产业转移,佐治亚州中西部地区产业增长比例减去美国总就业量增长比例(H-L)

N:地方转移,佐治亚州中西部地区各产业部门增长的比例之和等于总和(L+M+N)

O:总转移—分享,产业整理是基于NAICS 系统根据佐治亚州中西部地区各产业部门划分的工作岗位数据。(1998年的总和来自 BLS,它将1998年的 SIC 数据转变为新的 NAICS 代码)。

资料来源:数据整理是基于NAICS 系统根据佐治亚州中西部地区各产业部门划分的工作岗位数据。(1998年的数据来自 BLS,它将1998年的 SIC 数据转变为新的 NAICS 代码)。

参考文献和建议阅读材料

Agajanian, S. 1987. *California Planner.* Sacramento: California Chapter, American Planning Association.

Bartik, Timothy J., and Richard D. Bingham. 1993. Can Economic Development Programs be Evaluated? In *Dilemmas of Urban Economic Development*, *Urban Affairs Annual Reviews* 47, edited by Richard D. Bingham and Robert Mier, pp. 247—277. Thousand Oaks, CA: Sage.

Beed, Thomas, and Robert Stimson, eds. 1985. *Survey Interviewing: Theory andTechniques.* Sydney, Australia: Allen and Unwin.

Bell, Carolyn A. 2002. Workforce Housing: The New Economic Imperative? *Housing Facts & Findings* 4(2). Accessed July 22, from http://www.fanniemaefoundation.org/programs/hff/v4i2-workforce.html

Bendavid-Val, Avrom. 1980. *Local Economic Development Planning: From Coals to Projects.* Planning Advisory Service Report no. 353. Chicago: American Planning Association. Available from the publisher, 1313 E. 60th Street, Chicago, IL.

——. 1991. *Regional Economic Analysis for Practitioners.* 4th ed. New York: Praeger.

Blakely, Edward J. 1979. *Community Development Research.* New York: Human Sciences Press.

Bureau of Labor Statistics (BLS). 2006. *Preliminary Quarterly Census of Employment and Earnings.* Accessed November 22, 2007 from http://data.bls.gov/LOCATION_QUOTIENT/servlet/lqc.ControllerServlet

——. 2007a. *North American Industrial Classification System.* Accessed July 22, 2007 from http://www.bls.gov/bls/naics.htm

——. 2007b. *Standard Occupational Classification.* Accessed July 22, 2007 from http://www.bls.gov/soc/home.htm

Bosscher, Robert, and Kenneth Voytek. 1990. *Local Strategic Planning: A Primer for Local Area Analysis.* Washington, DC: U.S. Department of Commerce.

Bradshaw, Ted K. 2000. How Will the Central Valley Grow? *California Agriculture* 54(1): 41—47.

Bradshaw, Ted K., Jim King, and Stephen Wahlstrom. 1999. Catching on to Clusters. *Plan-*

ning. June: 18—22.

Braeschler, Curtis, John A. Kuehn, and John Croll. 1977. *The Community Economic Base: How to Compute, Evaluate and Use.* Guide DM3005. Columbia: University of Missouri Extension.

Butler, Gerry John, and Thomas Dwight Mandeville. 1981. *Regional Economics: An Australian Introduction.* Brisbane, Australia: University of Queensland Press.

Deller, Steven, James C. McConnon, Jr., and Kenneth E. Stone. 1991. The Measurement of a Community's Retail Market. *Journal of the Community Development Society* 22 (2): 68—83.

Economics Center for Education and Research, College of Business, University of Cincinnati, in collaboration with the Center for Business and Economic Research, University of Kentucky. 2004. *Identification of Industry Clusters for Guiding Economic Development Efforts in Cincinnati USA.* Prepared for the Cincinnati USA Partnership. May 19. Accessed November 23, 2004 from http://www.cincinnatichamber.com/pdf/eco/Final_Cluster_Report.pdf

Edwards, Mary. 2007. *Community Guide to Development Impact Analysis.* Accessed July 21, 2007 from www.lic.wisc.edu/shapingdane/facilitation/all_resources/impacts/analysis_intro.ht7/2m

Gibson, Lay James, and Marshall A. Warden. 1981. Estimating the Economic Base Multiplier: A Test of Alternative Procedures. *Economic Geography* 57: 146—159.

Goldstein, Benjamin, and Ross Davis, eds. 1977. *Neighborhoods in the Urban Economy: Dynamics of Decline and Revitalization.* Lexington, MA: Lexington.

Hamilton County Regional Planning Commission Community Compass. 2004. *Hamilton County's Comparative and Competitive Advantages, Community Compass Special Research Report No. 3—6, Business and Industry Clusters, 2003.* April. Accessed November 23, 2007 from http://www.communitycompass.org/products/clusters/default.asp

Harmston, Floyd K. 1983. *The Community as an Economic System.* Ames: Iowa State University Press.

Huestedde, Ron, Ron Shaffer, and Glen Pulver. 1984. *Community Economic Analysis: A How-To Manual.* Ames, IA: North Central Regional Center for Rural Development.

Isard, Walter. 1975. *Introduction to Regional Science.* New York: Prentice Hall.

Isard, Walter, Iwan J. Azis, Matthew P. Drennan, Ronald E. Miller, Sidney Saltzman, and Erik Thorbecke. 1998. *Methods of Interregional and Regional Analysis.* Brookfield, VT:

Ashgate.

Isserman, Andrew. 1977a. A Bracketing Approach for Estimating Regional Economic Impact Multipliers and a Procedure for Assessing Their Accuracy. *Environment and Planning* A9: 1003—1011.

——. 1977b. The Location Quotient Approach to Estimating Regional Economic Impacts. *Journal of the American Institute of Planners* 57: 33—41.

Jensen, Rodney Charles, T. Mandeville, and Neil Karunarten. 1979. *Regional Economic Planning*. London: Croom Helm.

Jensen, Rodney Charles and G. R. West. 1983. The Nature of Australian Regional Input-Output Multipliers. *Prometheus* 1(1): 202—221.

——. 1984. *A Graduated Approach to the Construction of Input-Output Tables*. Paper presented at the Input-Output Workshop of the Ninth Conference of the Regional Science Association, Australia and New Zealand Section, University of Melbourne, December 3—5.

King, James. 2000. *Directions of the New Economy*. Sacramento, CA: Community Colleges, Economic Development Program.

Kruckeberg, Donald A., and Arthur L. Silvers. 1974. *Urban Planning Analysis: Methodsand Models*. New York: John Wiley.

Landis, John. 1985. Electronic Spreadsheets in Planning. *Journal of the American Planning Association* (Planner's Notebook section) 51(2): n. p.

Leigh, Nancey Green, and Lynn M. Patterson 2006. Deconstructing to Redevelop: A Sustainable Alternative to Mechanical Demolition. *Journal of the American Planning Association* 72 (2): 217—226.

Leontief, Wassily. 1941. *The Structure of American Economy 1919—1939*. New York: Oxford University Press.

Lewis, E., and R. E. Howells. 1981. *Coping With Growth: Community Needs Assessment Techniques*. Corvallis: Oregon State University, Western Rural Development Center.

Mahood, S. T., and A. K. Ghosh, eds. 1979. *Handbook for Community Economic Development*. Sponsored by the U.S. Department of Commerce, Economic Development Administration, Washington, DC. Los Angeles: Community Research Group of the East Los Angeles Community Union.

Malizia, Emil, and John Feser. 1999. *Understanding Local Economic Development*. New Brunswick, NJ: Rutgers University, Center for Urban Planning Research.

McLean, Mary L., and Kenneth P. Voytek. 1992. *Understanding Your Economy*. Chicago: Planners Press.

Murray, James. 1978. Population-Employment Ratios as Supplement to Location Quotients and Threshold Estimates. *Community Economics* 21: n. p.

National Center for O*NET Development 2006. *New and Emerging (N&E) Occupations*. Accessed November 23, 2007 from http://www.onetcenter.org/dl_files/NewEmerging.pdf

Rochin, Refugio. 1986. *A Teaching Manual for Community Economic Development*. Davis: University of California, Department of Agricultural Economics.

Scott, Allen J. 1988. *Metropolis*. Berkeley: University of California Press.

Shaffer, Ron. 1989. *Community Economics*. Ames: Iowa State University Press.

Stimson, Robert, and Edward J. Blakely. 1992. *Brisbane's Gateway Strategy for Economic Development: The Potential Impact of Intermodal International Transportation Initiatives*. Working Paper no. 548. Berkeley: Regional Development and Instituteof Urban, University of California.

Voytek, Kenneth, and Harold Wolman. 1990. *Local Strategic Planning: A Manual for Local Economic Analysis*. Washington, DC: U.S. Department of Commerce, Economic Development Administration.

Wadsworth, Y. n. d. *Do It Yourself Social Research*. Victorian Council of Social Service. Mimeo. Melbourne, Australia: Melbourne Family Care Organization.

Young, Frank, and Ruth Young. 1973. *Comparative Studies of Community Growth*. Monograph no. 2, Rural Sociological Society. Morgantown: West Virginia University Press.

第 7 章　地方经济发展战略

如今,战略规划已经成为众多企业、机构和区域经济体确定发展方向的重要途径,许多城市的规划部门已经相当重视战略的选择及其公布。全球化浪潮提升了城市和区域对于战略规划的关注。在竞争性全球经济环境下,一个支持城市/区域战略选择的全新的词汇也由此出现。Saskia Sassen(2006)提倡把战略性全球区域作为国际商业的新支点。城市运用一系列战略性范本来重新定位它们的经济。除了经常被引用的创意阶层战略(Florida, 2002),美国城市区域正在把自身定位为重要金融中心(如正在上升中的北卡罗来纳州的夏洛特市)、国际物流中心(佐治亚州的亚特兰大)、信息技术中心(西雅图和圣何塞)、制药业中心(北卡罗来纳州的圣地亚哥和罗利),生物技术中心(波士顿和旧金山)、能源生产中心(休斯敦)。区域创新性战略正在成为经济发展规划的重点。创新战略专家 Anno Lee Saxenian(2006)指出,创新源于知识战略,它通过组织和机构的网络在一个明确界定的区域内传播创新理念。

经济发展从业者越来越理解把刺激贫困社区发展作为战略目标的价值所在。20 世纪 90 年代的长期经济繁荣,正是与 19 世纪末以来最大的移民浪潮同时发生的,这些新涌入的人口和资金,使众多城区恢复生机的同时也使有些地区逐渐衰落。但是,人口和资金的流入创造了以计算机为基础信息系统的技术,用以拓展恢复内城地区活力的机会,并使郊区对于孵化娱乐、退休和休闲产业中的新技术导向的企业更具吸引力。一些地区已经很成功地运用了这种形式的战略选择,比如,密苏里州的布兰森建立了以乡村音乐为基础的新经济;印第安纳州的印第安纳波利斯的战略是成为美国体育高校的中心;宾夕法尼亚州的匹兹堡的战略选择是为制造业和工程技术业开发新的基础设施,以应对钢铁工业的衰退。

有趣的是,在 19 世纪末,也同样如此:1893 年的芝加哥世界博览会,重点就在于预测 20 世纪的发展,比如电话、电力等新的能源形式。其核心为规划现代化的美国。21 世纪初,规划再次成为一个重要任务——在公众安全、公共健康和经济发展等领域,布什政府十分重视遵从社会准则和自然法则的规划。更早的时候,20 世纪 90 年代,克林顿政府曾承诺进行一次关于经济发展方向的大规模调查,这必然会促使各州、各城市更为重视经济战略规划。与此同时,为了限制人口蔓延、寻求精明增长(smart growth)以及处理二战后以高速公路和汽车为基础的发展模式所带来的后果等问题,各州和城市已经推出了一些解决方案。

这一地方共识注意到了几个相互关联的要点:第一,紧凑的城市不仅意味着可以用较少的投入进行基础设施建设,以利于城市的复兴,还可以避免大都市外围继续膨胀;第二,必须要找到节省运输时间的交通方式——包括发展公共交通以及在更接近工作区和购物区的地方进行集约建设。城市蔓延(urban sprawl)不仅对自然,更会对社会和经济方面产生不良的影响。在过去的三十年中,城市的占地面积增长了 50% 以上,但人口只增长了不到 5%,而这样的增长直接加剧了大都市中种族和阶层的分化。

任何城市都不能免受愈演愈烈的市郊化浪潮的影响,在芝加哥、圣路易斯和底特律这样的传统核心城市,已经可以看到剧烈的人口缩减。在市郊化的进程中,城市中心区不仅失去了人口,更流失了非常重要的中产阶级。市郊不仅束缚了城市的人口规模,而且在很大程度上制约着中心城市的税收基础。在许多中等规模的城市甚至在一些大城市中,传统的工业企业关闭了,处于城市中心的零售业地区变成了"鬼城"。这些衰退导致城市变成了所谓的"搁浅资产"——基础设施、学校和工业部门的能力都得不到有效的利用,教育和社会服务方面的投资短缺,无法充分培养中心城市的人力资本。

当卡特里娜飓风袭击新奥尔良时,我们能够深刻理解在郊区化趋势中城市变得多么脆弱。由于阶层和种族的隔离,以及对城市重要基础设施和自然资源缺乏关注,城市的悲剧正在上演。卡特里娜飓风引致的灾难表明,侵占郊区对环境造成了严重影响,代价巨大。

在美国,上百万英亩的开放空间和重要流域,被新近开发的住房、掠夺式的建设和低利润率的商业中心所覆盖。环保主义者、市长和其他拥护者联合起来，试图降低城市蔓延带来的不良影响。城市土地研究所"认识到常规的计划和发展手段并不能提出针对交通拥挤和开放空间锐减问题的有效解决方案"（Urban Land Institute，1999，p.1）。

不仅自然环境正处于致命的危机中，我们的社会也是如此。随着市郊的成长，经济和种族差异也在增加（Ewing and Rusk，1995；Orfield，1996）。在最近对四个大都会区——亚特兰大、克利夫兰、费城和波特兰——的考察中，Lee and Leigh（2007）发现，尽管增长模式和政策实施不同，这四个大都会区在1970—2000年间都经历了区域内部的空间演化以及内环市郊的衰退。所以，对于内环市郊的衰退——这一问题是由增长的新移民人口占据了老住宅引发的——需要特定的有针对性的复兴政策来解决。更进一步来说，因为这种负面趋势在高增长和低增长的大都会区都存在，所以我们不能通过加速都会区经济增长来改善这一问题。反而，这一问题需要"精明增长"和反蔓延的对策。

与内环市郊相反，市中心和内城地区已经从数十年的贫困中复兴。然而，这一复兴模式在两个慢增长大都会区（克利夫兰和费城）并不十分有效。在外环市郊继续增长，并且吸引更多新人口和住宅发展的同时，它们的内城仍然是大都会区中最衰败的地区。

地方发展联盟和老旧内环市郊居民都支持"精明增长"这一对策，精明增长政策的实施能够提高城市密度，并在各方面（例如，学校、公共交通）改善城市的宜居性，并且刺激内城零售业的发展。精明增长的措施包括确定城市边界（在俄勒冈州以及在修改后的版本中的马里兰州、佛罗里达州、新泽西州和佛蒙特州）以及州和地方支持的内环发展（在佐治亚州和当地华盛顿县）。然而，Lee and Leigh（2007）发现，尽管设定了城市增长边界，波特兰内环市郊衰退的水平事实上提高了。所以，单独的区域增长控制对于解决这一问题是不够的。取而代之的应该是战略性的邻里层面的经济发展规划。

内城地区在近年来成为开发活动流入的净收益者，如圣迭戈和达拉斯核心城区发展起来的高密度住宅，以及对市内商业街、体育设施和娱乐场所不断增长的投资。许多旧城区（如圣塔莫尼卡、帕萨迪那、圣何塞、波士顿、巴尔的摩、查塔努加甚至华盛顿特区）已然经历了引人注目的转型。例如，前总统克林顿的办公室所在地哈林，现在是美国最好的零售业中心和中产阶级乡绅化的最新目标。内城的复苏在很大程度上取决于全国范围内的持续繁荣、低犯罪率和乡村及海外向美国城市迁居的新浪潮。

本章将讨论一个社区（城市或乡村）如何利用其人力、自然和经济资源，制订与总体战略目标相适应的经济发展计划，去推动地区、国家和国际经济发展。在这里，战略是指在条件允许的情况下，为实现社区特定的经济或者社会发展目标，经过规划而采取的行动。城市蔓延、环境代价以及20世纪90年代兴起的精明增长和21世纪初人们对气候变化及不平等问题的日益关注正帮助重塑地方经济发展规划的可持续方法以及下文将要讨论的一些方法。

预测产生于给定战略下正在进行的特定活动。战略和预测的区别是必要的，因为在太多的案例中，没有重点的一个或者一组预测被描述为地区发展战略。在大多数案例中，这些特别的效应是对现有环境的反应。大部分这些未经协调的努力中的最常见原理是"必须得做点什么"。

真正的战略应当是建立一个形成概念的总体架构并用于指导一般和具体行动（如目标、战略、方案）。在地区经济发展过程中，战略将有助于地区明确发展思路和达成共识。因此，作为经济发展规划的基础，如何审视这些可选择的战略及对应的一组具体方案或提议至关重要。这正是本书所采用的方法。Roger Kemp（1992）的《地方政府的战略规划》一书提供了丰富的战略规划案例可供选择，学生或从业者在着手做战略规划之前应先对它们进行分析。

7.1 地方经济发展目标

任何经济发展战略的关键目标在于**为目前的人口提供优质的工作**。劳动力规划的推动力是为社区的居民提供就业。最佳的途径是吸引需要或者能够在驻地劳动力资源中培养新技能的雇主。很多社区的劳动力资源在过去的十年中有了戏剧性的变化。尽管更多的移民到来，但他们中的许多人缺乏良好的教育和基本的英语技能。快节奏工作岗位创造的结果是劳动力资源不总能够与区位或新兴的工作岗位质量相匹配。越来越多的大小社区充斥着那些没有技能或资本在新经济中获取工作岗位的个人。从劳动力供给方面重新考虑就业机会问题，是非常重要的。我们要问，哪些人是人口的基础呢？他们具备什么样的技能？什么样的工作最适合他们？回答这些问题需要对人口数据进行详细的分析，并通过座谈会和社区调查来决定在何处实行经济发展战略。

保持地方经济稳定。只有当社区提供了经济发展的必备要素（如土地、资金、劳动力、基础设施、技术援助等）之后，经济才可能成功发展。许多城市甚至不知道哪里是合理的工业区位，也不知道如何使一个小公司获得所需的资金。一个社区如果想达到并保持良好的经济状况，就必须将所有可利用的经济资源和社会经济数据有序组织起来。在新经济中，社区必须使人力资本与通信设施和自然资源相匹配；换句话说，土地和区位的作用远不如过去重要了。所以，社区经济发展战略必须对众多资源进行不同的组合，用最优的要素吸引新技术企业或留住正在向国际市场扩张的现有企业。

建立多元化的经济和就业基础。面对波动的就业形势，只有一个雇主或一种雇主的社区是危险的。不管社区的技术水平高低，都应该具备一个宽广的基础，为居民提供持续的工作机会。由于企业变得国际化了，对于每一个社区来说，发展区域战略、创建吸引跨国公司核心机构的经济和社会网络是很重要的。波音公司总部已在西雅图设立了81年，如今其核心机构却扩散到了三个城市，这无疑是一个信号，说明企业不再仅仅因为税率或原材料状况就局限于在一个地方发展，而将迁移到那些拥有充足人力资源和资本的地方。

促进地方可持续发展。上述三个最重要的目标无论在提倡可持续发展还是未提倡可持续发展的地区都适用。为了将可持续发展植入这一过程，经济发展战略必须明确考虑产业对环境的影响。它需要具体指出能够创造环境效益或修复环境的产品和服务。追求可持续发展的地区可能会寻求采用绿色生产，并为其工业、行政或商业活动选择绿色建筑。

7.2　形成成功战略的先决条件

制定正确的发展战略,首先要进行前面章节提到的社会经济基础分析与发展实力分析。通过这些分析,社区可以确定机会、挑战以及实现目标可利用的资源。同时,社区也应明确发展目标,而且这些目标应细化到经济发展所服务的部门和团体。

在确定目标部门、产业和社会团体时,应当注意以下几点:最佳的创造就业机会的战略是重点发展"基础"行业。基础行业是指为外地提供生产和服务,为本地带来工资、报酬和资本等收入的行业。典型的基础行业有:资源型制造业、交通运输业以及批发业。为总部经济提供条件的商务服务业,同样也是基础行业。"非基础"行业,则是主要为本地提供生产和服务,并从本地获取收入的行业。因此,对于经济基础的分析应考虑以下内容:

- 根据工作岗位数量、销售量、税收以及与其他本地产业(如农业、林业、某些制造业、商业、服务业和政府)间的联系,确定本地的主导部门。

- 分析地方经济和外部经济的主要联系,判断区域性、国家性或国际性经济变化将对地方经济部门和基础设施(如国际机场、国际通信线路和高质量学校等)产生多大影响。

- 评估地方经济增长、稳定和衰落的潜在可能性,以及经济发展(例如,主要旅游或其他资源)开始或结束的偶然性。这些发展情况可以作为地方和区域经济其他因素变化的缓冲,并抵消每种趋势。

- 确定对于本地人口或政治领导人非常重要的,可能对工作、销售量、收入、公共收入和支出、经济增长率、工作质量和生活质量产生重大影响的因素。

在明确主要经济部门和社会团体的同时,对可选择的经济发展战略进行确定和评价,将是一项清晰但艰难的任务。被确定的某个经济发展机会可能无法满足社区内弱势群体的工作需求,因而需要多个经济发展战略来满足地方发展的需求。

7.3 选择战略方法

众所周知,那些有着严重经济问题的地区面临许多复杂并相互影响的问题。工人失业、公司倒闭或外迁,以及那些不利于吸引和创造就业机会的因素共同导致了这种情形。没有哪个方面的经济或就业问题可以被轻而易举地单独解决;可是,人们却常常只重视其中的某个问题,全然不考虑因素间的相互作用。为了给地方政府和社会团体提供一个更好的视角来看待环境,本书的分析模型阐明了多种战略方法,它们构成了一个完整的地方发展战略。以下列出的战略方法可供选择,它们能够满足社区一方面或几方面的需求。

考虑社区可利用资源和地方发展目标后,城市和社区领导人必须考虑如何综合运用这些方法,创造出一个能够提供多种工作并保障就业平衡的独特战略。

有四种战略方法,它们分别侧重于:(1) 地方或硬件发展战略,(2) 商业发展,(3) 人力资源开发,(4) 基于社区的发展。在大多数情况下,一个战略规划会根据地区需要和环境特点,综合使用各种方法。

正是这些主要方法构成了地区经济发展战略。如同这个问题本身一样,战略在发展和应用中也是独特的。

7.3.1 地方发展战略选择(环境建设)

作为公园、道路、排水系统、停车场,有时还包括水电供应设施的主要开发者,地方政府建设并运作这些项目。出于产业或商业的发展需要,地方政府着手改善本地的硬件环境,可能对地方经济发展产生积极的作用。质量较高且经济实惠的住宅、安全的邻里和好的学校是获得高质量的居住环境的核心。像西雅图附近的雷德曼以及梅奥诊所所在地罗切斯特,一直被评为美国最适宜居住的地方,因为这些社区的犯罪率很低且种族隔离程度较低。大城市可能获得相似的声誉。西雅图、波特兰,甚至是圣何塞和圣地亚哥,犯罪率都很低,就业水平都较高。即使本地自然和商务环境已经比较优越,由于经理、企业家和创意阶层人士总是希望提高生活质量,社区也会做出进一步提升环境质量的决定。

达到地区发展目标的途径非常多,包括以下几点:

- 规划和发展控制。积极运用控制手段不仅可以改善政府形象,也有利于优化投资环境。
- 设立经济实业专区。专门用以复苏老化和未被充分利用的内城和乡村零售业区。
- 交通和其他主要基础设施。这些发展措施将增进对市内有价值土地(如滨河地带、城市核心区、公园等)的使用。
- 塑造城市景观。改善城市街道(如种植行道树)和商业用房(如修缮窗户、提升商业建筑的档次)能够促使城镇商业中心的经济好转。
- 改进家属服务和住房条件。享有好的住宅和好的服务的劳动力可以有效刺激经济活动;而这个部门本身也能创造就业机会。

这些方法在第 8 章中将有更加详尽的阐述。

7.3.2 商业发展战略选择(需求面)

在许多地方,现有的公司并不能提供足够的工作岗位以满足地方需求;所以,必须寻找新的途径来发展新的商业,促使已有商业进行重新布局,并保持和扩建现有的公司。这些措施可以促使工作岗位数量的增长。在这方面,以下几种机构可以发挥作用:

- 小型商业援助中心,通过为小公司提供管理培训、建议、咨询和研究服务,提高它们的经济绩效,并有可能帮助它们扩大规模。
- 科技和商业园区,为广受欢迎的产业提供特别的基础设施。
- 风险投资公司,选择并将风险投资注入那些不可能从传统借贷机构获得金融支持的企业。
- 一站式商业信息中心,为已有的和潜在的商家提供信息。
- 微型企业发展项目,提供启动资金和一系列引导手段,整合社会资本,改进地方所有权和资本结构,并使其增值。

这些方法在第 9 章中将有更加详尽的阐述。

7.3.3 人力资源开发选择(供给面)

这种战略方法将地区内部细分人口的就业需求和工作岗位的形成过程这两个方面紧密联系在一起,其目标是通过为社区内失业和待业人员提供更多良好的工作机会,来改变人力资源体系。对创新能力的重视强调了人作为财富积累的重要资源在 21 世纪的重要性。由于新的福利法案废止了福利补贴,现在比以前的任何时候都更需要创造新的就业机会。最后,对女性劳动力和老年人作为延伸的智力和人力资本的强调,需要社区把确定开发人力资源的资源作为经济发展的中心目标。可以采用的方法包括以下几点:

- 定制化培训,根据公司要求为雇主提供特别培训。
- 创造性场地开发,地方政府可以为发明者和其他对在创新产品和服务方面有天赋的人提供项目和空间。
- 针对性安排,确保接受政府援助的雇主会优先雇用本地的高素质职员。
- 福利到岗制(welfare to work)项目,是"贫困家庭临时援助"(Temporary Assistance to Needy Families,TANF)计划的一部分。根据这项法案,福利接受者被要求在地方协会的帮助下到私人部门中寻求就业机会,地方就业机构负责完成这项工作。
- 从学校到工作项目,旨在改善年轻人的就业前景。这项计划尤其针对那些来自弱势社区的年轻人,让他们在学校里接受教育时,就可以找到就业机会,并(或)根据雇主需要安排教学进程,进行有针对性的学习。
- 本地就业计划,成立社区就业办公室,进行培训并实施个人技能发展计划,重点帮助社会弱势群体获取工作或增强技能。

这些方法和几种可被用于开发地方人力资源的相关工具,将在第 10 章中进行讨论。

7.4 综合规划框架中的经济发展规划

综合土地利用规划是一种常用的地方规划实践,目的在于为未来能够得到最好的发展预留未开发用地。越来越多的社区认识到要将综合规划与经济发展战略过程相结合。当土地利用规划决策是基于社区经济发展目标的公认优先目标而做出时,这一规划将拥有更高的价值。

综合规划作为经济发展战略的最后选择,如果不仅能够包含传统土地利用规划的利益,同时还能够综合区位、商业、人力资源和社区导向的战略选择,它将具有更高的价值。只有意识到成功不仅取决于初始计划,还要有多管齐下的方法途经来应对关系到社区经济良性发展的全部要素时,才能做出有发展前途的经济发展规划。

基于社区的就业发展战略选择(邻里维度)

这种战略旨在促进邻里(或小型社区)的经济发展,并为长期失业者、劳动力市场新人或那些寻求在经济体系中扮演非传统角色的团体创造工作机会。这种方法倾向于在社会福利体系和地方经济两者之间发挥作用,目标是为那些需要获得新技能或提升已有技能的个人提供可选择的就业机会。另外,这些可供选择的社会经济组织也可以服务于那些希望通过成立公司来提高经济的民主性,从而对社会做出贡献的人。作为向移民较少或有历史污点的地区的个人和群体提供机会的机构,基于社区的组织能够代表社会部门之间的交集。最后,社区组织的主要职能是为劳动力提供低成本和支付得起的住房。其主要的活动包括:

• 基于社区的发展组织,拥有和(或)运作公司性活动,并提供大范围社区服务(在同一个组织中从事商业活动和提供服务的目的是:在就业发展的进程中,促使那些通常难以被雇用的个人更好地流动)的非营利性组织。

• 合作组织,工人拥有和管理的企业,在企业中各团体为了创造财富和(或)就业机会,互相信赖和负责,共同使用资源。

- 社区资本机构,以社区为导向的资本机构正在国内萌芽。有些机构涉足小额信贷领域,试图在低收入邻里发展小型贷款和共同借款项目,另一些是成熟的银行机构,包括信用联盟、支持以社区为导向的住宅和类似企业的社区发展金融机构。
- 经济适用房公司,为工人、中低收入群体和特殊需求人口提供住房,以及创造新的就业和商业机会。
- 土地信托和类似的社区所有权流转机构,为地方控制和掌握社区内的经济活动所有权提供工具。

显然,这些可供选择的战略方法能够并且应该结合起来使用,以适应特定的环境。不同的战略方法适用于不同的社会经济环境。增长、不稳定和重组这三种基本社会经济状况,以及处于困境中的成熟经济和正在衰落或长期低迷的经济,都需要使用不同的战略或方法。

7.5 战略形成中的常见误区

在选择经济发展战略时,社区领导者将会面临几个误区。这些陷阱通常来自市政领导者为了尽快得到发展成果而产生的焦虑。他们往往忽视了重要原则而草率行动,例如:

- 过分依赖政府补助,缺乏战略方案和明确目标。地方发展从业者通常会毫不犹豫地接受国家政府提供的基金和计划作为他们的发展战略,而不考虑这些计划是否与地方和人口状况相匹配。公共部门的官员通常竭力使地方需要与国家计划相适应,而不根据地方需要提出解决方法。这样就忽视了就业和经济问题,以及社区真正资产和(或)经济发展的限制条件。更糟糕的是,一旦政府计划结束,地方经济战略常常也随之消失。如今,新的发展方式要求地方政府放弃寻求拨款,转而进行融资。这意味着任何组织都需要从服务中获得收入,并寻求多样化的公共和私人资金来源以维持长期的稳定。
- 战略与方法混淆。市政领导人有时会混淆具体的方法和综合性的战略规划。像工业园区、企业区、小企业援助组织、一站式商业信息办公室、税收减免或是更复杂的公共—个人融资计划,都只不过是经济战略的组成部分,而并非战略规划本身。

- 基于错误的解决问题方式着手制定战略。尽管创造就业是大多数社区通常的目标,人力资源却很少受到地方经济规划的重点关注。通常,为了使本地劳动力获得尽可能多的工作机会,地方规划机构试图吸引任何可能被吸引的企业;但因为对实际的技能水平、培训需要或本地人口能力这些方面给予的关注太少,这种期望却很少能够实现。由于人力资源比自然资源甚至地理位置更为重要,规划之初就必须关注当前和计划的劳动力水平,那些缺乏技能或未经有效训练的劳动力群体,是无法满足新公司劳动力条件的。

- 随波逐流。发展高科技、小企业旅游和会展中心,是当今地区经济战略的新潮流。但社区追逐这些新潮流进行发展,往往不仅在经济上行不通,也没有能力提供配套的基础设施。最近的一项研究指出,大多数社区对高科技、旅游或会展的热衷是缺乏支撑条件的。实际上,除非社区具有独特性,并拥有必要的补充条件(譬如大学与高科技的联系),否则不管提供多少人为刺激或诱因,这种发展道路的前景都将是黯淡的。

- 不重视发展能力。地方政府或邻里团体常常不对整体发展能力做出评价,就贸然采取发展战略。团体应当对发展和管理任何一个方案的能力进行严格的审查。许多时候,由于能力不足,规划最终失败了。发展战略和方案必须与区域的资源状况及其自身能力相适应。事实上,一个地方发展战略成功与否,取决于本地公共部门官员、社团和劳工组织的领导人能否共同建立一种可持续的联合关系,作为实施计划或行动的一种长期保障。

7.6 组合战略要素

战略是一系列为实现预期目标而采取的行动集合。组合要素的方法,关键在于建立一个长期战略(见图 7.1)。下面这些要素将为组合战略构造基础。

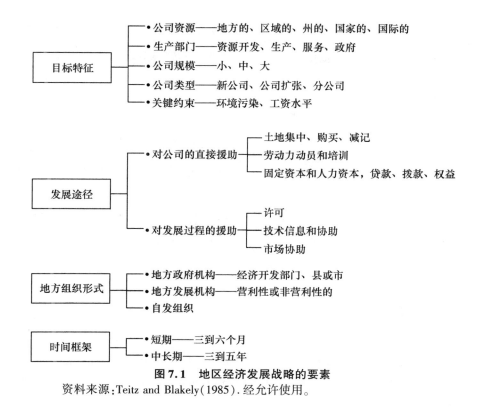

图 7.1　地区经济发展战略的要素
资料来源：Teitz and Blakely(1985). 经允许使用。

7.6.1　目标特征

目标特征包括明确战略范围等。我们要问，战略是多权限的、单个城市的还是邻里层面的？战略可能重点关注某个部门的复兴，并且特别重视某些类型的公司，如小企业或是大型出口企业。此外，战略可以通过发展新公司而不是已有的公司，或者挑出两者中的某一些要素进行重点发展，从而调整经济增长的方向。最后，一个战略必须指出可能制约其实现的关键环境约束。

7.6.2　发展途径

一个好的战略会利用适宜的途径来完成目标，使用经济激励、土地集中和其他手段对公司进行直接援助是其中的一条途径。战略也可能通过改善程序或过程,推动建立新公司或扩展新市场来达成目标。此外,实现目标的途径,还包括改进现有的许可程序,乃至加强商业教育和市场援助等方面。

7.6.3 地方组织形式

许多时候,在战略制定之前,经济发展组织的形式就已经确定下来了。这可能会导致组织形式与战略不适应。比如说,地方政府无法胜任接管亏损公司或是创建新企业的任务。

因此,在制定战略之前,必须仔细考虑组织的形式。在地方经济发展中,非官方组织、非营利性社区发展机构、地方发展机构、商业联合会,以及邻里组织都具有各自的影响力和局限性。

7.6.4 时间框架

一个地区经济发展战略包括长期过程目标和短期可见目标。地区决策者应当清楚,在经济发展战略中协调相对短期目标和相对长期目标是非常重要的。

7.7 战略方案

制定发展战略后,下一步就是为每个可行的方案制订行动计划。行动计划是描述具体方案实施的详细步骤的文件,应当与经济发展战略相适应。制订方案行动计划的主要目的是为评估方案的可行性提供足够的信息,即检验方案的各方面支撑系统——包括必要的经济、技术、管理及其他支持——能否胜任。总的来说,包含所有详细行动计划的方案,构成了完整的社区发展方案。

一个行动计划的组成部分,包括方案投入、管理架构和组织规划,以及方案产出(见图7.2)。下面将分别讨论这几个部分。

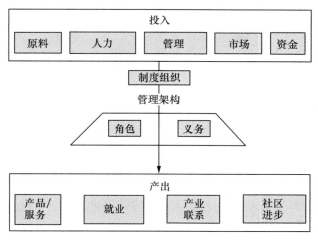

图 7.2 行动计划的组成部分

描述方案效果

计划实施前,必须对于方案后果进行研究,否则就无从确定方案投入、方案管理以及组织规划。

制订行动计划的第一步是:详细列出这个方案将生产和(或)销售的产品和(或)服务的清单,因为行动计划中所有其他的要素都与此密切相关。另外,包括就业影响、产业联系和社区进步分析的其他计划也应该在此时进行讨论。

就业影响

创造就业机会通常是很重要的,但更为重要的是,要创造符合需求的工作机会。正如上文所提到的,根据现有人力资源状况创造工作机会比让人们从事新的工作要容易得多;因此,应当根据当前的社区就业需求来创造新的工作机会。尽管做出这种评估比较困难,但它会建立起更适应人们需要的工作框架。

对就业影响的说明,至少应包括回答以下几个问题:

- 有多少工作岗位直接与本方案相关?
- 这些新工作岗位属于什么类别和工资水平?

- 相对于现有的就业机会而言,这些新的就业机会能否提供更高的工资、更好的工作环境或更多的职位提升机会?
- 这些新工作有多少可以提供给本地居民?有多少可以提供给外来人口?
- 在将从事这些新工作的本地居民中,有多少会是失业人员、妇女或少数族裔?是否有相应的工作培训?如果有,是什么类型?
- 新方案是否会直接或间接地与本地其他工作机会相斥?

产业联系

新方案对现有商业和工业基础的适应程度非常重要;如果新方案脱离现有的基础,结果将一无所获。相反,一些方案则可以扩大或巩固现有的商业基础,甚至创造出新的工业基础。

较之没有考虑地区状况的产业,那些与区域经济活动现状相互联系的生产或服务,其吸引、扩展或起步都会带来更好的社会经济影响。社会经济联系包括以下几方面:

- 利用地方原材料
- 利用地方生产的产品或服务作为其投入品
- 为地方居民提供就业(特别是如果他们已经接受过地方培训)
- 在地方市场中销售产品或服务
- 为地方吸引新的投资
- 为地方吸引新雇主

能加强社会经济联系的方案往往也是一个更具竞争优势的方案。

社区进步

发展规划不仅是一个经济发展计划,文化、娱乐、社区形象和其他相关要素也是发展规划的组成部分。因此,除了评价一个方案对于就业和经济发展的影响外,还应当衡量它对这些领域的贡献。例如,树立年轻人自尊心的方案可以显著改变一个社区的社会经济气候。这些方面涉及整个区域的居住环境,所以应当在社区进步的框架内进一步分析。需要重申的是,详细说明方案的目标产出,符合"方案效果分析"的定义,可以指导整个发展过程。而如果不与专家商讨成功和失败的可能性,就无法确定方案的其他需求,同样,那些泛泛而谈提供就业或提高整体经济的陈词滥调也是没有意义的。经济发展的真正焦点是:采取具体行动,用已知或可得的资源来改进现状。

确定战略资源:5M

我们可以用植物的成长来类比经济增长和发展。我们必须为植物提供适量的关键元素,包括热量、光、水和其他营养;如果缺乏某一种关键元素,即使其他元素再多,植物也无法成长。与此相似,经济发展也需要5个关键要素,我们称之为"5M"。这5个要素分别是:(1)原料(materials);(2)人力((hu)manpower);(3)市场(markets);(4)管理(management);(5)资金(money)。社区在制定经济发展战略时必须考虑其中的每一个要素。本节定义了这些要素(表7.1),并将探讨它们对经济发展计划的重要性。

表7.1 经济发展的五个关键资源

原料
土地
建筑
区位
基础设施/自然资源
人力/劳动力
技术熟练的员工
可用劳动力
教育和培训能力
市场
市场分析
竞争
渗透力
营销战略
管理
组织化结构
经理/经营者
研究与开发(R&D)

（续表）
营销和销售
法律
资金
权益/所有权资本
债务/债券
资本化机构
直接补贴和资本替代品

（1）原料是指现存的所有资源，包括自然资源和人造基础设施，如道路、港口、电力系统和建筑。自然资源，当然是指所有可利用的、自然存在的原料和条件，如本地、地形、矿产、气候、水资源、动植物和地理位置。社区应当认识到，尽管这些资源存在着数量和利用上的限制条件，但是可以通过许多途径整合它们，从而生产出多种多样的商品和服务。由于原料的贫乏可能限制一个地区的产品种类，因此，应当先对资源现状进行分析，再去考虑如何创造就业。

（2）人力是指用于生产或销售一种产品或服务的劳动力。举例来说，劳动力包括操作工人、修理工人、监督人员或配送人员。生产和销售过程中的每一个阶段都需要不同的技能，而这些技能需要从实践或培训中获得。根据对生产率的贡献，这些技能将被给予明确的报酬。一个受过培训、有工作经验的人会更有纪律性、出错更少，并且更富有创新精神。所以，在经济发展过程中，具有熟练技能的人员更有价值，可以被视为人力资本。

地区中能被利用的人力资本数量取决于劳动人口数量、人们的工作意愿和能力。工作意愿取决于个人的社会文化背景、可获得的工作类型，以及普遍工资水平。工作能力则与人口的年龄、教育和受培训的水平相关。一个地区现存的人力是一种重要的资源。

（3）市场是对某些产品或服务存在需求的地方。需求规模取决于需要产品的人口或组织的数量、产品质量、产品价格，以及宣传产品的能力。一种产品的市场范围不是固定的。人口特征的变化、地方或国际经济的变动，甚至仅仅是社会价值观的变动，都可能带来潜在的消费者。同样，产品价格和特征发生变化也可能带来新的需求。更低的产品价格、更方便的运输、更好的生产技术和(或)对本地或海外市场的渗透,均能创造出新的市场。市场总是很灵活的,想象力和努力工作都可以拓展市场。而确定潜在的消费者,了解他们需要什么样的、哪个价位的产品,并告知他们这些商品如何购得,就能最大限度地利用市场。

(4) 管理是一种特别的人力资本类型。一个好的管理者能够有效整合原料、资金和人员,从而在产品生产和销售上取得成功。有效的管理是经济发展不可或缺的催化剂,最有效的管理者常常也是梦想家、冒险家、革新家、激发者和协调者。

经济发展是一个综合过程,要想获得成功,政府和产业间、各种机构和各级政府间必须建立起高效的协调关系。最重要的是,地方社区必须提供支持并参与其中。只有公共部门和私人部门都具备极高管理才能的人,才能在这些团体间成功斡旋。地方政府或经济发展计划的其他发起者,尤其应当想办法培养并运用有效的管理才能。

(5) 资金是建立和运作一个方案时直接涉及的财务问题。启动一个经济发展方案以提供必要的设施、雇用和培训职员、支付原料费、运输产品,以及买卖商品或服务,都需要资金。

利用资金购买、雇用、组织或采用其他途径获取缺少的资源,以成功实现一项计划。例如,资金可能被用于获取建筑使用权、雇用会计师或管理人员、培训工人的某种技能,或扩建下水管道和道路。经济发展方案中所需的资源,可以通过私人渠道或公共途径集资获得,也可以由公共部门或私人机构直接提供。在下一节中,我们将讲述许多融资的方法。

7.8 规划的融资和实施

资金,"5M"的最后一个要素,往往是地方政府或发展组织面临的最大问题,这是因为它总被认为来源于"集资"而非"融资"。在公共部门中,集资意味着将所有财政收入用于发展和管理一个方案或计划。也就是说,政府机构常常只考虑以持续的税收来维持一个公共行动,而不考虑它可能带来的收入。然而,融资涉及对启动金融资源的资本来源(通常是私人的)

的确定。这样的方案基于仔细的分析，具有预见性，能够创造足够的收入来平衡支出。关于方案融资问题更详细的讨论，参见 Giles and Blakely (2001)。

无论怎样组织，一个经济发展战略只有在被允许实施的情况下才能取得成功。战略实施过程的关键在于集合与发展、监督和更新战略实施方法有密切关联的人员和资源。

正确的人员资源包括领导层和员工层面对新战略举措的支持。最成功的战略举措能够提出一个领导框架，使得在公共和私人部门的关键利益相关者获得规划的"所有权"。从战略概念到完全实施，从社区的首要政治性、制度性和经济性实体中获得补充是很重要的。例如，这些实体可能包括市县政府、大学、社区和高职院校、商会、行业协会、非营利基金会或其他社区组织。

充足的资金是战略实施的关键，因为它确保了最高质量的工作人员、最需要的资源和其他关键计划性因素包含在战略内。为了从公共和私人部门获得融资和足够的支持，许多经济发展计划以 501(c)(3) 为结构。这一做法使项目能够获得捐赠、年度拨款以及公共部门、私人部门和非营利组织的资金支持。

为建立 501(c)(3) 结构，社区会忽视来自地方、区域和国家非营利组织、州政府和联邦政府的众多机会。最常见的融资来源是社区发展补助方案(CDBG)，这一项目由美国住房和城市发展部资助，由各州向符合资格的申请社区提供款项。此外还有很多融资渠道，包括一般方式和非常具体的措施。例如，2007 年 9 月美国电话电报公司(AT&T)宣布了价值 150 万美元的资助计划，资助地方教育项目中的无线互联网服务和基础设施建设(美国电话电报公司竞争性资助计划,2008)。

对于地方或社区导向的战略，还有与税收相关的或者其他途径能够帮助筹集资金，广泛应用的包括：

  商业改善区域：运用公共和私人的资金以维持和恢复商业化邻里。
  授权区域：在这些指定地区的企业有资格获得开展或扩大业务的特殊激励。

增值税融资(TIF)：以区域为导向,允许将未来的税收收入用于支持当前的基础设施完善。

项目融资是指在坚实的规划方案下,灵活运用现有资产。例如,在一个地方机构建筑方案的融资中,城市土地常被当作基本的资本来源。类似地,地方政府会出售一些市政设施的开发权。有些城市政府将博物馆、剧院和其他一些市政设施作为投资,从而成为商业和零售业中主要的投资者;还有许多城市政府通过与商业建筑的主要所有者签订租约,来鼓励私人开发商兴建行政建筑和公共图书馆。换句话说,对方案进行融资更需要想象力,而不是金钱。对于某种服务的经济需求,对城市空间的使用、开发权,或其他要素,都可以使社区不用借助税收就能达到目标。融资方案应当与地方财政资源状况相一致,并与社区发展目标相匹配,而好的创意则是发展的关键。

一般情形下,确定经济发展方案需要妥协和权衡取舍。有些方案也许能增进人民福利、提高生产率和经济生存能力,或是提高生活和工作质量,但其产品却没有市场。经济学家会告诉我们,意愿和需要总是大于有效需求(即支付能力)的。通常,我们必须在满足地方发展需要和获取经济利润之间进行权衡。因此,确定方案的基本标准是：在合理的风险水平下,寻找能够促进地方经济发展并产生一定利润的方案。这个标准暗含着一个明显却重要的含义,即地方政府无论如何都应当排除高风险和(或)无利润的方案。如果无法预测一个方案未来可接受的现金流,就应当放弃这个方案。这个标准连同人们对于经济发展潜力、利润率和风险的考虑,共同构成了检验社区参与的最低平均标准。

在这一部分所讨论的一般性实施指南可以使经济发展战略产生巨大差异,比如实现可持续经济发展活力的战略和未付诸实践的战略。只要精心培养关系、确保公私合作实施的必要资金,地方经济发展开发者就能够极大地提高他们成功的几率。

7.9 小结

本章列出了一系列与地方经济发展规划相关的因素,它们构建了制定发展战略和确定计划的基础。社区采用的规划系统或方向,将决定发展目标和需要运用的资源。

综合成百上千的地区在经济发展过程中的实践经验,可以创造出新的战略模型。而在同一个地方,赞成区域合作与满足地方需要的观点会不可避免地同时存在。类似地,几乎每个地区都同时拥有处于成长中的和处于衰落中的产业部门,因此,一个地区常常会同时有两个或三个方面的经济发展需要。今天的社区不能再像过去一样,对于经济发展问题漠不关心了。战略是从环境中获得的,没有哪种战略会与这里介绍的理想化模型完全一致,谨慎的经济发展规划者会对经济发展模型的要点进行筛选。在后面的章节中,我们将更详细地探讨这些战略,并结合案例分析,阐明它们是怎样与社区环境相联系的。

参考文献和建议阅读材料

AT&T Foundation Competitive Grant Program. 2008. *AT&T Corporate Social Responsibility*. Accessed January 5, 2008 from http://www.att.com/gen/corporatecitizenship?pid=10582

Barnes, N., et al. 1976. *Strategies for an Effective Public-Private Relationship in City Industrial Development*. Prepared for the Society of Industrial Realtors. Washington, DC: Economic Development Administration (NTIS).

Bendavid-Val, Avrom. 1980. *Local Economic Development Planning: From Goals to Projects*. Report no. 353. Chicago: Planning and Advisory Service.

Blakely, Edward J. 2000. Economic Development. In *The Practice of Local Government Planning*, edited by Charles Hoch, Linda Dalton, and Frank So, 3rd ed. Washington, DC: International City/County Management Association (The Green Book).

Bluestone, Barry, and Bennett Harrison. 1980. *Capital and Communities: The Causes and Consequences of Private Disinvestment.* Washington, DC: Progressive Alliance.

Carlisle, Rick. 1978. New Strategies for Local Economic Development. *Carolina Planning* 2 (4): 14—18.

Castells, Manuel. 2002. *The Information Society and the Welfare State.* London: Oxford University Press.

Ewing, Reid, and David Rusk. 1995. *Cities Without Suburbs.* Washington, DC: Woodrow Wilson Center.

Florida, Richard. 2002. *Rise of the Creative Class: And How It Is Transforming Work, Leisure, Community, and Everyday Life.* New York: Basic Books.

Gardner, Linda M. 1983. *Community Economic Development Strategies: Creating Successful Businesses: Vol. 1. Building the Base.* Berkeley, CA: National Economic Development and Law Center.

Giles, Susan, and Edward J. Blakely. 2001. *Elements of Local Economic Development Finance.* Thousand Oaks, CA: Sage.

Kelly, Rita Mae. 1976. *Community Participation in Directing Economic Development.* Cambridge, MA: Center for Continuing Economic Development.

Kemp, Roger A. 1992. *Strategic Planning in Local Government.* Chicago: American Planning Association Press.

Lee, Sugie, and Nancey Green Leigh. 2007. Intra-Metropolitan Spatial Differentiation and Decline of Inner-Ring Suburbs. *Journal of Planning Education and Research* 27 (2): 146—154.

Mahood, S., and A. Ghosh, eds. 1979. *Handbook for Community Economic Development.* Sponsored by the U.S. Department of Commerce, Economic Development Administration, Washington DC. Los Angeles: Community Research Group of the East Los Angeles Community Union.

Malizia, Emil. 1981a. *Contingency Planning: A New Approach to Local Economic Development Planning.* Unpublished paper.

———. 1981b. *A Guide to Planning Economic Development in Small Communities and Rural Areas.* Charlotte, NC: Division of Community Assistance, North Carolina Department of Natural Resources and Community Development.

———. 1981c. *Planning Economic Development in Smaller Communities*. Paper prepared for the National Planning Conference, Rural and Small Town Planning Division Session, Boston, April 28.

Nathanson, J. 1980. *Early Warning Information Systems for Business Relocation*. Washington, DC: U. S. Department of Commerce, Urban Consortium.

National Council for Urban Economic Development (NCUED). 1977. *Strengthening the Economic Development Capacities of Urban Governments*. Washington, DC: Author.

Orfield, Gary. 1996. *Metropolitics*. Washington, DC: Brookings Institution.

Putnam, Robert. 2004. *Better Together: Restoring the American Community*. New York: Simon & Schuster.

Sassen, Saskia. 2006. *Cities in a World Economy*, 3rd ed. Thousand Oaks, CA: Pine Forge.

Saxenian, Anna Lee. 2006. *The New Argonauts: Regional Advantage in a Global Economy*. Cambridge, MA: Harvard University Press.

Schmenner, Roger. 1980. How Corporations Select Communities for New Manufacturing Plants. In *Firm Size Market Structure and Social Performance*, edited by J. Siegfried. Washington, DC: Government Printing Office.

Teitz, Michael B., and Edward J. Blakely. 1985. Unpublished course materials. University of California, Berkeley.

Tremoulet, Andree, and Ellen Walker. 1980. *Predicting Corporate Failure and Plant Closings: Resources for Local Employment Planners*. Unpublished working paper. Chapel Hill: University of North Carolina, Department of City and Regional Planning.

Urban Land Institute. 1999. *Smart Growth: Myth and Fact*. Washington, DC: Author.

第8章　地区开发

传统的地区开发一直关注于对土地和其上建筑物的所有权、管制和管理。土地和建筑物是经济活动进行的场所。地区开发强调交通规划和城市设计对于地区经济发展和整体生活质量的重要性。良好的交通系统应该确保地方经济内有效率的人口和货物流动。交通越来越多地关注于可达性。所以，地理经济和社区活动之间的关键影响因素不是距离，而是到达那里所需要的时间。城市设计也强调这些问题，它为地方提供车辆和行人的网络，并提出土地综合利用的方式（居住、商业、社区），以期提高功能性和房地产价值。城市设计还通过运用设计标准创造了地方形象，并建立起了包含地方经济和社区活动的基本框架。

地区开发需要强调最小化土地开发和建筑工程对环境的影响，以应对气候变化并提高可持续性。也就是说，我们应该期待"绿色"的地区开发，这是我们目前实践的目标。

土地是地方经济开发中最重要的资源之一，所以，必须要谨慎管理土地资源。没有对土地的控制，就无法实现地方的发展。所以，土地管理和土地交易应当成为任何经济发展计划的重要组成部分。如果无法为项目得到合适的区位和场所，一个地方或社区的发展规划将会受到阻碍。而且，土地管理必须以提升现有土地利用和社区形象为目标，要特别注意设计标准与城市空间之间的匹配。在地区开发当中最新的概念是"精明增长"或者"新城市主义"。这两个概念都指向反城市蔓延的战略，号召对现存城市空间进行重新利用，提高城市空间密度，通过功能的复合化来提高步行尺度的邻里空间，提高社区的社会联系。

宜居性是"精明增长"和"新城市主义"极为重要的组成因素。因为居民和非居民通常把时间和金钱花在可获得的最令人愉悦的环境中，林荫大道、人行横道、干净整洁的零售区域都对地方商业有促进作用。一个有吸引力的城市的出入口能够为来访者提供大量信息,包括居民的自豪感和社区精神。事实上,对于旅游者来说,社区形象十分重要。来访者会"以貌取人"。

事实上,通过城市的外观和它们的社会/经济氛围来对城市进行评估已经成为经济发展专家的主要评估工具。例如,Rand McNally 生活质量调查被一些经济发展从业者看作是权威性的房地产经理人的地方偏好指示。此外,一些权威的商业杂志如《财富》(Fortune)、《金钱》(Money)、《金融世界》(Financial World)以及其他一些主流商业期刊每年都会对各个城市的表现作一个评估,这些年度评估的主要依据是当地对私营部门经营活动的容纳能力,以及社区的物质和社会生活质量对当地居民和外来游客的吸引力大小。这些调查的一个结果是在过去的 20 年中社区的合意性有所转变,例如查塔努加、查尔斯顿、匹兹堡、西雅图、苏福尔斯、巴尔的摩、加州的奥克兰等。特别是一些具有良好空间景观的社区,像加州的帕萨迪纳旧城(Old Town Pasadena)、丹佛的下城(LoDo)、密苏里州堪萨斯城的第 18 街与藤街地区等,都营造出了全国最迷人的生活环境。城市景观和整体自然环境是经济开发者在塑造生活质量时尤其重视的因素。因此,好的环境管理也包括在社区和周边区域中打造开敞空间和保护有价值的栖息地。

地方官员发现"形象管理"在企业进行全球化的区位竞争中变得越来越重要。因此,必须要谨慎开发城市土地、建筑资产以及"外观特征"。土地开发管理和控制系统的动机不仅仅在于防止不好的事情发生,更主要的是促进好的效果产生。这就要求土地利用规划超出现有的着色图和管制而达到更高的水平。这还需要城市视觉主题的开发,包括以下几个方面:(1) 认同感的建立,(2) 改善城市的宜居性和社区的生活舒适度,(3) 保留和保护敏感性土地并且认识到社区中的环境公平问题(例如,在城市区域和整个地区有足够的公园和开敞空间),(4) 通过精明增长和相关战略来提升城市中心区的吸引力,从而形成居住和商业的综合空间,提高地区商业和生活质量。表 8.1 回顾了完成这些目标的最常用的工具。下一节将对这些工具逐一进行介绍。

表 8.1　选址开发工具和标准

工具	目标		
	形象建立	舒适度改善	商业改善
土地储备		X	X
基础设施供应		X	X
投机性建筑			X
奖励性区划		X	X
管制改善	X		X
旅游规划	X	X	X
城镇景观	X	X	X
商业建筑	X		X
住房供给和邻里改善	X	X	
社区服务	X	X	X

8.1　土地储备和社区土地信托

土地储备是为了获取和改善邻近土地而进行的一种实践。地方发展组织能够利用土地储备将适合商业或工业发展的好的地块整合在一起。土地储备并不意味着必须获得空闲的土地。事实上，大多数有创造性的土地储备都是通过地方政府来实现的。大量的城市通过出租转让欠税不动产或征用土地来支持新企业的建立或新市场的开发。例如，一些城市把因道路拓宽而获得的土地或在高速公路下方的空间租赁给新的环保企业；另一些城市则把闲置仓库优先改造成社区溜冰场或者轮滑场地。在每一个案例中，政府或社区将未充分利用的资产，在其转换为其他用途之前，用于建立新企业，这样总比将这些土地或建筑物弃置不用要好。

土地储备是一种强有力的地方性激励，可以帮助那些缺乏可利用土地的老社区和需要为将来发展留有余地的新社区。土地储备中的土地主要包括下列形式：城市拥有的剩余土地、捐赠的土地、通过征用而获得的土地、向私人购买的土地、旧有的牲畜围栏或者废弃的军事据点。为了建设土地储备，地方应当建立房地产公司来持续搜寻那些尚未利用或者未开发的土地，并且根据土地的大小和位置建立档案，将信息输入计算机并保持及时更新和建立快速查询系统。

在邻里或者社区的层级上,社区土地信托公司为社区提供了一种维护对物质财产控制的独特方法。社区土地信托公司是地方团体建立的一种非营利性质的组织。信托公司的理事会和领导者主要由地方邻里的积极分子、商人以及相关的专业人士(规划师、建筑师、金融和房地产商)组成。在初始组建阶段,土地信托公司可以从马萨诸塞州的斯普林菲尔德(Springfield)社区经济学院获得技术上的支持。

社区信托公司最常见的做法是通过贷款、赠送或者废弃的邻里土地以及那些投资失败的土地来获得可控制的房产。信托公司筛选中低收入家庭来帮助他们购置自己的地产。这些家庭可以把"人力资产"(sweat equity),即投入的时间和精力作为房屋的首付款。信托公司出售该房产,但是仍然保留一个租约使得所有者必须自己居住或者限制再次卖出该房产的价格。比如,国家住房集资机构为家庭提供住房抵押贷款,或者由银行或者银行中介机构通过贷款来实现《社区再投资法案》中规定的配额。

社区土地信托公司的业务还扩展到以下领域:购买那些濒临破产的农场主的土地,再以农场主能够接受的价格重新把土地租给他们,使其得以继续维持农业生产。

土地储备或者社区信托公司需要坚实的资金基础。为获得土地而需要的潜在的资金来源主要包括:国家、州、地方资本项目,《社区再投资法案》基金,与项目相关的一些基金会或者中介机构的投资,诸如福特基金会的地方启动支持公司,以及工业发展债券等。如果不能获得足够的资金,一种变通的办法就是:通过购买一块恰当的土地的期权来获得控制权,随后将期权和土地卖给合适的开发商。

棕地再开发:地区开发中的首要任务

正如在第 2 章中提到的,棕地,或者说在之前的开发中产生污染的土地,是过去十多年来美国在经济发展方面的关注重点。社区对于如何制定环境清理法规(CERCLA)的担忧增多,而美国环境保护局对于这一担忧的回应对棕地再开发产生了负面影响,并且影响了整体经济复苏的预期,特别是降低了对低收入社区发展的预期。而且,棕地经常在视觉上妨害社区,使地区丧失吸引力。

虽然主要与老城镇相联系,棕地也可能出现在乡村或者任何留下有害污染物的地区。更进一步来说,棕地不仅是历史遗留产物:由于非法建设活动依旧存在,新的棕地仍然在不断地产生之中。例如,由地下毒品实验室制造的"棕地"。于是,这就加速了城市和乡村的棕地乘数效应。他们所倾倒的垃圾——估计为每1磅甲基苯丙胺产生5磅垃圾——污染了下流水域、土壤和地表水。这种棕地的新来源很可能会散布在相对落后的邻里和地区。

美国环境保护局在解决棕地问题上的积极性在2002年的《小企业法律责任免除和棕地恢复法案》中有了显著提升。这一法案通过授权资助棕地评估和清理、明确法律责任并允许州签订自愿清理计划,进一步明确了棕地的市场地位。

美国环境保护局的立法和计划一直都是复杂的棕地产业的催化剂,这些产业包括专业环境咨询、金融和投资、法律、保险、房地产、工程和污染整治以及对新整治办法的研究与开发。各地区正在寻找再利用各自棕地的方式。

全国各地的城市都在积极寻求解决土地空置问题的途径。棕地与从未开发过的"绿地"不同,是已经被使用且不再用于生产的土地。棕地加重了这一问题,因为许多污染地块的拥有者意识到整治棕地的成本无法收回。上面提到的土地银行战略是解决这一问题的一种方法。克利夫兰在2005年建立了产业/商业土地银行,试图为企业寻求在当地落户或扩张提供土地市场。他们的经验是,如果地块上没有必须要被拆迁的建筑物,那么获得土地的成本会低许多。同时,处理大地块比处理小地块更具成本效率(Furio and Hoelzel, 2007)。

棕地和其他类型的空置土地在整个邻里和社区复兴中扮演着"拖后腿"的角色。Leigh and Coffin(2005)的研究发现,棕地丑化且贬低了周边非棕地地块的价值,成为邻里复苏的障碍。在降低周边地块价值的同时,棕地压低了整个社区的财产税收入,这一收入将用于学校、基础设施建设和为其他基本经济发展服务。反过来,这些社区远远落在了已实现棕地复苏的社区后面。以公共部门为主处理棕地的理由是为了实现公共投资回报的最大化,因为私人部门往往要实现利润最大化。但是这一理由并没有考虑一个社区的邻里之间潜在差距扩大的问题。

地区开发的一个重要组成要素是记录和描绘社区棕地问题的发展程度，并制定积极的战略以实现棕地复苏。这一战略应该平衡只考虑直接成本而产生的对公共投资回报最大化的愿望和需求以及为了减少空间和人类不平等而产生的对振兴社区中最贫困的邻里的愿望和需求。

8.2 在工业和商业用地上的硬件基础设施开发

一块经过改良的工业或商业土地（或建筑）对于潜在的企业和产业是非常有吸引力的。公司购买或者租用经过改良后的土地可以获得双重优势：获得土地和开始运作之间的时间可以大大缩短，也可以避免由于场所的改善所引起的花费和困扰。因此，许多城镇和工业开发公司通过在现有土地上兴建必需的建筑和硬性基础设施来吸引新的公司加盟以及留住那些已经存在和正在扩大规模的公司。有些案例取得了成功，另一些却没有，因为这一改造方式只适用于适合当地的企业。

适应性再利用是另一种复兴社区基础设施建设的可选择方法。许多城市通过制定政策来收回那些没有被充分利用的工业设施以便重新利用。工厂空间被改造成居住空间、生活—工作空间、办公设施、艺术场馆、餐厅以及购物中心。城市部门通常使用它们的资源来重新建设街道、建造停车场设施，以及修建一些建筑物以适应那些新使用者对基础设施的要求。联邦和州政府的国民经济复兴税收抵免机制允许开发商获得5年或者更长时间的税务免除以进行改装投资。

还有许多其他方法可以使得社区能够改善土地或者建筑物来形成新的激励。最普遍的做法是提供给排水设施、道路照明系统、通道以及人行道。马萨诸塞州的洛厄尔通过提供异地改进和停车场设施将11家主要的纺织厂转变为办公设施和国家城市公园的示范性空间。马萨诸塞州的北亚当斯已经把旧的废弃工厂变为现代艺术博物馆，每年能够吸引超过10万名参观者。像南卡罗来纳州的查理顿这样的旧工业港口城市，为那些私人赞助的历史保留下来的工业、商业以及居住设施提供景观美化。田纳西大峡谷管理局通过向乡村的小社区提供技术支持,使它们能够把旧有的汽车旅馆改造成现代的被称作"家庭旅馆"(hometels)的居住空间(Homets,1992)。

8.3 投机性建筑

投机性建筑相当于仅有一层"壳"的建筑。它们的内部空间在没有找到承租人之前一直是未完工的。它们是吸引公司来本地投资或者留住那些已经存在的扩大规模公司的营销工具。它们提供工作空间——这是公司选址决策的一个关键性因素。城市或者邻里通过提供这样的空间能够显著减少公司起步或者扩大规模所需要的时间。

投机性建筑特别适用于那些受到工作空间短缺困扰但是却能够提供充裕的劳动力、完善的交通系统以及优质的公用设施、治安以及消防服务等公共服务的地区。

对于地方政府来说,一个有创造性并且低风险的建设投机性建筑的途径是建设具有水电供应、服务完善的建筑。这些建筑如果设计合理,就可以被转化成小型工厂空间、修理店以及企业孵化器。美国西北地区的很多社区都鼓励或帮助兴建这样的投机性建筑,或者将它们旧有的尚未充分利用的公司场地转化成这种类型的孵化器。美国在这方面最好的例子是位于加利福尼亚州、邻近加州伯克利大学的埃默里维尔地区的生物技术孵化器空间,以及纽约格林尼治村的"硅巷"(Silicon alley)。

8.4 分区管制

分区政策可以通过为工业和商业发展保留大量土地和在地方分区管制中实行弹性化来促进经济和商业发展。一系列技术被开发用来克服土地单一用途限制以及严格的高度和密度管制所带来的缺陷,这样就使得土地利用更有弹性。分区方法包括鼓励性区划(incentive zoning)、覆盖式区划

(overlay zoning)以及特别区(special districts)。由于这些管制工具掌握在地方政府手中,因此只有地方规划和分区官员能够使用这些工具。

鼓励性区划常被用来克服严格的高度和体积管制的缺陷。这一区划方法提供给开发商较大的弹性空间,鼓励合理的土地利用和富有创意的设计。鼓励可以通过多种方式实现,但主要是通过向开发商做出适当的让步以实现公共利益的最大化。最普遍使用的鼓励性区划方式是奖励分区:通过超越分区规划的标准、增加建筑密度或者增加楼层数作为获得公共利益的交换(有权使用公共交通工具、开放性空间等)。由于没有固定的标准,这套分区体系有着自身的问题。例如,芝加哥为了在城市限度内保留与产业相关的活动而在1988年建立了制造业专区。在该区域所采用的鼓励性措施包括对住房、学校以及社区设施的新限制,以及为吸引制造业厂商而提供鼓励机制。

覆盖式(浮动式)区划在地方政府的一般区划和开发标准没有针对一个次区域的独特性和条件时使用(Fitzgerald and Leigh,2002)。覆盖式区划是在现有区划基础上的一种特别区,用于取代、更改或补充地区内的要求。通过"覆盖",可以为土地利用、设计标准或独特特征的保留(例如历史保留区)增设特殊的条款。为了实现经济发展的目标,覆盖式区划也可以用于专业化商业或工业区的建立。此外,覆盖式分区方法可以作为一种市场开发权利的交易方式,比如在维持全市范围内的密度限制的同时将开发权卖给开发商以增加特定区域的容积率。

一个关于覆盖式区划方法用途的杰出例子就是北卡罗来纳州的加斯托尼亚历史走廊街区的开发。加斯托尼亚的覆盖式分区是紧邻历史居住区的补充性区域。覆盖式分区保护了潜在的历史街区的居住特性和设计,并且在覆盖区域内提供了一条发展走廊以安置那些专业办公机构、银行、特产商店以及小饭馆,使得它们与街区的历史主题保持风格上的一致。这样一来,商业发展和居住特性两方面都得到了提升。

实质上,覆盖式区划方法仅仅允许在管制的限度内对城市内的密度以及区划应用做出适当调整,通常还允许利用市场调节来提高工作效率。开发者可以在需要的地方进行基础设施投资而不是按照规划者的意愿进行建设。最后,在那些处于增长中的区域,这个工具好比一个巨大的资金募集装置,它使得地方政府不需要向纳税人征税就能够获得足够的资金来改善城市。有时,仅仅通过这种实践就可以产生足够的收入,在资金上维持社区经济发展办公室或者项目的运转。

8.5 商业改善区

毫无疑问,商业改善区(business improvement districts)使纽约的零售业区域得到了复兴。基本上来说,商业改善区与特别用途区(special-purpose zoning)或征税区(taxing area)类似,但它是依靠城市与商业所有者的资金支持,并由主要的商业机构投票产生。主要的商业机构也同意通过评估或税收的方式为地区的商业改善筹集资金。资金可以从公共补贴中获得,并用于广泛的地方改善目标,例如清洁、人行道和交通设施改善、治安、营销项目、建筑物立面改善等。最知名的商业改善区是纽约市中央车站(见图8.1)和时代广场商业改善区。它们采取了增加警力、提供每小时一次的清洁服务、联合商户服务等多种措施来复兴这一重要区域。

图8.1　纽约中央车站社区商业服务团队

企业与一些公寓所有者同意共同成立一个组织来提供基本的社区服务(街道清扫、补充性治安服务、区域性广告等),由此来提升地方的吸引力并扩大零售业规模与居住规模。商业和社区领导(包括本地的学校)在政府的许可与鼓励下组成了委员会,随后建立商业改善区并通过对当地企业收取小额税来提供一系列的服务。

商业改善区在许多主要城市建立起来并取得了显著的成果。犯罪和破坏活动明显减少,本地的商业经营远远超出了每月的估计值。许多商业改善区的领导层与学校和社区服务组织订立合同,共同促进一些课外项目的实施,用以支持校内与校外体育与娱乐活动,并使地方志愿者参与到项目中来。商业改善区同时还会举办演讲、节日庆祝等其他活动来促进社区的团结。

但是,并不是所有的社区或商业机构都赞成设立商业改善区。很多商人认为这只是设立了一项新的税收而已,并没有为他们带来多大的好处。而且,商业改善区也可以看作是另一个层次的政府,从而使地方政府有借口不提供以税收为基础的服务。此外,还有人认为商业改善区作为一个社区内新的组织,只遵守自己的规则而不对整个社区履行义务。尽管存在这些争议,但因其对物质环境的改善作用和对当地居民与顾客安全感的提升,商业改善区在大城市与中等规模城市中仍然很受欢迎。

8.6 通过简化手续改善社区管制

一个非常好的评估社区管制制度的方法是把地方公共部门置于开发者的角色。这将使得地方政府能够以开发者的眼光行事,有助于发现开发进程中出现的问题和错误,诸如相互冲突的规定、办事时间的拖延或者对发展观点的否定或反对意见。如果这个程序指出了程序上和管制上的缺点,那么社区应当调整其规章制度并且简化批准手续。1989年旧金山洛马普列塔的地震,1991年加利福尼亚州奥克兰的大火、安德鲁飓风、2001年纽约曼哈顿的恐怖袭击以及2005年新奥尔良的卡特里娜飓风都为地方当局提供了宝贵的回顾它们现行区划程序的机会。每一次上述类似事件的发生都使得地方政府能够更好地理解在它们的规划方案和建设体系中究竟存在什么问题以至于影响发展的进程。

近些年来,许多社区建立了地方部门联络小组、一站式许可办公制度,以及专门的委员会来评价发展的影响,解决发展进程中的问题和不确定性因素。

8.7 城镇景观规划

许多小镇相信旅游业是拯救它们日趋衰落的镇中心的万灵药。虽然旅游收入十分重要,但是地方贸易也同样重要。旅游业是循环和变化无常的。商业中心最终要依靠地方贸易才能获得生存。社区因此必须尽其所能使市政中心的购物场所无论是对当地居民还是游客都更具吸引力。使中心区变得更富有吸引力的最好的办法,是进行下列项目以使中心区变得个性化或者恢复它的个性。

城镇景观规划是实现这些目标的一种手段。城镇景观规划是一个硬件层面、态度层面和管理层面的过程。硬件层面主要是通过地方商人、城市规划师以及市民团体来承担城镇中心区域视觉主题的建设。这个主题可能是基于该区域的历史或者是社区特性的现代化诠释。"主要街道项目"(Main Street Program)是这种理念的最好体现。在这个项目中,城镇主题通过建设或者重建现存的土地景观和环境建设与规划中的意图融为一体。例如,美国中西部的一些小社区已经实施了这一项目并且获得了意料之外的视觉吸引力。许多小社区通过保留它们乡村和小镇的特色来改善视觉形象,从而获得了地方商业贸易和旅游业的双重增长。

城镇景观规划的态度层面与地方企业关注镇中心的行动密切相关。一些社区开始恢复或者组建新的商会并通过举办论坛来探讨普遍面临的问题,比如改善商业的服务水平以及拓宽电视或广播广告的形式和覆盖范围。

加利福尼亚州的帕萨迪纳中心区复原项目(见图 8.2)是城镇景观规划中最为成功的项目之一。虽然景色优美、阳光灿烂,还有吸引全国游客的玫瑰展,但是 20 世纪 70 年代帕萨迪纳的经济发展简直是一场灾难。然而,在规划师与建筑师团体的帮助下,科罗拉多大道的核心区恢复了原有的艺术风格。再加上合理布置的路边小店、林荫道路和巧妙布局的停车场,帕萨迪纳如今已经成为南加州的一处主要旅游目的地。

图 8.2　加利福尼亚州帕萨迪纳购物区：楼内景观

城镇景观规划的管理层面包括下列内容：聘请顾问或者市中心管理者来协助分析增加销售量的方法、改善产品供应、维持清洁和吸引力，以及倡导城镇改善以增加零售机会。

8.8　商业建筑

商业建筑（shopsteading）对于社区或者内城邻里的复兴是一个相对较新的方法。它是解决空置商业资产问题的工具，包括将被弃用的商业资产出售给那些愿意修复这些资产并在此基础上进行商业活动的商业人士。商业建筑成功的因素主要有两个。首先是被空置的资产具有复兴的潜力，这就意味着在商业建筑区域存在商品和服务的市场需求。

其次是个体满足商业建筑的需求的能力。在决定获得这些资产之前，商业建筑的购买者通常需要提供财力证明并提交针对如何复兴这些资产的详细说明。他们还必须估计重新改造的资金需求，并且获得必要的资金承诺。在获得资产后不久，商业建筑购买者就必须着手进行改造。在几个月内，修建必须遵守地方建筑规则；在一年内，商业建筑购买者必须完成改造。如果不能满足上述要求，则该资产将会被城市收回。在一年内，商业建筑购买者必须开始经营并且在至少两年之内不得出售该资产。

商业建筑的设计目的在于保持商业的活力与吸引力。对于商业人士来说，低成本甚至免费的资产是最重要的好处；商业建筑购买者能马上获得的好处是以低于市场实际价值的价格获得资产。获得经营资产的所有权为小企业者提供了改善这一资产的激励。商业建筑为那些想开办零售店、专卖店、服务公司以及其他一些小企业的人提供了非常重要的机会。

对于城市或者城镇而言，商业建筑具有改善那些边缘商业地带的土地使用模式的潜力，并且能够刺激个人投资者重新建设废弃的建筑。在启动这项计划之前，地方政府和社区团体必须研究商业建筑计划的机会成本（可利用的资源被其他项目利用将会产生什么样的效果）。

8.9　住房和邻里改善

住房是社区最明显的资源之一，但是很少有政府考虑将其与经济发展相关联。住房—经济发展的关系表现在两个方面。一方面是需要向社区内所有的团体提供不同类型的住房。另一方面是向社区内的家庭提供广泛的服务，从托儿所到包括游泳池在内的社区设施。实现这一关联所采用的传统方法仅仅是等待州政府或者其他人采取行动。但是市政府已经找到了如何利用住房建设和家政服务来影响地方经济发展环境的方法。从而，一些城市通过运作它们的土地成为积极的住房开发者。位于旧金山的 BRIDGE 住房建设公司是全国最大的非营利性住房建设商。该公司每年要建设超过 1 000 单位的住房群用来出售或者出租。BRIDGE 公司的开发活动几乎完全依赖于地方政府出资资助其项目。

目前在全美有超过 1 000 家非营利性住房建设开发公司在实施相似的经营战略。芝加哥出台了一项大胆的计划旨在复兴整个公共住房市场，在同一个开发项目中同时包含中、低收入住房和租赁、出售房屋。另一个例子是加利福尼亚州的奥克兰市，杰瑞·布朗市长实施了一项大胆的住房计划，试图通过在市中心兴建超过 10 000 个混合收入住房单位来复兴市区和整个城市（见图 8.3）。

如果社区能够小心谨慎地使用土地，那么住房建设开发并不是一个成

图 8.3　加利福尼亚州奥克兰市的邻里住宅

本非常高昂的过程。社区团体或者城市政府通过购买或者交易土地能够要求高质量的开发商营建不同类型的住房。然而,土地价格作为一个关键性因素决定了大众是否能够承担得起住房。新奥尔良市正在实施一个非常大胆的战略来减少在飓风中被摧毁的住房。该市目前结合基础城市资源,购买并宣告贫困邻里中被废弃或有拖欠税款的房产不宜居住,并提供新的、经济实惠的有市场价值的住房。

8.10　家政服务

　　家政服务代表了对于富有进取心的地方政府来说存在大量机会的另一个领域。一些地方政府把建设好的娱乐和体育设施出租给私人而不是自己来经营这些设施。此外,一些基于社区的组织通过合约的形式提供家政和社区服务,从而促进了社区发展和就业机会的产生。

8.11 社区服务

地方政府提供的服务范围很广泛,如家政服务、商业服务等(见图8.4)。社区也开始提供类似的服务,诸如建设房车停车场、举办夏季青少年活动、编撰地方历史,以及经营博物馆和美术馆。在另一些例子中,议会还开始经营影剧院和类似的劳动力密集型服务机构。这些服务机构往往消耗了大量城市资源。但是社区还是有办法减少这些开支并且在某些时候将它们变成能够盈利的模式。

图 8.4　加利福尼亚州伯克利市为农贸市场设置的道路封闭

地方政府和基于社区的组织已经开始利用一系列方法使得他们的社区服务能够获得回报。地方政府把游客中心转租给企业,它们将旅游中心变成礼品商店和信息中心的结合体。此外,当社区将旅游业作为一项经济活动来经营的时候,他们发现旅游服务必须要能获得直接的回报,因为旅游局和相关活动的成本很高。但还是有办法从财政上支持这些服务。举例来说,一些游客中心出版印有地方商户广告的旅游时事通讯,从而帮助降低了中心的一些成本花费。

只有充分发挥想象力，社区才能够发现更多在提供服务的同时减少支出和增加就业的机会。传统的地方财政管理哲学——"如果没有钱，我们就什么都不做"的理念已经不再被接受了。举个例子，佛罗里达州和缅因州的社区通过吸引更多的旅游者来筹集"维护"自然环境的资金。地方官员有责任寻找到做事的方法而不是找到不做事的理由。意识到这一点，地方政府应该建立激励制度，整合公共和私人资源，并最终实现目标。类似地，社区团体也不能把"不"作为问题的答案。他们必须整合现有的和新的资源以实现他们的目标。下面的案例探讨了一些具有代表性的方法，通过这些方法，社区能够有效地利用他们的资源。

专栏 8.1

案例 8.1　建立在历史的基础上

Le Droit 邻里社区是一个拥有良好资源却面临着负面压力和不良预期的社区之一。

拥有 135 年历史的 Le Droit 邻里社区位于华盛顿特区的北部，紧靠连接华盛顿特区与马里兰州的交通大动脉。这是一个有着悠久历史和迷人环境的地区。这一地区包含了霍华德大学的整个校园，该校有 11 000 名学生和 6 000 名教职工。这里还有一个主要的教学医院综合体，而且邻近市中心和一些旅游地（史密斯森航空和宇宙博物馆以及国家艺术展览馆）。

日交通量达 60 000 人次的交通线路经过 Le Droit 邻里社区，它的另一个重要资源就是 Fredrick Law Olmsted 设计的麦克米兰水库。社区可以利用这个已被围护起来的水库兴建一个几百英亩的社区公园。此外，社区内还拥有一些全美最壮观的内战后兴建的历史建筑。

经过了动荡的 20 世纪 60 年代之后，与许多其他地区一样，这一地区的黑人和白人中产阶级越来越多。在 70 年代，毒贩的进入使这一地区被冠以了犯罪、贩毒和卖淫的恶名。出于保护性的原因，霍华德大学的校园开始对外界隔离。为了扩张的目的，它也开始实行土地储备战略。这样一来，住房和空地被人购买登记，情况恶化（French，2004）。所以，Le Droit 社区并不认为霍华德大学是一个好的邻居。

直到 90 年代后期，自从新校长来到霍华德大学之后，Le Droit 的命运开始改变。French（2004）写道："到访邻里时，[H. Patrick Swygert] 被地区的衰败程度所震惊，足以与 60 年代他还是学生时的状况相比。"（p. 110）大学采取的第一步措施是使学校的部门搬入主要商业街——佐治亚大道上的空闲建筑，这里离校园很近，有技术中心、书店、霍华德社区协会和新的游客中心（French，2004）。

这一步成为四阶段再发展战略的第一阶段。大学与地区政府、社区团体和房利美(Fannie Mae)等合作伙伴一起实现其目标,开发了低利率的家庭和企业贷款。在第二阶段,房屋所有权机会在转换了29个已登记财产和17块空地后产生。在第三阶段结束前,建造或修复了45个家庭住房,这些住房的主人包括霍华德大学的雇员、社区成员以及消防队员和警察。这一时期的基础设施建设也有了很大的进展,包括道路平整、路灯安装、人行道建设、植树以及减轻交通压力的措施,资金来源于联邦奖励给大学的500万美元奖金(Swygert,2008,p.2)。第四阶段,100万平方英尺的Le Droit公园是一个综合土地利用项目,计划于2008年开工。这一项目计划包括300个市场利率水平的租赁住宅单元和配套停车场,还有70 000平方英尺用于零售业,其中包括35 000平方英尺的食品杂货店。

霍华德大学的Le Droit社区复苏举措得到了国家层面的认可,获得了11个国家级奖项(French,2004)。

资料来源:French, Desiree. "Hassan Minor, Community Builders Profile," *Urban Land*, July 2004; *Le Droit Neighborhood*, *Washington*, *D. C.* (2000); Swygert, H. Patrick letter to Howard University Community, May 21, 2008. Accessed December 19, 2008 from http://whygentrify.wordpress.com/page/2/.

案例8.2 目标区域的方法:新奥尔良的地区开发

新奥尔良市在卡特里娜飓风后采取了目标区域发展的方法进行重建。由于城市遭到了严重破坏,并且在获得重建后续资源方面存在困难,所以这一方法是很关键的。本书的作者(Edward J. Blakely)是重建管理办公室的主管,在制定详细规划方面做出了巨大努力,并分析出了该地区重建的优先顺序,如图8.5所示。

重建

新奥尔良东广场(East Plaza)——区中心

新奥尔良东部建于1960年,占据了城市67%的土地,在卡特里娜飓风之前的人口规模达到了96 000人。新奥尔良东广场位于I-10和Read路,建于1974年,是这一近郊区的主要购物中心。这一地区70%以上的住房在飓风中严重被损毁,但目前,住房已重建,居民正在返回家园。重建的一个愿景是把80英亩的地区建设为镇中心,包括住房、零售和商业功能。在乔·布朗公园和路易斯安那州自然中心附近形成完美的187英亩的野生动植物和休闲娱乐中心。

低九区

低九区(Low Ninth Ward)的人口是由内战后定居在此挣扎求生的自由民组成的。低九区友善的邻里氛围和民权主义的历史造就了其个性,并在南

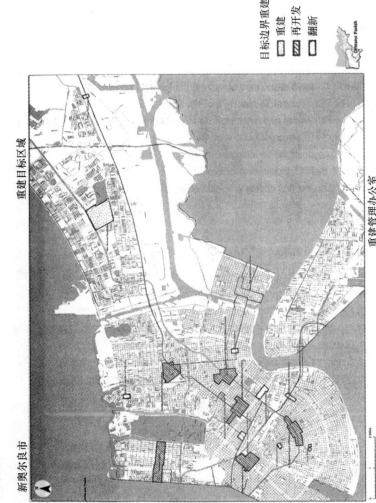

图8.5 新奥尔良市重建目标区域

资料来源：由新奥尔良市信息服务部于2007年9月为爱德华·J.布莱克利制成。新奥尔良市重建管理办公室。

部建立了首批综合性小学之一。这里是音乐家的故乡,如法兹·多米诺(Fats Domino)和柯密特·鲁芬斯(Kermit Ruffins)。在圣十字(Holy Cross)地区,有两个历史建筑最好地代表了传统新奥尔良的建筑风格:在飓风中幸存的(Doullut)汽船房屋。但不幸的是,低九区90%的地区遭到了严重损毁。它的目标是支持经济和社区重建发展,包括将资产向河边集群转移。全球绿色组织已经开始在市内建设第一个能源有效住房综合体。

再开发

Gentilly Boulevard @ Elysian Fields

作为一个重要的交通枢纽,这个交叉路现在连接了商业建筑、若干中等收入家庭邻里以及四个高等教育机构。在 Gentilly Terrace 旁是一个国家历史街区,拥有美国南部最多的加州平房式建筑。迪拉德大学(Dillard University)、新奥尔良大学(University of New Orleans)、新奥尔良南方大学(Southern University at New Orleans)以及南方浸会神学院(Southern Baptist Theological Seminary)都靠近这一重要交叉路,定期为地区带来大量学生和工作人员。对这一区域的规划包括将在此的购物中心再开发为多用途建筑,并建立新景观以方便行人。

South Claiborne @ Toledano

南克莱本(South Claiborne)是拥有大型绿地的繁忙的六车道道路。在 Toledano,在住宅区和商业区之间的一半距离,有两个街区,中心城(central city)和布罗德莫(Broadmoor)。多年来,这里一直为混合收入水平的高密度邻里提供商业服务。社区希望能够重建废弃房屋并根除地区发展的弊病。购物中心也是重建的目标之一,其建设目标是实现精明增长和经济的可持续性。

翻新

Alcee Fortier Boulevard

新奥尔良是12 000名越南籍美国人的故乡。他们中的很多人住在 de l'Est 村,是1961年新奥尔良东部首次开发的

图8.6 电车再次行使在新奥尔良
资料来源:爱德华·J. 布莱克利摄于2007年4月。

32 000英亩土地中的一小部分。1975年,在西贡(越南首都)沦陷后,第一批越南人到达这里并很快适应了这一地区的渔业和工业。这一社区的中心是越南的玛丽女王教堂,它在后飓风时代的复苏中扮演了重要角色。这一地区充斥着越南餐厅、风景如画的传统花园和每周一次的蔬菜市场。Alcee Fortier Boulevard作为区域的主要商业中心,将进行街道美化以支持继续再开发。

Broadmoor

位于新奥尔良的郊区,布罗德莫(Broadmoor)是一个建设完善的多种族/多民族社区。这一地区的住宅建筑风格多元化,从西班牙风格到双排房、希腊复古式、路易斯安那维多利亚式、路易斯安那古典式等一系列艺术和工艺。这一地区也是罗萨凯勒图书馆的总馆所在地,是社区中最容易认出的地标性建筑。由于其在建筑上的重要意义,新奥尔良历史保护区/地标委员会在1986年将其指定为历史性地标。

在遭受飓风侵袭后,建立于1969年的布罗德莫改良协会的主要工作在于保持社区的稳定发展。许多住房已经被改善,企业也在返回。社区的目标包括扩建罗萨凯勒图书馆,建立关于新奥尔良著名抽水系统历史的博物馆。

这一规划的创新点在哪里?它显示了怎样的领导力?

这一规划的产生过程十分复杂。它不仅建立在社区工作基础上,还需要有具体的形象。目标区域规划已经成为公民行动的催化剂。目标区域应该是新的社区驱动力以及城市范围内的复苏集聚点。它们在两年的争吵、异议、愤怒和仇恨之后为社区各个阶层带来了希望。这一规划指导了该地区的复苏过程。

遵循并实践规划

新奥尔良规划不仅仅是一纸文件。它重建了社区自身的信心并且为社区吸引了新的投资。最初的投资计划为11亿美元。这对于整个城市的重建是不够的,但是的确能够作为一个好的开始。

这一规划已经结出了硕果,新的企业和住房在目标区域建立起来。在2007年8月下旬,美国退伍军人管理局和路易斯安那州立大学宣布它们将在新医药和生物技术设备领域各认捐超过10亿美元,以此锚定规划的市中心(坚尼街)部分。

新奥尔良不仅仅在重建一座城市。它在重塑一种独特的美国精神,它是对美国多样性文化的最好反映。就这一点而言,重建新奥尔兰帮助重建了美国灵魂。这就是规划的真谛所在。

教学案例 8.1

通过授予所有权进行社区建筑开发

切斯特菲尔德(Chesterfield)在城市地区复兴上已经取得了令人振奋的创新纪录。切斯特菲尔德市的做法是,对住房建设需求做出回应并通过城市住房建设项目重新利用那些已经被废弃不用的房屋。城市居民如果愿意重建并且居住在那些已经废弃的建筑中,将可以以1美元的价格获得该建筑的产权。切斯特菲尔德市已经成为规划师、市政府官员以及私人开发商经常使用的案例:城市愿意而且能够进行改革以适应所有居民的需求。

切斯特菲尔德市成功的部分原因在于将城市的能力建立在地方社区邻里的力量基础上。该项目在进行之中听取社区邻里间的意见并且采用适当的城市政策和项目以满足这些要求。保持邻里间的商业地区的健康活力是这一做法的重要组成部分。

一个困扰许多城市的问题是它们仅仅关心如何解决问题的某个方面。城市着重解决某个街道或者某个购物中心的环境改善,然后就坐等那些商店的所有者去做剩下的事情。他们总是希望住宅所有者和公寓持有人能够自己改善自己的房产。城市官员意识到,除非能够满足商业地区和房屋所有者的长期需要,否则任何公共事业的改善仅靠政府的单方面努力是无济于事的。

市政府的工作人员与关注地方发展的机构"城市经济发展专门工作组"共同合作来判定地方商业和住房的需要并且组织各种活动计划来满足这些需要。这些计划包括四项内容:公用事业改善、住房和店面改善、管理以及融资。

工作组提出了一项计划,在计划中凡是拖欠税收和拒交房租的商业建筑、混合式住房以及一些单身住宅单位都要被收回来抵债。这些被收回的建筑被社区进行循环再利用。在计划中,根据工作组的设计,市政府通过签订互助协议来对公共环境进行改善,包括建立公共住房,加强警力,修建停车场,进行景观美化,安置路边长椅以及其他的一些街道公共设施。而这些特定地区受益的居民则必须为一个非营利性社区组织"社区土地信托公司" (CLT)工作。CLT从市政府手中以成本价购得那些已经废弃的建筑财产。CLT属下的这些资产会分配给下列三个项目之一:以租代购项目、返家项目、多家庭项目。在"以租代购项目"中,被确定不能够承受购买费用但是能够承担每月200—300美元租金的低收入家庭可以选择支付上述租金来租用房屋。每个家庭在迁居到他们的住处之前必须要支付至少2 000美元来修缮他们的住房。那些低收入家庭如果想要以租代购这些房屋的话,必须制订一份计划表明他们将如何修缮他们的住房。在租用期间,住户必须保证该资产或者店铺保值直至租期结束。

"返家项目"的目标主要是那些刚刚离开了他们原先居住的社区而尚未拥有新家的年轻家庭。该项目与以租代购项目有点相似,但是其主要目标是那些收入较高但是尚不能承受一次性把住房款交齐的家庭。这些家庭将会每个月偿还1 000—1 400美元的贷款。这些家庭可以以较低的首付款和第二阶段的贷款来购买他们的房产。他们可以在至少三年之内再次筹集资金并且可以自己承担第一次全部贷款。CLT对这些房产的购买者仅仅征收基本租金并且制定一套公式来计算最后房产的价格。如果房产最后出售的价格高于公式计算的价格,那么土地出租将终止并且其到期的租金仍要照付。

最后,"多家庭项目"通过向CLT支付租金提供多户家庭单位的重建。CLT拥有一家房产分割管理公司为近400户公寓单位提供服务。

切斯特菲尔德市项目的第四个重要的领域是提供管理上的支持。市政府提供专家和职员为房产管理提供各种各样的帮助。在城市项目中为那些由于房产单位太小而自身不能管理的房产主提供专业帮助。市政府在每一个街区设置邻里发展经理,负责提供分析零售需要的服务,使得商人可以向那些需要的顾客提供商品和服务。他们还帮助商人规划和实现可促进商业发展的活动,比如街区市集、巡游以及集市日,并且帮助商人进行广告宣传。

市政府希望能够通过超过项目计划的活动来进一步使邻里区域重新充满活力。新的方法是建立地方社区发展银行来为以社区或者邻里为基础的项目提供财政上的支持。发展银行将采取社区发展银行的形式,并建立由邻里和商业的代表组成的地方委员会。市政府经济发展部门的官员建议城市议会将市政府雇员养老基金的一部分划拨出来存入发展银行,通过城市中心的再开发获得收益,同样存入银行的还有私人部门的100万美元。该项提议在市议会和社区中引发了热烈的讨论。《切斯特菲尔德论坛》发表社论认为,将城市养老金和投资基金用于该项目是"完全不负责任的"。这种投资方法有什么利弊?市政府应该这样使用养老基金吗?城市的再开发能从该计划中获得效益吗?

教学案例8.2

城区中心的复兴

城市中心区复兴战略的关键在于一个动态的公私合作关系。在20世纪60年代晚期,森特维尔(Centerville)开始在经济上衰落。就像许多其他美国的中等工业城市一样,森特维尔的零售业开始转移到市郊,工业基地开始衰落。1990年的人口普查表明了这种持续的衰落,市区人口从1960年的69万人减少到1990年的49.9万人。与此同时,大都市区的人口则从79.2万人增加到157万人。在60年代晚期和70年代早期,森特维尔意识到需要通过一种重大的行动使得城市重获新生。这种行动就是通过投入巨大的公共基金激励私人投资者投资于城市日益衰落的中心地区的复兴战略。这些基金促使公共设施升级换代并改善了社区环境,为私人投资者创造了更多的发展机会。在公共部门的刺激下,一系列的计划帮助实现了森特维尔城区中心的复兴。森特维尔作为一个成功的案例,对那些与其相仿的美国中等城市重建市中心的计划产生了很好的示范作用。

作为一个中等城市,森特维尔拥有一个组织紧密并且普遍锐意革新的商业社区氛围。商业的领导者彼此之间互相了解和信任。这种密切的关系帮助他们确信应该采取何种带有风险的措施来重建市中心区。公私部门之间的合作亲密无间,这使得当项目开始进行之时,没有一个人愿意被甩下。这种感觉是非常重要的。城市的领导者意识到,如果没有公共部门和私人部门之间亲密无间的合作,那么,即使有任何一个人不愿意加入到这项行动中来,市区中心的再开发也是不可能发生的。

在森特维尔,90%的公共事务由该城市的经济开发公司——市内中心地区公司——一家私人的非营利性商业组织来处理。这一经济开发公司由一名执行官来领导,拥有32名雇员,其任务是吸引新的发展机会,维护商业发展,帮助那些小的商业公司并且寻找融资。这个富有活力的市政机构,与森特维尔市长一起为促进城市中心区的重建战略而努力。致力于发展的公共事务是稳定和可预期的,因此发展环境也越来越适宜。森特维尔的战略通过大胆的跨越式前进来改善市中心区的发展环境。

该市在早期为重建做出的努力所取得的成功是朝着这个方向继续前进的最好证明。第一阶段的一个项目,构思于20世纪60年代晚期,建设于70年代早期,是一个位于城区中心第四大街的具有六个街区大小的步行商业街。当这个商业街还处于蓝图阶段之时,零售商业部门还没有完全衰退,但是商业市郊化趋势已经十分明显了。当商业大街完全建成的时候,一个位于市郊的商业大厦已经开张营业了,它已经对中心商业区造成了不良影响。这一商业区也很不幸地成为"开发太晚"和"规模太小"的例子。但是这段经验使得森特维尔接受了这样一个教训:只有通过大规模的投资才能有效地改善市中心区的经济。

森特维尔的规模也是一个有利的因素。虽然像其他许多中西部城市一样受到了经济衰退的困扰,但是森特维尔并不像许多大城市那样拥有大量的贫民窟。贫困问题、住房问题以及经济危机并不是那么严重,这都使得找到解决问题的方法相对更容易一些。

但是，像森特维尔这样的中等城市的居民对待恢复市中心的态度并没有大城市的居民那样积极。在森特维尔，公众认为市中心复苏是不可能的。在大城市，中央商业区经常保持其传统的办公功能，使得以零售业为核心的经济复兴相对容易，但是在像森特维尔这样的中等城市，公众通常认为市区中心已经完全"死亡"，毫无振兴的希望。因此，森特维尔启动了一项规模浩大的公关宣传活动来改变公众对中心区的消极态度。

为了构建一个新的发展战略，市政府和市内中心地区公司共同组成了一个委员会来探讨中心区所遇到的问题。那时，城市的西部是政府办公区，东部是大型的医药企业聚集区，北部则有 Belvedere 宾馆。作为 CBD 心脏的第四大街，则明显受到经济萧条的困扰。

委员会提议建设和平鸽圆顶体育场（Pigeon Dome），一个位于城市中心的新的体育综合设施，与零售业有效地结合起来以弥补城市圈中的经济空洞。市政府为规划和平鸽圆顶体育场提供了用来吸引更多资金的种子资金。该规划方案预想将办公业、零售业、餐饮业以及酒店业共同汇集于一个具有 25 000 个座位的体育馆周围。在得到商业社区承诺帮助进行必要的可行性研究以及进行土地整合的情况下，这项工作得到更加强大的支持。在获得承诺后，委员会与一支球队的老板 Al Davids 进行了协商。Al 希望在起初的十年内社区能够在财政上支持球队并免除场地租金。此外，Al 还要求和平鸽篮球队能够在 20 年内获得体育场停车场租金的所有收入。

项目总耗资预计为 1.425 亿美元，资金来源包括城市、州和联邦以及私人基金支持。联邦基金将用来征地和修建供出租的百货大楼。城市基金则用来修建停车场和公共开放空间，包括和平鸽圆顶体育场。开发合作者们相信，在有组织的市区商业老板们的资金支持下，通过城市政府的领导以及州政府的积极参与，该项目一定能获得成功。

但是来自社区的反对意见也变得更加强烈。邻里间的积极分子攻击该计划是向富有的体育商的屈服。学校和社区团体认为用 1.5 亿美元来进行该项目将会减少学校的预算、缩减班级的规模，并且使得没有足够的资金为那些无家可归者提供住房。

和平鸽计划的支持者认为体育场的建设是一项投资，不能够跟学校或者无家可归者项目基金相提并论。更进一步说，将和平鸽篮球队引入市中心作为一个中等城市的主要计划将会大大提高该城市在中西部地区的知名度。该项目的目的就是吸引公众的注意力和媒体的关注。和平鸽篮球队在市中心打球将为城市带来数以百万计的免费广告。这种知名度对于像森特维尔这样的中等城市是非常重要的，特别是能够改变公众对市中心的漠视态度，激发他们对于市中心的市民自豪感。

森特维尔的市长认为基础设施的建设必须在商业和工作机会创造之前进行。吸引新的工厂来本地投资的一条重要途径就是向那些潜在的公司展示一个在市中心拥有体育活动特许权的充满活力的城市。只要公共部门和私人部门能够团结一心,这一项目就可能实现。

当地非洲裔美国人的领导者对在市中心修建和平鸽圆顶体育场的建议提出了严厉的批评。他们指出,该计划除了使得少数篮球明星能够受益之外,几乎没有非洲裔美国人能够从中获得任何好处。他们已经向市政府提交了一份提案,要求非洲裔美国人在未来的市中心体育场计划中获得平等的参与机会。这份向市议会提交的提案要求在该计划中为该地的非洲裔美国人投资者至少留出资产净值的 20% 以便于他们投资。这 20% 中的一半,或者 10%,将由市政府通过基金出资并且转给非洲裔美国领导者改作少数族裔教育信托基金使用。剩下的部分应该被分配给那些愿意提供服务、资金以及安全帮助的非洲裔美国投资者,让他们能够在计划中受益。最后,还要求 Al Davids 将球队 5% 的股票捐赠出来以支持少数族裔发展协会的运作。

假设你现在是市长的经济开发咨询委员会的成员,请为市长做出一份成功的一揽子方案,且保证将不会导致种族问题。

教学案例 8.3

Portside 规划

目前增加城市资本的最新趋势之一就是"少数族裔平等参与项目",旨在提高少数族裔和女性对城市中心区发展的参与度。规划设计的目标是帮助购买经济适用房、支持经济发展以及满足其他城市邻里的需求。遍及全美国的社区,从旧金山到波士顿,从西雅图到泽西城,都试图找到方法使少数族裔、女性和邻里能够参与到城市开发进程中来。现有的观念是设计一套系统将税收和激励机制结合起来,使得开发商在城市开发进程中关注少数族裔和女性的利益。

Portside 少数族裔平等参与项目是一项创新的"自下而上"的战略,通过城市中心区的发展刺激城市邻里的发展。Portside 少数族裔平等参与项目对于城市的健康发展至关重要,它有助于在低收入的少数族裔邻里创造能够独立的地方企业。这些项目强调自我雇佣、小企业以及工作者或者社区所有权;强调充足的工资和福利、优良的工作环境、稳定性、工作控制以及提升的机会。随着本地的小企业不断为附近的居民创造就业机会,从而城市一个又一个邻里得到了重建。

Portside 通过以少数族裔平等参与项目为特征的城市中心区发展,为"自下而上"的发展战略赋予了全新的意义。该项目包括三个组成部分。第一，设置一个新的少数族裔/社区平等参与委员会(MCEP)。新成立的委员会有责任建立一套方针，规定在任何一项高于10万美元的城市投资中都要保证达到最低的少数族裔/女性参与度。委员会还要制定一个分数系统作为竞标程序的一部分，使得开发商可以对拥有不同程度的少数族裔参与、就业机会以及其他利益的项目进行竞标。那些能够为整个城市带来最大利益的项目将有机会获得特定地点的开发权。第二，建立少数族裔平等机会信托基金。信托基金可以作为直接股权或者就业参与的一个替代。开发商可以向信托基金直接投资而无须满足社区的其他要求，或者在满足社区的要求的基础上再进行投资。第三，少数族裔/社区平等参与委员会被授权可以以每平方英尺为基准向所有在城市中心区进行开发建设的开发商收取一定的城市中心区发展费(税)。该项费用被用来支持信托基金的建立。

在这一框架体系下，少数族裔/社区平等参与委员会提出为城市中心区的商业发展建立一套相关联的发展需求程序。这就要求开发商从几个低收入邻里中挑选一个设立合作项目。委员会提出的创新项目包括向那些由低收入人群、少数族裔和女性创立的企业提供启动资金贷款，以及住房和工作技能培训。例如，某个贷款计划能够为这些企业提供低息营运资本贷款和较为宽松的还款期限。

MCEP委员会规划的另一部分是优先雇佣协议，以确保那些急需工作的城市贫困居民能从城市中心区发展所创造的就业机会中受益。任何一个接受了政府公共拨款、贷款或者参与了有市政府财政支持的商业项目的雇主在有新的工作岗位时，都要参照市长的就业和培训办公室提出的优先雇佣名单来选择他们的雇工。

MCEP委员会规划的第三部分是Portside市政府每年的采购要有50%来自城市小企业，并有25%来自少数族裔和女性所拥有的企业。

少数族裔平等参与计划在市议会以全票获得通过。但就在委员会已经开始进入运作阶段时，城市律师和商业团体开始就MCEP建议的合法性和适当性提出了疑问。律师们指出，分数系统违背了美国最高法院的克劳森公司诉里士满市案(Croson v. City of Richmond)的判决结果，该判决禁止任何一种仅仅根据种族制定的规划。此外，城市律师Jane Gonzales认为委员会并没有建立起城市中心区发展和提议的发展费之间的联系。她指出这明显违反了诺兰诉加利福尼亚案(Nollan v. California)的判决结果，该判决要求任何一种税费都要与计划的实际影响联系起来。

商会对该项目的反应是极端愤怒，因为他们认为对他们征税和收取费用本质上就是阻碍发展。商会认为办公业市场太弱小了以至于承受不起这些

> 税费,其结果就是加速了办公建筑和工作岗位的市郊化。"我们同开发商和那些致力于城市复兴的人们交谈,他们说每平方英尺 2 美元的附加费(平均征收费用)足以扼杀一项交易。"一个地方商业组织的领导如此断言。
>
> 　　一些因素使得 Portside 的 MCEP 规划中的大部分提议都难以执行,包括市议会的担心、开发商和房地产商的反对以及没有定论的法律问题。市长认为,城市律师的反对意见是正确的,但是方法是错误的。市长和市议会中的大多数议员所希望的是寻找一个可接受的框架来执行 MCEP 提出的建议。你能为市长、委员会以及城市律师找到一个可以接受的方法,使他们摆脱当前的困境吗?

8.12　小结

　　地区开发是一种众所周知的刺激经济发展的手段。城市官员对这一概念的许多方面都已经非常熟悉。每一个人都希望生活在一个秩序稳定的社区中并能够以之为荣。这种情况不是靠运气就能获得的。一个将有利因素和不利因素结合起来并谨慎运用的高瞻远瞩的领导层能够带来令人振奋的结果。没有一个社区能够"坐在自己的财产上"等待就获得发展。

参考文献和建议阅读材料

Blakely, Edward J. 1992. This City is Not for Burning. *Natural Hazards Journal* 16(6): 1—3.

Day, P., and D. Perkins. 1984. Carrot or the Stick? The Incentives in Development Control. *Urban Policy and Research* 2(3): 2—14.

Farley, Josh, and Norm Glickman. 1986. R&D as an Economic Development Strategy. *Journal of the American Planning Association* 77(1): 407—418.

Farr, Cheryl. 1984. *Shaping the Local Economy*. Washington, DC: International City/County Management Association.

Fitzgerald, Joan, and Nancey Green Leigh. 2002. *Cases and Strategies for City and Suburb*. Thousand Oaks, CA: Sage.

Freidman, Bernard, and Lynne Sagalyn. 1989. *Downtown Inc: How America Rebuilds Cities*. Cambridge: MIT Press.

French, Desiree. 2004. Hassan Minor, Community Builders Profile. *Urban Land*, July, pp. 110—111.

Furio, Brooke A., and Nate Z. Hoelzel. 2007. Lessons Learned. Cleveland's Industrial/Commercial Land Bank Pilot Program. November 28. Accessed February 25, 2008 from http://www.epa.state.oh.us/derr/Brownfield_Conference/presentation%20docs/Land%20Bank.pdf

Haar, Charles M., and Jerold S. Kayden. 1989. *Zoning and the American Dream*. Chicago: Planners Press.

Hester, Randy. 1985. 12 Steps to Community Development. *Landscape Architecture* 75: 78—85.

Homets, J. 1992. *Small Town and Rural Planning Newsletter* 11(1—2): 7.

Le Droit Neighborhood, Washington, D. C. 2000. In *Howard University-Le Droit Park Revitalization Initiative*. Washington, DC: Concord Partners for the District of Columbia Government.

Leigh, Nancey Green, and Sarah L. Coffin. 2005. Modeling the Relationship Among Brownfields, Property Values, and Community Revitalization. *Housing Policy Debate* 16(2): 257—280.

Museum Brings Town Back to Life. 2000. *New York Times*, May 30, p. A1.

Neutze, Max. 1984. *Land Use Planning and Local Economic Development Plan*, March.

Oke, Graham. 1986. Targeting Economic Development. *Australian Urban Studies*, February 4, p. 13.

Purcell, Amelia. 1982. Shopsteading: New Business in Old Neighborhoods. *Commentary* (Spring): n. p.

Reardon, C. 1993. The Unconquered Spirit. *Ford Foundation Newsletter* 24(2): 3—7.

Sagalyn, Lynne. 1990. Exploring the Improbable: Local Redevelopment in the Wake of Federal Cutbacks. *Journal of the American Planning Association* 56(4): 429—441. This is a revised version of a paper presented to the New SouthWales Local Government Planners Association Conference, Macquarie University, 15 February, 1984.

Schwab, Jim. 1989. Riverfront Gamblers. *Planning* 55: 15—18.

Swygert, H. Patrick. 2008. Letter to Howard University Community, May 21. Accessed December 19, 2008 from http://whygentrify.wordpress.com/page/2

Walsh, Tommy. 1992. Dress Up for Company. *Economic Development Digest* 1(9): 1.

第9章 商业发展

商业发展是地方发展规划中一个非常重要的组成部分,因为正是商业活动的吸引力、创造力和持续力建立和维持了一个健康的地方经济。积极的商业发展在较好的或较差的经济时期都十分必要。不久之前,当美国经济正处于繁荣的时期,经济快速增长的地区也依然有疲软的领域存在,例如东帕洛阿尔托并没有从邻近的硅谷的强劲经济中获益太多。其他方面,例如在阿巴拉契亚广大的乡村地区,虽然一些低收入工作已有所改善,但很少有实质的经济增长。显然,许多内城居民,如哈林的长期低收入黑人和拉美裔居民,很少受惠于使前任总统克林顿带到社区并大受欢迎的强大的纽约经济复兴策略,并导致逐渐上升的房地产价格将长期租房户排挤到社区之外。

然而,无论地方经济看起来多么脆弱,它仍然有发展为更大的外部市场的内部发展潜力和机会。最近,美国内城已经发展成为成熟的新兴市场,1998年,其购买力约为3 310亿美元(Cuomo,1999, p. 5)。这个庞大的市场潜力最初只被少数零售商开发,但增长趋势十分迅猛。但也只有当新的参与者能够将社区和经营者的利益相统一时,零售商及其他经营者才会进入落后社区。这些新的参与者是由公共规划者以社区的名义发展起来的。正如Frieden(1990)所说:

> 规划者有很多强有力的理由来支持他们承担公共部门发展功能的行为。对于经常抱怨缺乏影响力的专业人员来说,公共部门的发展提供了一个难得的机会让他们来完成重要的项目。对于那些经常做出规划文件的专业人员来说,它提供了看得见的、可衡量的成就。对于那些通常被要求拥有地质学家的时间观念的专业人员来说,它提供了一种可以在一定年限内产生影响力的成就感。

完成这些项目具有很大的挑战性,很多人能从中感到兴奋和快乐。公共部门的发展需要在公共和私人利益之间寻找平衡,从而找到能够既迎合经济发展又符合政治底线的解决途径。获得成功意味着完成一个既在经济上合理又能够在超越财政收益的层面上为政治目的服务的项目。对于一个规划者来说,如果他想要在较大范围上影响一个城市的特征,并在他事业的早期获得成功,从事公共部门的发展是一个很好的选择。(p.427)

对规划者来说,商业发展是为了纠正作为社会结构的社区和作为创造财富工具的商业之间的平衡关系的。正如 Lockhart(1987)指出的:

社区不仅是一个卧室,也不仅是外部商业利益的服务附件。这样一个社区的概念开始于对建立共同福祉的共同承诺这一内容对实现社会健康和个人满足感的重要性的认知。(p.57)

在这个背景下,社区和商业发展被合并了,成为动员重要社区资源以增进共享财富的工具。这不仅体现在个人和集体的良好发展上,也体现在一个在地区和全球拥有强大竞争力的经济机构的更强设置上。HUD(1996—2000)前任秘书长 Andrew Cuomo(1999)清晰地阐述了这一概念:"增长的商业投资能够将很多内城从落后于新经济发展的地区转变为引领经济成功方式的地区——为美国城市吸引顾客、数百万美元的消费支出和新的工作岗位。"即使商业机会对少数民族社区来说非常重要,也并不能就此得出结论认为小型企业是创造这种机会的唯一办法。举例来说,美国每年产生的 60 万到 80 万个新公司中包括许多自我雇佣的工人。劳工部估计,2007 年每 100 个美国人中就有 7.1 个是自我雇佣的。这包括那些独立工作的职业,比如顾问和演员,另外还有在家中以与成千上万小企业联系为工作的人们。然而,实际上,如图 9.1 所示,新的自我雇佣比例正出现下降的趋势。

不考虑新的商家的发展和既存企业的维持,商业发展至少有 12 种被认为是核心的工具或者技术。其中包括:一站式商业服务中心、创业和风险融资公司、小企业发展中心、女性企业、集团营销系统、旅游推广项目、研究开发项目、孵化中心、微型企业、科技商业园、产业区和企业家发展课程。

工具的选择取决于地方商业发展战略。商业发展战略可能是下面四

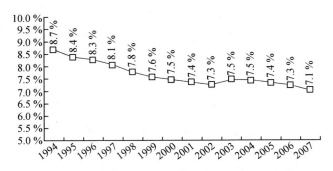

图 9.1　自我雇佣占劳动力的比例，1994—2007 年

资料来源：美国劳工统计局。

个维度中的一个或多个：鼓励新的创业企业，吸引新的企业进入地区，支持和扩展本地区已有的企业，在社区内增强创新和企业家精神。表 9.1 说明了这些工具如何着重于不同的维度。显然，依赖于不同的环境，它们可以混合使用。事实上，很少有社区只使用一种工具，大多数社区将这些工具加以整合，成为本地区的经济发展战略。

表 9.1　将商业发展工具与目标匹配

工具	目标			
	创业	招商	商业扩展/维持	创新和企业家孵化
一站式服务中心	X	X	X	
创业和风险融资公司	X	X	X	
小企业发展中心	X		X	X
集团营销系统	X		X	X
旅游推广项目	X	X	X	
研究开发项目				X
孵化中心	X			X
科技商业园	X	X	X	
产业区	X	X	X	
企业家发展活动	X			X
女性企业	X			X
微型企业	X		X	X

9.1 营造良好的商业氛围

通常，当地政府和邻里单位的合作能够共同营造一种有利于商业开发的"氛围"。许多关于商业氛围的研究在世界顶级商业杂志和专业杂志上发表。这些对国家、城市和都市区的研究的重要意义仍然存疑。在检验过他们的方法和功效之后，Rodney Erickson(1987)得出结论：

> 这些商业氛围的研究有明显的缺点……这是否意味着我们应该放弃竞争地位和商业氛围研究？……我认为答案是"不"。无论我们是否喜欢，商业氛围的研究都应该被保留……好的商业氛围研究帮助我们把注意力集中在问题的特殊本质上，并引导出一些有价值的反省。(p.62)

商业氛围研究受到了较高的内外部媒体关注。居民更加喜欢一个评价好的社区，而不在乎在这些运用主观测量手段的研究中得出的经济和社会结果是否有实质差别。大多数的商业氛围研究衡量一个社区与其他社区在处理商业问题上的可比方面。然而，公司选址和重新定位的问题更多地与地区提供给企业的竞争优势有关，例如重要供应商的临近区位、客户的分布或者科技信息的来源。一个好的商业氛围的关键是决定什么样的监管和政策工具能够有利于使用当地资产的公司的商业发展，例如港口、大学或者供应商。这不是一个简单的任务，但是能够实现。关于什么是适当的激励和支撑项目并没有什么严格的标准组合。主要的目标是适应商业发展的要求，并且使项目更加灵活。

因此，城市和邻里地区都需要考虑现存的监管体制，看它们是不是正将发展引向期望的活动方向上，还是仅仅防止它向不好的方向发展。最后，环境保护的问题还需要再考虑。要注意，一个社区拥有的空间和设施可以承受一定的环境污染，但是这并不意味着这些带来污染的行业就一定是最好的或者社区试图吸引的。

9.2 企业家发展和经济培育计划①

一个企业家社区战略寻求在当地经济内部发展本地商业,创造工作机会。这要求有相当数量的企业家,强大的支持网络和准备好进行改变并寻找创新方式的社区(Litchenstein, Lyons and Kutzhanova, 2004)。

在《牛津英语词典》中,"企业家"被定义为承担一家企业或者公司的人,需要面临利润和损失的可能。更简单地说,企业家是一个风险承担者,然而并不是所有的风险承担者都是成功的。要想成功,企业家必须对决策制定的各个方面都要精通。企业家制定成功的决策需要以下三项技能:

1. 自我认识,或者对于目标有明确的认识;想象力和集中于导致决策行动的各项因素的分析能力。
2. 研究能力,必要的是收集数据和预测结果。
3. 决策制定和落实能力,这需要将数据应用到决策机制中的计算机能力;还需要阐释如何落实计划的沟通能力。除了这些技能,企业家还需要有授权和组织的技能来囊括和使用所需要的专业人才。

企业家的目的是"通过创新创造或建立新的经济机遇,所谓创新,指的是为已存在的问题找到新的解决办法,或者是将已存在的解决办法和未满足的要求或新的机会连接起来"(Lichtenstein and Lyons, 1996)。我们在这里列出六种可以用来促进企业家战略的途径,这些内容在本章的其他部分将得到一定程度的阐述。②

1. 开发多元化的资金来源:当地风险投资公司、有组织的天使投资网络以及公共或私营的种子资本基金。
2. 创造有力的社区文化:这要建立在企业家对社区未来的共同愿景、他们给予时间和金钱回馈社会的承诺以及他们分享想法和信息的

---

① 佐治亚理工学院研究生 Ellen Anderson、Jason Chernock 和 Melissa Mailloux 对这一节有贡献。
② 前五项方法已经通过 Edward Lowe 基金——一家致力于企业发展的非营利组织——的工作得以验证(Edward Lowe Foundation, 2002)。第六条是企业发展公司的最新成果(Dabson, 2003)。

意愿之上。

3. 良好的人际网络:"成功的企业家致力于在社区中建立人际网络。网络的重要性在于,它们帮助企业家找到潜在的资金来源、新的员工、战略联盟和律师、会计师、咨询师等企业服务者。"(Edward Lowe Foundation, 2002)

4. 提供基础设施支持:或许最重要的是社区拥有当地的学院或大学,因为它们在教育、研究、开发上有重要的作用,同时能够帮助建立开明、有冒险精神的地方文化。当然,传统基础设施,包括交通和高速互联网设施也很重要。

5. 塑造良好的政府关系:地方政府如果能够精简工作程序,拥有更多的企业家精神而非官僚主义,对当地的企业家来说商业活动会更加便利。

6. 良好的创业教育:这种教育包括小学、中学和成人教育。进行创业教育能够促进人力资源开发,并且能够使这一经济发展模式更为可持续(Dabson et al., 2003)。

城市可以帮助具有企业家天赋和兴趣的人更好地聚集和认同,并通过创立社会和职业的人际网络以及中学和大学教育项目的方法促进他们的发展。

社会和职业人际网络将企业主与商业服务提供商以及资源、材料、人力、财政和新的市场份额连接起来。另外,培养企业家精神的一个关键因素在于以志愿精神为基础。人际网络和辅导项目的成本通常较小,一般是后勤支持工作和组织活动。

青年商业项目可以在高中建立,企业家培训项目可以在大学或是社区大学建立。一些大的都市报,例如加利福尼亚州的《奥克兰论坛》,就曾发起商业启动项目和培训课程,以激发当地居民的企业家天赋。

与那些传统商业招聘激励计划相比,创业战略的预算一般要少很多。当然,创业战略的成本也要比商业招聘激励计划的成本低很多。例如,1996年一个工厂的七州招聘激励计划从 235 万美元到 1 247.5 万美元不等(Spicer, 1996)。相较而言,2005 年科罗拉多州利特尔顿的一个经济培育战略计划的总预算还不到 60 万美元,或者说是 90 年代中期一家工厂七州招聘激励计划最低预算的四分之一。

社区创业项目:经济培育计划

1987 年,科罗拉多州利特尔顿的市议会,决定在社区内培养企业家精神来促进就业增长,而不是将企业引进本地区或者扩张已有的企业。[①] 他们认为,商业上的成功来源于:(1)在保留原来身份的同时能够适应变化;(2)在个人层面和组织顶级层面都能积极行动的组织能力;(3)勇于承担风险、创新和多样性发展的地方文化(Gibbons,2005)。基于以上想法,他们启动了一项经济培育项目。

利特尔顿的经济培育项目有三项核心活动。第一,它为现有的或潜在的当地企业提供战术和战略信息,名为"竞争情报"(竞争情报专业人员协会,n.d.)[②]。其中包括向通常只提供给大企业的利特尔顿当地企业提供信息。提供的这些信息包括市场研究、新产品跟踪、法律研究以及具体业务问题的答案。

第二,利特尔顿为支持企业进行必要的基础设施建设。这不仅包括物质上的改善,也包括改善生活质量,例如提供公共娱乐空间、资助社区重大活动,以及通过提供促进竞争性商业行为的课程和培训从而建立商业知识框架。

第三,企业家战略帮助地区企业和外部组织建立关系,包括行业协会、研究开发公司、智库和学术机构(如科罗拉多大学和丹佛大学)。

创造了"经济培育"这个概念的利特尔顿商业和工业事务部每年为 200—300 家企业进行竞争情报的服务(Gibbons,2005;Hamilton-Pennell,2004)。在利特尔顿采用了这个项目之前的 14 年,企业招聘战略为城市增加了 4 000 个工作岗位。从 1989 年到 2004 年,就业数从 15 000 增加到 29 000,共增加了 14 000 个。在这段时间,没有一分钱花在引进外部企业上(Hamilton-Pen-

---

[①] 他们为这个项目起的官方名字叫做"新经济计划"。
[②] 根据竞争情报专业人员协会的定义,这是一个系统而有道德的项目,收集、分析和处理能够影响你的公司的规划、决策和运作的外部信息。摘自 http://www.scip.org/ci/,2005 年 12 月 8 日。

nell，2004）。这样，就业数增加了93%，然而，利特尔顿的人口从1989年到2004年只增加了30%。运用企业招聘战略，每年平均有278个就业岗位被创造出来。而在经济培育计划下，就业岗位每年平均增加1 000个。目前，有超过2 000个企业设在利特尔顿，绝大多数是小型企业。

9.3　一站式商业服务中心

　　一站式商业服务中心现在是地方政府相对普遍的组成部分，在许多案例里，一站式商业服务中心已经在市长、城市管理者或是经济开发办公室中担当了小型商业调节的功能。

　　一站式商业服务中心的传统角色是一个信息中心，作为一个连接各类商业机构和当地政府的关键点。要成为一个一站式商业信息服务中心，该中心必须拥有关于所感兴趣和关心的企业的所有规划和发展事宜——地方经济指标、劳动力市场数据、地方发展规划、土地承载量、建筑规程及建筑物许可、金融和其他有用的商业信息。中心还必须能够及时获得这些信息。显然，中心的规模是关于它所服务的地区的规模和复杂性的函数。例如，在大城市和城镇中，一个一站式商业服务中心可能会雇用几个人；而相反，在邻里社区或是乡村地区，可能只需要雇用一个专职人员或是兼职人员。

　　一站式商业服务中心是促进商业发展的重要工具。它通过消除部门之间的信息沟通障碍和节省时间来促进经济的发展，这些时间可能本来被用于获得当地政府对部门的规制的相关信息。除了服务于商业，中心还为当地政府提供有价值的服务。中心的统计数据可以成为政府报告的基础，这些数据涉及所有企业的数量、性质和地理分布。中心的数据还可以描述短期的商业发展趋势或者确定商业发展中潜在的问题。而且，一个有组织的专业信息传播方式的建立，有利于强化商业企业、当地政府和邻里社区的信心。

9.4　创业和风险融资公司及发展银行

小型企业组成了所有商业企业的绝大部分。新的小企业的形成充分利用了资金和人力资源,从而导致就业增长。然而,很少有金融机构提供专门服务来满足小企业的资金需求。

小企业通常依靠风险投资资金或向亲戚和朋友筹集的资金建立,如果企业成功,成长迅速,资金就会很快被用来购买设备和股票。在这个阶段,成长的小公司需要风险资本来提高它们的利润率,并降低风险。小企业主于是向银行寻求资金,但是现存的金融体系并不愿意提供充足的资金来促进小企业的发展。其原因包括对于不同等级机构的限制、现存的金融机构无法对高科技或者市场驱动型创新做出评估,以及这些小企业缺乏固定资产作为投资的抵押。银行通常会贷款给小企业而不是投资于它们。它们的重点在于金融安全,这就要求一些有着不安全因素但是有合理利润预期的小企业去寻找高成本的融资来源,如果找不到可以替代的资金来源就会延迟甚至取消它们的发展计划。风险资本主要来源于个人投资或者股票发行。然而,许多零售或者社区服务部门的启动并不能通过发行股票获得资金,而且也通常很少有足够的地方个人投资者。

因此,建立允许地方居民投资当地企业的机制能够极大地提高地区发展商业的积极性。这可以通过一个启动机构或者一个风险投资公司(更具体地说,即一个社区发展金融机构(CDFI))来实现。CDFI 是一类新的源于不同根基的组织。有些 CDFI 是传统的社区发展公司,现在利用联邦政府支持,提供风险和等价资本。这些商业发展工具能够有选择地为那些无法从传统借贷机构中获取融资支持的、符合条件的小企业提供风险资本,从而为本地经济和就业发展做出贡献。根据 Avis Vidal(1995)的说法,社区发展金融机构并非确保传统金融机构为贫穷的内城邻里、有色人种的(乡村)社区等缺乏该类服务的地区提供同样的借贷和其他服务。社区发展金融机构所扮演的角色不仅是推动传统机构去做这些,同时也展示了如何去做(p.194)。

北加利福尼亚贷款基金（NCLF）就是这类投资机构的一个很好的例子。它的总部位于旧金山，提供小额启动资金给弱势地区和乡村社区的新兴企业。NCLF从同意把资金投入该基金并放弃利息收入的个人投资者以及对社会公益投资有兴趣的基金会和私人企业处获得资金。

发展银行是为低收入、女性和少数族裔的企业提供资金的机制，它相对更大、更成熟。发展银行是将其资源用于促进经济发展的常规贷款机构（Parzen and Kieschnick，1992）。发展银行可能采取存贷款的形式、银行的形式或者社区信用联盟的形式。现在有40个机构组成联盟形成了国家社区发展贷款基金协会。马萨诸塞州、纽约州和威斯康星州有相同方向的州际发展计划，福特基金地区机构支持公司（LISC）为社区发展或者社区企业提供贷款或者资金支持。通过提供风险资本，地方发展组织成为它们所投资公司的股东。社区和其他投资者共享投资的成功（或共担失败），社区因此与企业的长期发展相联系。例如NCLF之类的组织给社区居民提供机会来投资小企业并分享它们的成功，而避免了投资单个公司带来的风险。

为了取得成功，社区发展金融机构或者其他的社区风险组织必须仅仅投资于已经存在的或者新的小企业，因为它们有着生存能力和最大的潜力。LISC或者类似的组织不应该投资于无法存活的企业，即使出于某些社会因素。社区投资项目必须由有商业意识和经验的商人组成的董事会来运行。

总的来说，以社区为基础的团体（CDFI）应该更倾向于投资于具有下列特征的小企业：

- 有生产、运行或者营销创新能力；
- 有高速增长的潜力；
- 将来有在本地区之外销售的能力；
- 具有合理的管理技能，即使没有，管理者也要正确认识自己；
- 愿意在社区的帮助下建立有经验的董事会来协助制订企业的未来发展计划（董事会的组成能够补足小企业主的营销、金融和管理技能）。

通过使用这些标准，好的社区风险基金组织能够促进在传统的商业区或者在更新的高科技企业的大范围内的创新和技术进步。CDFI尤其应该通过持有不超过50%的股份来支持商业的发展，而不是去运营它。更进一步，因为只有当投资能够得到回报时才是有价值的，所以LISC必须具有如下退出机制：
- 把股份卖回给企业；
- 向其他个人投资者卖出股份；
- 通过证券市场卖出股份。

融资尤其是本地融资能够激励新的创造性的企业，这是小企业发展的核心所在。因此，每一个城市或者邻里如果想要追求商业发展的利益，必须要把钱投入到一定水平。Tiothy Bates(2000)，一位小企业研究特别是少数族裔小企业研究方面的专家警告说，一项好的投资必须考察小企业各个方面的优势。事实上，他指出，只有少数的少数族裔小企业是适合包括政府在内的所有人的好的投资方向。这类能够归还贷款和回报投资者的成功企业绝大部分是亚裔的小餐馆以及类似的服务，它们雇用生活在穷困环境中的存在语言障碍的人群，支付很低的工资。即便如此，许多这类企业仍几乎无法维持经营者的生计。Bates警告说："经济发展专业的学生需要注意，实际上地方经济发展组织关于小企业借贷损失的真实报告很少……在缺乏补贴的情况下，政府持续兴办CDFI来资助高风险、高成本贷款是一场灾难。"(p.240) Bates的观察是正确的。小企业作为内城邻里复兴的基础作用被夸大了。Bates和其他一些人认为，内城存在大企业和小企业发展的空间，但是把发展小企业作为发展地方的最佳或唯一解决方案是没有依据的，不是一个好的建议。

9.5 小企业发展中心

虽然小企业作为雇佣者和商业发展驱动力是重要的，但证据表明小企业的失败率是很高的。管理不善是失败的最常见的因素。一个明显的也是值得论证的提升小企业部门业绩的方法是建立小企业发展中心。

这些中心给小企业提供管理培训、咨询和研究服务，其中培训是最主要的领域。小企业发展中心应该通过很多种渠道支持培训功能。提供以上服务的中心能够有效地达到五个相互关联的目标：

- 鼓励高水平的新企业启动；

- 降低商业失败水平;
- 提升绩效,提高增长率;
- 提升产生新工作和改善就业水平的潜力;
- 提升技术创新和生产力的水平。

虽然小企业培训/研究/咨询活动可以被任何形式的组织所提供,但是最好的形式是一种专门与相应的教育机构有密切联系而非在其中的组织(例如大学商学院、高等教育和技术学校)。

另外一个方法是通过小企业资源中心将失业工人转变为企业所有者和经营者。这些中心的目的是激发工人身上潜在的经营才能,并发现地方市场上有利的环境使他们能够开创他们自己的事业。商业资源中心通常由当地的服务俱乐部、商业会所、雇佣机构和培训机构甚至是单独的非营利发展和培训公司所推动建立。商业资源中心这类非营利性组织的设立,使待业者成为承载新就业的基础。中心提供如下功能:

- 商业启动中的实践培训;
- 低成本,小规模;
- 集中服务,例如复印、电话应答和会计;
- 为新出现的企业提供引导和支持。

9.6 微型企业

2006 年,穆罕默德·尤努斯(Mohammad Yunus)在孟加拉乡村银行的支持下提出微型企业的概念,因而获得了诺贝尔和平奖。微型企业和微型贷款概念的传播是少有的一种经济发展工具起源于发展中国家,进而转移到发达国家的例子。尤其是在美国,无论是农村地区还是内城地区都开始采用这种工具。

微型企业的概念来自孟加拉国。其基本的概念是贷款给同一个社区中有意向进入小型的劳动密集型行业的一组人。微型企业通常是由家庭或者街道运营,包括类似于家庭珠宝服装或制造、手工鞋或者供应给餐馆的特别食品等。

微型企业项目通常贷款给一组 5—10 个借款人，这些贷款都是小额的，每一项贷款都在 1 000 美元以下。小组的责任在于让每一个成员都按时还款。在款项被贷给潜在的小企业者之前，通常会有一些形式的商业前培训和团队建设。尽管现在还很难衡量其绩效，但这些项目已经出现在全国各地，包括微型工业信贷组织（位于图森）、自我雇佣圈（芝加哥南海岸银行的分支）、松岭保护区的拉科塔基金（位于南达科他州的凯尔）。Lisa Servon（1999）认为，发展微型企业并不是解决贫困问题的万能药。但是，她指出，本地化的本质特点决定了发展微型企业的项目具有很强的适应性，这类项目可以敏锐地依据本地选民的特性来进行运作。这种本地化的导向使这类项目在保持灵活性、提高培训能力、扩大或缩小服务目标人群、增加贷款额度等方面具有很大的优势。

9.7 女性企业

美国最未被充分利用的资源之一就是女性的企业家才能。在 20 世纪 80 年代中期，一个先驱组织在明尼阿波利斯圣保罗都会区建立了起来，来帮助低收入和依靠福利金生活的女性创办她们自己的企业。这个组织叫做 WEDCO，现在是很著名的女性风险投资组织，它的使命是联合妇女通过深入的自助发展小企业。

女性风险投资组织在全国有十多家附属机构。每个机构的建立机制都是相似的。中低收入的女性在其中接受 7 周左右的深入培训。这个项目注重帮助她们发现自己的才能、兴趣，建立对于创办一个竞争性企业的自信。这个培训项目是非常严格的，通常很少有半途而废的学员。虽然并不是所有的女性都开始了她们自己的事业，但是很多人在结束培训之后就有了足够的自信去在充满挑战性和高回报的领域寻找工作。

Servon（1999）做了一个关于女性微型企业的分析，认为它们提供的主要是一种态度变化的方式而非收入。她书中案例分析的结论中提到："也许微型企业项目最重要的成就之一就是它们通过创造未来的活动而改变人们的态度，使他们相信人生掌握在自己手中。"

9.8 旅游推广项目

旅游业在过去的几年里发展迅速,社区很有兴趣促进地区的旅游业的发展,因为他们相信旅游是非常有效的发展经济和增加就业的工具。然而,很少有人了解这个行业的经济和就业效应。首先,有关旅游业的经济和社会效应的实证研究是非常少的。这样的研究因为连续性数据,尤其是区域水平上的数据的缺乏而受到限制。衡量旅游业经济影响的研究表明,旅游业在国家和州的水平上对 GDP 和就业的贡献率不大。

但是,这些结果也会抹杀旅游是空间选择的结果的事实。旅游不是无所不在的,而是区域性的。现在还没有关于旅游的地区效应的比较研究。考虑旅游的角色后可以把地区分为三种类型:

- **旅游缺乏吸引力的地区**。主要是对于休闲目的的公众旅行来说没有独特的吸引力的内陆农村地区,以及远离主要商业旅行路线的城镇,这包括了大多数的小城镇,尤其是中西部和西南部的地区。然而,没有可观察到的旅游优势的地区可以通过一些方法改变它们的定位,例如为旅游者提供一些非寻常的机会,像"农场里的周末",或者是投资于特殊的本地事件之类的事情,例如某著名人物或不著名人物的出生地。

- **旅游吸引力高的地区**。这包括有着很好的景致及舒服的气候的地区。它们不需要额外的行为来提高地区的吸引力,它们通常都在大城市里面或者在其周围。这些地区现在有约赛米蒂国家公园、旧金山或者迈阿密等。

- **旅游吸引物集中地**。在这些地区,旅游是其他主要经济活动的组成部分。南加利福尼亚州的电影和电视行业就提供了这种形式的旅游、娱乐机会。

旅游可以是一项资产,但它并不能为处于经济零增长或者衰退期的大多数地区提供解决方案,也不应该作为一种经济复兴方式而被强行发展。事实上,目前可获得的关于地区经济发展的研究表明,对商品和服务的本地需求比旅游需求更加重要。即使在那些旅游产业成为经济增长或衰退的主要因素的地区，也不能确定旅游的重要性是否达到了与当地永久性人口增长率的经济重要性等同的水平。如果这是事实，那么本地的计划权威部门应该偏向于吸引更多的永久性居民——退休者、商业经理和类似的人，而不是寻求推进边远地区的旅游作为经济发展和增加就业的重要资源。当然，社会和物质基础设施建设必须要跟上人口增长速度这一观念必须要牢记。总的来说，对于大多数的美国社区来说，旅游最好只被看作是经济发展战略的组成部分，而不应该是整个经济战略本身。

为了取得成功，必须很好地计划和管理任何类型的旅游项目，它必须有清晰的目标（例如为了商业的发展），所有当地对于旅游有兴趣及影响的组织都应该给它有效的支持。旅游应该围绕特殊的主题进行计划，例如为区域商业发展战略中的企业提供方便。它也应该以特定人群为目标，例如非本地的商业人群，可以在这些人群定居的地方进行宣传和营销。

9.9 研究与开发

现代经济的一个主要特征是知识密集型高科技企业，世界市场竞争要求发达国家发展高附加价值和高科研性产品来保持竞争力，因此科技的发展要求产业提高知识基础。提供和接受信息兼备的小型计算机行业就是一个利用知识当作产品的典型。但是许多其他的新信息和通信相关的技术更为深远地影响了传统生产技术。事实上，可以说，今天的产业必须是知识密集型的，否则就难以生存。

基于新的环保产业、生物技术和信息技术的经济正在出现，从这本书1989年出版第一版以来，蜂窝电话企业开始出现，现在成为通信市场的主导。许多其他新启动的产业需要一个启动的地区，它们需要对混合营运（如房地产和零售）感兴趣的社区。能够提供良好的商业环境的社区对新企业有很大吸引力。如果这些社区通过提供好的环境来培育这些公司，它们会成为新公司设址和旧公司复兴的总部所在地。

地方社区应该明确其目标所指向的科技产业领域和活动。之后，应该引导资金开发能够满足新公司需求的基础设施。应加强大学和其他研究机构与工商业企业之间的联系,鼓励企业与大学成立联合基金,以进行共同研究和新产品的商业化。

在新产品从概念转向需要进一步投入风险资金的产品开发的关键时刻,发明者需要一个支持环境。在关键的时期缺乏支持的环境,会导致许多很好的想法永远无法实现。孵化中心(也叫做"技术发展中心")就是为了提供这种支持环境。它们提供低租金工作地点,通常与教育机构相隔很近,为小企业提供设备、工具、管理的建议以及来自教育机构的工作支持来集合商业计划、获得风险投资。控制数据在建立孵化中心时具有先导作用,在一些技术产业园区中也有其他类型的中心。

在此背景下,技术产业园区更多的是进行商业活动而不是研发活动,它们通常占据数平方英里的面积,并具有下列特征:

- 校园形式的硬件环境;
- 所有权和管理权相混合,范围从政府到私人部门;
- 与大学和科研机构之间的经常的联系;
- 高质量建筑物,低密度发展;
- 以预期所有者的特殊适任标准来确保园内所有活动彼此互补。

技术产业园区的发展还处于初级阶段,所以对它的成功与否很难得到显著的结论。然而,成功的要素包括:

- 深思熟虑的目标以及特定的发展计划,包括活动类型;
- 高超的管理和创业技巧;
- 风险投资获得渠道以及使用的合适建议;
- 在发展时要把私人部门考虑在内;
- 有意义的社区支持。

对技术产业园区的经验研究表明,其他区位要素包括运输通道、熟练劳动力的可得性、有吸引力的居住环境、与适当研究机构的临近程度、具有催化作用的大型制造企业的出现等都会产生影响。特别要注意的是,这些研究通常表明了各种技术产业园区需要的发展时限是不同的,通常从 10 年到 20 年不等。

9.10 产业区

产业区是一片被划定的区域,在这个区域里,规划控制被维持到一个最低水平,并且为有希望的开发者和业主提供有吸引力的金融服务。

产业区的观念是基于中国香港地区通过减少管制来增加就业岗位的做法在20世纪70年代后期引入英国的。在贫穷地区,传统的经济、就业发展政策和工具难以挽救经济的下滑,产业区于是被当作一个"最后的挽救手段"展开了小规模试验。潜在的假定是某些法令和管制的废除和简化,能够鼓励企业开发和扩展业务,以提供贫穷地区急需的就业岗位和税收。

为了达到这个目标,政策制定者需要把重点放在能够与潜在劳动力技术水平相匹配的劳动密集型工业上。这可以在税收减免和土地优惠之外,通过给予大量的工资补贴来实现。

37个州已经通过了产业区的立法。路易斯安那州有750个产业区,而在俄亥俄州,本质上托莱多和克利夫兰已经把产业区置于法律的保护之下。在克林顿政府期间,国家法律提供了50—100个产业区。虽然产业区得到许多人的拥护,但陪审团仍然以它们自己的利益为主。最近的研究表明,产业区之所以能产生工作机会,并非完全得益于州或者当地政府提供的激励,而是由于受到政策制定者的关注(Green, 1991; Rubin and Wilder, 1989)。然而,一些对于哈林和底特律最近一批产业区的评估指出零售和商业活动正在复苏。在哈林区,Magic Johnson、Old Navy和Starbucks是目前零售业的基础部分。在底特律,通用汽车的总部与两个新的职业体育场和一个赌博娱乐城都设立于市中心,这些都是受到税收政策和产业区的吸引。

然而,政策制定者需要避免几个想法,包括认为税收减免就是推动新经济活动的唯一或最佳手段;以及认为产业区就是高科技园区,忽视了高科技公司的就业结构和当地劳动力的技能水平之间的关系。产业区其他的潜在缺陷还有大公司和组织完善的公司可能是主要的受益者,它们很可能给产业区之外的商业纳税人造成不公平的负担。

9.11　将财政激励用于商业开发

地方政府利用自己征税人的地位,通过为企业和发展项目提供财政援助来寻求对商业发展的促进。地方政府能够提供的财政激励政策往往是根据它们的赋税能力,以及对债务的免税。在第一种情况下,地方政府可以创立税收增量融资(TIF),通过商业入驻和地区复兴增加或产生的税收收入被用于支付能够发展经济的具体项目,而不是用于日常开支。在第二种情况下,地方政府可以发行免税债券以支持经济发展项目。例如,工业发展债券,向需要在市场上筹集资本来建设新的厂房或扩张其厂房的制造商提供了低成本贷款。免税债券的购买动机是从该债券中赚得的利息收益可以免除联邦和州的收入税。这些已实现的节约可以以低于市场价格的利率转嫁到借款人身上。

财政激励的广泛应用因在企业中形成了一种特权意识而受到诟病,也被人质疑相关发展活动是否确实能够保证财政补贴或财政激励的正当性。人们越来越关注提供财政激励是否会侵蚀维持基本社区功能的财力,例如支付公共学校和基础设施的费用,特别是在发展缓慢或正在衰落的地区。民间组织如 Good Jobs First 会追踪财政激励的应用并提出建议,确保提供补助的地区实现其预期的利益。

地方经济发展实践越来越需要考虑运用财政激励的手段。这样一来,它就可以运用社区福利协议这类工具,要求企业只有雇用当地工人、为社区提供其他投资才能获得公共补贴;或者使用回补条款,要求公司在没有提供保证的工作,或没有留在社区内足够长的时间以使其贡献与获得的公共补贴相抵时,就要对社区进行补偿。

9.12　小结

商业是经济发展的发动机。所有的商业都起源于一个提供服务或获取回报的机会。不考虑创立或维持一个企业的动机,这个动机将被社区或地方政府的行动所阻碍或阻止。没有企业会到没有需求的地方。然而,社区要认真考虑应该鼓励什么类型的企业。社区将经济和就业发展目标与本地企业的类型相联系是非常重要的(见商业发展计划启动器的样表9.2)。

表9.2 商业发展计划启动器

工具	计划启动器
吸引力	组织发展: 一个地方发展协会利用国家基金为适合本地区的非本地的衰败产业提供金融支持贷款,通过重新选址使其发展成新企业,同时可能成为一个旅游景点(例如,一个地方发展协会对滑板制造行业的赞助)。 为小企业提供的工作空间和支持设备: 目标是建立一个私人的或者公共所有的计划,使用厂房或者类似的设施来为使用普通设备的小企业提供服务(例如,接待处、电话、电报、打扫、维修、会议室)。
小企业和新企业创立	社区商业建议计划: 这个组织为小企业提供专业的管理、营销、会计、金融、当地资源和问题解决的意见和帮助。一个这样的组织是非营利的,由一个委员会运作,决定帮助哪一个客户以及收费多少(例如,低收入群体和边缘企业不收费,发展完善的企业收取标准咨询费)。它雇用全职商业顾问直接与客户在其家中或者办公室中接触。
商业扩张/持续发展	出口促进计划: 这个计划用来帮助中小型公司在新的出口市场上竞争,主要通过协助它们参加贸易展销会和贸易考察团。 地区技术中心: 此中心用来研究和确认适当的科技,作为地区的社会经济基础,帮助利用此科技的人们创业。它提供必要的支持设备和管理建议。
地方政府	公私联合企业: 联合企业协议用于建立商业企业设施,促进中心商业区的复苏,产生就业和为当地政府创造收入。这些设施包括电影院或者拥有店铺、停车场和运动设施的管理中心。

企业,特别是新启动的小型企业,有可能成为未来的大型企业。不是很久之前,微软还是一家小公司,而今天它已经是反托拉斯诉讼的重大对象。如果比尔·盖茨去了别的地方,那微软就不可能对西雅图经济产生重要影响。另一方面,有大约五分之三的小企业都将失败。而且,即使一家小企业有着优秀的商业计划,如果它融资困难,它的生存机会也将很小。

社区用来吸引公司的方法依赖于可得的资源。企业区位最重要的影响因素是区域资产、正确的态度和支持企业的基础设施。为了发展其所想要的就业岗位,每个社区必须通过特别的活动和工具以建造适用的基础设施。旅游或高科技企业不应占据社区议程的首要位置,除非社区特别适合这类经济的发展。最重要的活动是软基础设施的建设,如信息和金融,增强社区对企业的吸引力。基本上,社区如果想要将吸引和维护企业作为经济发展战略的主要组成部分,则必须在它的资源使用中更具有企业家精神。

专栏9.1

案例9.1 印度的奶牛银行

奶牛银行听起来很幼稚,但是它的确是一家非常严肃的企业。创造财富需要资源,而在印度的一些文化中,奶牛是非常重要和扩张性的资源。加利福尼亚州里弗赛得(Riverside)的拉西瑞亚大学商学院的研究人员帮助印度卡冉迪(Karandi)建立了一个奶牛银行。整个构想是建立一个给自足的计划,在一个持续的基础上创造财富。奶牛银行被设计为一个奶牛库,可以生产牛奶。之后将牛奶卖给本村或者周边的其他村镇,从而为社区带来收入。

银行最初的资本是三头奶牛。银行对这些奶牛进行人工授精,而它们的牛犊可以进一步扩充奶牛的数量。这些奶牛可以贷给家庭饲养和/或售奶,家庭甚至可以用其销售收入或者积蓄从银行购买自己的奶牛。目标是最终建设成具有20头奶牛规模的银行。如果银行成功,村镇的财富将会增加,而村民也将拥有一种新的可再生的资源。

如案例中所述,银行可以有多种形式。新的资源以及自我维持的财富创造是任何银行都不可或缺的。这一技术不仅适用于发展中国家。例如,工具银行已经非常有效地帮助了之前无家可归的人们依靠自己的力量从事修理之类的工作。

资料来源:Don Benson, business staff reporter, Inland Empire newspaper *The Business Press*, November 15, 1999.

案例9.2 有爱心的银行

这里我们有另一个关于有爱心的银行的案例,这个银行就不是用奶牛来进行放贷了。

人们通常使用华丽的词藻来描述芝加哥的南海岸银行。有人把它称作先驱者,有人说它是救世主,也有人把它称作一项社会实验——并不是普通意义上的银行而是一个学术类的银行,在那里社会理论比金融结果更受重视。

1973年负责这家银行的四个人之一成为现在的主席,他把这一特殊机构的形式叫做"做零活的人"。作为一个社区发展银行,Milton Davis 称其"与特殊的地区发展问题相密切联系",它有一个工具箱装满了帮助重振企业的各种工具。信贷就是工具之一,但只是其中之一。他和他的同事认为坚持不懈是同样重要的。

在过去的20年中,这些工具被应用在南海岸两平方公里主要是黑人邻里社区的地区(61 500人口),在这里中等房产收入为15 909美元,而贫困率达到了27.3%。在1970年,这一地区存在的很大问题是,在过去的20年中它的种族从几乎全部的白人变成了几乎全部的黑人,当地的零售商和机构开始缩减投资。当地唯一保留的银行,叫做南海岸国家银行,它要求政府同意银行离开这里搬到市中心去。

幸好,一个来自富有经验的有公德心的管理团队接手了银行,并坚持了20年,提出了各种复兴战略并最终吸引了全国范围的政策专家的注意力。

海岸银行的资产从1973年的4 000万美元增长到1992年的20 400万美元。1991年年底,它拥有1.88亿美元的存款,1.42亿美元的优良贷款。在银行的努力下,成立了一家发展公司——City Lands,和一家进行工作培训和家庭服务的机构——The Neighborhood Institute。海岸银行帮助修复了12 500家住房。仅仅在南海岸地区,它就帮助了修复了超过7 700家当地住房,几乎占当地租房的30%。

银行的经理坚信他们的方式能够被复制,因为他们已经在芝加哥地区和美国的其他地区开始推广。克林顿总统说过,他将在南海岸之后发展100家类似的银行。然而海岸银行总部警告不能仅仅是在100个城市中复制南海岸银行。事实上,银行并不是投资的唯一方式,应该观察他们在做什么,进而将他们的想法应用到自己的环境中。

"海岸银行开始于传统市场止步的地方,"一位银行和下属公司的高级副总经理 Joan Shapiro 说,"我们有双重标准,我们既要发展,也要利润。"她认为发展是"行善"的代名词,虽然行善可能让大多数的银行家心惊胆战。

一些观察家说,事实上海岸银行如果得不到社会关注将不会有利润。"一个成功的发展的努力并不意味着牺牲长期利润,"理查德·陶布(Richard Taub) 在《社区资本主义》(Community Capitalism) 中写道,这是一本描述海岸银行自1986年发展历程的书,"银行发展意识形态的一部分是一种信念,即社区将会变得更加繁荣,银行同样也是。"

南海岸是一个实验室,在那里海岸银行的理论首先被检验。下面就是一些战略产生的步骤:

理论：修复住房后的地区自然就适合商业区发展。**结果**：并不是这样。银行周边的社区街道看来是健康的，但是大多数的周边购物街却并非如此。

理论：修复附近地区的最糟糕的建筑物，居民就会贷款来修小的、更容易管理的物质财产。**结果**：在过去的 20 年修复的 7 700 所房子中，由 City Lands 和 The Neighbourhood Institute 修复的大约有 1 400 所。剩下的被当地居民修复，他们从海岸银行借钱来完成这项工作。

"正确的理论就是如果我们修复处于最佳地段的最大的、最污秽的建筑物，就能够稳定本地的居住者并引导他们修复小的建筑物。"City Lands 的一位副经理 Lynn Railsback 这么认为。

理论：创造就业，人们将有更多的钱来支付修复房子的贷款的利息。**结果**：自从 1990 年以来，海岸银行帮助产生了几百个新的工作岗位。但是在过去的十年中，地区的净收入实际上有略微缩减。根据海岸银行一个最近的报告，1980 年中等家庭的收入是 15 923 美元，1990 年是 15 909 美元（以 1982 年美元计算）。贫困率在同期从 23% 上涨到了 27%。

The Neighbourhood Institute(TNI) 的目的是帮助创造就业机会，它的执行副总裁 Linda Greene 这么认为。除了房屋修复外，TNI 还进行培训、工作分配和创造就业等。在南海岸它有三座孵化器，大概有 50 家企业，一个位于 Jeffrey Plaza 的大超市为当地居民分配了大约 200 个工作岗位，这家超市在 1990 年开业。

"如果说在过去的几年中海岸银行学到了什么东西，"Greene 说，"就是我们虽然能够把所有的这些漂亮的建筑物建设起来，但是如果我们不关注人的因素，实质上它就意味着什么都没有。"

这个理念创造出一些令人惊讶的成果，在南海岸，TNI 创造了一个活动来帮助父亲成为更好的家长，它现在正在组织一个反犯罪的运动。在芝加哥的奥斯丁(Austin) 社区中，海岸银行在 1986 年建立了商铺，City Lands 最近又开了一家图书馆，为当地学校中的孩子们提供了 4 000 本书。

南海岸银行的成员们正努力工作来保障它的贷款不会落空。银行宣称在 1992 年它的贷款呆账率小于其他的银行，大概是 0.4 个百分点。为了使得损失最小，Bringley 说银行会不断发现新的贷款者来替代坏账。

不像大多数的银行，南海岸银行贷款中房地产贷款比商业贷款要多。1992 年年底，银行有 8 600 万美元的房地产贷款，房地产贷款是"银行业务中获利最多的部分，最具发展的潜力"，Bringley 说。

正如每个贷款者所看到的，银行通过存贷利息之差来获利。从居民处获得存款但是拒绝贷款的银行是不合法的，南海岸银行所做的就是反拒贷。

资料来源：Lewis(1993). Reprinted with permission from *Planning*, Copyright 4/1993 by the American Planning Association, Suite 1600, 122 South Michigan Ave., Chicago, IL 60603-6107.

案例 9.3 俄亥俄种子基金

成功企业家发展组织（Successful Entrepreneurial Enterprise Development，SEED）是一个帮助新成立企业获得贷款和种子资金以进行发展准备工作的机构，这些往往是其他组织不能提供的。例如，SEED 只按实际成本的 25% 提供法律、财务、工程以及市场营销的帮助，并且最高收费不超过 5 000 美元。

SEED 最近资助成立了一个临时的机构，为服务于俄亥俄本地乡村卫生保健机构的护士提供法律援助。这一很小的投资为乡村地区护士提供了一系列新的岗位选择，以稳定本地疗养院和家庭保健产业。负责人声称："临时机构具有创新性，而工作人员也已就位。他们只是需要一个简单的程序即可获得风险资本。"

资料来源：*Economic Development Digest*, 11, "Enterprenuership: The Appalachian Regional Commission Approach", November 2000, p. 7.

案例 9.4 决心将小镇的经济从死亡边缘拉回

密苏里州的 Cuba 镇——一辆棕色的福特敞篷货车沿着砂石路开着，掀起的尘土直冲天空，伴随着有节奏的喇叭声。

"天哪！" Dennis Roedemeier，这个密苏里州的小城镇的商业发展委员会主席说，"大事不好了！"

货车停了下来，市长 Ray Mortimeyer 神色严肃，靠着窗户说："我们失去了补助金。"

"出什么事情了？" Roedemeier 问，他知道并没出什么事，因为市长已经忍不住要笑了，而且正伸出结实的手向他表示衷心的祝贺。

州发展办公室曾经提醒过市长，该市已经奖励了 90 万美元来帮助 Bailey 公司在 Cuba 的新工业园中开设分支机构。Bailey 是今年落户于 Cuba 的第五家新公司。此外，两个当地的公司扩展了它们的运营，一家已经关闭的制鞋厂重新开业了，它创造了 450 个工作岗位。Cuba，不像被便宜的进口品淹没的、经济不景气的美国乡村的其他小城镇，它并没有完全死去。它已经从 1984 年的黑暗岁月中走了出来，1984 年镇上的 2 100 个人中 125 个人丢掉了工作，使得它的失业率达到了 13%。

正是 Cuba 镇这种天真的信心和顽固的坚持使它的财富翻番，这看来像在做梦一样。

Cuba 坐落于中密苏里州的南部，大约在圣路易斯和斯普林菲尔德之间公路的三分之一处。这个城市给它自己所作的广告是 "通往 Ozarks 高地的大门"，这是它美景的证明，但是同时也是它的财富。

Cuba 的每三个人中就有两个生活在国家贫困线之下，而且最近事情越来越糟,因为本地的主要工业铅铁矿业和制鞋业由于进口增加而不断衰退。"我们周围都是一些把未来寄托在一家小工厂上的小镇,"Mortimeyer 说,"工厂关门了,希望也没有了。"

Cuba 看来也没有希望了,但是 Cuba 的人们不会让它死去。Mortimeyer 从 1969 年以来就在运作一个燃油家庭供暖公司,他在 1984 年被选为市长,他承诺组建一个积极的政府使得 Cuba 恢复活力。

新市长所做的一件事情就是搞活当地的商业发展委员会,这个委员会自 1983 年 9 月成立,但是没有发挥过作用。他请 Roedemeier,一个刚刚卖掉他的企业的本地企业家,成为委员会的志愿负责人。Roedemeier 最初反对但最终还是同意了,但要保证商业运作者可以做主而不受到政客的干预。

Roedemeier 知道 Cuba 必须马上行动。"我们过去由于缓慢导致死亡,现在我们开始承担后果了。"他说。1984 年 9 月,Prismo 粉刷公司和 Echo 鞋厂关门之后,失去了 55 个工作岗位。11 月中美洲鞋厂宣布年底它将关闭,又将损失 70 个工作岗位。

Roedemeier 拜访了附近区域的邻里,与它们的商业领导人交谈,考察他们的经验和教训。他还去州首府杰弗逊市学习州政府辅助地方商业发展的项目经验。

这些措施取得了成效。1985 年 2—11 月,Cuba 收到了 160 万美元的国家资助来吸引新投资,帮助现有企业脱困,并进行必要的公共设施改善。

这些金融上的支持迅速带来了一种企业家精神并显现出效果。2 月,中美洲鞋厂重新开业。Whistles 公司计划与进口商品进行竞争,为此,工厂的前经理和销售员甚至抵押了他们的房产。

这个城市获得了 119 000 美元的国家资助并以 7% 的利率借给了 Whistles 公司来购买新设备。一些相关的当地企业经理人购买了公司的厂房并同意以名义价值把它租借回去。

资料来源:Stokes (1985). Copyright 2002 by National Journal Inc. All right reserved. Reprinted by permission.

教学案例 9.1

基于社区的商业

"银行家们并不感兴趣,他们在 1960 年尝试过这件事情,但是他们遭受了巨大的利息损失。"发言者是新政府担保银行项目的负责人。Reunion,一个社区商业发展银行,提议社区商业银行应该参与内城改造的贷款项目。Reunion 发展银行建议将商业银行的存款保证金用于社区发展。商业银行 20 世纪 60 年代和 70 年代都尝试过内城改造贷款基金,但是因为损失而失去了信心。

20世纪80年代和90年代,小型商业性的商业贷款基金存在几方面的缺陷:这些基金的进入标准很低,几乎没有远见;银行经理很少关注损失,除非损失率开始上升。然而在最近几年里,新的社区导向的基金出现了并吸取了以前的教训。虽然社区发展银行是一个新的组织,但它们在还款率上表现出了巨大的成功。

Reunion 银行的贷款委员会有九个新的计划获得了通过,说明社区发展银行参与社区发展的观念的成功性。以社区为目标的贷款计划的最好例子之一就是森特维尔商业发展公司(Business Development Corporation of Centerville,BDCC)。BDCC 重点强调的是西班牙裔的企业家为失业人口提供工作。虽然获得了100万美元的城市基金作为资本,但 BDCC 的第一年仍旧令人失望,部分原因是 BDCC 的团队在行政管理上延续了小型企业管理局(SBA)的模式。社区代表在银行业方面几乎毫无经验。在 BDCC 涉足商业的第三个年头,报告的贷款损失率几乎达到60%。

在那一年,城市对贷款委员会进行了改革,加入了银行业专业人士,而且引进了一位前任商业银行官员作为执行董事。情况开始发生转变。在三年内,BDCC给小企业发放了32次贷款,大部分在10 000—50 000 美元的范围,偿还期是3—5年。目前,只拖欠了3笔贷款。

有四个主要因素决定了贷款基金的有效性,分别是:

1. 专业人士标准。在投融资决定方面使用严格标准是非常重要的。这些标准包括申请者的经验、投资资产和一个令人信服的商业计划。

2. 审慎的监督。尽量保持一个便于管理的贷款规模,使得如果有需要,每一笔贷款都可以被监督和鉴别。

3. 培训和技术援助。大部分的例子证明了培训和技术援助对于刚起步的企业是有必要提供的,在很多情况下贷款者会要求提供。

4. 其他相关因素。不像以前,现在大部分新的贷款基金只提供总贷款的一部分给创业企业。举例来说,CDC 最多只提供给企业三分之一的资金,这就要求申请者寻找其他的私人资本来源。其他的出借人会提供附加的商业计划的分析,使贷款基金能够起到杠杆作用。

20世纪80年代和90年代的贷款基金的运作令人失望,但是新的贷款基金在这些过去的错误中得到了教训和经验。只要它们能够坚持三个主要原则——有创造性、分散化和尊重市场规则,那么它们就能够发展成为反贫困计划的主力军。

卡迪拉克基金会已经开始对少数人群借贷感兴趣。基金会主席 John Jonas 指示职员考虑为社区发展银行提供一个贷款保证计划。卡迪拉克基金会希望为无家可归者提供一项贷款基金,像女性企业项目一样。社区发展银行应该如何设计这样的一个计划?或者对 BDCC 来说这是否太冒险了?Jonas 先生在为无家可归者提供小额贷款方面是固执的,你如何设计一个计划来使无家可归者脱离现在的状态而达到自给自足呢?

教学案例 9.2

决定自己命运的小城镇

Steelnet 的梦几乎在一夜之间破灭了。这个中西部的产铁社区,坐落在北方大湖地区一条两车道的县道旁,它的发展只有一个理由:一种叫做铁燧岩的低级的铁矿石。在 1939 年,保留下来的采矿公司为工人建造了这个城镇,工人们的薪水不错,而且通过雇员信用联盟很容易地解决了购买住房的问题,并且还有富余的钱来花费。

在很多年里,这个由内地和国家钢铁公司共同投资的铁矿公司,一直是世界上产量最大的公司。但随着美国钢铁业的衰退,加上其他的铁燧岩矿的竞争,这个矿最后被关闭了,将烂摊子留给了这个 30 700 人的城镇。除了铁矿,他们几乎一无所有,Steelnet 市必须为了生存而挣扎。大批居民离开了,失业率高达 85%,这个市的人口下降到今天的 12 300 人。房屋的平均价格也骤然跌落到 15 000 美元之下。

Steelnet 本来可能会变成一个废弃市镇。当铁矿在几年之后重开的时候,它只召回了 1 500 个前任工人中的 100 个。保持城镇活力的是乐观的市民和市长 Don Cole,一个退休的矿厂领班。微笑和一声轻松的笑声是推销员的必备技能,Cole 就是 Steelnet 的一个推销员。他的首要任务就是要使城镇在州能源和经济发展部的一个项目中进行自我推销。这个项目名为"明星城"(Star Cities),用来确定和巩固全州发展最迅速的地区。

证明自己能够成为一座明星城市会使许多小城市望而却步,但是 Steelnet 拥有一种关键性的资产:联合了所有失业志愿者的才能,创下在四个半月中创立一座明星城市的纪录。这一成就提高了 Steelnet 在州官员中的知名度,也赢得了后来的各种资金。

Steelnet 市议会也建立了 Steelnet 区域发展协会(SADA),邀请附近与其共用一个学区的小镇共同努力。Cole 和议会不会满足定位于一个消极的角色,即便一个小的市民委员会已经能够为经济发展服务。为了达到明星城市的目标,Steelnet 召集了 435 个人和 29 个商业成员来参与区域发展协会的项目和委员会。

市长 Cole 努力寻求资金来源。他恳求基金会的官员来关注 Steelnet 这个他们以前未曾听说也不知道它在哪里的小城市。Cole 是一个很好的推销员。他说服了基金会提供 55 000 美元作为城市的周转贷款基金,为小企业取得信用资格并得到银行的贷款。Steelnet 大量熟练的失业工人成为企业获得这些贷款的主要凭证来源。

因为城市已经将它的行政办公转移到了一处由学校改造成的零售/办公

的建筑综合体中,旧的市政厅成为区域发展协会理想的产业试验地。社区发展补助金为建筑物提供了修缮经费,区域发展协会贷款也为一家撞球台生产厂和一家小型游戏软件公司提供了场地。区域发展协会在贷款时主要依靠委员会成员的个人学识。然而,SADA 的 20 笔贷款已经显示出完美的偿还率。在尝试吸引其他生意方面,城市起先做得并不好。所幸的是,城市保留了采矿衰落时被抛弃的建筑物,为重复使用提供了新的机会。一个橡胶轮胎厂由于需求增加要扩建厂区,从而使用了以前一个空气钻制造厂使用过的建筑。城市仅用 500 000 美元买下了这个地方,而新的轮胎厂以每年 50 000 美元向城市租用厂区,预期它最终能产生 60 个新工作岗位;还有两个利用橡胶生产赛车或高速挡风玻璃的公司也将会在 Steelnet 市落户,到年终可能会增加两倍的工作岗位。

  Steelnet 市的战略最后被证明是有成效的。这个小城镇没有放弃或死掉。对于许多依赖天然资源或单一产业的小城镇来说,这是一个经验。

  工会领袖之一反对这个计划,不想让一个外面的公司重新利用采矿设备。他认为外部人是不属于工会的而且这些打破工会的公司是导致 Steelnet 市问题的诱因。Joe Bartowski,一位前任工会管理人,认为"我们应该自己使用这些贷款来重开橡胶厂"。"毕竟,我们以前在那工作,"他说,"谁比我们更了解市场和产品?"市长 Cole 认为 Joe 有点疯狂,"在一个地方工作并不等于懂如何经营"。谁是正确的呢?也许在不同的条件下,他们俩都是正确的。或者在新的公司进来之前应该考虑 Joe 所说的话?

教学案例 9.3

作为再生工具的孵化器

  当金属制造公司 Kanter 抛弃了琼斯波勒市中心以北 1 英里的 3 英亩土地上的 73 000 平方英尺厂房时,Kanter 把土地和建筑物以 1 美元的价格卖给了该市。琼斯波勒市本来想要使用这些设备作为一个新的社区大学,但是一项可行性研究表明这在财政上是不审慎的。于是大区域经济发展基金会要求市议会允许他们调查其作为孵化器的区位适宜性。

  坎顿市获得了一笔小城市集团拨款来进行一项可行性研究。研究包括了建筑物和位置评估、市场策略以及孵化器计划和项目,结果表明发展孵化器是有利的。为此,大区域经济发展基金从一个私人捐赠者处获得了一笔 70 000 美元的专项拨款,还有一笔 70 000 美元(利率 5%)的城市贷款,三年后开始还贷。并且,城市不对孵化器收租金。如果这个建筑不作为孵化器,城市也必须花费 70 000 美元用于建筑的安全、维护等方面的工作。

在坎顿市,女性平等发展公司中心(WEDCO)将会为女性拥有的公司提供一个商业孵化器。在经过 WEDCO 组织的特别训练计划之后,女性可以在孵化器中租用空间。孵化器以低于市场价的价格向新成立的企业提供出租空间,还包括免费的电话接线服务、文秘服务、商务协管服务、财产保管服务和商业技术资料库。此外,各个行业还有机会互相进行合作和交流。大部分进入 WEDCO 孵化器的企业都要么是刚入行的女性生意人,要么是刚从她们的车库、地下室或谷仓中搬进来。

WEDCO 孵化器现在为 8 家企业提供场所,包括一家木制的运动器械的制造厂、一家为便利店和鱼饵商店提供袋装冰的公司、一个制造空调修理工具的公司和一家计算机维修店。大湖学院也计划将它的商业和工业研究所迁入孵化器中。该所将开设 50 种不同的课程,包括技术手册的写作、计算机教育、管理教育和设计图阅读等。每个在孵化器中的企业都能免费学习一门课程。为了区域的发展,大湖学院正在当地着手创建一个企业家培训机构。

孵化器的运作委员会最主要的功能是对申请者进行审查,其中拒绝的申请比接受的要多。接受申请的主要标准是该企业现在或未来为女性创造就业机会的能力。孵化器的功能不在于促进提供有限职位的专业和服务部门企业的发展,而是侧重于制造业和信息产业。

孵化器工作人员的职责是协助通过审批的企业起草商业计划并且帮助其按当地出资人的期望方向发展,这些出资人为孵化器的启动提供了重要的资金支持。孵化器中的每个公司以每年每平方英尺 3 美元的价格租用 500—2 000 平方英尺的空间。租约一般能达到 5 年,但是没有企业的签约超过 2 年,因为它们都希望到那时可以搬入更大的营业场所。孵化器预期可以创造 120 个就业机会并且现在的使用率达到了 65%,超出第一年预计的 15%。

孵化器的社区目标是为女性提供职位和企业所有权。一些孵化器的企业可以在几年之内搬到城市工业区去帮助振兴这些城市所有但未充分使用的设备。孵化器运作的第三年之前就应该可以满足自给并能够开始偿还城市贷款。

市长和区域发展基金会现在正在计算这项孵化器投资的回报,但他们对使用的方法还不熟悉。建筑物被改造后估价约在 100 万美元左右。大部分空间将会以低于市场价的价格被租用。他们还雇用了一个顾问来帮助计算;然而在开始计算之前,委员会需要向顾问提供计算的相关参数:哪些变量是需要考虑的? 如何确定它们会对社会和经济发展带来的益处?

参考文献和建议阅读材料

Bates, Timothy. (2000). Financing the Development of Urban Minority Communities: Lessons of History. *Economic Development Quarterly* 14(3): 240.

Cuomo, Andrew. (1999). *New Markets: Untapped Retail Power in America's Inner Cities.* Washington, DC: U.S. Department of Housing and Urban Development.

Dabson, Brian et al. (2003). *Mapping Rural Entrepreneurship.* Washington, DC: Corporation for Enterprise Development.

Edward Lowe Foundation. (2002). *Building Entrepreneurial Communities.* Cassopolis, MI: Author.

Erickson, Rodney. (1987). Business Climate Studies: A Critical Evaluation. *Economic Development Quarterly* 1(1): 62—71.

Frieden, Bernard. (1990). City Center Transformed. *Journal of the American Planning Association* 56(4).

Gibbons, Christian. (2005). *Economic Gardening.* City of Littleton Business/Industry Affairs. Accessed February 19, 2009 from http://www.littletongov.org

Green, Roy E. (1991). *Enterprise Zones: New Directions for Economic Development.* Newbury Park, CA: Sage.

Hamilton-Pennell, Christine. (2004). CI for Small Businesses: The City of Littleton's Economic Gardening Program. *Society of Competitive Intelligence Professionals Newsletter* 6(7).

Lewis, Sylvia. (1993). The Bank With a Heart. *Planning* 59(4): 23.

Lichtenstein, Gregg A., and Thomas S. Lyons. (1996). *Incubating New Enterprises: A Guide to Successful Practice.* Washington, DC: The Aspen Institute.

Lichtenstein, Gregg A., Thomas S. Lyons, and Nailya Kutzhanova. (2004). Building Entrepreneurial Communities: The Appropriate Role of Enterprise Development Activities. *Journal of Community Development* 35(1): 6—7.

Lockhart, A. (1987). Community-Based Economic Development and Conventional Economics in the Canadian North. In *Social Intervention Theory and Practice*, edited by E. Bennett. Lewiston, NY: Mellen.

National Association of Development Organizations. (2000). Entrepreneurship: The Appalachian Regional Commission Approach. *Economic Development Digest* (November): 7.

Parzen, Julia Ann, and Michael Kieschnick. (1992). *Credit Where It's Due: Development Banking for Communities.* Philadelphia: Temple University Press.

Rubin, Barry, and Margaret Wilder. (1989). Urban Enterprise Zones: Employment Impacts and Fiscal Incentives. *Journal of the American Planning Association* 55(4): 418—431.

Servon, Lisa. (1999). *Bootstrap Capital: Microenterprises and the American Poor.* Washington, DC: Brookings Institution.

Society of Competitive Intelligence Professionals. Accessed December 8, 2005 from http://www.scip.org/ci

Spicer, David E. (1996). *A State-by-State Analysis of Estimated Incentive Packages and Taxes.* Boston: Harvard Business School. Accessed February 19, 2009 from http://www.hks.harvard.edu/case/ncbattle/briefing/incentiv/incpack.htm

Stokes, Barry. (1985). Determination Helped Snatch This Town From the Jaws of Economic Death. *National Journal*, December 21, n.p.

Vidal, Avis. (1995). Reintegrating Disadvantaged Communities Into the Fabric of Urban Life: The Role of Community Development. *Housing Policy Debate* 6(1): 194.

第 10 章 人力资源开发

在这一章中,我们主要讨论人力资源开发的两个重要的方面。我们从传统经济发展的劳动力开发入手,调查为了应对 21 世纪知识经济时代的挑战,而不得不加强的劳动力开发的实践以及努力的范围。而后我们会着重讨论教育,教育是经济发展和劳动力开发最重要的基础。

10.1 劳动力开发

劳动力开发不是一个问题,而是一个机会,把只有在人身上能够发现的创造力、生产力和创新力挖掘出来,从而使我们的城市、州和国家能够更好地实现经济和社会发展。以人为本的发展模式具有独特的优势,能够对公平、效率和经济活力的持续增长有着较好的预期。
(Garmise,2006,p.146)

上文的作者提醒我们关注传统的问题,关注劳动力开发的方法。与这本书倡导的经济发展的定义相一致,Shari Garmise(2006)认为不断增强的技术和才能的发展能够扩大平等的范围。并且,这种扩大对于经济发展战略在 21 世纪取胜十分关键。在全球化的 21 世纪,人和地方的生存技能正被定义为创造力和创新力。

我们从近几十年已经普遍存在的劳动力开发实践中存在的问题的回顾入手。有人担心,某些个人和社会团体无法在生物技术、电子、信息、计算机等新兴行业中竞争。另一个担心是,新的就业已经转移到城郊以及其他国家。在第一种情况中,就业的新地点距离最需要工作的人(内城居民和乡村社区居民)很远。还有一些情况是,就业转移或者消失得比人口对其的适应要快。这一点最清晰的证明在于制造业领域就业的迅速下降。而且,很多服务业就业因为机械化的发展也变少了。

10.2 非熟练劳动力的现状

美国工人不仅在目前的工作上并不熟练,而且并没有为未来的机会做好准备。尽管每年有 600 亿美元被用于人力资源投资,但是《培训》杂志每年对美国就业者的调查发现,公司教育和培训支出在 2000 年之后每年都在急剧下降(O'Toole and Lawler, 2006)。

在员工培训方面,大公司比小公司(雇员少于 50 人)做得更好。但是 O'Toole and Lawler (2006)引用了密歇根大学的一项调查,发现只有不到 20% 的员工从公司培训中受益,他们认为:

> 考虑到国家的竞争挑战不断加大,工人对流动性(和好职业)的需求不断加强,培训费用不断减少,加上参加培训项目的工人数量越来越少,我们得出结论:未受良好教育的美国工人依然没有得到良好的培训。(p.128)

同样,公共/私人风险投资公司的 Mark Elliott(转引自 Kleinman, 2000)曾经说,"较差的劳动力在全球经济中很难参与竞争"(p.2)。当未经过培训的工人也同时是世界上最贵的工人时,情况更是如此,如表 10.1 所示。

表 10.1 所有雇员:选定国家 2006 年制造业时薪指数

国家或地区	指数
美洲	
美国	100
阿根廷	22
巴西	98
加拿大	98
墨西哥	13

(续表)

国家或地区	指数
亚洲和大洋洲	
澳大利亚	102
以色列	49
日本	82
韩国	57
新西兰	54
菲律宾	5
新加坡	46
中国台湾	27
欧洲	
奥地利	124
比利时	123
捷克共和国	—
丹麦	129
芬兰	119
法国	114
德国	139
匈牙利	28
爱尔兰	105
意大利	97
荷兰	119
挪威	156
波兰	21
葡萄牙	32
斯洛文尼亚	22
西班牙	74
瑞典	116
瑞士	121
英国	114

资料来源：美国劳工部，劳工统计局，经济新闻局发布，2008年1月，表7。

美国尚未在人力资本方面为今天和未来的竞争做好准备。而且，即使在较好的发展时期，少数族裔工人所获得的报酬也低于白种工人。图10.1显示了波士顿大都市区不同教育程度的工人从事类似工作的每小时收入。波士顿地区的种族特征和工资比例折射出整个美国的类似模式。种族是一个问题，技术同样也是。无论工人的肤色如何，教育和培训都会获得回报。

一个普通家庭如果拥有两个或更多受过专业教育的专业人员,则其年收入将超过 147 000 美元;而类似的家庭如果成员只有高中学历,则其年收入仅为 48 000 美元。尽管低工资也已经超过贫困线,但是没有经过专业教育却想要达到专业人员的收入水平和层次是不可能的。

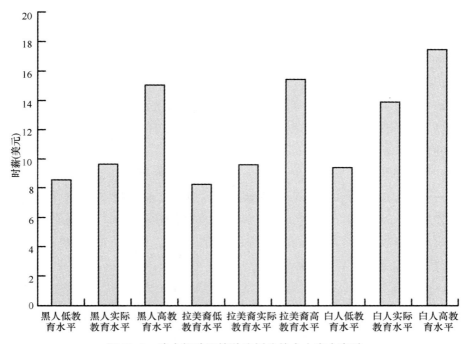

图 10.1　波士顿地区按种族划分的人力资本禀赋

资料来源:Bluestone and Stevenson (2000)。

工作岗位在减少,但人作为一项重要的社会资源对当地经济复苏仍十分关键。优质的劳动力为生产带来的价值往往是企业区位选择的关键因素。相比工作技能开发和维持的项目来说,美国现在更倾向于在收入支持项目上投入更多的国家资源。而相反,像瑞典等其他发达国家已经认识到了将工作技能开发作为劳动力市场项目的关键组成部分的必要性。而在美国这种需要才刚刚被认识到。

10.3　劳动力开发中的公共角色

人力资源开发作为一种公共和私人合作活动可以追溯到一百多年以前（比如公立学校）。最初，企业与学校在非正式的就业培训方面达成共识，认为从保障公共与私人利益角度出发应该确保工人能胜任自己的工作。基本上，学校有责任使学生在进入就业岗位前做好准备，而企业也应该对工人进行培训以使其适应工作中需要完成的更专业的任务。进入就业岗位前的学习任务包括读写能力、简单的数学、作为公民的责任感，还有一些类似测量和使用工具的基本技能。

一旦学生进入工作岗位，他们就要接受企业的更专业的培训。在职培训通常很简单，因为他们很快就能掌握工厂里的工作。此外，随着从事同一工作年份的增加，工人会逐渐进步并掌握更高的技能。学徒培训是行业中更复杂培训的典型，这是一种在企业熟练技工的监督下将课堂讲授与有条理的在职培训相结合的培训活动。

新经济的发展为这种老模式敲响了警钟。许多工作所要求的岗位培训水平大大超出了学校的能力，可以预计大量的连基本技能都没有掌握的工人将进入工作岗位，例如新近移民美国的缺乏语言基础和工作能力的成年移民、由于没有掌握生产技术需要的几种基本技能而被替换下来的失业者等。超过入学年龄的人们发现，只有通过与企业的合作才能够参与到特殊的培训计划中来。另外，低收入者和少数族裔年轻人，包括很多第一代移民的很高的高中辍学率同样妨碍了他们参与到新经济之中。

直到最近，在《劳动力投资法案》（Workforce Investment Act，WIA）的规定下，联邦培训计划产生了一些变化来满足新经济下不断变化的劳动能力需求。联邦培训计划落实到州，最终由地方的劳动力投资委员会（WIB）来执行大部分的决定权。相比旧有的培训方法，劳动力投资委员会发现如今的培训需求建立在十分普遍的改变和干扰之下，很难判断究竟何种补偿性的政策才是有效的。新的形式可以被归纳成以下几点：

- 经济波动更多的是出于主要产业的竞争形势而非经济周期；

- 全球化的竞争对市场产生不可预期的扰动,并影响到就业;
- 一成不变的企业和雇员很快就跟不上发展,带来的后果不仅是收益的下降而且很可能是被淘汰;
- 出于对必要性和机遇的考虑,一个雇员在整个职业生涯里可能要经历10—15次的工作变动;
- 没有技能的工人或只有一种固定技能的工人很可能在新经济中毫无立足之地。

WIA 要求能够提供多种培训与服务的机构进行深入的合作,来建立一个一站式职业中心,根据员工的需要为个人提供大量可供选择的培训项目以增加灵活性。因此,劳动力投资委员会(WIB)的主体由商界代表组成。由此 WIA 项目首次允许培训计划的资源可以被用于对雇员的培训,而不再局限于对失业人员的培训。州政府也可以运用 WIA 项目提供的就业创造工具来改进劳动力开发计划。

经济开发者发现,与参与劳动力开发的机构进行合作能够带来很多好处。从培训机构的角度来看,经济和联邦法规的变动促使它们与企业、经济开发组织结成了一种三方合作关系,这使它们能够更有效地使用政府和私人部门的资源。培训机构要保证它们所提供的培训能直接满足企业的需求,而且保证接受培训者能够在最有前途的公司找到工作。经济开发者进一步意识到,专业的培训机构能培养出一批高素质的员工,从而满足现有的或可能到本地区落户的企业的需要。

如果经济开发者需要利用一套人力资源方法来创造就业岗位和增强社区的经济基础,他们首先必须弄清劳动力开发体系的现有的核心规划。由于培训计划与工作岗位开发计划相融合能提高彼此的效率,一些主要的培训机构越来越多地参与到经济开发中来,并成为一种发展趋势。下面几个例子表明,重要的培训机构已渐渐成为当地社区领导者最依赖的经济发展战略资源。

- 岗位培训计划。联邦岗位培训机构是与联邦项目合作培训员工,使他们具备专业技能或一系列技能的非营利组织,其中包含了国家资助培训计划,经常援助一些为本企业员工提供培训课程和培训人员的企业。
- 非营利社区开发公司。越来越多的项目如廉价房、社会服务等也为其客户(主要是些弱势群体、移民、妇女和内城居民等)提供岗位培训。

- 高中。作为社区经济发展的一种资源,高中虽然还未被利用,但存在很大的发展潜力。学校有很多机会将学生和教师的实习、创业和暑期活动结合到教学中去。
- 成人教育计划。很多社区的公共教育系统都会开办一个成人学院,提供英语(作为第二语言)、工作技能以及一些娱乐和文化主题的课程。
- 非正式培训计划。培训机构通常将正式的学历培训与工厂联系在一起。这些计划一般是由行业协会、工会或设备供应商为一些特定公司执行的。而机构同时鼓励学生参加收费的非正式培训计划,提供包括美容、驾驶、销售和计算机维修等方面的培训。
- 正规学院和大学。正式的学历项目的范围首先包括四年制大学或学院教育,在这里新的培训计划将课程与工厂中的工作联系在一起。此外,社区大学为工厂提供的有偿的专业培训在经济发展中的重要性在不断增强。社区大学同时还与其他的经济发展项目进行合作,为地方企业提供培训和技术支持。

此外,联邦和州政府的项目还把就业培训与其他项目联系起来。例如,健康和社会保障领域的项目包括高级社区服务、就业服务、退伍军人安置、Wagner-Peyser 基金、贸易调整援助、职业恢复、食品券、就业与培训、难民救助等各方面。许多州都为失足青年建立了援助机构和项目。在住房和社区开发领域,很多就业服务和岗位培训计划都以本地居民为对象。Stewart B. McKinney 无家可归者援助项目、为出狱少年和成人提供的职业培训等计划都提供了大量的培训资源。

协调这些培训资源对劳动力投资委员会和其建立的一站式培训中心来说是一项繁重的任务。通过合作建立起来的人力资源培训项目,其种类取决于地方的实际情况。通常来说,这些项目的主要工作不止是保证提供培训,还包括:

- 管理劳动力培训日常安排,例如团体实习安排、员工雇佣、开设新培训项目等;
- 为促进就业提供商业支持服务;
- 为培训活动开发共享设施;

- 运行一般性的扫盲和社区教育项目；
- 为年轻人提供在职培训和工作体验活动；
- 努力减少弱势群体在就业中遭到的歧视。

这些培训途径的最终目标都是获得当地社区良好的经济发展，并促进各方良好的合作关系。应用人力资源开发战略意味着通过员工的培训和教育促进企业的发展和本地化，从而实现社区经济发展目标。

10.4 人力资源项目的目标

人力资源项目主要关注需要学习新的技能以适应雇主要求的四类劳动者中的一类：

首先，项目重点关注初次进入职场的人。主要是青年或高中学生，当然也包括移民、家庭妇女、接受社会福利救济的人、残疾人和其他人群。这些人的培训项目包括大量的基本工作技能的训练、工作准备，以及帮助寻找工作机会。

一般来说，学校会对初次工作的人给予帮助，但学校往往很难较好地完成这一工作，主要是因为它们更习惯于培养学生上大学而非进入职场。一个称为"从学生到职场"的国家计划，使得学校能够更好地帮助那些没有进入大学的学生。美国国内其他的项目，如 ROP，帮助个人获得实用的工作技能，准备个人简历，并培养寻找工作机会的能力。

其次，有些人力资源项目重点帮助失业者，重新寻找工作机会。旧的模型假定个人失业的情况是暂时的，当经济环境改善时，他们就会被重新启用。然而，越来越多的人发现失业似乎是无限期的。

一般来说，有两个原因使得劳动力开发人员不愿意训练离职工人。一是培训者认为工人只是暂时性失业，随时都会回到工作岗位。二是他们认为离职工人已经拥有足够的职业技能而无须对他们进行培训。

再次，劳动力项目的另一类重点是为在职工人提供培训，使其能够提高工作技能，从而更好地应对企业内的竞争，保持企业相对于其他企业的竞争力。在没有政府和经济开发计划的帮助下，企业是劳动力培训最大的提供者。据报道,企业界每年花费约 600 万美元用于培训,尽管其中的大部分用于管理层和高级人员培训。然而,所有企业都关注劳动力技能的提高。这些努力得到了特别针对某种技能的培训计划的大力支持。通用软件课程或高压线附近工作安全课程等即是很好的例子。另外,对于需要执照才能够从事的职业,企业需要提供初步培训和再认证计划。专业联合会特别关注对新技术和法律要求的培训。

最后,劳动力项目的目标也可以是企业的潜在雇员,而这些企业或被吸引至某地,或迁往一个新地方,或扩建。员工培训是这些企业在该地的一项主要成本,因此希望借助劳动力项目以培训新的员工。员工培训福利是企业迁址或扩建中的很大一笔一次性投入,因此,它占到了企业吸引计划中员工激励的很大一部分(见第 8 章)。在这些案例中,专门的职业培训项目通过聘请企业的培训专家或某个培训机构(如社区大学或私人培训公司)的工作人员得到支持。

10.5 人力资源项目与经济发展目标的匹配

10.5.1 劳动力投资委员会(WIB)

一般来说,在了解了社区的经济发展目标之后,地方就业与培训部门(以前称为私人产业委员会,即 PIC,也就是现在的 WIB)很愿意参与到地方就业发展战略中来。地方就业培训部门正是为了弥补培训效果与就业、经济发展之间的差距而设立的。在过去,对许多人来说就业前的准备是非正式的,他们参加培训课程只是作为失业后的一种补偿措施,而结果通常是一无所获或者找到一份并不满意的工作。近来,在 WIB 的帮助下,社区团体参与到就业培训工作中来,他们正在努力使本地产业与基于社区的经济发展计划统一成一个完整的就业网络。

比如,WIB 试图整合区域内的各种团体在就业方面所做出的努力。WIB 通常由本地大企业、本地政府、州政府、工会和教育机构的代表组成,尽管在组成上可能存在不同。部门的成员必须为培训体系和就业安排创造更大的灵活性。

WIB必须将政府各部门开展就业培训的主动性进行整合,并将其与地方经济发展结合起来。WIB的重要职责之一就是发现并鼓励那些技能需求适合本地居民的新企业进入当地。另一项职责就是使本地培训活动满足本地企业的要求。

社区就业项目(在上一章中讨论过)为协调本地经济发展与就业提供了适当的机制。它为社区提供了一种把基于社区的观念和传统经济发展活动联系起来的手段。

10.5.2 本地优先或目标雇佣协议

本地优先协议是由获得大量政府援助的企业订立的义务性的合同。这些援助包括免税和政府贷款。在这一合同下,被援助的企业统一将本地居民作为面试员工的优先选择。在面试过他们之后,企业才可以为空缺的职位寻找其他的应聘者。这一协议规定了推介的来源以及企业在本地区之外投放广告和面试应聘者之前必须从本地区内采用的推介的数量。本地优先协议之前直接针对企业,而最近,这些协议已经被纳入社区福利协议(CBA),针对大型项目的开发者。也就是说,在CBA代表的项目开发者和社会团体之间依法强制执行的合同中,目标雇佣的具体利益被明确阐明。这样做是为了保证那些由项目开发者以及致力于开发的地方政府机构所承诺创造的就业能够通过各方的承诺和合作对社区产生实实在在的益处。

在CBA的工作手册中,Gross、LeRoy and Janis-Aparicio(2005)建议这些目标人群可以包括:

- 由于开发导致工作被取代的个人;
- 围绕开发中心的地区居民;
- 大都会区低收入社区的居民;
- 地方社区工作培训组织推介的个人;
- 一般来说是低收入人群;
- "特殊需要"的个人,如公共援助接受者或刑满释放者。(pp.45—46)

在一些情况下,企业会在失业率较高的地区志愿接受地方推介人员作为市民的义务。这些志愿服务同样被用于激励雇主将当地的年轻人作为优先来源。面向青年的本地优先协议一般都有试用部分。

10.5.3　就业维持

就业维持或者支持项目用失业基金来为难以安置的人群找到工作。在这一计划下，当地政府或者非营利组织按照完全的工资水平雇用员工时会收到一些福利作为补贴。很多社区开发企业采用这种办法取得了巨大的成功。这类工程是克林顿政府的主要行动基石之一。许多城市和乡村的地方政府对这种项目十分有兴趣，有意将其作为储备当地的助教、场地管理员、图书馆助理以及其他很多非正职雇员的方法。

10.5.4　技能银行

随着微型计算机的出现，技能银行变成一个相对比较简单的概念，是指一些就业办公室、地方的志愿组织或者其他人把一些特定的有关当地未就业人士的技能、背景信息收集起来。这样做有多种用途。首先，收集的信息是关于失业者对职业发展需求的数据，可以作为一种社会资源。通常来说，社会上很多人都知道失业率很高，但大家都不知道那些失业的人会什么技能或者需要什么样的工作。技能银行能解决这一问题。其次，技能银行的主要功能就是为当地空缺的岗位提供合适的人选。技能银行的最后一个用途就是将失业人员汇集到合作社或社区就业计划中来。技能银行能够创造新的就业和服务，是评估当地水平的有利工具，在这些方面相当有价值。

开办技能银行，组织者的第一步是要对不同职业和技术的需求以及满足这些需求的熟练劳动力的可得性进行调查。第二步是对区域内现存的培训、教育机构可得性、适用性以及满足未来劳动力市场需求的能力进行评估。在这些研究的基础上，提出升级、拓展和修正教育/培训计划的建议。

10.5.5　培训项目

尤其在最近 10 年,可以观察到的收敛趋势显示了对更多、更好的工作培训的需求:技术的增速发展、不断成熟的国外竞争者、制造业工作的出口、为了提高生产率而带来的裁员压力、前期教育的质量缺陷(尤其是在高中教育领域)、工人年龄的增加,以上这些趋势,导致了工人对定期更新、提高和发展新技能的要求越来越高。(O'Toole and Lawler, 2006, p. 127)

在这一小节中,我们将回顾一些培训概念的发展,无论成功与否,这些培训一定程度上解决了地方就业问题。它们大多是为满足当地雇员的需求而提供一些特别的课程培训,包括升级培训、学徒式培训、调岗工人或者再就业女工再培训以及一些传统课程的培训。当地培训组织如 WIB 必须努力与当地的发展战略相结合。例如,在开始发展旅游战略的地区应开展旅游行业的基础教育和接待业从业人员的技能升级。Wolman、Lichtman and Barnes(1991)在对教育、培训和技能进行考察之后,认为特定的技能领域内的培训对一些技术水平较低的人的确十分有效。专门的技能培训包括以下几个方面:

定制培训

定制培训的概念非常简单。其根据客户的要求进行个性化的课程设计,上课地点可以在客户的办公地点或是本地大学。由于职员培训的成本降低,人力资源成为吸引商业发展的因素。

尽管这类项目通常是为新进入的企业而设计的,但是在既有企业的扩展过程中也可以使用。俄亥俄州高失业人口项目(Ohio High Unemployment Population Program, HUPP)是美国最富创新性的定制培训工作,为失业的少数族裔男性提供培训和就业服务。在这个项目里,雇主的房屋被用作帮助参与者进行岗位培训和教育的场所,培训结束发放证书或授予学位。这一基本理念是为了让参与者能够在获得学位的同时培养职业习惯和职业经验。尽管对这一手段做出评价还为时过早,但是早期的回报显示出这个项目正在帮助和吸引那些边缘和长期的失业人群。

能力导向的培训

在能力导向的培训中，人力资源专业人员与一些雇主一起工作，明晰特定产业中工人所需要的能力。例如，一些银行将它们的培训简化为三类任务（如出纳员、财务分析、客户服务），进一步培训不同任务所需的技能。技能的等级划分使得人们能够从简单技能的训练开始，逐步转向更加复杂的项目，他们从而可以自己掌握进度，不断接受挑战。当培训结束时，每个受训者都会得到一份其他银行都认可的证书。

总之，这一项目与工会资助的许多学徒计划的培训相似，能够使工人很容易地重新寻找新的工作。从经济发展的角度来看，它能够使培训简化，并降低相关企业的成本。尽管新经济中许多职业不适合进行能力导向的培训，但仍有越来越多的雇主能够从类似的培训计划中受益。

迎合社会需求的全面培训

对于每个坚持不懈为失业人员服务的人来说，人力资源开发与满足这些劳动力之外人群的社会需要之间显然存在着极大的关联。例如，对于许多领福利救济的家庭来说，幼儿无人照顾是关键的障碍。另外，药物依赖者或伤残人士在获得稳定工作方面可能也存在困难。

基于社区的组织主要就是服务于那些无法获得全职工作的人群，为他们提供经常性的多种服务和培训。如加利福尼亚奥克兰的一个项目，利用各种公共和私人基金来解决就业安置的难题。这个计划的综合性在于对投入进行了全面分析并以职前准备培训（工作准时、着装、毅力等）为起点。学员会得到包括寻找住房、儿童保育、得到合适着装或工具以及安全性等各方面的帮助。项目帮助这些学员以三种时薪至少14美元的工作为目标并加以培训，而且预先与可能雇用这些毕业学员的企业保持联系。随后在试用期学员被安排到企业去了解每种工作。许多学员发现他们想要的工作并不适合自己（例如一个学员想当护士但发现自己怕血）。挑选完工作之后，学员会得到强化培训，其进度会受到实习或在职人员的监督。毕业之后，这些学员仍与项目保持联系以确保存在的问题都能被解决。

这一项目获得了巨大成功，因为它保证了每个学员都易于找到工作，只有一小部分学员需要再培训。但这种方法成本太过高昂,强度也太大,有时会缺少足够的资金支持。

10.5.6 青年企业

鼓励和帮助年轻人熟悉商业发展逐渐引起了社会的兴趣。部分来说,这是想要在全国的年轻人中重新点燃他们的企业家热情。另外,这也代表了一个新的观点:与其创造工作岗位,不如帮助无业人员创业。

青年企业通过社区青年就业项目或者不同的服务俱乐部以及社区机构的帮助开始运营。这些企业规模大小不同,经营方向也不同,有一部分企业最后成为主要自给自足的企业。

这一项目的基本观点就是让年轻人在他们的能力范围内开展业务,以学到一个业务系统是怎样运行的(见图10.2)。社区组织有巨大的资源来培养这种活动。它们能够提供空地和设备给青年企业,并能动员其他的服务俱乐部等组织提供技术上的帮助。

图10.2 奥克兰机场的青年企业

10.5.7 大学—产业技术转移

大学将研究成果与地方产业共享可以说是人力资源项目最令人感兴趣的发展方向之一。尽管一些技术转移项目仅限于专利和产品,但大部分人认为通过专业项目培训学生以满足企业的专业要求是技术流动最有成效的方面。例如,大学关于生物技术方面的合作项目能够满足企业的需求,而一般的生物学科研计划则无法达到这一目的。

大学合作项目的运作一方面是通过向需要新技术的企业提供特定的项目支持,另一方面是为合作产业提供专业研究成果的共享。很多州已经建立了一些由相关产业资助部分或全部特定研究经费的专业技术项目,包括俄亥俄州的本·富兰克林项目和纽约应用技术中心。这些项目利用私人经费资助学校开展研究并培训学生——通常是在周边工业园区工作、要将所学知识应用到企业的研究生。

大学合作项目通过与企业的专业项目合作使参与各方都受益匪浅。例如,加州大学的有毒物质研究与培训项目将学术研究热点与企业的需要联系起来。在这一案例中,参与项目的研究生不仅受到了良好的大学—企业联合培养,而且从监测、控制和改善环境中有毒物质问题的新技术与新产品中获益良多。

大学与企业的关系在技术园区中体现得非常清晰,如斯坦福大学工业园区(电子工业)和北加州的三角研究园区。此外,大学与企业的合作项目还在许多不明显的层面展开,比如人员和新想法能够在大学与企业间流动。

10.5.8　自我雇佣行动

这些行动尝试帮助各种年龄层的失业人员用自己的劳动力创造就业。这包括一些小企业创业帮助,失业人员可以得到一小笔贷款或者经费,启动他们新的、独立的社区服务生意。在生意刚开始组织的阶段,失业人员能够得到一笔与失业补助相等的补助。这可以促使企业在支付工资前能达到稳定的状态。

同样还有一些计划支持由集体而非个人组织的自我就业风险投资。如第9章中讨论过的小额贷款项目,这些项目中,由一个专家领导下的团队对机会进行评估,并以失业人员作为最基本的要素投入。

10.5.9 事业阶梯

事业阶梯项目的目标在于帮助低技能、低工资的从业者转向从事更高级、更有保障的工作。例如，Fitzgerald 指出，事业阶梯项目已经帮助一些护工成为执业护士，帮助一些文员成为信息技术工作者。事业阶梯项目会找出工作者转换职业所需的培训和教育，并提供支持服务和财政资助，以帮助他们做好准备（Fitzgerald，2005）。

10.5.10 残疾人士技能培训

身体、情感或教育程度上有障碍的人们存在很大的就业安置问题。从一些庇护的工厂到专门的残疾人安置人员（DPO），这种困难都是普遍存在的。

残疾人士安置人员有责任为残疾人士寻找他们力所能及的工作。有了先进的现代设备，残疾人士能做的事情远远超出了雇主们认识到的范围。DPO 的工作就是看要怎样让工作环境适合残疾人士而不是让人去适合那项工作。在协助雇主和残疾雇员的计划中，DPO 还要给雇主提供协助计划的信息。当地政府应该以积极的榜样帮助 DPO 以及残疾人士，比如说将残疾人士列入发展规划过程，允许 DPO 以及其他为残疾人士工作的人员在委员会办公室工作。

10.6 作为人力资源开发基础的教育

人力资源之所以是经济发展的重点，主要有以下两个原因。第一，回到我们对地方经济发展的定义，我们努力为经济体内所有居民提供充足的而且是不断提高的生活水平，降低发展中的不平等。这就要求给个人提供机会去通过有质量的工作和好的薪酬方案来实现这样的生活水平。这又要求提供优质的教育机会。据估计，每增加一年教育水平能够将收入提高 10%

（Schweke，2004）。

即使我们回到经济发展的传统定义——只强调工作和财富创造,高教育水平劳动力的重要性仍然应该被明确。至少,雇主需要工人有较强的基本技能。在今天的知识经济时代,最好的职位还是需要较高的教育和技能水平。

因此,逻辑上似乎当经济发展的重点放在教育的重要作用上时,大学或是高中的教育水平就首先变得重要起来。我们在上面讨论了社区大学和职业技术培训机构在提供就业培训时的重要作用。在过去很长一段时间内,雇主给工人提供的内部培训变得越来越少,结果,普通技校和社区大学就变得十分重要。因此与这些机构紧密合作是基于人力资源的经济发展战略的重要内容。

地方经济开发者应该在高中教育系统之外也注重地方托儿所和幼儿园质量这一观点较少受到关注。关注学龄前或者早期儿童教育项目,在这些项目上投资能够带来相当高的公共和私人投资回报率(高达16%)。另外,Grunewald和Rolnick说道:"我们不确定其他的经济发展投资能够有如此大的公共回报,但是学龄前教育发展在经济发展项目中被重视得太少了。"（Schweke，2004，p.16）

另外,经济开发者应该关心当地的12年制学校教育系统也有一些原因。首先,高质量的小学和中学系统能够产生较高比例的合格学生,他们能够获得先进的教育和培训,创造更高质量的就业。其次,高质量的小学和中学系统能够吸引知识密集型企业,这些企业既寻求雇用当地工人,也会为已有的工人创造高质量的社区。高质量中小学教育的缺乏已经成为一个障碍,例如,地区会因为无法吸引到所需的科研人员而无法发展生物技术企业（Leigh，Wilkins and Riall，2001）。

最后,提供高质量的学校系统,尤其是在低收入地区,能够提高弱势和问题青年毕业的可能性。这也能够降低犯罪和入狱率以及减少福利依赖（Schweke，2004）。所有这些因素增加了一个地方社区的吸引力,并释放了公共资源,从而用于发展本地经济。

10.7 实施人力资源开发战略

希望把人力资源开发战略应用到社区中以扩大就业与改善社区面貌的经济开发者们需要知道，为何提高现有或潜在员工的技能会扩大还未完全参与到本地社区内的群体或企业的进入机会。

了解培训缺口和劳动力所存在的问题是明确潜在发展机会的关键。在专栏 10.1 和随后的教学案例中给出了一些行业和社区如何应对社区经济环境变化的实例。表 10.2 提供了数个帮助启动人力资源计划的建议。

表 10.2　人力资源开发工具与技术

工具	目标			
	职业培训与教育	工作安置	客户导向型的岗位创造	工作维持
定制培训	X		X	X
优先协议		X		
工作支持项目				X
当地就业官员	X	X	X	
技能银行	X		X	
培训项目	X	X		
青年企业	X		X	
自我雇佣行动	X		X	
残疾人士技能开发	X	X	X	

专栏 10.1

案例 10.1　呼叫堪萨斯市

Sprint 这家总部位于密苏里州堪萨斯市的全球著名的通信公司大约贡献了 8 000 亿美元的税收。Sprint 公司曾做出过一个合乎情理的决定——将一个全球呼叫服务中心布置在了堪萨斯市的郊区。直到员工流动率和培训开支上升到令人无法接受的水平，Sprint 公司才开始意识到问题的严重性。随后在 20 世纪 90 年代后期，Sprint 公司管理层开始在内城重新组织其劳动就业并稳定其业务，而且与一些基于社区的本地组织合作在堪萨斯内城建立了新的卫星呼叫服务中心。

在堪萨斯本地的开发公司的帮助下，Sprint 公司将其呼叫服务中心布置在一座位于内城中心地带的建筑中。在当地社区培训组织的帮助下，呼叫服务中心为内城的居民，甚至是一些领过福利救济的居民提供了薪水可观的就业机会。中心每月培训 300 人，其中很多人在 Sprint 或其他的本地电话呼叫服务中心找到了工作。此外要提到的是，呼叫中心位于 Vine 大街 18 号，处于社区复兴计划中划定的企业区中心，因此为这一社区的就业与经济复兴做出了很大贡献。

资料来源：Initiative for a Competitive Inner City（1999）。

案例 10.2　机器化生产培训工程

马萨诸塞州的斯普林菲尔德建立的机器化生产培训工程（MAP），很好地说明了劳动力参与对创新本地培训和再培训以及保持制造业的作用。MAP 是工业保持和复兴联盟（FIRR）的附属机构，FIRR 是劳动力社区联合的一个网络，用于维护和发展美国制造业部门及其提供的高报酬工作。FIRR 工业维护模型针对三个主要问题：未来所有权，协调少数人群以及女性，保持制造业的竞争力。FIRR 认识到，如果美国制造业部门要变得更加有竞争力，必须采用新的高绩效的劳动力组织结构，这就需要将大量投资用于员工培训。

MAP 参与培训部分的内容是对当地金属加工业结构重组的反应。没有 MAP 对金属加工厂技术上出现的不匹配问题进行识别，这一斯普林菲尔德地区经济的重要组成部分就会丢失。他们的工作十分有效和独特，这已被普遍认可。1988 年，MAP 被福特基金—肯尼迪政府学院授予全美十大创新社区计划奖。1990 年，作家 D. Little 基金也给 MAP 颁发了两个创新奖。

20 世纪 70 年代末和 80 年代初期，马萨诸塞州斯普林菲尔德地区的金属加工业正在进行深入的结构调整。很多大型的、高度自动化的工厂关闭了，而一些采用弹性生产技术的小工厂飞速发展。1980—1985 年间，大约 15 000 个金属加工岗位被撤销，几乎全部发生在大工厂中。

1985 年，当地的一个国际电工工会的成员开始注意到斯普林菲尔德的美国 Bosch 工厂有一些投资缩减的迹象。他们通过业务经理 Bob Forrant 对当地和州的政府代表以及当地的经济开发组织提出警告，说这家雇用员工超过 1 000 人的工厂很可能要倒闭。然而各方面均表示不相信。他们认为工会的预先警告是对信息的错误反应。

当 1986 年美国 Bosch 宣告倒闭时，该工厂早已进行了生产向海外转移和拆除的工程。尽管工会尽力争取到了较好的遣散费，但他们无法说服地方经济开发组织去行使征用权，把工厂的设备接管过来，并为这个组织毫无影响力而困扰。于是，工会与当地的私营产业和劳动力委员会合作寻求政府资助,以成立一个州工业行动计划。1986年基金到位,用来组织MAP去完成当地劳动力市场的调查以及开发工人培训战略。MAP的调查发现了先前没有人认识到的技术上的不匹配。原先大家都只是关注主要的金属加工厂的流失,然而很多小的生产厂家正在蓬勃发展。相比大型的自动化,小生产厂家采用的是比较有弹性的生产流程。在小加工厂工作的工人因此需要更高的技能水平,他们得同时应付三台甚至更多的机器的操作,得能够读懂设计图并组装零件,并能够自己维修工具。很少有大型自动化工厂的工人具备这些技能。这与中央政府项目的不同在于,他们更多地关注保留和发展制造业,以保持当地经济的竞争力和这些高收入的蓝领岗位。

这样,被大工厂解雇的工人并不具备灵活的小工厂所需要的技能。该地区内的金属加工业正在衰落,以及蓝领工作岗位比服务职业低级的这一看法导致了小工厂需要的熟练劳动力的缺乏,从而造成了新的劳动力对金属加工工作不加考虑的结果。

1988年,马萨诸塞州教育部资助MAP在当地5个高等职业学校提供成人教育。课程的设计目标就是提高当地金属加工工厂工人的技术水平,当然课程也同时对高校学生和失业者开放。MAP与斯普林菲尔德技术社区大学、国家工具机械协会的当地支部以及其他几个联邦、州和地方的代理初步签订了协议,开发出供当地所有金属加工工业培训机构使用的通用课程。MAP在协议中充当协调和信息提供方的角色,他们负责对当地的培训需求进行调查,开发面向女性以及少数语种和少数族裔人群的招募战略,申请基金,以及督促受培训人员。

这项计划能满足小金属加工工厂、雇主以及学校等多方的需求。工厂只需为它们自己所无法提供的最先进课程支付最低费用。课程的协调性、通用的入学评估、基于能力的课程安排使得受培训者能够在不同的机构受到连续的培训。而且,各校间协议的透明度使得受培训者可以积累学分并最终得到金属加工技术的大专学位。州基金和学费用于提升学校新改进的课程以及购买设备。另外,MAP共同主办了一个夏季的新制造业技术学院,供20位当地的兼职教师学习,让他们随时更新自己的知识,学习最新的制造业技术。

MAP还收到了美国妇女劳动力部门的基金,负责开发一个提高妇女在机械行业的地位的计划。曼彻斯特职业开发组织(MCDI)是一个面向低收入人员的非营利性组织,MAP把这两个计划放在一起共同培训。MCDI已经给受培训者提供了很多包括照看孩子等在内的支持服务,以减少计划完成的障碍。

资料来源:Fitzgerald, Joan, and Allan McGregor. 1993. Labor-Community Initiatives in Worker Training. *Economic Development Quarterly*: *The Journal of American Economic Revitalization*, 7(2): 176—179. Copyright © Sage Publications, Inc. Reprinted with permission.

案例 10.3　英弗克莱德培训信托公司

英弗克莱德地区（包括 Greenock 镇的大部分和 Port Glasgow）是克莱德河沿岸最依赖于轮船制造行业的社区。即使在经过了很长一段时间的轮船制造业低谷时期之后的 1981 年，轮船制造业在当地依然占有了 17% 的总就业数（大约 6 500 个岗位）。到 20 世纪 80 年代末，几乎剩下了不到 1 000 个造船业岗位。这对该地区的主要轮船制造商 Scott Lithgow 来说是一个巨大的滑坡，因为在 70 年代中期仅他一人所雇用的工人就达到了 9 000 多人。

由于历史上的造船传统，这个地区的居民主要都从事与造船业相关的工作，加上它与大 Glasgow 地区的相对分隔，因此造船业的衰退被高度地当地化了。在该行业的工作岗位大量减少的阶段，英弗克莱德地区的失业情况更加恶化。在 80 年代早期，其失业率超过了苏格兰平均水平的 20% 左右，到 80 年代末期，其失业率已经超过平均水平的 50% 左右，而且当地人口数量从 1976 年的 105 000 人下降到 1985 年的 98 000 人。

当地提出了各种措施来阻止造船业就业数量下降的趋势。关键的创新方法就是 1986 年提出的英弗克莱德培训信托公司（ITT）。虽然 ITT 由本地负责运作，但其活动的初始基金是由叫作苏格兰开发机构的区域经济开发组织提供的。ITT 的组织者意识到由于国际上生产力过剩，造船业的就业岗位流失已不可能挽回。他们也认识到在一个发展缓慢的国家和区域经济中，吸引大量的流动资金的可能性十分有限，各地区对资金的竞争也异常激烈。因此他们强调的是给需要安置工作的工人提供新的技能，帮助他们选择其他岗位或者自我雇佣。

为了把培训与当地经济发展联系起来，针对失业者，ITT 主要为他们提供技能，使他们能够填补现存的岗位空缺或者吸引内在的投资者；对于在职员工，ITT 的任务是帮助他们提高生产率。为了达成这样的目标，ITT 组织必须说服当地的失业人员和在职人员相信培训和再培训的好处，并且要取得能够让培训更加有成效的资源。

ITT 的两个特点使得它能够在当地经济中扮演好这个艰难的创新角色。首先，它是作为一个培训的经纪机构创建的，而不是一个培训单位。ITT 处在英弗克莱德地区培训系统的中间环节，任务是确定当地失业人员和在职人员的需求并找出满足这些需求的办法。在某种意义上，这是个反应性的组织，在当地系统中创造一些培训上的动态改变或者发展。其次，这是一个独立的组织，只有少数的核心基金与资源支持。ITT 实质上是在进行培训服务的贸易。它以这个身份对现有英国和当地政府的项目以及培训项目加以利用，这些项目都是由欧洲公共市场社会基金组织建立的。

ITT 培训计划的一个主要部分是获得了社会基金支持。有许多受培训者都有资格接受培训,而对受培训者的调查显示,25% 的受培训者没有这个基金支持就无法参与其中。这就把 ITT 的培训从国家项目以利益优先的制度中区分出来了。

ITT 95% 的培训完成率说明彻底的监控和参与者的反馈是计划的关键组成部分。而岗位培训的安置率却显得不那么乐观。尽管大约有一半的原造船工人实现了再就业或者进行深造,但是相应的其他行业的受培训人员的这一数字却只有三分之一。尽管数据显示这比英国其他地区大范围的冗余要好一点,但很显然的问题是,把失业人员转变成自我雇用人员还是存在着很大的困难。

高失业率清楚地说明培训本身不是冗余或者失业的解决办法。它能促进人员数量合理地重新部署,帮助当地失业人员找到工作,但需要有对应的措施处理一定比例的净工作岗位流失。对受培训人员的调查显示,50% 的前造船工人认为培训直接帮助他们找到了工作,这就进一步证明了上述结论。91% 的受培训人员认为这个培训计划值得被推荐给其他失业人员,这表明工人们从培训中不仅直接得到了工作,还得到了其他的价值。实际上,虽然将近 60% 的工人意识到获得相关工作技能是关键的优势所在,但还有 33% 的工人强调要提高个人的自信。对许多受培训人员来说,在关键优势上,自信和相关因素大大超过了相关的工作技能。通过改善士气和自尊,培训使得当地的劳动力更容易把握该地区新出现的工作岗位。英弗克莱德地区希望能通过建立英弗克莱德产业园区来吸引更多的就业,保持这种动力十分关键。

资料来源:Fitzgerald, Joan, and Allan McGregor. 1993. Labor-Community Initiatives in Worker Training. *Economic Development Quarterly*, 7(2): 176—179. Copyright © Sage Publications, Inc. Reprinted with permission.

教学案例 10.1

作为经济发展的就业规划

工业基础下降,失业率高,联邦经济项目不协调,岗位培训和安置服务差,对古老的东北城市来说如何才能克服这些缺点并利用它的联邦资源建立起职业培训和推介系统,使得工业重新回到镇上,创造就业并且赢得私营企业的青睐呢?

Eastport 市在实现上述目标方面已经取得了很大的进展,原因就是他们把为私营部门提供真正的职业服务的努力,与为社区居民提供工作从而实现邻里安定的决定结合在了一起。实际上，Eastport 市经济转折点的关键问题是就业，特别是在城市核心区要有新的岗位来替代消失的旧岗位。达到这个目标的计划就是 Eastport 就业开发计划，并本着对城市规划的实事求是态度以及对联邦基金的协调运用来达到目标。该计划的主要目标就是创造就业岗位以及确保人们就业。

Eastport 计划的本质就是对所有的联邦城市经济推进项目进行协调，通过一个当地的中介机构建立起短期和长期的改善城市经济的基础。致力于公共事业、经济发展以及培训和就业的联邦基金从各个不同的项目中汇集到该城市当中。该计划就提供了一个在当地的层面把所有的项目结合在一起的办法。其目标是在 5 年内创造出 14 000 个永久性岗位。

我们可以吸取一些 Eastport 市在市中心复兴方面把一些计划联合起来的经验。这个城市早已面临一些其他旧城都会面临的问题，像内城税收的下降、中产阶级向郊区的转移、留下的人们对社会服务需求的增长以及失业率的上升等问题。为了解决这些问题，Eastport 市选择对市内的码头进行直接投资，将这一衰颓和陈旧的商业区转变成能够吸引国民的居住、商业和旅游中心。市区复兴行动的成功向市内的居民证明了，城市可以得到新的生命。该市打算对几个居民区也实施复兴计划。那些看到 Eastport 市成功实现复兴的居民们，有理由对新的计划能够改变他们的居住区充满希望。

该市行动的第一步就是重新组织市内不同职业和经济发展的行动，把它们划入一个单一的机构，即就业和经济政策局（EEPA），该机构的职责就是为该地区内新的或扩展中的行业提供受过培训的工人或者是联邦职业培训计划的学员，让工厂能够自行组织培训。

由于该市原先在提供就业服务方面的声誉很差，因此在城市承担职业培训和相关服务前需要先改变这一形象。私人雇主认为城市对其推荐的潜在工人提供的职业导向远远不够。许多受培训者中途退出了被安排的培训计划，或者是雇主对计划十分不满意，所以再也不用计划提供的工人了。在城市就业计划和社区机构间存在很少的联系，而这些机构对城市的不同文化和种族人群的特殊需求十分了解，许多工人就是从这些人群中被挑选出来的。私人雇主认为城市提供的服务并没有很大的优先性。

EEPA 开始着手改变这一局面。他们对雇主展开调查，找出他们曾经遇到的特别的问题，并征求他们对改善这些状况的建议。经常出现的一个问题就是市政官员在处理私人部门行业问题时缺乏直接的参与。为了改变这一状况，该市首先将独立机构所管理的在职培训活动改由 EEPA 管理。然后 EEPA 与国家商业协会（NAB）和城市同盟合作，为城市、居民、工作之间提供紧密的联系，这种联系在以前是最缺乏的。

不久后，EEPA 项目的在职培训计划同 NAB 正式合并了。原先的两个机构现在成为一体，各自仍保留原有的就业服务职能。NAB 的员工们有目的地接近商业团体，为经济上处于弱势的人们寻找工作。同意加入在职培训计划的工厂能够直接或者通过该计划雇用人员。工厂所得到的就是筛选、就业导向、在初次雇用前通过城市机构向每个就业者提出就业忠告等。

有一个正在进行中的培训项目是一个很好的例证，这个项目的目的是为船舶和计算机领域提供大范围的培训机会。港口位于一个主要的新工业区内，将会提供 3 500 个就业岗位。该市通过大量的基金来源将工业区内的一座建筑改造成一个职业培训中心，这是唯一的直接将正在发展中的船舶业与技能培训联系起来的专业培训设施。

培训中心的职员确定出高度专门化的技能培训需要仅仅 10 个月的时间。然后他们与那些在船舶工业园经营的工厂确认它们对具有此项技能的工人们的需求。在潜在雇主与培训中心签订协议后，雇主必须指派一个培训主管辅助设计培训课程。与培训中心签订协议的基本要求就是每个参与其中的工厂必须使用开发出来的计划。受培训人员可以在中心或者是岗位所在地培训。所有享用这一服务的雇主有义务优先雇用中心培训出来的人员。这根本不成问题，因为协议提供的是针对劳动力短缺的技能行业所专门设计的培训。

Eastport 市的状况现在看来要比以前好一些，逐渐开始有一个良好的职业基础。虽然建立职业和经济发展间的联系是一个关键的因素，但除此之外，还是有很多需要考虑的问题。通过加强城市的经济基础以及为城市失业居民提供就业机会，城市的领导者相信他们能够解决犯罪、居住条件差、卫生设施不足以及娱乐设施不到位等问题。

该项目最引人瞩目的一个特点就是为失业人员提供贷款帮助他们创业。并且在这个计划下，这些工人在开业阶段可以继续领取一年的失业保险金以及一些补助。另外，必须先接受至少 6 周的小企业培训才可以创业并加入退休主管服务公司（SCORE）以接受技术援助。这个项目受到了来自当地商人们的许多批评，他们宣称自己在开业之初并未收到任何补贴，这些工人所开展的业务是不公平竞争。然而，该计划在新工厂的竞争范围方面规定十分严格，规定新工厂的业务类型必须是与当地社区不冲突的。这样，你会怎么看待当地商人的抱怨，认为这个问题该如何解决呢？

教学案例 10.2

取消贫困救济金

随着全国经济的改革,许多城市都面临着不同的经济环境。中西部地区的失业率居高不下,贫困情况高度集中,而东北和西部地区的经济却蓬勃发展,失业人数相对较少。所有的城市都认为它们必须开展行动,取消很大一部分长期贫困人口的救济金,帮助他们得到报酬相对较好的工作。

许多专家认为,达到这一目的的秘诀在于让贫困人口接受更高强度的教育和培训,并且要保证提供像医疗保险、照看儿童等的后续支持服务,直至他们巩固好自己的岗位。

Margarita Majias 是 30 000 名接受福利救济的人员之一,官方声称她在过去 3 年州项目计划的帮助下,在 Holyport 市找到了工作,而在这个加州东北部的城市到现在还有很多工厂处于倒闭的境地。Mararita 是有一个孩子的单身母亲,她以前在一家鞋厂工作过,每小时赚 4 美元。不久后她发现,如果靠救济金生活她能过得更好,救济金还能提供食品和医疗保险。

依靠贫困救济金过了几年后,一个顾问说服她参加了职业培训,培训内容包括在哪里以及如何找到工作。最后她找到了一个房地产经理助理的工作。她的月收入从原来的 500 美元救济金上升到了现在的 960 美元,而且得到了一所可免费居住的公寓,并且公司还允诺将来会给她加薪。

"这真是个好工作,而且让我觉得自己被别人所需要,变得有人生目标了。虽然工作很辛苦,但我喜欢这样的生活,"她说,"我也不用为我女儿的医疗保险发愁了。我有生以来第一次能够如此体面地获得这个保险。"

很少有专家认为这种方式对所有的救济金案例都有用,但大多数专家都认为可以通过改革降低人们对长期救济金的依赖性,从而最终打破"贫困—家庭破碎—犯罪—吸毒—未成年怀孕"的恶性循环。

Holyport 市的计划不同于其他城市的计划,它是自愿性质的。合格的申请者可以选择固定的福利报酬或者津贴作为其工作的酬劳。大部分人都选择支票的方式获得他们的工资,因为这样更能体现出他们已经脱离了对救济金的依赖。这个计划包括面对面的咨询、教育、培训和安排工作,如果雇主没有为其缴纳医疗保险的话,则对贫困人口的医保计划会为其提供一年的保费。这一点非常重要,因为很多妇女说他们宁可靠福利救济金和医保救济金生活也不要去工作,挣得不多却还要支付高昂的医疗保险费。

另外,Holyport 市在此计划上还有新的努力方向。他们提议了一个叫作"工作帮助"的计划,这个计划可以让一部分非营利的社区开发协会(CDC)

雇用和培训一些靠救济金生活的人,给他们一定的津贴。该市的西班牙语社区开发协会负责经营一个加油站、一家社区超市、一个汽车租赁中介公司、几家保健诊所和一个日托中心。在这个计划下,该市将为该协会旗下所有雇用救济金接受者的公司提供补贴。该协会必须为这些人提供高于最低工资水平的工资并要保证在6个月内把他们安置到没有补贴的工作岗位上去。

在 Holyport 就业委员会最近的一次会议上,Ernesto Gutterez 要求提高补贴的数额和延长补助时间,因为那些申请者的素质太低了,需要更多的辅导。就业委员会对此有些为难,他们觉得这个计划已经太昂贵了,而且西班牙语社区开发协会在英语和文化教育上花费了太多的基金费用。根据对当地的评估,你认为该协会的要求合理吗?如果合理,为什么?你可以看一些当地的资料和社区组织的访问,来判断当地福利人口对工作岗位的准备程度。如果将当地有限的说英语的福利人口转变成没有补贴的职工的话,需要多大的代价呢?

教学案例 10.3

年轻人需要工作——自己创业!

Tung Ng 得到了一份越南家庭生活中心提供的越南年轻人主管的工作。但他很担心越南家庭生活委员会的组织者不会接受自己的工作意见。这已经是两年前的事情了,而现在他月薪 2 000 美元。

Tung 为这个社区低收入的越南人、柬埔寨人群体提出了一个计划,就是教给那些 14—21 岁的年轻人关于生意、私人财产管理和企业家头脑方面的知识。Tung 从越南学到了很多关于做生意的实际经验。他曾在美国航空公司的基层工作过。他的家人在西贡开了一家饭店和几家商店。他觉得那些出生在美国的越南人和柬埔寨人正在浪费他们的生意天赋,成帮结队,无所事事。

因此 Tung 开始了这个名为"年轻人行动"的计划,刚开始只有 20 个年轻人参加。计划在当地的中心开始,社区的任何孩子都可以参加。只有 30% 的成员来自越南家庭生活中心。Tung 承认这个计划有很多地方与青少年计划很类似。然而年轻人行动适合帮助年轻人真正在社区内开始自己的生意,更为职业化一些。这个计划同其他职业培训项目也不同,因为它不是教那些年轻人某一方面的专业技能。这个计划是教给年轻人如何开展自己的小生意。他们在周末、放学后参加 10 周的培训课程,他们还自己参加各种实习。

在培训课程的最后,每个年轻人都有了自己的创业计划。当地的亚洲商业人士组成评议团,对这些计划进行评价。那些值得投资的计划可以得到 2 000 美元和一小笔贷款。这些小生意必须与社区密切相关,切实符合社区的需要。而这些年轻人不可能在社区外找到一个白领的职位来作为他们对这一问题的答案。

"现在许多大小公司正越来越缺乏有经验和受过高等教育的白领，"Tung 指出，"亚洲青年必须早一些得到培训,把他们的天才和技能转移到他们自己创立的工作中去。"

他还说,年轻人行动的基础就是"努力重建新的自我创造的历史价值,培养他们获得成功必要的自尊、自立和自豪感"。如果计划持续获得成功的话,Tung 希望能够扩大计划的范围。

家庭生活中心为年轻人行动计划免费提供活动设施。该计划创造的所有资金都用于支持活动方案和向这些年轻人支付薪水。成员必须把薪水的15%交还给年轻人行动。这些基金存于信托基金,用于每个成员未来的高等教育或者职业培训。如果该成员不接受高等教育就自动丧失了这笔基金的使用权。

自计划开始以来,这些青少年已经开办了一个餐饮服务点、一家电脑培训中心、一个文字处理服务点、一家摄影店、一个小学生的暑期辅导计划和一个应答服务点等。除了这些以外,年轻人行动计划还提出了一些一次性的方案,如卖早点、面包、冰激凌等(他们在当地的折扣商店制作冰淇淋,然后就地出售)。他们还正在筹划一些服务项目,如婴儿保姆服务、越南和柬埔寨书展、儿童电脑电子交换会等。为了鼓励成员们对资金进行良好的管理,他们必须制定个人的财务预算并在韩国社区储蓄贷款银行建立自己的储蓄账户。Tung 说,之所以选择那家银行是因为他希望年轻人养成支持当地的亚洲业务的习惯。

"由于他们花了很长时间同银行搞好关系,因此现在银行工作的人员跟他们都很熟，"Tung 说，"我跟他们说,当他们老了以后就会知道申请信用金是如何重要了。"

他还说:"我发现很多孩子都极有天赋,他们会做很多事,如果我说,我需要一个广告招牌或者其他什么,有人就会说,我会做,我来做。然后他们就做到了。"

年轻人行动的委员会想通过一家公司或有限合伙机构来整合他们所有的生意。开展这项活动的原因是申请营业执照和其他各种程序使得一个生意很难开始营业。有的成员反对这项活动,因为他们认为通过这些过程可以获得锻炼和经历。Tung 反对这一变革。开办这些小生意的成本就是时间的花费,家庭生活委员有义务解决这一问题。假设你是一位经济发展方面的专家,委员会希望你来制订一个方案,帮助缺乏经验的年轻人开办生意并推广到更多人,你会如何行动?

10.8 小结

人们通常认为失业的人是没有能力的人,这其实大错特错。失业人员是一个很大的资源。他们能为自己、为社区创造更多的东西。本章讨论的这些项目通常都是其他活动的辅助项目或者附属项目。这并不是说,这些项目不重要或者需要三思而后行。这些项目尤其在短期内可以成为整个地区经济发展的战略组成部分。不管是否有委员会被列入了区域发展计划,在这个领域的确可以抓住机会去满足社会成员的特殊的培训和就业需求。

参考文献和建议阅读材料

Ashenfelter, Orley. 1978. Estimating the Effect of Training Programs on Earnings. *Review of Economics and Statistics* 60(1): 47—57.

Becker, Gary. 1975. *Human Capital*, 2nd ed. New York: Columbia University Press.

Blakely, Edward, J. 1982. Economic Development and Job Creation: Some Ideas and Examples for the United States. In *Job Creation Through the Public Sector? A Strategy for Employment Growth*. Melbourne, Australia: Brotherhood of St. Laurence.

Blichfeldt, Jan Frode. 1975. The Relations Between School and the Place of Work. In *School and Community*, edited by G. Blichfeldt. Paris: CERI/OECD.

Bluestone, Barry, and Mary Huff Stevenson. 2000. *The Boston Renaissance*. New York: Russell Sage Foundation.

Choate, Pat. 1982. *Retooling the American Workforce: Towards a National Strategy*. Washington, DC: Northeast-Midwest Institute.

Field, Frank. 1977. *Education and the Urban Crisis*. London: Routledge & Kegan Paul.

Fitzgerald, Joan. 2005. *Moving Up in the New Economy*. Ithaca: ILR Press.

Fitzgerald, Joan, and Allan McGregor. 1993. Labor-Community Initiatives in Worker Training. *Economic Development Quarterly* 7(2): 176—179.

Furst, Lyndon. 1979. Work: An Educational Alternative to Schooling. *Urban Review* 11(3): n. p.

Garmise, Shari. 2006. *People and the Competitive Advantage of Place: Building a Workforce for the 21st Century.* Armonk, NY: M. E. Sharpe.

Gleaser, E. 1980. *The Community College in the United States.* Paper presented at the OECD Conference, Higher Education and the Community, Paris, February.

Goldstein, Harold. 1977. *Training and Education by Industry.* Washington, DC: National Institute for Work and Learning.

Goodman, Robert. 1973. *After the Planners.* New York: Simon & Schuster.

Gross, Julian, Greg LeRoy, and Madeline Janis-Aparicio. 2005. *Community Benefit Agreements: Making Development Projects Accountable.* Washington, DC: Good Jobs First.

Hamilton, M. 1980. On Creating Work Experience Programs: Design and Implementation. In *Youthwork National Policy Study.* Occasional Paper no. 3. Ithaca, NY: Cornell University.

Have Factory, Will Travel. 2000. *The Economist* 355(8172): 61—62.

Holloway, W. 1980. Youth Participation: A Strategy to Increase the Role of School Youth in Creating Job Opportunities. In *Youthwork National Policy Study.* Occasional Paper no. 3. Ithaca, NY: Cornell University.

Information Technology Association. 2000. *Technology Updates.* Arlington, VA: Author.

Initiative for a Competitive Inner City. 1999. *Calling Kansas City: Sprint as New Economy Job Developer.* Boston: Author.

Jones, P. 1978. *Community Education in Practice: A Review.* Oxford, UK: Social Evaluation Unit.

Kleiman, Neil Scott. 2000. *The Skills Crisis.* New York: Center for an Urban Future.

Leigh, Nancey Green, Joy Wilkins, and Bill Riall. 2001. *The Economic Development Potential of Georgia's Biotechnology Industry.* Atlanta: Georgia Department of Industry, Trade, and Tourism and Georgia Tech Economic Development Research Program.

O'Toole, James, and Edward E. Lawler, III. 2006. *The New American Workplace.* New York: Palgrave Macmillan.

Schaaf, Michael. 1977. *Cooperatives at the Crossroads: The Potential for a Major New Economic and Social Role.* Washington, DC: Exploratory Project for Economic Alternatives.

Schweke, William. 2004. *Smart Money: Education and Economic Development.* Washington, DC: Economic Policy Institute.

Sher, Jonathan. 1979. *Rural Education in Urbanized Nations: Issues and Innovation*. Boulder, CO: Westview.

Swack, Michael, and Donald Mason. 1987. Community Economic Development as a Strategy for Social Intervention. In *Social Intervention Strategies*, edited by E. Bennett. Lewiston, NY: Mellen.

Willis, Robert J., and Sherwin Rosen. 1970. Education and Self-Selection. *Journal of Political Economy* 87(2): 350—366.

Wolman, Harold, Cary Lichtman, and Suzie Barnes. 1991. The Impact of Credentials, Skill Levels, Worker Training and the Motivation on Employment Outcomes: Sorting Out the Implications for Economic Development Policy. *Economic Development Quarterly* 5 (2): 140—151.

第 11 章　社区经济发展

社区发展和经济发展的不同经常会造成混淆,特别是对地方经济发展规划的新学生来说。这种混淆其实可以被澄清,只要注意到社区发展关注点包括住房、商业和就业发展、健康和安全、儿童发展以及教育和其他关键性公共服务等一系列发展主题。商业和就业发展可以被定义为社区发展中经济发展方面的内容。然而,重要的是要明白社区发展中经济方面的空间规模有多大。正如 Ferguson and Dickens(1999)所说:"没有人认为社区发展可以有效地抵消经济周期或者抵御宏观经济的重大变革。同时,它也不能像收入转移项目那样对贫穷做出短期回应。"(p.2)

社区经济发展关注在贫困地区的社会经济转变的邻里尺度。对于弱势人口集中并难以控制其经济社会发展方向或资源(人力和物力)的地区,社区经济发展需要在其中力求改善发展条件。着重于改善社区内部条件的发展努力可能需要把重点放在加强外部与邻里的联系上。加强这些联系通常会为社区发展的经济方面带来机会,将社区居民与社区外的工作机会相联系,同时吸引新的投资和企业(以及就业岗位)进入区域内部。

因此,我们可以看出,社区经济发展的关注范围较窄,它包含在以提高社区穷人和劳动者的条件和生活质量为目的的更广泛的社区发展的范围中。William H. Simon(2001)将社区经济发展定义为旨在"(1)致力于为低收入人群提高住房、工作机会或商业机会;(2)非营利、非政府组织在其中占主导地位;(3)这些组织能够对社区负责"(p.4)。

他还指出,社区经济发展运动已经产生了重大的法律和体制创新,这包括外围法律形式的运用,例如慈善组织和合作组织(Simon,2001)。除此之外,最重要的一个创新是《社区再投资法案》的通过,这个法案要求银行在贫困社区中开展借贷和商业发展等业务。

社区经济发展运动在近年来已经变得更为成熟了。例如,社区经济发展中心(CCED)已经发展出经济安全之家(Families for Economic Security,FES)项目。根据 CCED(2008),FES 项目是:

> 一个由立法者、律师、直接服务提供者和基金会组成的广泛联盟,支持为家庭、老年人和他们所居住的社区建立经济安全保护的政策。我们将经济安全定义为有足够的金钱以支付基本生存所需,例如房租、食物、儿童看护、医疗保健、交通、税务,并且有足够的钱用来存款或投资。存款和投资使人们能够应对不可避免的经济起伏,以及建设更稳定的未来。CFES[加利福尼亚州家庭经济安全组织]主张政策制定者在制定政策、分配有限资源时要采取切实的手段以实现收支平衡。

在过去的几年中,由于总体经济无法满足弱势群体的特殊需求,像 CCED 这样的努力不断增加。这些发展措施的目标在于开发有利于社会的劳动密集型项目,在改善参与者就业能力的同时,收回投资或获取利润。它们还寻求取得社区中更多的地方控制和所有权。正如 Parzen and Kieschnick(1992)所构想的:

> 所有权是经济发展观的重要组成部分。我们经常引用一则古老的寓言来描述经济的发展,即授人以鱼不如授人以渔。这是有道理的。但是,在 20 世纪,附于这则故事之后的关键问题在于,是谁拥有鱼塘?一个全部有形资产均由外来投资者掌握的社区和一个本地所有权占优势的社区是存在显著差异的。本地所有权的缺失意味着本地资产投资的不足或对本地资产再投资信心的缺乏,这二者均与经济发展政策相悖。(p.5)

此类举措的基本目标是,在邻里的范围内使人们拥有自己的鱼塘并从中捕鱼。这一目标的实现需要从以下几个方面做出努力:

- 为特定的弱势群体创造就业
- 获取本地/邻里经济的主控权以建立本地财富
- 鼓励自助和组织(社会资本)协作
- 为公共利益运行健康、教育和营养项目
- 提供可选择的中介服务以在本地创造就业

- 促进民主化管理以及企业的本地所有权和控制

在本书中其他部分讨论的活动几乎都可以作为社区经济发展措施来实施。大约20年前,Teitz(1989)清醒地对所有鼓吹邻里或社区经济发展的人提出警告:

> 邻里作为经济发展战略的目标,其本质非常复杂,特别是当该战略计划在其边界范围内创造经济活动和就业时。作为人们生活和工作的地方,邻里最直接地反映了他们的居住和生活条件。因此它们是游说和政治运动的逻辑焦点。但是,由于目前这种居住地和工作地分离的模式在美国城市中的进一步盛行,发展本地经济的措施面临很大的阻碍。(p.112)

幸运的是,美国各地中心城市的工作岗位和企业不断外流的趋势正开始发生转变。在最近10年中,由于某些人口群体(例如年长的"婴儿潮"一代、年轻的专业人士等)拒绝在郊区生活,以及一些公司试图避免城市扩展的成本,在我们的主要城市中发生了一场"回到市区"运动(Birch,2005)。总的来说,这对于邻里振兴和社区经济发展可能是一个很积极的趋势。然而,人们有理由开始怀疑,"回到市区"运动是否会增大收入的不平等并导致低收入居民被迫迁出。因此,将经济活动带回市区这个主要的社会经济潮流有可能克服一些Teitz(1989)曾指出的固有的邻里或社区经济发展的内部障碍。然而,除非这些社区经济发展工具能够有效地承受这一新趋势,否则作为CED工作重点的邻里或许能够为它们的新居民提供更好的服务,但是很难提高原有的弱势群体的生活水平。

本章着重讨论组织形式和目标,而非具体的社区经济发展活动。总的来说,本章讨论了以下五种组织形式:社区发展公司(community development corporations)、社区合作组织(community cooperatives)、本地企业中介(local enterprise agencies)、雇员/工人所有权(employee/worker ownerships)和社区就业与培训委员会(community employment and training boards)。表11.1对此五种组织形式进行了比较。

表 11.1 基于社区的经济与就业发展组织的比较

组织形式	目标	方法
社区发展公司	建立社区层级的机构	建立社区组织以及商业组织
社区合作组织	由社区/工人进行管理	集体业务
本地企业中介	形成再就业或社区业务	动员本地资源
雇员/工人所有权	由工人管理	提供工人金融服务
社区就业与培训委员会	人力资源开发	培训

11.1 社区发展公司

社区发展公司(CDC)是一种源于美国的机构组织形式,并已日益引起欧洲政府的兴趣。

CDC 的正式构想是在 1966 年作为"消除贫困运动"(the War on Poverty)的一部分被提出的。当时国会通过了一项示范计划,作为对《经济机会法案》(Economic Opportunity Act)的修正。然而,此项法令非常含混,其概念在 1968 年联邦资助初期 CDC 时才刚刚开始形成。CDC 运动在最初几年中主要是进行一些消除贫困、谋求发展的尝试,但一些目前仍在发挥作用的基于社区的经济发展的基本原则在那时已经形成,例如社区管理、全面发展,以及聚焦商业和经济发展。然而在当时,没有人知道如何去应用这些原则。CDC 运动的最初几年间也有一些失败的例子,但即便如此,CDC 仍然开始产生效果。

它们逐渐由反贫困组织转变为经济发展机构,管理和投资战略也变得更加成熟。CDC 更多地通过来自联邦政府的发展计划扩展其资源,而非通过最初的消除贫困运动或之后的社区服务管理机构(Community Services Administration)(该机构现已不存在)。举例来说,早期 CDC 关注社区服务管理,通常会创办托儿所,进行就业培训以及提供家政服务。

早期的 CDC 较少地投资于新兴商业,即使到现在,CDC 也较少自己投资于风险项目(例如房地产开发和技术支持投资)。相反,CDC 倾向于投资于管理成熟的企业(尽管通常是年轻企业)的少数股权和负债。而且,尽管

CDC 仍然根据社区需求选择项目,但都是在市场可行的范围内执行的。CDC 投资是存在风险的,但总的来说它们已经能以较少的投资获得较大的成功。作为这一趋势的一个结果,CDC 目前更多地是在私人部门中运作,主要是小型商业机构和社区融资机构。和企业家、房屋开发企业联盟及银行三者共同承担风险是目前 CDC 的普遍特征。

参议院劳动与人力资源委员会在评估各种联邦职业培训计划的绩效后得出结论,认为基于社区的机构作为经济机构,运行绩效异常出色。纽约 New School 社区发展研究中心的成员 Avis Vidal 提供了详细的 CDC 评估。根据她在 1995 年的研究,从 1980 年开始,CDC 在城市中建造了超过 435 000 所住房,而在乡村这个数字也达到了 115 000 所,另外它们还积极地促进家庭和商业的所有权并提供融资,有效地保证了许多贫困地区的稳定。此外,CDC 被认为是成本有效的,从而刺激了福特基金会启动了本地创业支持公司(LISC)。通过公共及私人发展基金的融资,LISC 已经在房地产和全国经济发展活动中创造了几亿美元的价值。

一条长期、全面的发展路径需要一项稳定而灵活的战略与一个可以发起和贯彻该项战略的机构。CDC 就是这样一个机构,并且提供了职业团队以及一些规划设计能力。尽管一些 CDC 在很大程度上依赖于社区志愿者的帮助,但绝大部分项目需要大量的专业技能。CDC 工作人员必须有足够的能力在其他私人部门不愿关注的贫困社区发展住房业和商业。这一任务需要专职人员的全力投入。CDC 通常有内部规划能力去解决土地利用和分区问题以及长期土地征集和经济适用房开发问题。优秀的 CDC 可以形成协调的、全面的、可行的、顺应社区需要的战略。这样精密的策划使 CDC 能够和财务状况更好的组织合作。

11.1.1　CDC 的制度优势

鉴于低收入地区开发的困难程度,基于社区的组织在其他组织进入失败或不进入的地区能够取得成功这件事似乎很难被人接受。毕竟,如果存在市场,那么它就应该被充分占领。

CDC 的成功可以归因于它们在低收入地区对资本进行整合与组织,从而克服市场失灵的问题。也可以说,CDC 重构了低收入地区的经济社会结构。银行和其他机构尝试过处理这些地区的经济事务,但可能并没有将社会壁垒(social barriers)纳入考虑范围。Vidal(1992)认为 CDC "对贫困地区的问题产生了极大的冲击"(p.19)。CDC 项目融资方面的成功归因于其对政治和商业实践的敏感性。这就需要一个全面、协作的战略来融合社会、经济和物质规划。CDC 的理念、构架和经济发展方式使其成为独一无二的机构。它们能够:

- 使用私人部门的发展手段来实现公共目标
- 为急需帮助的社区和个人提供服务
- 动员本地措施解决本地需要优先解决的问题
- 采取长期发展方式
- 将规划设计与执行相结合
- 将补充项目纳入全面发展战略
- 理解和适应私人部门和公共部门的流程
- 在法律许可的范围内,吸引公共和私人部门的资源,承担不同角色
- 直接和小型商业机构合作
- 社区资源的再投资
- 能够鼓励项目的有效运作
- 调度各个项目活动间的能力

当然,这些特征并不只局限于 CDC。其他机构,包括地方政府,也通常能够实行其中的一些功能。而且,并非所有的 CDC 都有能力很好地实现这些功能。但 CDC 是非常灵活的机构。它们可以对地方其他参与者的行为予以补充,通过其他机构的帮助来发展自己的能力,并承担更多的发展责任。在大部分的社区中,这一过程更多的是协作而非竞争。

举例来说,一个城市政府也许可以利用其在特定领域的特权进行土地整合,利用其权威力量吸引私人资本用于发展,之后授权一家 CDC 进行项目的开发和管理。在农村就业培训计划中,可以由一所地方的社区大学或州立大学的扩展服务来进行课程设计,由 CDC 判别和筛选受训者,并在培训结束后推荐就业。各州对于这种地方合作关系的贡献在于识别各种组织机构的不同角色以及支持创新的制度安排。

11.1.2 社区经济发展的挑战

在这个金融时代,社区经济组织的发展并非一帆风顺。ECI(Eastside Community Investment Inc.)的衰落就是最好的例证。ECI曾经是印第安纳州印第安纳波利斯地区最具实力、最有代表性的社区发展公司。在其最繁荣的20世纪70年代,它所雇用的员工超过100人,业务涉及家庭和社会服务的各个方面,包括家政服务、社区信贷联合会以及社区健康和福利服务,并且有超过28 000名贫民区居民接受其服务。ECI是社区发展公司的典范和骄傲,极具实力,和美国安泰人寿与意外保险公司以及印第安纳国家银行保持着合作关系,可以得到价值一百万美元的抵押贷款。随着业务规模的扩大,公司获得了投资房地产和小企业的机会,结果陷入财务危机的泥潭。在1997年8月,ECI破产并且解体(Johnson and Reingold, 2000)。

许多社区发展公司的建立是出于社会而不是经济目的。因此,这些公司的员工可能不具备应付复杂经济项目的必需技术。此外,这类公司还缺少熟悉商业风险、具有长远眼光的领导者。在内在发展动力上,社区发展组织更注重社会效应而不是经济决策;更注重增加就业而不是经济回报。并且由于多种资金来源及其不同的报告要求,社区发展组织的资金背景十分复杂,难以监管。最后,社区发展组织没有任何储备金或投资资本,任何的突发事件都有可能使整个组织解体。

11.1.3 社区再投资项目

社区再投资是一种社会哲学和社会运动,其目标是通过对银行和其他借贷机构施压,使其开发新的信贷项目并将资金投向低收入地区的住房、企业和社会机构,以此来平衡少数族裔和弱势群体社区的资本外流。这种再投资的关键在于1977年《社区再投资法案》的颁布。该法案宣称:受管制的金融机构"有一项持续而确定的义务去帮助满足其领取执照社区的信贷需求……这与保持这类机构的安全和良好运作是一致的"(Squires, 1992, p.11)。1994年,为了进一步解决贫困地区信用不足的问题,国家通过了《社区发展银行和金融机构法案》。这为社区发展融资机构（CDFI）提供了赠款、贷款、股权资本和技术援助。

因此，社区再投资突破了在贫困地区寻求良好信贷这一理论上的两难局面。这一运动的倡导者帮助设计了一些全国范围内的联盟，用于识别邻里物品（neighborhoods goods），例如住房，并将其与符合条件的少数族裔或基于社区的机构借贷者相匹配。社区再投资运动对于主要金融机构减少拒贷和其他不良借贷具有一定的影响。例如，它催生了一个新的寻求低收入借贷机会的金融产业，而且这一产业已经通过1997年的《社区再投资法案》的强化获得了巨大的推动力。银行要寻求合并，必须证明合并者不会对低收入地区造成损害，并且出示其对低收入社区的投资证明。因此，更多的资金被用来寻求低收入机会，而不是交给银行。

然而，即使是其最具影响力的倡导者也承认良好、合法的投资机会很难识别。而且，在融资社区中仍然存在大量的种族主义和选择性信贷。对于少数族裔社区缺乏基于社区的融资机制这一问题，一种解决方案是创建非传统的借贷机构，如社区信贷联盟（community credit unions）；另一种解决方案是创建社区发展融资机构（CDFI）。一些CDFI以传统的小额银行的方式运作，另一些则以社区发展组织或信贷联盟的形式提供商业、住房或其他形式的资产保障贷款。CDFI和其他借贷者最大的不同在于，它们不仅仅是提供资金，而且会参与借款者的活动。它们为借款者提供技术上的支持，并帮助它们寻找和识别其他的资金渠道，例如政府基金，从而提高借款者成功的几率。

11.2　社区合作组织

直到最近，集体所有权仍主要限制在初级产业中。但由于其劳动密集型的特点和民主化管理的潜质，对于此种形式的兴趣和关注正日益增加。更进一步说，社区经济发展的主题"在这种合作形式下有一种独特的亲和力"（Simon，2001，p.130）。社区合作组织在美国最初发生在就业、住房和信用领域。

合作组织由它们的成员所有。根据威斯康星大学合作中心（www.uwcc.wis.edu）的研究，合作组织有七项国际公认原则作为营业基础：

（1）自愿和开放的成员资格

（2）民主的成员控制

（3）成员的经济参与

（4）自治和独立

（5）教育、培训和信息分享

（6）成员间合作

（7）关心社区

一些常见情况会促使社区合作组织的形成，例如：

• 当一个企业主希望为社区居民提供商品以便其继续为该社区服务时；

• 当需要提供儿童看护、老人看护或其他看护等社区服务时；

• 当一群有能力的失业者或就业不足人员组成一个合作组织出售其服务，从而提高社区利益时。

在每种情况下，形成合作的步骤都是相同的。首先，要进行可行性研究，证明在一个合作的框架下，该项活动有成功的潜在可能性。其次，必须仔细思考组织结构的问题。所有权份额、领导模式和类似问题都需要尽早讨论清楚。尽管在最初可能存在对于合作这种形式的热情，但这份热情很可能会随着人们对系统规则的了解而退去。最后，必须进行强化培训帮助参与者适应这一新的系统。

合作需要有商业计划和可行性研究，并需要对以下几个方面的问题给予解答：

产品说明

• 有什么证据证明该业务提供的产品或服务存在市场需求？

• 市场上是否有相似的产品或服务？如果有，是否意味着你要和提供同样的产品或服务的本地厂商竞争？

员工

• 员工是否在合作组织管理方面得到了充分的培训？

• 工作团队中的技能是否平衡？若存在技能等级的差异，合作将难以实现。

经营场所、设施和原料
- 初创阶段是否有廉价的经营场所？
- 运作时将发生什么样的运输成本？
- 原料的供应如何？是否都在合作组织的控制之下？例如组织出售的产品是否由成员或社区居民制造？
- 组织是否能得到必要的信贷保障,以及是否有便捷的资本运作途径？

管理技能
组织是否有足够成熟的管理技能,以提供:
- 产品或服务的设计；
- 生产或分销的组织；
- 处理银行和金融业务；
- 市场营销。

合作组织有公认的法律形式,且在大多数州它必须根据当地有关法律从事商业活动。大多数州有专门针对合作组织的法规。合作组织能够受益于一系列的公共和私人支持,包括联邦税优惠的待遇,以及从全国合作银行获得贷款的机会(Simon,2001)。

11.3　本地企业中介

本地市场中介(LEA)是致力于通过支持和发展本地现有企业,提供公共和私人机构与社区之间的中间联系从而创造就业的机构。它们的主要功能在于降低获取资金、技术或专业协助的难度。LEA 通常由地方商业联盟、政府和基于社区的组织联合组成,主要是推动非营利性质的分配的发展,但也有可能建立创造利润的分支机构。

其基本功能包括:
- 通过一个永久性的机构为中小企业主提供全面的建议和服务；
- 为新业务的启动提供补充服务,包括融资保障和技术支持；
- 通过结成新的专业人员和基层群体之间的网络,树立起社区全体成员的信心；
- 提升新企业和现有企业的本地营销能力。

11.4 雇员/工人所有权

雇员/工人所有权是最近才出现的现象，是对悬而未决的企业倒闭问题的间接反映。当企业衰落时，工人和社区成员开始对自己拥有和运作该企业使其复苏的可能性进行评估。不是所有的企业倒闭都是因为业务失败。有时一个公司可能是一个多元化企业的一部分，而由于这个企业的战略目标有所调整，这个公司变得不符合新的战略计划。一些法律框架可能对此类计划的开发有用，其中两种广为人知的形式是雇员股票所有权(employee stock ownership)和工人合作组织(worker cooperatives)。

11.4.1 雇员股票所有权计划(ESOP)

ESOP 允许公司建立可以由员工购买的信托基金。信托基金可以像信托机构一样使用公司配售给雇员的股份。雇员可以通过不同的方式购买股票，包括扣除工资、支付现金和借款。实行这一计划多年后，雇员可以获得保留股票的权利。雇员拥有的股票在其离开企业或退休后将被再出售给公司。形成一个 ESOP 的步骤包括：

(1) 一个雇员组织的形成；
(2) 信托的建立和所有权计划草案；
(3) ESOP 借款以购买股权和运作资本；
(4) 确定股票购买和建立权益账户的融资需求；
(5) 组织债务服务计划；
(6) 建立雇员管理结构。

州和联邦法律控制着股票配售和信托基金的技术层面问题。这些专门的事项需要律师和其他专业人员的深入研究，因为其中存在许多潜在的漏洞。大部分的 ESOP 倾向于内部人控股而非公共控股企业，一般提供公司全部股份的 10%—40%，并且限制投票权。但雇员股票所有权计划可以用于建立以雇员所有为主体的、结构民主化的企业(Rosen，1989，p.258)。

11.4.2　工人合作组织

在工人合作组织中，雇员仍然是雇员，但同时也是企业的联合所有者。股份在所有的雇员中间配售，并可被再投资于企业的成长和发展。年底收入的分配主要由雇员的投票权重决定，通常按照在企业服务的时间长短来确定权重。这意味着一个工作了三年的雇员比刚刚入职的雇员有更高的投票权重。

工人合作组织与传统的商业组织存在差别。在工人合作组织中，成员的权利是个人权利，这些权利被分配给雇员是因为雇员在此工作。换言之，组织中工人的投票和分红的权利是无法被购买的。与之相比，在传统的商业组织中，成员的权利是可转移的财产权，从属于其所拥有的股票份额。这些股份可以出售给任何有能力购买的人，而此人可以与该组织毫无关联。

在一个工人合作组织中，工人是组织的主人。在这样的系统中，人们必须慎重考虑责任与义务的分配，因为并非所有的雇员都能为组织贡献相同的技能和才智。因此，民主化管理过程很可能发生严重的问题。组织的有些成员可能无法为组织的发展提出有益的建议。由于这一原因，需要持续考察组织成员的发展。

11.5　邻里/社区资产的定位和营销

社区营销与产品营销非常相似。产品和市场调研可以帮助社区确定应该在什么样的市场中为什么样的客户提供什么类型的产品。为了取得最大的效果，在进行营销之前，社区必须明确其资源的潜在购买者，例如旅游业中，购买者可以是国内游客或国外游客。社区必须了解其营销对象的一些情况：他们关注什么？什么能够吸引他们？如何能够与他们接触？这些问题甚至比在工业或商业经济发展中更为适用。社区的市场取决于社区想要接近的人群。在单个项目吸引战略和本地项目的融资支持方面都是如此。目标营销的基本内容相对而言是比较直观的,列示如下。

11.5.1 社区长期目标的判断

社区长期增长水平需要以社区整体人口规模和/或就业规模的目标来度量。例如,为了创造每年3%的就业增长,国际客户更有可能成为目标客户。而小的、成长型的企业更适合于倾向限制或控制开发的社区。

此外,人们还需要在不同类型的工业、商业和基于社区的活动之间取得平衡。这一平衡决定了将采取的营销措施的类型及强度。此外,对现有基础设施的认识会影响到对其替代品的开发和研究。事实上,我们不可能在没有长期基础设施规划的状况下选定特定目标。

关于社区如何组织和开发其资源基础的一个优秀事例是加利福尼亚州的埃默里维尔——最早的国家生物技术中心。埃默里维尔总人口不足10 000 人,取得这样的成绩的主要原因在于其致力于发展满足生物技术这一新产业需求的基础设施。

11.5.2 社区营销

任何营销都必须确实地描绘出社区的真实面貌及其所能提供的机会。精美的宣传册和华丽的词藻并不有助于社区的营销。主要的制造业企业有其内部的调研人员,因此并不会被这些广告所欺骗,而误导性信息的传播将会严重损害地区的声誉。

社区选择的交流形式必须足以吸引其潜在客户。如果主要的客户是日本方面的业务,则在日文报纸或杂志上刊登信息将比由地方市长或社区领导人亲自送英文宣传册至日本使馆更加有效。

与宣传册或类似的公共关系活动相比,科学或贸易类期刊将是一种更加重要的业务资源。如果想要引起企业领导者的注意,就应该通过企业高层的日常读物来实现。CEO 们看的可能更多的是《华尔街日报》《经济学人》或《纽约时报》,而很少阅读宣传册。

对目标产业的了解也是非常重要的。邻里或社区领导人需要了解那些愿意进入社区的企业的一些细节。由于社区领导者对企业及其需求显得缺乏兴趣或没有能够给予积极的回应,许多实业家或潜在企业家的积极性因此受到了打击。

制造业企业不是社区和邻里营销及招募的唯一重点企业。许多社区认为,为了提高竞争力、提供高品质的生活,它们需要在零售和医疗保健方面加强服务。例如,被一些大型零售连锁店忽略的社区已经开发了针对这类企业的具体的招募计划。它们还招募医药和医疗保健方面的专业人士。

11.5.3 激励和社区福利协议

激励手段必须与社区正在积极吸引或鼓励的该地区企业或企业家个人的需求相结合。财政刺激往往不及良好的业务环境、强大的零售潜力、可用的研究设施、合理价格范围内的适当空间、充足的基础设施和一个采取积极灵活的激励手段的政府来得重要。

社区在列出区位信息之外,还应该列出可得的服务和资源。许多社区经常发布宣传材料,但却没有告知获取更多信息的联系方式,从而由于缺乏交流而错失了出售的机会。因此整个社区都应该加入到宣传中来。(很多故事都提到成员之间缺乏协作会在非正式的谈话当中给来访者留下负面印象。)

同时,被招募到社区内的,或者仅仅是在寻找一个落地位置的企业,已经将提供激励政策看做是理所应当的。很多社区已经发现,提供激励措施无法保证社区能从新企业中获利。企业所承诺的就业水平可能永远不会实现,或者实际就业的人可能只是公司带来的员工,而不是社区中希望解决就业问题的居民。公司对现有基础设施——包括水、能源和交通——的使用可能降低社区其他部分的服务水平。最近几年,社区福利协议的运用开始猛增。这些由社区和新企业洽谈完成的具有法律约束力的合约,详细地说明了谁获得新创造出的就业、谁为基础设施付费以及新企业能够为整个社区带来的发展和做出的其他贡献。

11.5.4 社区宣传手册：介绍社区特点的一种途径

许多社区都使用整体的宣传手册。这也许会起些作用，但很少能打动企业。因为目标营销要求为某个产业或特定类型的企业树立一个具体、明确的形象，所以与企业交流的最好途径就是利用专门的社区宣传手册。与企业宣传手册类似，社区宣传手册将告诉购买者社区提供什么商品以及有什么机会。

宣传手册应该通过展示社区的产业和市场潜力来介绍社区的资产和商业机遇，当然还要包括社区商业和产业机遇的发展历史和前景。手册还应包含任何可能影响社区风险投资潜力的国家经济或社会趋势。除此之外，宣传手册的内容还应该包括社区的研发能力、基础设施规划以及财政援助项目。

关于研发能力的部分是宣传手册中最重要的部分。高等教育机构、研究实验室、提供科学知识和/或受过培训的人员的设施对于所有行业来说都是不可或缺的。应该在手册内介绍本地区内与工业、商业、农业产品和服务相关的科技发展的内容与特点。

另外，手册中还要介绍本地的其他私人性研究或先进设备以及主要产品、技术突破或知名专家。当然，很少有社区拥有这么多的资源，而大部分的社区可以通过提升在符合发展战略的特定领域内的研发能力的项目而获益。

在社区基础设施规划部分，要介绍社区的基础设施（如建筑类型和地理位置），以及与意向企业相关的设备和人才。还要具体说明社区内的工业、零售或者商业空间如何能够满足企业的需要。为了使说明更有效，应事先选好已被完全开发的地点作为建筑地点。一旦选定了建筑地点，就必须说明这个地点的特点和优势、其周围的经济活动情况，以及这块土地及其上的任何建筑是否会被买卖或出租以及相关理由。

关于基础设施规划部分，根据企业的性质（如制造业、零售业或服务业），涉及的主题将会有一些区别。已有的规划必须符合企业的需要。例如，为零售业和制造业介绍的基础设施描述要包括用水、能源、废弃物的清理和环保要求以及现有的运输系统。电信也是一个重要元素，需要被详细评估，因为在今天，光缆、互联网以及数据传输设施已经和用水及排水系统一样重要了。在论述制造业时,还应提到价格合理的工业空间的可得性,以及短期或长期的设施提供能力。

在谈到人力资源时,要介绍在本地可以向企业提供哪种劳动力,以及本地的行政、管理能力和整体劳动力供给状况。如果需要专门的培训,则必须写明如何进行培训和所需的费用。

财政计划是这个手册的最后一部分,因其必须建立在前面几个部分的基础之上。它不但要提供方案来弥补社区内关键性基础设施的缺口,还要向社区希望引进的公司提供具体的财政支持。这个部分当然还要包含可获得的财政计划,包括初步财政援助、风险资本、债务清算和其他专项投资,还要包括追加社区拨款和对地方资产的特殊安排。

11.5.5 地方政府在社区经济发展中的角色

地方政府可以在激励、支持社区经济发展的规划中扮演积极的角色,并采取以下措施:
- 发展循环信贷和相关的金融业务,为社区项目提供资金;
- 考察向社区组织分包合同的方法,包括提供社区服务和运行社区设施;
- 为社区组织开展企业活动提供工作场所及设施;
- 确认社区组织可使用的当地政府的设备是不足还是过剩;
- 建立人才或服务俱乐部网络,为社区组织提供技术帮助;
- 将基于社区的规划纳入整个地方的经济发展战略中;
- 帮助社区协商社区福利协议。

11.6 小结

正如我们在本章开篇提到的,社区经济发展的重点是在贫困地区以邻里为单位进行社会经济体系转型。特别是在次贷危机已经影响了全美社区的现在,有效的社区经济发展尤为重要。这要求地方经济发展规划者提高小规模区域的能力,使当地居民能适应国内和国际经济趋势及地方改革。

> **专栏 11.1**
>
> **案例 11.1 七 彩 拼 布**
>
> Tutwiler 诊所最成功的事例就是在诊所中出售由当地妇女生产的、色彩艳丽的非裔美国人风格的拼布床单和手提袋了。
>
> 这个项目开始于 1988 年,是由诊所的外联主任——Maureen Delaney 修女企划的。Maureen 修女是一名来自加利福尼亚州奥克兰市的社区干事,已经在 Tutwiler 工作生活了 5 年,一直致力于外联项目。
>
> 有 50 位当地妇女参与了这个计划,从而使她们在获得收入的同时也为诊所做些贡献。单人床床单可以卖 170 美元,大床床单可以卖到 250 美元。在华盛顿特区史密森尼博物院出售的手提袋定价为 20 美元。
>
> "参与计划的妇女得到了售价的 70%," Maureen 修女说,"其余的,有 19% 是原料成本,11% 用于外联项目。"
>
> "它让我有了收入,我为此感到骄傲," Lloyd 女士说,她因为糖尿病而失去了一条腿,在她位于诊所对面的公寓里,完工的床单随处可见,"我喜欢这个工作,大多数时间我整天坐在这儿拼接它们。"
>
> 另一个 Tutwiler 居民 Williebelle Schegog 说她每天从上午 9 点工作到下午 3 点,除了星期六和星期天。"这些是主的日子。"她说。
>
> "拼布的工作给了我们事情做。" Tutwiler 促进协会的成员 Alberta Mitchell 这样说。她同时也在社区教育中心委员会工作。
>
> 现在,她们每天接到成百份的订单,这要感谢 CBS "60 分钟" 的报道。作为 Tallahatchie 县学校委员会的主席和诊所的文化与拼布协调人,Lucinda Berryhill 认为这些订单大概要做 9 个月。
>
> 国家电视台的报道更掀起了向诊所里两家廉价商店进行捐赠的热潮。这些店为当地居民提供低价衣物和其他用途的物品。
>
> 资料来源:Vanburen, M. P. 1993. "An Upbeat Note for the Mississippi Blues 'Hard Times Come Again No More.'" *International Journal of the W. K. Kellogg Foundation* 3(1). 重印经由 W. K. Kellogg Foundation 许可。
>
> **案例 11.2 新奥尔良社区重建时的经济发展方法**
>
> 城市政府不是为了解决像 2005 年 8 月 29 日降临的卡特里娜飓风这样的长期紧急情况而建立的。此外,政府内部结构使其拒绝处理危机。地方政府当然喜欢稳定。正如俗语所说:"地方政府的设立就是为了道路、老鼠和流氓。"新奥尔良当然也不例外。地方政府希望尽可能采用以前的老办法。

因此，18 个月以来市政机构和非市政机构都将重建提上了议程。在一些领域，如清理废物，扩充人员用来应急是可能的；但是在其他一些领域，如建筑服务，成百个公共建筑物的维修对于一个人手不足的机构来说是不可能的。事实上，在灾后重建的工作中，比起修复原有建筑，更应该为了符合新的安全和规范要求而进行新的建设工作。因此，在大灾难降临时，有效的社区重建需要常规运行之外的新的机构以及新的重建小组。在火灾后的加利福尼亚州的奥克兰，为了处理奥克兰山的火灾后重建项目，政府专门建立了火灾区域规划和许可项目机构。这一举动大大加快了这一区域的灾后重建工作。

18 个月之后，新奥尔良设立了一个新的重建管理办公室，以指导重建的进程。它在美国联邦应急管理署(FEMA)的指导下独立运营，为一些情况设立了可以快速应用的短期应急方案，并在稳定的时候逐渐将这些方案融入日常管理体制。

经济发展：作为对未来的打造

灾难应对计划需要融入一个美好的故事或者未来愿景，从而激发现有和未来的居民的激情。在新奥尔良的案例中，这对于重建是十分必要的。新奥尔良人深爱着他们过去的成就。但是事实上，在卡特琳娜飓风发生之后，很少有居民会再去提起或分享对那些成就的热爱。为了创造一个新面孔和新空间，该市选择了以科技都市形象示人，既与其过去相联系，又旨在发展未来。新奥尔良案例是一个直观的故事，结合了丰富的历史及未来的潜力。

重建管理办公室的建议是重点在邻里层面上以公众认可和可持续的模式，依靠城市资源和办事处进行重建。从本质上讲，这是追求集群式的土地和经济发展战略(不要与产业集群战略相混淆)。

集群发展最初在 20 世纪 60 年代被提出，用以抑制城市蔓延，保护开放空间。回溯历史，我们会发现集群模式在所有城市发展的过程中都曾经被采用过——城市总是以小型密集区为始向外发展。新奥尔良是一个经典案例：它开始建立于法属区，而后扩展到 Tremé 区、上游和下游，并向北扩展到庞恰特雷恩湖。

市政府是集群发展的理想催化剂，不仅充当协调者，也是发展过程中的成员。城市向每个集群提供学校、公园、图书馆、娱乐中心和警察局这些基本的经济社会必需品，使其可以开始发展，就像第 8 章中提到的重绘的新奥尔良地图那样(见图 8.6)。

阐明经济发展方向并将其可视化是很重要的，因为这能够提供动人的故事。

教学案例 11.1

以工人为所有者

在富兰克林市东北部的一个深秋的傍晚,从 ComUNITY 体育用品商店的窗户里能看到一个书商和两个存货管理员。对其他人来说,工作已经结束了。但是对 ComUNITY 的主管和存货管理员来说,坐在空的跑鞋盒子和体育器械包装箱上,这一天才刚刚开始。主席 Joe Offer 召集了会议,而很快大家就对产品的类型结构展开了激烈的争论。一些人认为应该尽早降低滑雪器材的价格,以刺激城中 ComUNITY 体育用品商店的销售量。这是以前的管理者采用过的一个很好的销售策略。一些人表示反对,但只是因为这个策略是以前的管理者采用的。"谁愿意采用一个在全国体育用品产业链上几近破产的管理者的策略呢?"另一个热门话题是公司董事责任。正在这两个话题都讨论得异常激烈时,Joe Offer,这个刚刚上任不久的 CEO 兼商店经理暂停了会议以维持会场秩序。

在这时候,董事会秘书 Jim Schader 开口说话了。"Dun & Bradstreet 询问我们财务状况的细节,"他说,"在向投资服务人员提供这类细节方面,我们的政策是什么呢?"

当前还没有这类政策,但是有许多关于当前状况或长远计划的政策提议。在未能达成一致的情况下,Offer 做了总结发言,阐述了大部分人的看法:"我们有良好的信用,所以我们将提供有关财务的信息,因为这会有益于我们加快合作,并在必要时得到最好的信用评级,毕竟我们是这个公司的董事和股东。"

这是个不寻常的公司。直到去年,它和其他 10 家位于富兰克林市内的公司都是一个超过 200 家的运动折扣连锁店的一部分。公司在 20 世纪 80 年代折扣消费主义盛行时曾繁荣过一段时间,但也开始面临衰落的危机。这个时候,公司的雇员们主动接管了整个西海岸的业务,并在同一品牌下,以城市为单位,将公司分割。分店员工自己管理商店,但要处于伞状的公司组织结构下。现在,ComUNITY 体育用品商店每周的销售额比其他服装和器具连锁店高 20%,而 Roslyn 店的销售额上升了 40%。

"这是我们自己的商店,"滑雪用具销售经理 Faith Mason 告诉我们,"所有的员工都是这么认为的。成为公司的所有者这件事激励我们去让公司更成功。我们每周工作 80 小时,40 小时作为工人而 40 小时作为老板。你猜结果怎样?这反而使我更享受这份工作。我认为肯定会有更多像这样的公司出现,因为这个主意真的很不错。"

不过,雇员所有权在被提出的时候并没有获得普遍接受。在富兰克林市,工会领导人 Cornell Young 在几年前第一次提到雇员所有权时就遭到了批评。Young 回忆说:"一位公司的行政人员告诉我说那听起来像社会主义,但我告诉他我们只是想像 20 世纪 60 年代那样组织公司,每个人都出一份资金,由你来选举董事,由你来雇用老板。"

Young 曾多年担任联邦零售联盟(United Retail Sales Union,URSU)357 地区的主席。在 20 世纪 70 年代中旬,该地区的成员达到了最大数量 9 000 人。但在这之后,经济的萧条让许多体育用品商店不得不关闭,这让联盟失去了超过四分之一的成员。最大的变动来自 Pacifi Tex 总公司在 1977 年抛弃了曾作为其利润中心之一的 ComUNITY 后,在 1981—1982 年间又关闭了 14 家西海岸的连锁店,解雇了 400 名 URSU 的工人和一些小型纺织业联盟的成员。8 年间,总共有超过 150 家商店被关闭——这占到了 Pacifi Tex 在全国连锁店的 65%,所造成的损失在 1981 年超过了 3 000 万美元。

在很多方面,这是一个史无前例的协议。工人拥有公司的部分所有权,并且有权购买所有权,同时也获得了更多的权力,承担了更多的责任。这提供了学习管理技巧和获得合法财产的途径;而优先否决权使得公司不可能被拍卖或转让给其他人。这种安排给工人资产——最初每年约有 150 万美元,随着时间的推移,这个数字也在不断增长——创造了重要来源,使其可被用来为雇员所有的企业的激励和投资提供资金。

Pacific Tex 的管理人员承认他们的重点一直是他们留下的商店,而不是那些已经被放弃的商店。在没有做任何商店销售潜力调查的情况下,他们把商店当作试点。根据一位公司高层的看法,这个共识反映了"我们与联盟有着共同目标。美国企业和社区都要寻找合作的途径而不是互相竞争,这样才能提升我们的国际竞争力"。

即使是在试点进行的过程中,ComUNITY 的董事们也必须考虑从中国进口服装以使产品多样化。自从整个联盟发出"支持国货"的号召后,是否继续销售进口产品成了一个艰难的选择。但如果不尽快采取行动的话,恐怕公司就会永远消失了。这是一个难题,因为公司的员工们觉得销售进口产品损害了本地工人的利益。

董事会不知道如何说服员工,或是如何应对在全球化市场中竞争失败带来的冲击。现在他们需要你们的智慧来帮助他们解决难题。

教学案例 11.2

社区找到商机

湖区替代能源委员会(LAEB)是一家社区开发公司,旗下有三家社区事务代理机构参与了替代能源开发项目。这将给社区带来财政收入,创造新的就业机会以及给本地的居民提供廉价的燃料。

LAEB 所服务的湖区以高失业率、高度老龄化和家庭低收入而为人所知。传统的铁矿和木材工业的衰落给这一地区带来了沉重的打击。燃料同样是人们关注的问题，因为这里气候寒冷，每年的降雪量可以达到120英寸，并且有两个月的气温一直停留在冰点以下。当地燃料的开销很大，有许多老人把收入的一半用在了燃料方面。

第一个计划是用木屑做燃料，并最终由这几家社区事务代理机构在九个县其中的一个建立了一家木屑加工厂。这个共赢的行动向我们展示了社区代理机构是如何把它们的非经济资产转变为社区经济发展项目的有效基础的。

另一个项目是建造节能的示范房屋：改造已有房屋，使用木质的绝缘材料，并制造低耗能的暖炉。但在那个时候，能源的节约并不被人们重视，所以这个计划被搁浅了。

LAEB 由三个社区事务代理机构（CAA）构成，正在研究新的替代能源在促进经济发展方面的潜力。

LAEB 的目标包括分析木屑的深入利用和牧场上溪水能量的利用，从而为人们，尤其是为低收入的人群开发可替代的能源；进一步促进新能源的利用；在私人木材厂创造新的就业机会。最终，公司的意图是开发一种价格低廉并且适于商用和民用的新能源系统。

LAEB 强调自己并不是私人部门的竞争对手，而是地方经济发展的催化剂。LAEB 的成员把自己定位为私人企业家开拓能源市场的助手。他们所能做的项目包括储存设备及木屑原料，生产燃烧木屑的特殊暖炉以及给予销售和服务的代理权。LAEB 同样也希望建立木屑交易市场，这样就可以为樵夫、卡车司机以及生存艰难的木材加工厂带来收入。

LAEB 试图参与到社区中所有与其业务有关的领域。社区事务代理机构的代表们与木材产业的代表们还有本地大学和美国林业服务协会共同合作，把公司业务扩展到每个县，当然也包括低收入人群。还有很多技术咨询组织和委员会也开始为和木材工业有关的各个方面带来权威影响。

LAEB 在建立的初期仅仅关注木屑的开发利用，但现在希望寻找一个有经验的私人合作伙伴来建立木屑厂。Asperal 公司是一家明尼苏达州的木屑加工商，在听到 LAEB 愿意用借贷服务换取木屑加工厂后与 LAEB 取得了联系，希望与之合作。

LAEB 检验了 Asperal 的产品质量和担保，最终和它达成了贷款投资协议。作为获得低息贷款的代价，Asperal 必须在湖区上半岛建立一个木屑交易市场；如果成功，Asperal 将在 LAEB 所管理的九个县其中的一个建立加工厂。

作为可以得到政府基金的非营利性机构，LAEB 的三家代理机构用政府拨款与 Asperal 建立了政府民间合作关系。作为民间经营者，Asperal 公司从与代理机构的接触中得知了社区的基本情况，并且得到了当地居民的协作。LAEB 则获得了商业经营的经验和技术支持，从而确保计划的成功。

现在，摆在 LAEB 面前的问题是公司的下一步计划是什么。眼前的能源危机已经结束，木屑的价格也即将开始回落。如何才能使这些能源和专业技术创造出新的就业机会呢？

教学案例 11.3

新自由之家

新自由之家的建立目的是在新墨西哥州陶斯市的 Napahmoe 保留地建立起美国原住民首饰分销中心。这个市场主要为四个美国印第安协作组织营销产品，其中三个生产真皮制品，另外一个生产服装。这些协作组织是由美国国家原住民企业中心（NCNAE）创办的。

在最初，通过全国性商业目录进行的分销发挥了很好的功效。人们对商品的设计和质量都反应良好，而且圣诞节带来了大量订单。但是在节日过后，需求大幅下降。为了应对这一状况，自由之家决定在采用邮购订单的基础上，也加入在 Santa Fe 的不需预约式零售业务。这一业务还包括为所有的制作者购买原料，因为在此之前，许多人购买的原料或是价格过高，或是不能在本地直接买到。

之后，NCNAE 决定把新自由之家的所有权交给那些参加了协作组织并提供了货物的保留地部落。于是，这些协作组织为独立的工艺作坊营销产品，购买货源，并将所有工作者都视为组织成员。

新自由之家组织（NFHC）分为两层。第一个组成部分是"单位成员"，即参与生产和销售手工艺品的以协作为基础组织起来的个人的非法人团体。单位成员一共有 13 家，都在科罗拉多和新墨西哥，除了珠宝工艺坊以外还有几家皮质工艺坊、一家服饰工艺坊和一家蜡烛工艺坊。每一个单位成员都有权选出一名代表（通常是其主席）加入 NFHC 的董事会。董事会选出行政人员，由他们雇用专业的管理者和员工来运营办公室和仓库。

每一个单位成员（工艺坊）都是一个独立的实体，但是它们都以同样的方式加入组织，而且其内部成员也都签订了同样的合作协议。任何人在任何时间都可以加入工作坊，只要他签订了合同并履行相应的义务。成员可以选举管理者。成员的数目一般是 6—25 人。

每个成员签订的章程和营销协议是两份明确成员、董事以及行政人员各方面责任与义务的管理依据。

每位成员组织(单位成员)都对自由之家目录上记载的由自己生产的产品负责。这些产品包括麂皮手袋、皮带、袖扣、服装饰物、玩偶、毛绒动物玩具、儿童服装、帆布包、蜡烛、贺卡,以及许多其他内容。每个工艺坊都要负责自行记录总产量和各个成员的产量。自由之家总部的人员每两周来提取成品并带来成员们订购的原料和设备。

预付给制造者的款项包括劳动力成本、原材料成本以及其他的日常性开支。预付款的数目取决于制造者的周产量。

产品被收集上来后就被运输到新自由之家的仓库中,由质检人员进行登记并贴上产品标签。那些不合格的产品将被标记,之后会被退回工艺坊。在经过质量检测之后,一个目录下的所有合格产品将被放入储藏库,或是发送给全国各地的零售商或邮购发货商。邮购目录的邮寄地址清单包括美国、加拿大和英国。这份清单将随着和其他组织的交易以及直接邮购的手续费服务等而变化。

NCNAE 已经建立了许多以城市为基础的组织,包括6个零售渠道、西南形象艺术中心、西南媒体中心和 Flute 出版社。后两者是作为手工艺坊加入的,其工人们已经成为 NCNAE 的成员。尽管它们的活动范围仅限于城市,但这些活动也直接和乡村成员的需求相关。

现在,自由之家的前景并不被看好。其组织过于庞大而且分散在各地,这使得它很难与资产良好且与信用卡公司联系紧密的邮购公司相抗衡。但新自由之家也有自己的任务和意义。董事会现在就在讨论一所纽约大型邮购公司提出的收购计划;该公司希望得到新自由之家的管理权和产品分销权。董事长 Joseph 提醒他的同事们,无论是白人还是其他的少数族裔,在他们早期需要帮助的时候都没有出现。但另一位年轻的董事会成员 Susan Windfall 则认为董事长的想法太守旧、太种族主义了。她相信现在是印第安人向世人展现自己并以此获得财富的时候了。究竟谁是对的呢?你有什么办法来促使外来企业与印第安社区达成合作呢?或者你会否定合作并提出一个全新的企业构想吗?如果大家赞同后一个决定,你会怎么做?

基于社区的经济发展和就业激励在更为宽泛的地方经济发展战略中至关重要。总的来说,这些激励有很强的社会经济目标基础。它们深深植根于需求(既有团体的需求,也有个人的、地方的需求),在寻找经济机会的同时也被需求所驱动。它们提供了一种结构和资源以在邻里层面推动经济活动,同时为无法进入经济体系的当地居民提供了良好的就业机会。(表11.2是一个基于社区的就业发展计划示例。)

表 11.2　基于社区的就业发展计划设想

工具	项目设想
雇员所有权/协作组织	技能性职业协作：拥有熟练职业技能的人组成协作组织，向本地公司提供技术建议以及专业设备和机器的销售、维修服务。 现有公司的工人收购：制造业工人自己投资，并且接受"收入的调整"，从原公司购买相当部分的股份进而形成一个新的公司。新公司由工人联合所有，可能还包括州股份银行（例如由一个工会的金属业工人和新的股份银行组成）。 政府合作项目竞拍服务：制造业各个方面的专业人士组成协作组织，来竞标个人所不能参与竞标的政府或其他合同。
基于社区的就业	家庭能源系统审计及改装计划：这个计划的目的是为家庭和潜在用户提供能源审计和效率检测服务，帮助家庭进行能源花销预估，并为意图改装能源系统的用户提供改装优惠措施。这个计划还可以召集一批有改装能力的人来组成改装队。
基于社区的服务和就业发展	回收废品并用于艺术和手工制品的原料：这个项目是收集工业及其他行业所产生的废物作为艺术或手工制品的原料。相关事务可以由一家商店/中心负责，只要每年对中心进行捐赠或为每袋废品支付费用，任何人都可以取得废品。当然，还可以开设有关用废品进行艺术创作或制作手工产品的课程。

　　基于社区的经济和就业发展组织的记录不是一直这么好的。其中一些原因在于经济社会目标的混合不均衡、资金不足、技能缺乏和规划不足。另一个主要问题涉及所有权和控制权。在理论上，基于社区的经济和就业发展组织都拥有民主形式的所有权和控制权系统。但在实践中，当这些组织以商业为基础启动项目的时候就会产生问题。最后，正如 Michael Teitz（1989）所警告的，这里提到这些问题并不是为了诋毁这种做法，而是为了清楚地说明这类做法的局限。

参考文献和建议阅读材料

Birch, David. 1979. *The Job Generation Process*. Cambridge：MIT, Program on Neighborhood and Regional Change.

Birch, Eugenie L. 2005. *Who Lives Downtown?* Washington, DC：Brookings Institution.

Bradford, Calvin et al. n. d. *Structural Disinvestment：A Problem in Search of a Policy*. Unpublished mimeo. Evanston, IL: Northwestern University for Urban Affairs.

Carlson, David, and Arabella Martinez. 1988. *The Economics of Community Change*. Study funded by the Ford and Hewlett Foundations. Washington, DC: Center for Policy Development.

Center for Community Economic Development (CCED). 2008. Accessed June 2, 2008 from http://www.insightcced.org/index.php?page?cfess

Cummings, Scott, and Mark Glaser. 1983. An Examination of the Perceived Effectiveness of Community Development Corporations: A Pilot Study. *Journal of Urban Affairs* 5(4): 315—340.

Daniels, Belden, N. Barbe, and B. Siegel. 1981. Experience and Potentials for Community-Based Development. In *Expanding the Opportunity to Produce*. Washington, DC: Corporation for Enterprise Development.

Daniels, Belden, and Chris Tilly. 1981. Community Economic Development: Seven Guiding Principles. In *Resources*. Washington, DC: Congress for Community Economic Development.

ESOP publications and materials. ESOP Association, 1100 17th St., Washington, DC 20036.

Ferguson, Ronald F., and William T. Dickens, eds. 1999. *Urban Problems and Community Development*, Washington, DC: Brookings Institution.

Fuster, Stephen Collins. 1993. Colorful Patchwork. *WKKF International Journal* 3(1): n.p.

The Greenhouse Venture. 1989. *Economic Development and Law Report* 18(1): n.p.

Gurwitt, Rob. 1992. Neighborhoods and the Urban Crisis. *Governing* 5(13): 20.

Haberfeld, Steven. 1981. Economic Planning in Economically Distressed Communities: The Need to Take a Partisan Perspective. *Economic Development and Law Center Report*, December.

Hein, B. 1987. *Strategic Planning for Community Economic Development*. Ames: Iowa State University Extension.

Johnson, T., and M. Reingold. 2000. *Caution Signs for Community Development: Eastside Community Investment Inc. (ECI) of Indianapolis, Indiana*. Paper presented at the American Public Policy Analysis and Management Conference, Seattle, WA, April.

Kotler, Milton. 1971. The Politics of Community Economic Development. *Law and Contemporary Society* 36(1): 3—12.

National Cooperative Month Planning Committee. 2005. *Cooperative Businesses in the United*

States: A 2005 Snapshot. Accessed April 10, 2008 from http://www.uwcc.wisc.edu

Parzen, Julia, and Michael Kieschnick. 1992. *Credit Where It's Due*. Philadelphia: Temple University Press.

Peirce, Neal, and Carol Steinbach. 1990. *Enterprising Communities*. Washington, DC: Council for Community-Based Development.

Rosen, Corey. 1989. Employee Ownership: Promises, Performance and Prospects. *Economic Development Quarterly* 3(3): 258—265.

Simon, William H. 2001. *The Community Economic Development Movement*. Durham, NC: Duke University Press.

Snipp, Matthew C. 1988. *Public Policy Impacts on American Indian Economic Development*. Albuquerque, NM: University of New Mexico, Native American Studies Institute.

Squires, Gregory, ed. 1992. *From Redlining to Reinvestment*. Philadelphia: Temple University Press.

Teitz, Michael. 1989. Neighborhood Economics: Local Communities and Regional Markets. *Economic Development Quarterly* 3(2): 111—122.

Vidal, Avis. 1992. *Rebuilding Communities: A National Study of Urban Community Development Corporations*. New York: New School for Social Research, Graduate School of Management and Urban Policy.

——. 1995. Reintegrating Disadvantaged Communities Into the Fabric of Urban Life: The Role of Community Development. *Housing Policy Debate* 6(1): 169—250.

Yin, Robert, and Douglas Yates. 1975. *Street Level Governments*. Lexington, MA: Lexington.

第 12 章 建立实施规划

本章是关于如何将地方经济发展计划付诸行动。很多情况下,地方经济发展是公私行为高度混合的。为什么公共资金在面向私营企业的社区经济发展中面临风险呢?这不好回答。本书中,我们认为,公共部门总是直接或间接地参与决定经济活动。例如,修路便是一项间接但重要的促进经济发展手段。当然,税收结构为某些企业和个人创造了经济激励(Hill and Shelley,1990)。但是,经济发展在为某些人带来益处的同时,可能会对其他人产生严重的不平等。为应对这种负外部性和其他市场失败,公共部门应当鼓励私人资本的形成。另外,还应当提供投资者所要求的安全性和风险保护,平衡公共期望的收益和获利(Bingham, Hill and White, 1990)。《经济发展融资基础》(Giles and Blakely,2001),可作为本书的配套读物,为项目开发与融资提供详细的讨论。

12.1 公私合作关系

公私合作是一个长久、困难、耗时的过程。公私合作项目通常使用公共部门的资产,例如,建筑、航权甚至区划的改变,加之对公共机构的某些税收优惠,包括从信贷到土地、销售等实际税收减免。私人部门提供设计与开发能力,以及项目所需的现金和股权。某些情况下,这些项目就像是公共部门使用的一个收费停车场,同时地下有一个私人企业运营的电影院。公私双方的盈利或收入可以不同的方式分割。有时,财务方面需要私人部门每年缴纳一定的费用,而其他时候则是公共部门分担相关的风险。

公私合作关系非常复杂并需要特殊的治理结构,如图 12.1 所示。

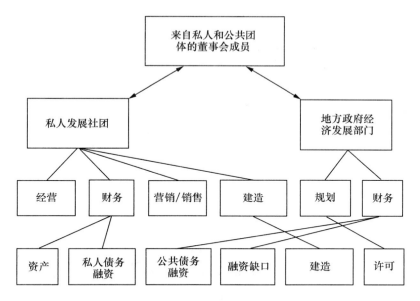

图 12.1　公私合作关系：组织结构和责任

资料来源：Oile, Susan, and Edward J. Blakely. *Fundamentals of Economic Development Finance*. Copyright © 2001 Sage Publications, Inc.

12.2　营销社区

　　营销商品和服务都很好理解。但是营销城市或社区往往集中在旅游业和游客服务业。当社区为了经济发展进行营销时，强调的是自身对于新雇主和投资的吸引力。但如今，社区营销就是在全球经济中定位其资产。社区构成了展示其资产的背景和基础，无论是人力还是自然方面。所以社区营销的定位不能仅仅是检验目前的人口基数及其消费模式，具体内容将在下文详述。当今社会环境下，社区营销是基于地方资源、机遇和选择之上的，这三者共同决定了"适合"其资源基础的公司和机构的类型，并向地方和外来消费者传达这一讯息。

　　社区要取得成功，需要明确的自身定位。这个定位要真实并且能构成地方经济活动的基础。因此像新奥尔良这样有狂欢节的城市，它们有真实的基础,但是这个基础必须重新识别,因为城市在历史基础之上制定了融合高科技和生物医药公司的发展战略,并按照"创意经济"的概念打造城市经济的未来。

12.2.1 社区营销分析和营销计划设计

尽管每个社区需要开发各自有趣的路子来展示自己的资产,但这种展示必须基于其要展示的经济领域的真实数据。通常,地方经济是区域经济系统甚至超级区域经济系统的一部分,后者诸如洛杉矶、伦敦、纽约或上海,这就需要将地方(邻里、城镇、城市)经济置于更大的环境之下,即使经济发展的目标仅仅是地方较小区域的经济发展,也应当如此。以下仅仅是所需步骤的概要,详尽内容见 Giles and Blakely(2001)。

- **市场周边环境**。社区在该地域处于什么地理位置?它向周边地区提供怎样的资源?
- **本地市场容量**。计划市场区域的面积如何?综合考虑过去和将来的人口、消费模式和经济活动,其组成部分有哪些?
- **资源评价**。对目标地区或地点的资源的优势、劣势及潜力进行有意义的评估。
- **市场渗透**。运用本地和相关资本,该地点能提供满足市场需求的能力的程度。
- **环境与可持续发展潜力**。当今社会,所有项目都需要社区或地区提供新的机遇。
- **区位竞争优势**。当今市场上,我们必须利用区位优势,而非一般区位属性。全球化已经淡化了地区甚至固定自然资源的比较优势,所以结合其特殊属性,例如可以提升社区质量与稳定性的文化、社会、教育、环境或股市表现等因素,可以很好地为该地区的营销创造优势。
- **成本因素**。在开创或定位商业业务时,成本总是需要首要考虑的因素。因此最好知道在社区或地区能够竞争和想要竞争的领域,对于该地区的公司或项目有哪些成本和收益。必须意识到,杂乱无章的公司竞争不值一试,因此地区必须知道在全球范围内,对服务于该社区的不同公司组合、非营利项目组合以及公私合作关系的市场成本和收益。

12.2.2 社区(城市或邻里)营销规划

无论是公司、组织、城市还是邻里,只要有竞争的意向,就需要营销和展示。很多人将营销和销售混为一谈。销售当然是良好营销的最终结果。但是营销是帮助介绍地区或产品概念的信封。良好的营销通过这样一种方式展示地区或产品,那就是让消费者因为其质量和可靠性等内在原因将其牢记心中。很多情况下,地区以标语代替真实的市场评估和展示。一条好的标语可以展现产品或地区的质量或其他方面,但是不能替代真实地提供商品服务。在这方面,社区必须展示它们拥有什么而不是它们想要拥有什么。所以,对沙漠社区来说,贴一张以大海为背景再加穿泳衣的猛男或美女的漂亮海报并没有什么说服力。但是太多的社区干的正是这种事儿。它们展示的是它们自以为消费者或当地政府想要的,而不是它们实际的样子。好莱坞将自己展示为"明星之家"是可信的,尽管很多电影不再是好莱坞制造。因此一个城市或者社区必须描绘它们拥有的,以及它们打算如何提供这些属性用以作为服务、吸引企业或促使其成长的竞争背景。如何一步步做到这些成为无数营销图书的主题。《经济发展融资基础》(*Fundamental of Economic Development Finance*, Giles and Blakely, 2001)中也有详细论述。以下是设计地方化营销的基本要求:

- **定位**。社区已对自身资本进行了评估,并根据其关键地区定位得出结论——交通便利、大学名校等。
- **加强展示**。最好是拥有通用和整体的机构或组织以统一的方式展示其定位。
- **交流**。交流不仅仅是通过媒体或标语,而是运用内外部方法向当地和外地居民组织和传递信息。
- **积极营销与反应营销**。地区必须决定要向哪些人如何展示。用大力宣传淹没受众的方法听起来不错但是收效甚微。它并不能在意向的地区吸引、保持或发展公司。
- **信息控制**。公司比社区有更好的机会来控制信息从内部散播出去。

控制的目的是不要把消费者"搞晕",但是要确保从商标到主题思想的连贯信息能够传达出去。

- **精确定位或小众服务**。社区,比如公司,需要找到合适的受众。有不错的渔场的社区最好在成人健身场馆而不是时政报纸上打广告。另一方面,高科技中心的社区需要在网络上或科技杂志中讲述自身的故事或起源。

以上都需要仔细考量,并应避免盲目跟风(即小企业、高科技、创意资本或"回到制造业")。好的营销应立足于现实。每个地方都有可以提供的东西,都有可以讲述的故事。

一旦我们知道了我们要营销什么,我们就可以制定融资策略来执行。

12.3 项目融资

首先,项目创意在其大环境内必须可行。其次,这些项目必须通过构建行动计划,明确项目、产出、资源和支持系统需求的相关细节,以通过可行性检验。对于较小、较简单、短期的项目,行动计划本身可能就足以得到项目创意的正式许可,之后再申明人力、物力、财力来加以实施。

若项目较大、较复杂、期限较长,则项目设计的行动计划就必须详尽申明其资源。当地方政府考虑运用行政职能实施该项目或该项目需要政府批准时,也需要详细的项目计划。

作为地方经济发展步骤的第五阶段,制订详细的项目计划有四项基本任务,如下:

(1) 可行性评估;
(2) 详细可行性研究;
(3) 设计和制定商业计划书;
(4) 监督和评估方案设计。

详细项目计划和正式行动计划的主要不同之处在于要求的详细程度不同。本章将集中讲解可适应任何要求的详细项目计划的一般标准。

12.4　项目可行性评估

项目开发是对特定项目创意潜力的重新定义与定位。在这个过程中，必须决定是否要完成计划阶段和实施项目。通常，项目开发需要一个或多个有吸引力的项目创意，对每一个创意都能精确地塑造和明确，并将不可行的创意剔除。要论证某项目，必须达到（至少初步达到）经济发展潜力和就业的标准。项目开发中，可行性由四个相互联系的基础决定：社区、区位、商业和实施（Malizia，1985）。

12.4.1　社区可行性

既然经济发展是社区问题，地方经济发展项目的制定和选择就成为社区范围内的政治行为。首先，地方经济发展的进程说明了使项目可行的必要支持基础。其次，它决定了项目是否具有充足的社区支持。

在决定项目是否具有社区可行性时，要小心为上。许多个人和组织在项目创意初始可能随意允诺支持，但却在项目即将付诸实践时撤回。要解决这个潜在的问题，地方经济发展的规划人员应当从其他关键人物那里寻求明确的口头承诺。之所以需要这些非正式的承诺是因为其他途径很不便操作。只有当项目已确定基本可行、已制订行动方案且其他重要人物及其职能明确后才寻求正式承诺。

12.4.2　区位可行性

对于区位/市场可行性分析，需要明确项目所需资源并确定其适用性。需要考虑该提案如何和其他已有的或计划的项目共存。之后，计划者应当对该计划提供的产品或服务的潜在消费者进行定位，并回答以下问题：他们是谁？他们在哪？他们为什么可能买这个产品？购买频率如何？然后计划者需要退一步考虑市场规模和趋势。他们应确定产品是否属于成长型行业，商圈是否在增长，以及开始运营时理想的市场规模是多大。下一步就是分析竞争。竞争相关的产品的优势和劣势是什么？市场占领策略是什么？也就是说，要赢得顾客应该怎么做？

以上问题的答案将提供两条重要的信息：（1）是否要继续这个项目；（2）在下一步的经济发展进程中，正式的市场研究和市场计划中应包含哪些方面。若项目通过了区位/市场可行性检验，那么就该考虑它的经济/财务和运营可行性。

12.4.3 商业可行性

基于市场可行性分析中提出的问题的答案，社区或其他投资者必须估计该项目的增税潜力并判断项目收回成本的可能性。明确资本的风险水平是决定投资者能否到位以及项目是否有再投资机会的先决条件。经济可行性研究应考虑以上每一个方面。这构成了地方经济发展进程的下一步中将要制订的项目费用计划的最初始的几个方面。

12.4.4 实施可行性

实施可行性通过考量社区中有实施项目的技术和能力的人员来决定。如果没有组织或管理项目的技术，那么项目的实施就无从谈起。另外，社区必须考虑服务和商品如何生产，生产途径，以及在开发和实施项目时能否满足"5M"（原料、人力、市场、管理和财力）。这项任务完成后，在实施项目前必须确定其财务可行性。本书的配套读物中，我们从各个方面详细讨论了经济发展融资以及支持经济发展的分析（Giles and Blakely, 2001）。

12.5 详细可行性研究

详细可行性研究的目的是定义影响每个项目成功潜力的关键因素，明确必要的条件和需求，以及评估满足这些需求的可能性。在项目可行性分析和行动计划中采集的相关信息构成了整体可行性研究的基础。这项研究对之前各步骤中出现的缺憾进行了更深层次的调查，并对每个可行性因素进行了更全面的分析——尤其是财务方面。调查应最后生成内部工作文件，该文件也将成为商业计划基础的一部分。商业计划则是更加正式的文件，用以向项目计划委员会之外的人发放。它包括可行性研究中的大部分信息但也讨论如何通过商业运营取得达成成功的条件。

可行性研究没有标准模式，但至少应进行三项特定研究：

(1) 市场分析；

(2) 财务分析；

(3) 成本收益评估。

以上研究应针对项目启动、业务扩张和兼并以及社区发展项目进行。但研究和评估的方法因项目而异。每项研究的范围取决于预期风险投资的规模和复杂程度。若发现任何主要问题或缺陷，必须彻底检查，延长研究长度，增加研究复杂性。尽管分析的确切性质会因调查的风险投资不同而不同，但每项研究中应对特定因素进行分析。这些因素将在下文中进行讨论，并穿插有相关信息资料。

12.5.1　市场分析

计划进程的早期阶段，我们简略观察了项目的潜在产品或服务的整体市场，也基于一般研究大致定位了项目的潜在消费者和预期数量。可行性分析中的市场分析更加具体详细，将定义项目的初级和二级市场并确定风险投资预期能占领的市场总规模与份额。要达到以上目标，市场分析必须严格分析以下三个因素：项目的产品、总体潜在市场、竞争。

12.5.2　产品

所有可能项目的可行性评估的第一步就是具体界定活动或商业要生产或销售的产品或服务。如上文所述，可行性分析中的其他所有因素都要和此定义相关。若风险投资项目将制造某产品，这方面的分析将包括技术研

究,涵盖以下内容:

(1) 关键技术规范,例如设计、可持续性和标准化;

(2) 工程要求,例如必要的机器、工具和工作流程;

(3) 产品开发,例如实验室和现场测试结果或计划。

若社区没有支付或实施技术产品分析的能力,投资就不可行。若投资项目用于销售(零售或批发)而非制造产品,产品分析将包括比较目前已有的产品,来决定将要销售的产品的类型或模型。至少应当具体地描述将要销售的产品。

对于制造、批发或零售来说,可行性分析还应包括必要或合适的选址。制造和批发项目中应明确位置特性,如邻近原材料供应者、消费者、交通、教育机构和其他直接相关资源。对于零售,商铺位置对于营销成功与否起着至关重要的作用。实体店的地址,或可能的地址,很可能在商业计划完成后才确定。零售店的地址应当在市场分析中加以明确,因为地址对大多数商铺的业绩影响很大。对于已有的业务,可行性研究应回顾其产品或服务之前是怎样的。若有所变化,应标明并解释。

12.5.3 总体市场

明确了投资项目将提供的产品或服务之后,市场分析必须回答下面两个问题:谁会购买该产品或服务?其潜在消费者的特性是怎样的?这两个问题的答案将定义投资项目的初级市场——将会成为主要消费者或使用者的人群——及其二级市场——也就是其他潜在消费者。商贸杂志和供应商、社区调查或当地商务调查都可提供大量相关信息。

对投资市场的地理限制也应进行评估。例如,若是零售店,则可能会限制在几个街区或周边社区内。而制造项目则可能有地区甚至全国的市场。行业协会和其他资源可以帮助确定市场区域。同样,也可以查阅商学院、图书馆和商会的资料。

一旦确定潜在消费者特性和地理限制,就可以通过明确在特定地理范围内具有这些特性的人数(或公司数)来估计总体市场的规模。相关数据可从人口统计(即人口普查)和各种商业普查(即企业普查)中获得。以上信息，连同在竞争分析中获取的信息，可使社区明确市场中有多少人会真正成为消费者（市场份额）。供应商、行业协会、商会、国家和州立部门及该地区其他企业主有助于做出以上规划。

要记住，很多因素都会影响投资项目期望占领的市场规模和份额。尽管有些因素是社区不能控制的（例如，人口、经济状况、竞争），但是也有很多因素是可以控制的（例如，价格、产品、产品结构和地址）。关于地址对投资潜在市场的影响我们已经讨论过了。产品或服务的价格是另一个社区很难控制的重要因素。尽管价格必须包含提供商品或服务的成本，但价格也由销售者的目标市场决定。

投资项目的目标人群可以是市场分析中需求最大或可行性最高的消费者群体。例如，投资项目是要将一项营养项目扩大到一般食品供应，可以调查几个已有相同产品的市场或细分市场的规模。样本可以选择老年中心、托儿中心和学校、医院、企业等机构。之后可以确定在以上各细分市场内或几个市场的组合内是否存在足够的需求来支持投资项目（要记住，需求不仅仅代表需要或想要产品或服务，还要具备购买力）。而后机构就可以选择将目标市场确定在哪个细分市场内以获得更大的成功可能。

在进行总体市场分析时，该机构应询问有哪些选择，且哪些选择可以让风投更可行。也应当调查一旦选择决定后，将面临哪些竞争。

12.5.4 竞争

提及竞争，我们不仅要注意到谁在销售同样的产品，也应该注意到谁在销售替代产品。当地商会和政府以及联邦商业普查可以帮助定位竞争者并提供关于他们的重要信息。理想情况下，应搜集汇总每个竞争者的以下信息：

- 区位
- 产品
- 顾客
- 市场份额
- 销售额和市场占有率

- 竞争优势
- 对其竞争方式的分析
- 成长潜力

地理位置的重要性取决于要分析什么类型的商业。若要投资杂货店，最好别和主要竞争者紧挨着。服饰零售店则正相反，聚在一起比单打独斗的生意要更好一些。政府发展部门、商会以及商学院和图书馆会有关于不同业务的选址需要的信息。注意不要排除在投资选定的市场地理范围之外的竞争者。若消费者的选择有限或远一些的商店更物美价廉，他们也不介意走远一点去购物。

说到产品，我们必须定义竞争者们在销售哪些相似的商品或服务，并知道他们吸引哪些类型的顾客。比如说，本地的一所托儿中心会吸引大部分有时间和志愿意向的父母吗？而另一所是面向单亲家庭或父母均全职工作的家庭的吗？每个竞争者服务的是哪方面的细分市场？

竞争者的市场份额和它们占领的总体市场的多少（数字上）有关，也就是业务的总量。市场和销售份额反映了市场份额数据的显著性。若某商户一年内服务2 000名顾客，这占总市场的5%、10%还是20%？要记住，某一产品或某一公司不会独霸所有市场。

通过确定在特定时间内在给定市场上顾客会在某产品上花费多少（总销售额），以及在每个竞争者那里花费多少购买该产品，可以确定销售份额。商会、当地商学院和图书馆可能会有每家公司这些特定数据的资料。

竞争优势是企业能否成功的关键。每个商户如何吸引顾客？是地理位置优越性吗？是提供免费停车或慷慨的信用条件，还是免费送货或安装？是价格更低，还是其产品在质量上有明显的不同？

要确定不同公司不同的竞争优势，可试试直接致电并看看它们的广告。它们在展现什么样的形象？它们提供怎样的服务？了解竞争是确定投资项目如何竞争的第一步。除了上述问题中包括的优势，投资项目也应该利用自身与社区的关系。

竞争优势之下，我们还应该分析竞争者可能如何对投资项目做出反应。他们会降价，还是增加广告宣传，抑或是扩大特定的产品线？他们对投资项目的这些反应会带来多少额外的风险？竞争者行为与他们近期自我营销的方式有关。

　　竞争者的成长潜力并不一定意味着实体店面或设施的扩张，而是销售额和市场份额的潜在增长。这可以通过评估其竞争策略或优势以及细分市场或购买力的预计增长来获得。若可行，也可以对其过去几年内的成长模式进行分析。

　　以上信息将提供该风险投资项目的总估计市场份额的实际评估。确定后，便可以计算出销售量，后者是财务可行性的关键因素。

12.5.5　财务分析

　　许多出版物，如 Kidder、Peabody 等人的《经济发展融资》(*Economic Development Finance*, 1986)，对财务可行性的各个方面进行了深入的分析。Richard Bingham 等在《经济发展融资》(*Financing Economic Development*, 1990)中，也特别针对地方经济发展提供了有用的论述。会计人员也可以针对理解并完成各种财务报表提供有价值的帮助。在这里我们重点关注六种重要的财务分析工具：

（1）初步财务要求估计；
（2）盈亏平衡分析；
（3）财务方案；
（4）预计盈亏表；
（5）现金流预测；
（6）投资回报率。

　　以上工具的前五种用于决定项目的财务盈利能力和债务服务能力。最后一种用于评估项目的投资回报能力，在投资决策中，此项评估经常与其他项目的评估结果相比较。

　　以上所有财务预测对基于其他可行性因素做出的假设和预测非常敏感。例如，若投资项目需要一名工程师或经理人（很可能需要高薪聘请），那么他的薪酬要求就会增加投资项目的启动和营运费用。可能有很多其他的经营方式来改变其财务状况。比如说，一家企业可以选择是自行制造产品的一部分，还是直接采购。财务可行性很大程度上取决于运营起始时的选择。基于不同的选择做出多个预测可能是有益的,因为可以通过比较来选择最具有可行性的那个。

12.5.6　初步财务要求估计

决定风险投资财务要求的第一步是计算收回成本之前的所有费用。包括三类:启动费用、初始营运费用和应急储备费用。

启动费用是指与业务开发和成立有关的花费。包括市场调查、技术可行性研究、雇用员工、购买设备、房产保证金、重置成本和初始库存。启动费用也包括创业人员的薪金或生活费。尽管这些费用可能在初期获得资助,但也应仔细记录,以便计算真实的花费情况。

初始营运费用是指在其到达盈亏平衡点(即收入等于支出)之前的营运花费。这些费用包括固定费用,例如租金、保险和其他此类不因销售额多少而改变的费用,也包括可变费用,即随销售额变化而变化的费用,例如广告和薪金。至于什么样的费用是固定费用,而什么样的费用是可变费用,部分取决于业务类型。

应急储备在风险投资开发计划中是必要的,用以应对意外事件和变故。通常来讲,应急储备预算占总项目花费的10%左右,但这部分费用具有非常大的不确定性。用以评估风险投资财务要求的工作记录表见表12.1,可用于风险投资启动。每种费用类型的估计应尽量详细、准确,其中启动费用可以直接填写。但是要估计初始营运费用,就需要先计算投资的盈亏平衡点。

表 12.1　初步财务要求

费用项目	成本
启动费用	
可行性研究	
法律费用	
启动时的工资与薪金	
雇用员工	
房产保证金	
重置成本	

(续表)

费用项目	成本
设备机器	
安装费	
初始库存	
广告促销	
营运费用(盈亏平衡点之前)	
工资与薪金	
广告促销	
管理	
租金	
付息	
贷款偿还	
公用设备	
税款	
保险	
应急储备	
总计	

12.5.7 盈亏平衡分析

盈亏平衡分析表现的是不同水平产量、销售量和服务供应量时总收入和总支出的关系。该指标指示了在一定条件下,何种水平的销量可以刚好达到盈亏平衡点。在该平衡点收入刚好等于支出。在该点之前,企业处于亏损状态,必须得到补助才能正常运营。该点之后,则可产生利润。

根据其所处的不同条件,企业可以有不同的盈亏平衡点。这些条件包括员工人数,拥有自己的运货车还是雇用派送员等。这些因素的变化会引起收入和支出的变化。

在盈亏平衡分析中,将总固定成本加上特定时间段内(如一个月)总可变成本得到总支出:

$$总成本 = 总固定成本 + 总可变成本$$

将总销售单位乘以每单位的价格得到总收入:

$$总收入 = 销售单位(产品或服务)数量 \times 每单位价格$$

通过盈亏平衡分析可以得出销售收入的水平是否可以覆盖支出。一旦知道了这点，企业就可以计算其在多长时间内能达到必要的销售水平或者计算其是否能够达到该销售额。进行该评估需要综合市场分析得到的信息。基于达到计划的盈亏平衡点的月数，就可以估计表 12.1 中初始财务要求的运营支出比例。

12.5.8 开发财务方案

一旦知道了项目的初步财务要求，当地发展部门就可以基于图 12.2 做出一系列的财务方案。每个方案的提出都需基于对所需成本的真实推测。个别方案也需考虑最好至最差情况出现的可能性。每个方案的组成部分需包括对如何融资及融资成功可能性的仔细描述。在规划一个新的项目时，需清晰定义所需财务支持的类型，否则会造成不必要的时间和精力的损失、不必要的混淆，有时甚至造成失败。

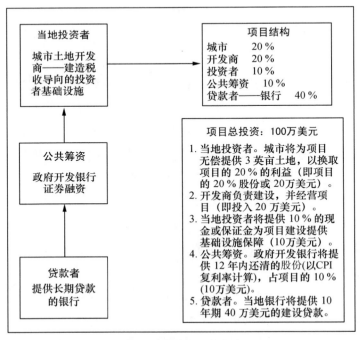

图 12.2　财务开发方案

从社区的角度看，某项目的资金需求已由该款项的目的清晰规定。而资本市场机构则运用完全不同的一系列标准来确定资金需求。为了成功投资，需按照该项目及资本市场的标准来确定资金需求。

贷款者分析一项融资方案使用的标准反映了以下六点考虑：

条款。所投资的款项及利息何时以何种利率收回？其与供应者的资金来源和稳定性是否匹配？

风险。还款的首要资金来源是什么，以及通过该来源还款的可能性有多大？有无次要还款资金来源，以及如果首要来源还款失败，通过次要来源收回所投款项的可能性有多大？

管理成本。为确保适时还款和适当控制，借出或投资的每一美元需投入多少时间和精力？

回报。对放款人来说，回报率是多少？

额外利润。投资是否能给投资者带来更多的储蓄额，新的工作岗位，相关企业、社区的友好意向或者其他有形或无形的利润？

投资组合匹配和专业技能。鉴于该组织政策及现有人员，该项投资是否与组织所涉及的地理、资金和专业领域匹配？

由此可见，这一系列标准和确定之前资金需求时所用的标准完全不同；因此，也会产生完全不同的定义。下面假设的一项社区企业的资金需求体现了这种定义的差别。

某社区有意投资财务方案中讨论的工业区。计划中，预计需要 100 万美元，使用如下：

（1）购置厂房——200 000 美元；

（2）购置设备——300 000 美元；

（3）承担应收款和库存——400 000 美元；

（4）早期亏损和应急——100 000 美元；

总计——1 000 000 美元。

而潜在的融资者则会以完全不同的角度看待这一投资方案，如下所示：

（1）房地产贷款，20 年，低风险，低管理成本，低回报，无额外利润，投资组合匹配较好——200 000 美元；

（2）已获得设备贷款，5 年，风险一般，收益较好，低管理成本，会带来储

蓄业务,投资组合匹配较好——100 000 美元;

(3)应收账款代理,年度更新,风险在可接受范围,高管理成本,高收益,无其他利润,投资组合匹配较好——100 000 美元;

(4)担保上述所需的抵押资产净值——200 000 美元;

(5)额外所需抵押资产净值——400 000 美元;

总计——1 000 000 美元。

为了成功制订一个财务上现实的项目计划,需要将资金需求进行市场化。为了避免定位正确的资金来源时浪费大量的时间和表达友好意愿的机会,项目的融资必须运用市场规则。

12.6 开发现金流分析

12.6.1 盈亏表

企业的盈亏平衡点由收入和支出的推测值计算得到。这些数值可以以季度时间表方式在企业的盈利和亏损(profit and loss,P&L)表中列出,有时该表也称"收入和支出表"。表12.2 为一例盈亏表。

表12.2 预计盈亏表

	第一季度	第二季度	第三季度	第四季度
总净销售额				
销售成本				
毛利润				
可变费用				
薪水/工资				
工资税				
安保				
广告				
会费				
法律和会计费				
办公用品				

(续表)

	第一季度	第二季度	第三季度	第四季度
电话				
公用设备				
杂费				
总可变费用				
固定费用				
折旧				
保险				
租金				
税和特许费				
利息				
总固定费用				
总支出				
税前净盈利（或亏损）				

盈亏表主要是运营支出的季度推测值，加上收入（销售额减去销售成本）的季度推测值。销售成本包括生产所售产品的直接成本。在制造企业内，这包括将购买的材料——原材料、直接人力、设备维修等——转换成制成品所需成本。在零售经营中，销售成本可能仅包括所售物品的存货成本。行业杂志和协会提供了很多产业的平均销售成本。

这些数值可用于比较或粗略估计，但是需进行适当调整以反映企业所处的特殊环境。

计算盈亏表中季度估计值时，需记得考虑销售的季度浮动。例如，销售游泳池设备的企业在夏季会达到销售高峰，而锅炉供应商则在冬季达到高峰。如果某公司生产的产品具有季节变动性，则应展示其整年的状况。

成本将在销售高峰之前几个月内增高，因为这时企业会开始增加存货。季节变动可以通过行业杂志和协会进行估计，也可以询问当地供应商和商人。新业务在销售开始累积时往往会有缓慢的初始阶段，在推测销售额时也应将这点考虑在内。大额付款到期的几个月成本会增加，在推测时也应包括在内。在盈亏表之外还应包括在推测时用到的假设报表。如果在财务可行性研究中检验企业的各种不同变动，这一点就显得尤为重要。对企业每个变动制作几个盈亏表也不失为一个好主意："有利"推测显示的是一切完美进行时的状况，是基于合理假设和推测的预期报表，"不利"报表则显示的是企业遇到很多问题或者环境发生未预期的负面变动时的状况。一旦所有类别中填入预测数值后，从毛利润中减去总支出（销售额减去销售成本），得到的数值就是推测的企业税前净月利润。

12.7　案例分析

该项目是地方/社区发展融资的典型，它显示了公共和非营利资产的利用。

对纽约某非营利项目的再开发情景分析

简介

下面的案例研究是基于参加一无偿咨询诊所的学生所做的工作，该诊所是米兰管理和城市政策新学校的社区发展融资项目（CDFP）的一部分。在2006—2007年为期两个学期的课程中，CDFP成员为位于哈林区的纽约城市联盟（NYUL）总部进行了各种再开发情景的财务可行性分析。在加入该非营利诊所之前，这些成员在金融建模方面接受过集中的技术训练。

这个案例研究展示的是这些成员分析的各种再开发情景，以及进行财务推测时用到的假设，并且突出了执行不同选择所涉及的政治风险和时机。虽然这些成员最终只向NYUL推荐了一份情景，但你仍需要从以下给出的信息中决定哪个场景最能满足NYUL的需求。

项目概况

纽约城市联盟是全美城市联盟的附属机构，成立于1919年，一直以来都设置于其总部所在地第136大街西204号。NYUL是"非营利、无党派、多族裔的社会服务组织"[1]，为全纽约的社区服务。其使命声明其角色为：

---

[1] Milano The New School for Management and Urban Policy, Community Development Finance. Contact: Blaise Rastello and Lisa Servon, www.nyul.org.

增进机会,帮助非裔美国人,包括个人、家庭和社区实现其潜力,影响公共和私人部门的政策以消除种族歧视及其后果。

NYUL 通过直接提供教育成绩和就业领域内的服务来实现其使命。目前,NYUL 正在追求其五年战略性愿景目标,即成为一个人员齐全的组织,具备一定能力通过倡议、工作培训和实现教育目标过程中的协助来帮助确保其所服务的人群,尤其是非裔美国人,能够得到教育和职业机会。

市场和需求

为了发现解决 NYUL 目前和未来空间需求的最合适的替代选择,米兰学生几次参观了 NYUL 的办公室,了解其目前的空间分配并和员工讨论未来的空间需求。基于这几次参观,他们认为如果对其空间布局进行调整,NYUL 总部办公室有足够的空间来承载目前的项目。并且,该大楼完全处于失修状态,如果进一步延期修复则会给该组织带来严重的债务和财务风险。此外,NYUL 员工和主任表示出了除满足现有项目需求外,他们还需要增加 25% 的面积以满足未来项目增长的需求。

现场分析

目前该大楼占地 10 919 平方英尺,四周为居民楼,但是在靠近其背后处有一片为市政府所有的空地。作为分析的一部分,NYUL 要求学生们分析一下利用该空地的可行性。表 12.3 为 NYUL 所拥有财产的分区要求。如表中所示,现有规划区拥有额外的 6 553 平方英尺可用建筑面积或者空间所有权。

表 12.3　纽约城市联盟

第 136 大街西 204 号	
规划分区	R7-2
社区委员会	10
街区	1 941
地块	38
地块面积(平方英尺)	5 079
建筑面积比	3.44
最大建筑可用面积(平方英尺)	17 472
现有建筑可用面积(平方英尺)	10 919
未使用的可建筑面积("空间所有权")	**6 553**
限高	6 英尺或 6 层楼
天空平面	2.7∶1

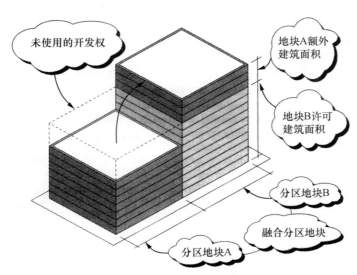

图 12.3 纽约城市联盟大楼

一般来说,空间所有权可以转换到毗邻的或者附近的地块。将空间所有权转至毗邻地块需要将两个地点融为一个分区,这样一个地块的未使用建筑面积可以附加到另一个地块的建筑的建筑面积。将空间所有权转至附近地点也可增加接受地点的建筑面积,但是这种转换的批准一般是为了促进历史建筑、空地或者独特文化资源的保护。在某些情况下,如街道阻碍,将分区分隔开来而使转换不能通过分区融合而完成时,这种转换就被批准。以标志性建筑物为例,经特别批准的转换方式可以为将包含该建筑的分区地块转换到毗邻的或者街正对面的地块,如果该建筑在街角,则可转换到十字路口对角线的地块。对 NYUL 来说,利用其空间所有权的唯一方法是进行分区地块融合将未使用的可建筑面积转到 NYUL 房产正南边的空地。

该空地是纽约城市基石项目的一部分。该项目旨在对 21 处分散的城市所有地进行住房和/或者混合用地开发,是布隆伯格市长新房屋市场计划的一部分。

基石项目将土地以 1.00 美元打包卖给开发商,但前提是这些开发商建设住宅单元,并且保证至少 20% 单元的价格对区域中位收入 80% 的家庭来说可以负担。NYUL 从未自行开发过这样的建筑,因此如果要承担这样的项目,需要与开发商或者施工经理合伙。

融资选择

NYUL 有几个可供选择的修复其大楼的融资渠道。这些渠道是通过研究和与领域内专家交谈得出，选择很广。我们的研究表明，总共有五种主要的融资策略来支付第 136 大街 NYUL 大楼的修复费用。这些资源包括贷款、拨款、资本预算款项、筹款运动及现有资产出售。

贷款。利用贷款融资的好处在于其时间线较短，一旦向贷款人出具所需文件后，几个月内即可完成。目前有几个专门为非营利实体提供设备修复、新建筑或合并所用资金贷款的债务载体。和传统银行借贷不同，这些债务可以通过像"种子公司"和"非营利融资基金"等的非营利贷款人取得，这些贷款人的保险标准和首付要求都更灵活。

这些组织意识到非营利组织通常没有有效的资金流动并且首付资金也有限。"非营利融资基金"并不要求抵押品和抵押资产并且借款额度高达 200 万美元。然而，其他的贷款人，如纽约经济发展公司，提供非营利免税债券项目，则要求纽约的机构在交易之前提供抵押资产以供他们参考，额度一般为 10%。某些情况下，抵押品可代替美元作为对其财产的抵押留置权。NYUL 也可以选择从银行进行贷款。

假设贷款与价值比例为 80%，则最大贷款额度为 224 万美元。如果 NYUL 从银行贷款，则月付款大约为 16 191 美元，年付款为 194 290 美元。①最后，可以用一笔贷款进行回桥融资。一旦明确了借款来源，只在施工期间利用贷款，则该组织可以早日开始修复。假设在施工期间可利用贷款，则财务方案中已经包括了施工利息成本。

拨款。拨款主要是免费款项。有些拨款除了对款项使用的限制外没有其他限制。另外一些拨款则要求组织提供匹配款项。例如，克里斯哥资本挑战提供给组织其募得款项三分之一的资金。这一融资的困难之处在于凑齐修复所需的资金需要耗费大量的时间，并且可能几年才能完成。

资本预算款项。虽然资本预算款项和拨款一样无须偿还，但米兰小组仍将其视为独立的融资来源，因为它获得的过程和时间线不同。资本预算款项是提供给包括市议会、国会和参议院成员在内的国家和地区选拔的官

---

① 假设这里的贷款是 7.25% 的利率和 25 年分摊还期。

员的可任意支配款项。这些款项需求很大，根据每个官员的预算不同可为项目提供小部分或很大部分资金。这些款项很难取得还因为很多领域组织和事业都参与竞争。此外，所述款项的可用性受市和/或国家预算的拨款周期影响，一旦年度预算减少则相应款项也会缩减。

筹款运动。大楼的筹款运动可能是筹款中受限制最少的，因为 NYUL 可以自行定义筹得款项的用途。筹款运动耗时耗力，筹得设备更新的款项可能需要几年。然而，鉴于 NYUL 和关系广泛的执行委员会之间建立的关系，筹款运动是非常可行的选择，可以全额支付设备更新所需款项或者作为款项的一部分，减少对其他来源——特别是借款的依赖性。

现有资产销售。NYUL 有两项可用于销售的资产。第一项为空间所有权，3 853 平方英尺的未使用占地面积可带来大约 183 006 美元的收入。该房产有 6 553 平方英尺未使用的空间所有权，但是每层厕所和电梯井所占空间使现有的空间使用权减少了 2 700 平方英尺。另一可出售资产为现在第 136 大街的房产，这笔收入可以用于在空地建一栋新大楼，这笔资金大概为 266 万美元，可用于新的开发。①

成本假设

要建立一个资源和用途时间表，需要对不同再开发方案相关的成本做出基本假设。CDFP 主要考察了以下五个情景：

（1）场地修复；

（2）空地新建；

（3）现有大楼修复和城市所有土地开发；

（4）现有大楼中等修复；

（5）现有大楼简单修复。

表 12.4 为建立资源和用途时间表所需的所有成本假设。

---

① 这一数字基于对 NYUL 提供的 280 万美元和 5% 销售成本的估值。

表 12.4　制作资源和用途时间表所涉及的成本假设

成本假设					
建设成本					
承包价格	$160	psf			
应急	10%				
电梯	$100 000				
浴室	$120	psf	$144 000	总计	
现场工作	$65 000				
建设额外开支	20%				
家具	$50 000				
软成本					
建筑与工程	5.00%	住房费用	建筑许可	$10 000	
其他顾问	$20 000		估计保险费	$5 000	
融资费用	1.50%	贷款	准许索偿诉讼费	$50 000	
抵押及再编码	0.00%	501c(3)	法律及会计	$15 000	
开发费	0.00%	HC		$10 000	
建设期利息	7.25%	12 个月 60%			
临时办公室搬迁					
办公空间需求	$5 000	sf			
基于对办公空间租房的假设,NYUL 不需要其现有的全部 10 000 平方英尺					
市场租金率	$40	per sf			
基于 Harlem 非营利办公室间市场的可比租金率					
总年租金	$200 000				
财务假设					
长期银行贷款					
鉴定价值		$2 800 000			
基于贷款价值比的数额	80%	$2 240 000			
利率		7.25%			
摊销期		25			
年付款		$194 290			
月付款		$16 191			

（续表）

空间所有权					
全部可获得的空间所有权	6 553				
NYUL建筑扩展额外面积（电梯和浴室）	2 700				
未使用空间所有权（NYUL建筑扩展后）	3 853				
平均每平方英尺价格	$50.00				
销售成本	5%				
净佣金	$183 006				

问题和分析

1. 建立每个情景的资源和用途时间表。
2. 基于这一资金信息和以上所示信息，说明NYUL应当选择哪个情景。
3. 为了提高分析精度还需要什么额外信息？
4. 除了财务分析外还需考虑什么其他因素？

12.8 项目可持续性

项目可持续性取决于项目的财务状况及其满足社区的社会和环境需求的程度。现金流，以及项目投资的回报，包括资金和社会方面，也是可持续性的一个方面。

12.8.1 现金流预测

现金流预测与盈亏表相类似。两者的区别在于：现金流针对一个企业实际拥有的现金和每季度可以兑现的有价证券，而不是全部收入和全部费用。因为一部分收入表现为信用销售，一部分费用可以数月以后才支付。季度计划现金流显示一个企业是否有足够的现金支付每个季度发生的费用,以及企业在一定期间是否需要短期融资。表 12.5 是一张现金流量表样本。"累计现金流"等于本期的季度现金流加上上期划转的季度现金流。与盈亏表类似,你可能需要根据不同背景对于现金流的影响进行预测,如租赁或采购生产设备。

表 12.5 计划现金流

贷款前启动期	第一季度	第二季度	第三季度	第四季度
现金(月初)				
现金				
银行现金存款				
投资现金				
现金总额				
收入(本月)				
现金销售				
信用销售支付				
投资收入				
贷款				
其他现金收入				
收入总额				
现金和收入总额				
费用(本月)				
库存和新购原料				
工资(包括所有者工资)				
税金				
运输				
贷款偿付				
其他现金支出				
费用总额				
现金流量(月末)				
累计现金流(月度)				

12.8.2 投资比例的预期回报

投资回报率(return on Investment,ROI)测算一个项目的回报与投入的比率。该比率可以让潜在投资者比较投资于一个项目是否比投资于其他项目能得到更大的回报。投资回报率被认为是衡量项目投资盈利性的最佳标准之一和衡量管理效率的主要指标。项目一旦开始运营,即可以将实际投资回报率与行业平均水平进行比较,作为监控项目运作表现的一项工具。

投资回报率的计算方法,是用当期税前净利润除以期末资产净值。预测的净利润可以从盈亏表得到。净资产就是所有者权益或者所有者投资;简单说就等于资产减负债。净资产不包括长期债务,虽然有时候也可将次级债务(subordinated debt)包括在内。

投资回报率是一个百分比。例如,如果3个月期税前净利润是5 000美元,当期期末资产净值是20 000美元,那么,投资回报率等于25%。

$$\$5\,000 / \$20\,000 = 25\%$$

通常看来,14%—25%之间是比较理想的投资回报率和可能的未来增长率。还有其他更复杂的计算投资回报率的方法,可以向商业分析师或者会计师咨询,确定一种最合适的计算公式。

12.8.3 成本—收益分析

成本—收益分析是一个复杂的课题,超出了本书讨论的范围。所以我们只讨论一般性的术语。下文对成本—收益分析的基本介绍需要有更大范围和更具体的讨论作补充。

成本—收益分析考察一个项目对地方经济和社区的净贡献。它将地方社区因吸引特定项目而在其基本目标方面的可能成功与其因在该项目上投入资源而损失的机会进行比较。

成本—收益分析的方法有很多种。最常用的三种方法是:净现值分析(npv)、成本—收益率分析(c/b)和内部回报率分析(irr)。每一种方法,包括整个成本—收益分析的概念,都存在根本的局限性。在分析其局限性之前,我们先对各种方法进行简单介绍。

进行成本—收益分析的第一步是测算项目成本。成本测算要包括项目运营每一年的年度资本和运营成本。下一节讨论的财务报告是确认这些成本的出发点。必须注意的是,这里计算结果反映的是对赞助商和项目运营主体的成本,而不是该项目对社区而言的经济成本。要计算社区的经济成本,必须对计算方法做一些改动。为了确定社区经济成本,必须将实际使用社会资源的费用计算到项目中,但是要减去仅反映社会资源控制权由一个部门转移至另一个部门产生的支付。这种转移支付包括税金、借贷偿付和借贷利息偿付等。

沉没成本(sunken costs)是指成本—收益评估开始之前已经发生的项目相关成本。这些成本当然也应当不包含在项目决策过程中发生的成本之内。只有那些可避免的资源成本是相关的。例如,为完成另一项目而设计的项目,其经济价值的大小并不取决于该项目已经发生的成本,而仅取决于完成整个项目所需的成本。

第二步是预测项目运营期间每年产生的收益。这些收益包括项目产生的商品或服务的销售收入,也包括项目结束时剩余设备的销售收入。对社会的贡献也应该计算在项目收益当中。为了反映项目的社会贡献,项目给原来失业工人发放的工资和项目的各类服务的价格应该给予比其实际市场价值更高的权重。这样可以反映项目对地方经济和社区在经济学意义上的贡献。必须注意的是,由于工资计入成本项,在项目成本控制中,给失业工人的工资往往会适当少算。而服务价格计入收入项,所以在进行项目的利润分配时,该项收入部分略微有所提高。

确定项目成本和收益的过程非常困难。从表12.6可以看出这个问题的复杂性。调整项目成本和收益以反映相关的社区价值和目标的过程,就是所谓的影子定价(shadow pricing)。如何确定影子定价正是一个经验丰富的成本—收益分析师能回答的问题。一旦成本—收入(收益)调整到能反映相应的社会和社区价值,我们就可以开始计算(1)净现值(npv);(2)成本收益率(b/c);(3)内部回报率(irr)。

表12.6 项目评估的影响

直接影响	可能的间接影响	
就业	就业	收入
结构	产生其他就业机会的乘数效应	乘数效应
永久	其他就业机会减少	
	教育和培训	

(续表)

直接影响	可能的间接影响	
收入	收益	土地使用
员工工资	销售额	项目周围新开发项目,如住房和商业项目
低收入/弱势群体	房产税	房产价值增长
利润	商业许可等	住房要求
土地使用	服务成本	环境/社会成本
土地价值变化	下水道	交通/交通拥挤
	供水	社区设施
	学校	空气污染加重以及因空气质量标准造成的工业发展空间减少
		社区社会项目

净现值（npv）就是所有项目收益现值减去所有项目成本现值之后的余额。这里的关键概念是现值。这个概念可以这样解释：因为项目的运营发生在未来，成本和收益产生在不同的时间点。因此，需要以一个选定的基础年份计算的现值来表达未来的成本和收益。这可以使用社会贴现率来计算，也就是折算未来项目成本和收益的特定比率。

成本收益率（b/c）是全部项目收益除以全部项目成本现值。如果 b/c 比率大于 1，说明项目对社会有贡献。内部回报率（irr）是使项目净现值等于零的贴现率，即使特定期间内项目净收入现值等于项目净成本现值。

成本—收益分析有其局限性。首先，只有可以从经济学意义上能够量化的项目影响才能容易地植入成本—收益分析。所以，类似指导社区如何在社区组织或者灌输荣誉感和自我价值观念的社会项目，不能适用成本—收益分析来进行评估。其次，对于某些收益的定义一定要非常窄。最后，在决定评价一个项目对社会的贡献的权重，或者决定社会贴现率时，有太多自由和任意决断的空间。由于这种灵活性的存在，使用成本—收益分析反映社会利益时，存在操纵现象。

从整体上来看，人们通过成本—收益分析可以比较多个竞争性项目及同一项目可以采用的多种可选方式。但是，这种分析毕竟不是衡量项目对社会产生的价值的精确手段。因为成本—收益分析只能纳入可量化的社会结果，很多重要的"社区精神"和态度等方面的价值被忽略了。大部分情况下,决策者有必要将成本—收益分析作为衡量项目实际价值的近似值的计算工具。为了对这一评估方式进行改进,在以上的计算中还应该加入对非量化成本和收益的描述性分析作为补充。

12.9　组织机构设计

在为一个项目制定组织形式的时候,一个发展组织应该认真考虑如下因素:
- 经济发展目标
- 组织希望对项目施加的控制程度
- 内部管理和员工容量
- 项目潜在义务对地方发展的影响
- 与经济风险相关的机构或政府
- 在社区的形象
- 获取外部公共或私人资金来源的能力
- 税金、证券和商业法规的要求

下面,我们对几种最普遍的组织形式,包括非营利性内部机构、营利性分支机构、合资企业和特许经营企业等,从税收、商业、法律、社区和组织因素等方面进行考察。这里的概述并不是一个完整列表,只是众多可供选择的形式的代表性介绍。地方开发机构应该首先确定项目的目标,然后与经验丰富的律师合作,共同寻求最合适的形式以合法地实现目标。为项目选择合适的法律架构不是一次性决定。随着组织的发展和变化,组织和地方开发机构会有不同的需要。项目的架构以及和地方开发机构的关系可以进行变革以适应变化的需要。

12.9.1　进行可行性研究

未来项目的可行性研究完成后,将其交给一个独立专家和地方经济发展顾问委员会成员进行评审是有帮助的。评审人会对项目提出不同角度的专业意见。他们的评价和改进工作意见将加强可行性研究并证实其结果的有效性。

经过评审的可行性研究应该交给负责人决定是否继续执行。可行性研究应该经过几次社区或市民小组会议的评估。第一次会议可以向决策者解释可行性研究的功能以及进行评估时需要考虑的问题。第二次会议展示和讨论可行性研究的结果。第三次会议向社区解释项目对社区的潜在利益以及其他隐性成本和收益。最后一次会议做最终决策。一旦选定一个项目,我们建议每次只启动一项计划。这将使执行机构的风险降到最低。下一步工作是准备商业计划,也可以是监控和评估程序。

12.9.2 准备商业计划

商业计划与可行性研究关系密切,后者为前者提供了所需的大部分数据。但是,这两种文件有着重要的区别。可行性研究的目的在于探求项目运营的多种选择,以评估行动成功的可能性。商业计划则是具体描述项目运营的方式以及作为运营基础的各种假设。可行性研究讨论业务可以运营的不同方式;商业计划描述业务将要运营的方式。商业计划是对项目的可行性的最后审视,通常比可行性研究更详细、更长,特别是涉及技术细节时。

商业计划的格式同样可变。像可行性研究一样,商业计划也没有标准格式。商业计划的格式因业务类型和具体用途而异。不管采用何种格式,商业计划至少应该讨论以下问题:

- 产业和业务(包括产业总体特征和业务的历史)
- 所提供的产品和服务
- 市场(包括市场规模、趋势、竞争形势和市场份额预测)
- 市场营销计划(包括定价、分销和促销)
- 开业前和开业计划和程序
- 生产/运营计划
- 组织和管理(包括职位描述、人力需求、授权、工资、关键人员的技能和经验)
- 社区利益(包括经济影响、人力开发和其他社会影响)

- 财务计划(包括启动融资、计划融资、计划财务报告,如资产负债表、损益表、现金流量表和盈亏点分析)
- 控制和反馈系统(包括监控计划)
- 与业务和商业计划相关的关键风险和假设

以上这些问题大部分在可行性研究中至少都涉及过,但在商业计划中要更加深刻和详尽。这些基本问题可以用多种方式讨论,但重要的是,必须在计划中加以讨论。可以向专家进行咨询,他们熟识商业项目和财务问题,并能够帮助选择最适合的格式。

12.10 监测与评估

通过对项目结果和成本进行系统化和细致的分析,项目评估能够引导项目更加有效地运行。这是一个持续的程序,当一个项目还在设计规划阶段时就开始,项目实施时仍然继续。当项目进入运营阶段时,还要进行一次全面审查。简单来说,项目评估始于规划阶段,同时,评估程序必须在规划过程中体现。的确,可行性研究和商业计划中应该包括单独的评估计划部分。评估计划必须说明以下内容。

12.10.1 后续评估的标准

如果可行性研究的主体内容完成得很好,则这些标准自然可以从时间表、成本和预算限制以及生产产量目标中得出。这些可测量的关键领域可以作为后续评估的标准。这对具体的技术型项目和社会项目来说都同样正确,虽然后者更难以量化。正如在项目直接和隐含的目标中确定的,项目最终期望获得的收益和影响,也应该包括在评估标准中。这些收益应该包含以下内容:

- 为社区低收入群体创造的确切工作机会数量
- 管理技能发展和工作提升机会
- 社区内收入流向变化

- 项目自给自足
- 对社区发展的贡献
- 基础设施建设
- 提供高质量的商品和服务
- 社区教育机会
- 社区所有权、控制和决策机会

12.10.2 评估方法

本节说明将使用的评估方法以及导入的时间点。在项目后续评估中,评估人的任务是测量项目规划是否确实反映了实际发生的情况。这可能意味着随着政府的优先考虑的因素变化,必须对某些成本和收益进行重新计算和重新调整。得出的最终数据可以使开发者对项目和社区目标有一个更加现实的看法。因此,本节内容应该将成本—收益预测作为未来评估工作的基础。

其他的评估方法和方式还包括使用控制小组进行比较分析、基准指标、样本分析以及各种数据收集方法,如实地考察、问卷调查和访问等。这些方法同样大多出现在项目开始,即计划设计研究和调研之时。这种研究做完之后,就可以确定一个消费者实验测试组和一个控制组。然后,可以确定诸如项目规模和创造的工作机会数量等基本指标。测试或访谈可以在项目启动之前揭示出某些关键的问题和情况。

在后续评估中,应对实验组和控制组分别作项目实施前和实施后的比较分析,以及对关键问题的结果进行审查。此外还应当进行财务方面的评估,比如差异分析,即实际财务表现和预算的对比分析。如果项目没有进行预算,则即使这一分析可以进行,也会相当困难。

12.10.3 执行评估的时间表

计划中除了确定项目实施的时间表之外,还应当制定评估的时间安排以避免无限拖延,或者,如果有些项目,特别是社会项目的预期结果无法在项目完成后立即显露出来,也可以制定一个可接受的评估滞后时间范围。

12.10.4 后续评估的预算

这一部分不仅应该包括总预算金额和分项细目,还应说明承诺的或可能的资金来源,以及预算审批的时间表。

12.10.5 评估的组织和人员要求

这一部分应该概述评估团队的规模、人员的资格、他们的报告关系以及获得项目资料和接触项目人员的途径等。

按照后续评估的定义,负责后续评估的人员必须以综合的眼光进行评估。虽然项目实施过程中各个组成部分可以单独实施,但是评估人员要将项目作为一个整体看待。项目成功还是失败,取决于项目整体上是否达到了其预期目标。

通常,一个评估团队的构成至少要有技术和项目管理专家。团队可以由三到五名在项目相关的学科中具有一定研究水平的专家组成。专家们可以从大学、研究院所,也可以从各政府机构中邀请。然而,在选择专家时首先要考虑的因素是他们的专业知识和经验,因为评估工作的质量高低直接取决于专家自身的水平高低。

对于外部强势评估团队是否优于项目执行机构内部的评估团队的问题,目前仍存在分歧。外部团队比较客观,但是他们可能对项目缺乏全面了解和视角,也无从得到项目的软性和硬性的背景资料;内部团队对项目比较熟悉,容易获得各种资料,但是容易流于主观。

另外一个必须注意的问题,是培养地方的项目评估专家。建议对地方专家进行项目评估技术和流程培训。在任何时候,选定项目评估团队之后,团队成员必须在后续评估报告完成的期限上取得一致。

12.10.6 一致性：评估组织工作的准则

一致性在这里是指项目文档的格式、要求和程序。项目各个不同层次和不同阶段在多大程度上建立文档，文档的建立在多大程度上标准化，这些都直接影响评估人的工作。程序的一致性要求文档按照某种要求存放，以便评估人能够找到各种项目文档。建立数据银行，存放项目每日更新的记录和所有其他相关材料，对评估工作有巨大的帮助。

12.11 小结

详细的项目计划书的编制是项目开发的关键环节。作为项目可行性分析和初步设计(如行动计划编制)的归结点，详细项目计划书对项目的所有方面进行综合分析。它用以明确项目是否可以实施(详细的可行性研究)，在实际中如何执行(商业计划书)，以及如何通过对比项目实际效果和预期效果之间的差异进行项目监控等。

地方政府可以自己完成这些工作或者聘请专家完成。通常情况下，地方应该能够对提交的可行性研究报告进行评估。在项目开发中，几乎任何细节问题都不能忽视，否则项目就可能失败。不论项目使用的是税款还是私人资金，项目可行性研究都是非常重要的——劣质投资项目会占据土地，影响其他投资者的积极性，并影响社区的未来。最后决策应该以依靠脚踏实地的、经过全面调研的项目计划书为基础。详细的项目计划书编制完毕后，下一步工作就是制订全面的项目开发方案和具体实施。

参考文献和建议阅读材料

Berne, Robert, and Richard Schram. 1987. *The Financial Analysis of Governments.* Englewood Cliffs, NJ: Prentice Hall.

Bingham, Richard D., Edward W. Hill, and Sammis B. White. 1990. *Financing Economic Development: An Institutional Response.* Newbury Park, CA: Sage.

Bruggeman, William B., and Leo Stone. 1981. *Real Estate Finance.* Homewood, IL: Irwin.

Giles, Susan, and Edward J. Blakely. 2001. *Fundamentals of Economic Development Finance.* Thousand Oaks, CA: Sage.

Greenwood, William, S. Haberfeld, and L. Lee. 1978. *Organizing Producer Cooperatives.* Berkeley, CA: Economic Development and Law Center.

Hill, Edward, and Nell Ann Shelley. 1990. An Overview of Economic Development Finance. In *Financing Economic Development: An Institutional Response*, edited by Richard D. Bingham, E. Hill, and S. White. Newbury Park, CA: Sage.

Kidder, Peabody and Co. 1986. *Economic Development Finance.* New York: Author.

Lafer, Stefan. 1984. *Urban Redevelopment: An Introductory Guide.* Berkeley, CA: University Extension Publications.

Lovelock, Chris, and Charles Weinberg. 1978. *Readings in Public and Non Profit Marketing.* Stanford, CA: Scientific Press.

Magee, Judith. 1978. *Down to Business: An Analysis of Small Scale Enterprise & Appropriate Technology.* Butte, MT: National Center for Appropriate Technology.

Malizia, Emil. 1985. *Local Economic Development: A Guide to Practice.* New York: Praeger.

Mancusco, Joseph R. 1983. *How to Prepare and Present a Business Plan.* New York: Prentice Hall.

Maryland Department of Economic & Community Development. 1984. *The Business Partnership in Maryland: Programs and Services for Maryland Business.* Annapolis, MD: Author.

McClain, Judy. 1992. Loan Funds Aid Rural Clinic. *Community Notes* (26): n. p.

Presidential Task Force. 1982. *Investing in America: Initiatives for Community Economic Development.* Washington, DC: President's Task Force on Private Sector Initiatives.

Rados, David. 1981. *Marketing Non Profit Organizations.* Chicago: Auburn House.

Rolland, Keith. 1982. *A Survey of Church Alternative Investments.* New York: Interfaith Center for Corporate Responsibility.

Rondinelli, Dennis A., ed. 1979. *Planning Development Projects.* Stroudsburgh, PA: Dowden, Hutchinson and Ross.

Schaar, Marvin. 1980. *Cooperatives, Principles & Practices.* Madison, WI: Cooperative Extension.

Schram, Roger, ed. 1983. *Financing Community Economic Development: A Resource Economic Development Workshop*, Ithaca, NY, August.

Smith, Neville, and Murray Ainsworth. 1985. *Ideas Unlimited*. Sydney, Australia: Nelson.

Zdenek, Robert. 1983. *Resources for Community-Based Economic Development*. Washington, DC: National Congress for Community Economic Development.

第13章 地方经济发展的制度途径

近年来,地区经济发展的制度途径,或称制度框架,受到了广泛的关注。其中一个原因是,在地方一级、区域一级、次州一级和州一级都建立起了越来越多的经济发展机构。经济发展项目的结构根据这些机构属于州、次州、区域或者本地城乡等不同级别而有所不同。这些机构中有一些仅负责协调公共或私人部门活动,而另一些则是事实上的计划制订者。我们应严格区分经济发展规划和短期调整措施;后者无论多紧迫,其目的都是满足直接的社区需要。而经济发展规划则着力于给地区经济带来长久和持续的影响,更好地服务于社会目标。经济发展是一个制度建设的过程,因此,它要求建立规划系统和机构,用以长期管理发展过程。在此重要的是规划过程,而并非计划或文件本身。

在区域经济发展过程的每一步调整中,职责明确的机构是至关重要的。发展战略规划和发展过程本身,都对财政资源、专业技术、领导能力和创新能力提出了要求。实施战略规划时,一些专门的地方公共机构必须有能力调动和支配这些资源。Matt Kane and Peggy Sand(1988)总结了经济发展组织的主要特征:

> 经济发展组织的编制和政策过程中必须纳入代表区域经济发展既定利益的个人或组织。不同的利益主体的不同目标必须细致明确。市政府和私人业主当然需要承担各自的职责。市区和邻里代表、工会、城市居民、公用事业公司、环境保护者、其他地方政府和地方大学官员也同样如此。各个城市所涉及的利益主体可能不同。有些主体可能在设定组织的发展方向时发挥重要作用,而另一些则更多地进行日常事务的处理。社区经济发展组织以正式或非正式的形式与各个利益主体发生联系。但不管采取什么样的方式,联系过程本身都非常

重要。否则,该组织就会发现自己缺乏促使其实现公共目标的政治支持。(p.22)

规划模型或规划方法与规划过程同样重要。本章回顾了经济发展规划的基本组织要求。另外,本章还提供了对各种经济组织类型的案例分析。

13.1 地方发展的组织要求

所有的地方/区域经济发展组织都包括一些基本的组成部分。表13.1描述了这些要素以及与它们各自相关联的活动。

表 13.1 经济发展组织的要素

经济分析与规划	领导委员会主任	
	市场与财务	人力和社区资源
评估	促销宣传	横向分析
预测	项目开发	教育培训
战略	财务规划	社区服务
	财务包装	规划分析
		地方政府协调

经济发展的协调组织最好被认为是具有一个框架的成套职能机构,而不是一个单个的、担负着所有职责的机构(也就是说,表13.1中所列出的各种要素的相关活动可以通过为组织调配员工来实施,也可以通过现有其他组织的员工来实施)。例如,城市委员会或其附属的委员会可以组成指导委员会,或者由区域内各个地方政府共同组成联合委员会。

类似地,执行主任应该是全职人员,并由地方政府或区域组织的代表选举产生。当然,全职的专业主任是最好的。然而,市场和财务功能可以由地方商业委员会或地方商业和财务组织联合会来承担。地方大学或学院可以提供最具时效性的商业和财务分析,而现有的就业服务组织可以提供人力资源和社区评估支持。

显然,有效的机构可以采取各种不同形式。组织形式的选择,取决于所选区域的大小和机构的复杂程度,同时应参考经济发展水平。具体形式的选取,应基于分析社区拟订的发展战略中不同机构的作用。无论经济组织

采取何种形式,基本的一点是,它应当至少在以下活动中拥有充分的授权和足够的资源:

- 研究——对于地区的需要提供背景信息
- 信息提供——对确定的目标活动提供信息
- 营销——针对特定发展战略而定制
- 协调其他群体活动——对全面发展战略实现有重要意义

应当平衡下述两方面的资金投入:一方面是员工收入,另一方面是工作中的相关成本。例如,如果在员工工资上花费过大,结果可能因为项目基金不足,员工不能完成重要的任务。一个完善的地方经济与就业协调组织应对于管理层和雇员的责任和任务有明确的书面规定。组织中对于检查规划过程和投资决策过程的基本责任必须有明确的规定。负责分析的人员必须同时负责分析报告的准备和监控工作。任何新添加的任务和责任必须被明确地表述,并且归入某个特定员工的责任范围内。

一个完善的地方经济发展组织还必须具备财务规划控制能力,并拥有前瞻性的财务计划体系。财务系统必须不仅能够回顾并总结过去的事实(总结回顾在总报告中是必需的),而且必须具有前瞻性和预测性,以便使组织及其企业能对变化做出迅速的适应和反应。财务系统的建立,也将改变隐藏管理行政费用的状况,将其公平、公开地分配于各项目之间。强有力的财务管理,将使组织对其财务状况保持准确的记录,并在出现问题时迅速地查明薄弱环节。

地方经济发展组织还必须具备一个有力的经济和就业规划部门。这将能使组织展望未来,并将社区当前和短期内的利益和需要纳入实现社区复兴和自主的远景中。规划部门也将使组织系统地提高社区和组织在经济活动中的能力。有效的、有目的的营销活动对目标的实现也有重要意义。

一个良好的组织应当与私人部门有紧密的联系,与社区内的所有社会团体保持良好的关系。这将保证组织满足这些团体的需要和期待,也保证组织充分利用社会资源,建立健康运行的事业。私人部门的支持对于获得商业建议、融资和达成合同都至关重要。另外,社区的广泛支持可以加强组织获取公共基金和其他捐赠的能力,也可以显示组织在经济发展过程中兼顾了弱势群体。一个完善的地方经济发展组织应当具备适宜的法律框架作为基础。上述法律框架应反映组织或企业的需要或目标,并且应当尽可能简洁。这意味着经济发展主体对其企业并未设置外在框架,而是将其归入内部,或意味着它所建立的企业是其单个的附属机构。法律框架应当保证组织对其投资实施有效的控制,但与此同时并不干预投资的内部运行。法律框架应遵循其功能,因此为保证其适用性,它的制定应在企业的建立之后。

非货币资源的杠杆作用(例如,社区的良好意愿和政治联系)能够使得良好的地方经济发展组织最大化地利用自身资源。地方、州、联邦官员的支持和密切合作的确是非常重要的。发展组织通过垂直和水平一体化的方式开办更多的业务,比如建立服务于一所已经运营中的护理机构的洗衣店。如果条件合适,这些组织也会将投资抽回,以用于新的风险投资。

13.2　公私伙伴关系

长期公共—私人伙伴关系已经永久地进入了地方政府的词典。什么是公共—私人伙伴关系? 为什么将其认为是经济发展的重要组成部分?

公共—私人关系不是一个新的现象,它是超过50年来联邦城市政策留下的遗产。1983年,联邦政府由联邦国民抵押贷款协会(Federal National Mortgage Association,FNMA,即后来的"房利美")开始了一系列住房援助计划,从而创造了一个住房抵押贷款的二级市场。这个项目在公共部门和私人市场之间创造了伙伴关系,从而在城市区域内创造了住房。这些城市从这种全国伙伴关系中受益,并且这种十分有效的关系在20世纪60年代和70年代扩展到内城重建的项目中,通过示范城市项目和后来的城市发展行动补助(Urban Development Action Grant,UDAG)得以实践。UDAG是城市重建以来发明的最为有力的刺激政策。美国的大多数城市清理了城市中心区的大部分区域以开展重建项目,在地方一级进行合作,但通过联邦政府转移支付和贷款进行担保。UDAG项目为政府和地方私人部门建立了伙伴关系的良好框架。

在20世纪70年代中期,地方官员开始尝试与私人部门合作的新伙伴关系，从而完成了已开展十余年或更久的由联邦政府资助的项目。在 80 年代，联邦政府的支持逐渐被撤回，地方政府财政陷入一定的窘迫境地之时，从 UDAG 学习到的经验开始被采用。

城市官员从 70 年代末开始制定一些协议。这些协议包括通过软贷款或者是抽取利润的方式，由城市提供无成本或低成本的必要基础设施，并要求一定的城市投资回报。在很多实例中，城市为私人开发者建设公共车库，或者是向零售业者出租或出售设备。从本质上来说，城市已经从单纯的监管者转型为同时也是建设者。"这个新身份引发了一些改变，"正如 Sagalyn（1990）所说，

> 对于公共部门从私人部门中分离出来的期望……这些战略在公共创业和私人市场可行性中产生了溢价……同时，在与开发者的谈判中，城市以公共利润分担协议的形式解决了项目中的直接财务风险，这与往常城市的做法有所不同。（pp. 429—430）

于是，到了 90 年代，大多数地方政府已经成为具有相当经验的城市开发企业家。

无论采取怎样的组织形式，公共机构和私人企业都应当建立起新的关系，使开发过程顺利进行。这种合作远远超越了私人部门对公共部门促进私人收益的活动提供合作；它也远远超越了政府委员会与当地经济组织（如商会）的偶尔会面。虽然上述活动很重要，甚至可能对于良好的企业—政府关系是必需的，但是仅靠它们并不能建立真正的伙伴关系。伙伴关系是对公共、私人和社区部门共同决定的公共经济目标做出联合承诺，并做出联合行动。为建立成功伙伴关系，建议采纳以下方针：

（1）积极的城市文化，这种文化鼓励市民的参与，并与社会的长期就业相关。发展过程的目标必须在全社区内达成共识。促进就业和经济发展的城市机构可能会真正地形成伙伴关系，而自私自利的商业和传统的、自闭的政府由于缺乏发展责任，因此不存在参与的基础。

（2）对社区现实的、被普遍接受的看法，这种看法基于对区域的长处、短处和公认的潜力的认识。这是形成伙伴关系中最关键的内容。如果对一个社区已拥有的和将实现的内容不能达成共识，要建立更好的社区是不可能

的。更进一步讲,如果对于区域的潜力没有现实的认识,要达成目标也是不可能的。

(3) 融合成员个人利益和社区共同利益的有效的城市组织。强调个人利益无疑将燃起最大的行动的热情。如果城市领导个人或集体的利益被引导到实现全体社区共同利益的某种机制,则发展过程将会顺利进行。

(4) 主要团体和个人的网络,这个网络鼓励领导之间的交流,并促进利益冲突方之间的调解。这个网络在社区内建立起尊重和信任。它促使企业、个人和政府私下地而非公开地解决争议,由此,也将使公开讨论的重点集中在一致的方面,而不是有关恶劣关系的问题。

(5) 培养市民进取心的愿望和能力,即鼓励激进者,并且树立起他们的信心。对社会来说,解雇那些工作有效率的员工对经济发展是最有害的。积极主动的员工和大胆的行动可以创造出企业,提供就业机会。如果这些进取的人得不到鼓励,发展过程将停滞,社会将遭受损失。

(6) 政策的持续性,包括对变化中的环境的适应能力,以及降低经济冒险行为中的企业和个人面对的不确定性。通常情况下,由于缺乏持续的目标,政府会采取临时的政策,扰乱发展过程。可采取下述步骤,使上述影响最小化。首先,社区应当制定出一系列发展政策,作为发展领域行动的框架。例如,一个社区可能会采取促进劳动密集型产业发展的政策,则接下来的项目或规章制度应落入这个框架内。其次,当地政府和私人企业应当与社区团体和工会一道,确定理想社会的蓝图,并据此建立社会和硬件基础设施。

以上六点方针构成了社区将采取的组织框架的基础。本质上,公共—私人伙伴关系是通过信任搭建的桥梁,其基石是公共的目标和不同的角色。

取得公共—私人合作是具体项目实施的第一步。如果组织结构已经具备,良好关系已经建立,项目就会顺利进行。

最后,一个良好发展的地方经济发展组织的关键环节在于其对于新增长领域的积极投入。为了实现可持续的增长,组织必须不断前进,确定新的风险投资及活动,以帮助组织不断实现新的目标。地方政府机关或邻里协会为了进行新的发展举措,必须雇用专业官员作为项目协调者、经济发展专家,或者是从事类似工作的人。这些个体在下文的经济发展专家部分将再次提及。

13.3 经济发展专家

无论是否决定建立一个新的组织来引导发展过程,任命地方经济发展专家来规划和指导地方发展项目都对社会发展大有裨益。这些专家将从全社区中提炼经济发展的中心任务,并付诸行动;他们还将在更广阔的经济和政治范围内为社区扩大预见范围。由于社区发展体系复杂性有差异,发展专家的职能也各不相同。在某些情况下,发展专家是指导其他专业工作者和大型区域经济发展组织的执行官。但是,大多数社区可能不仅需要人员来指导发展过程,还需要他们完成以下任务:

- 研究——评估社区经济和社会需要
- 规划——组织人员,采集信息,设定目标和优先要完成的任务
- 管理——开发并宣传涉及公私合伙关系的特定项目
- 领导——促进地方经济发展委员会的有效运营,同时有效领导工作人员

13.4 地方经济发展的制度途径

正如上文所提到的,地区经济发展组织的具体结构是由社区环境所决定的。而对每个人来说,理解传统的管理原则是极端重要的,即"功能决定形式"。一个社区采纳它所了解的其他地区的经验,这种例子屡见不鲜。而正确的方法应当是设计符合当地政治经济情况的制度形式。然而,首先,一个社区必须意识到,无论发展组织采取何种具体形式,它根本上都是一个"企业",都必须有充分的执行能力。以下两点是发展组织必备的要素:

(1) 职权——它具备代表地方政府、社区、工会、企业和其他团体的法定权力;

(2) 资源——它具备地方经济和就业发展项目所要求的员工、财务渠道、技术支持、信息以及其他资源。

如果一个发展组织要取得成功,它必须同时拥有职权和资源来促进它本身的工作。如果一个组织徒有虚名,缺乏明确的协调责任,那么它是不太可能取得商业社会的尊重的。社区组织有责任合理地指明上述职权的范围。如果一个组织缺乏授权的职责,就意味着它无法有效运行,也说明发展官员在获取使组织有效运作的许可上花费了太多时间。

13.5 发展组织的类型

发展组织可大致分为三类:第一类是政府机构发展组织。它们又分为城市政府的部分授权机构和全部授权机构。第二类是私人发展协会,它们由地方/区域企业发起,在政府的许可或认可下运行。这一类组织是民间团体,通常与商业、制造业或类似行业的协会有关联,或从属于上述协会。最后一类是地方发展公司。它们是半独立的组织,它们为政府,或连同政府一起,协调并具体管理发展项目。以上的组织形式通常不是单独出现的,但尽管如此,它们仍是我们此处所描述的"原型"。它们各自都有着不同的优势和劣势。作为政府机构的发展组织的主要优势是它与政治体系的联系。这样,它就具备获取地方政府乃至州政府和联邦政府政治资源的途径。这种组织形式主要的不足是政府官僚主义造成的拖延。在地方经济发展规划中,对市场和机会的反应速度是至关重要的,因此,除非地方政府通过城市委员会的行动真正地支持它,这种拖延将会是其致命的缺陷。

私人发展协会可以快速行动,但它的着眼点局限于狭窄的利益。通常,它们只关注以下活动:推动现有的私人企业、房地产,以及对新工厂的投资机会。民间组织通常不会涉足较大范围内的就业和社会福利活动。但是,在旅游、零售等经济部门中,民间团体发挥的作用可以比政府部门有效得多。

发展公司,或称"合力"组织,包括了政府、企业和社区。它是最常用的组织形式,因为它同时受到政府和私人部门的支持。但是,在某些情况下,不管是私人部门还是政府机构所给予这种组织的权力或责任都太有限。考虑到这些不同形式时,必须考虑如下问题:这个机构的角色是什么?可供组织利用的资源有哪些？

对于引导或控制这个机构，政府的角色是什么？对于所选的组织形式，什么样的领导方式是可行的？

13.5.1 地方政府部门内的经济发展机构

一些地方政府认为经济发展是政府的经常性职责，应将其归入组织机构内。发展部是一个复杂的组织，对于多数小型地方政府来说，事实上很难有足够员工为这样一个部门供职。大城市可以拥有人员齐备的经济发展部门。如图 13.1 所示，这种结构具有联系紧密的优势。

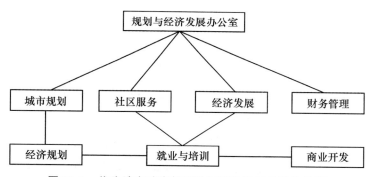

图 13.1　作为地方政府部门的经济发展机构结构模型

13.5.2 独立的私人发展机构

这种机构在各地方政府辖区中已有时日。在很多情况下，旅游或零售协会是从更复杂的发展团体中演化而来的。商会或其他已有的商业团体通常成为这种组织框架的核心。这些组织在为地方利益游说地方政府的过程中发挥了有效作用。它们也可以筹集民间资金，并出于它们的地位而涉足高风险投机。这种组织对社会的主要作用是它们会对同业商人施加压力，使其完成对社会的使命。有些小社区认为这是最好的组织方式，因为政府可以通过提供土地和设施来加强这种团体，但是同时，由于政府不直接参与交易过程，这种行为对于纳税者的资金并不构成风险（见图 13.2）。

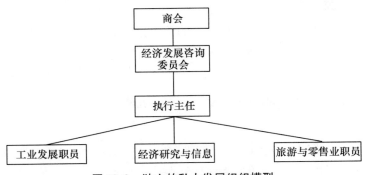

图 13.2　独立的私人发展组织模型

13.5.3　经济发展公司

经济发展公司是极好的工具,它应当得到公共部门和私人部门的有力支持,但已有例子显示缺乏上述支持。尽管如此,如果公共和私人部门在经济发展公司中股权相同,那么这种制度安排是可以享有社区全部资源的。

地方发展公司的结构可以是非常复杂的,也可以是相对简单的。很多经济发展公司都有适度复杂的结构。这种制度形式最重要的特点是,它可以在作为一个私人机构行动的同时,行使地方政府委派给它的所有任务。例如,它可以:

- 管理来自公共和私人部门的发展基金
- 为政府管理工业资产或商业设施
- 作为公共—私人合资企业联营停车设施和其他服务
- 为不同的发展计划签订合同,筹集基金
- 参与营销和宣传活动
- 提供"一站式"商业服务
- 作为一个小型商业辅助中心行动
- 为地方企业提供营销和技术支持
- 支持工业和商业吸引资金的活动

显然,社区发展公司是在落后社区中执行有关贫困、疾病等任务的最灵活的结构。但尽管如此,我们应当时刻牢记:"贫困在 200 年内形成,我们不可能在 10 年内消除……即使每一个 CDC 都完成了既定目标,我们可能仍然看不到贫困这一现象的终结。贫困是由我们的制度造成的……CDC 对于一个更长期的、强调经济公平的蓝图有重要作用。"(Bauen and Reed,1995,p.15)(见图 13.3)

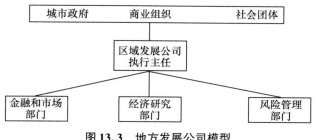

图 13.3　地方发展公司模型

13.5.4　制度途径总结

不管社区的规模如何,它都应当选择能够满足自身需要的组织形式。这些形式都不是一成不变的,它们可以随时间的推移而变化,当产生新的需要时,可随之增加或减少它们的要素和功能。但是,全盘否定也是不可取的。社区可以利用全国范围内的成功制度经验选择一个发展框架来满足自身的需要。选定一种结构后,城市领导可以"量体裁衣",使之适应地方情况。

13.6　小结

确定合适的组织形式与确定经济发展战略同样重要。组织形式和雇佣人员的情况都取决于拥有的资源和具体的经济形势。几乎所有的经济发展都取决于公共—私人的协调和合作。关键是这些具体合作形式必须慎重确定,以便使所有社会团体知道在经济发展组织中自己想做什么,能做什么。

参考文献和建议阅读材料

Bauen, Rebecca, and Betsy Reed. 1995. Our Cities, Ourselves: The Community Movement in Adolescence. *Dollars and Sense* 197: 12—16.

Bradford, Calvin, et al. n.d. *Structural Disinvestment: A Problem in Search of a Policy.* Mimeo. Evanston, IL: Northwestern University for Urban Affairs.

Cummings, Scott, and Mark Glaser. 1983. An Examination of the Perceived Effectiveness of Community Development Corporations: A Pilot Study. *Journal of Urban Affairs* 5(4): 315—330.

Daniels, Belden, N. Barbe, and B. Siegle. 1981. Experience and Potentials for Community-Based Development. In *Expanding the Opportunity to Produce*, edited by R. Friedman, and W. Schweke. Washington, DC: Corporation for Enterprise.

Development. Daniels, Belden, and Chris Tilly. 1981. Community Economic Development: Seven Guiding Principles. In *Resources*, edited by B. Daniels. Washington, DC: Congress for Community Economic Development.

Farr, Cheryl, ed. 1984. *Shaping the Local Economy: Current Perspectives on Economic Development.* Washington, DC: International City/County Management Association.

Gardner, Linda. 1978. *Community Economic Development Strategies: Vol. 1. Building the Base.* Berkeley, CA: National Economic Development and Law Center.

Haberfeld, Steven. 1981. Economic Planning in Economically Distressed Communities: The Need to Take a Partisan Perspective. *Economic Development and Law Center Report* (December).

Hein, B. 1987. *Strategic Planning for Community Economic Development.* Ames: Iowa State University Extension.

Kane, Matt, and Peggy Sand. 1988. *Economic Development: What Works at the Local Level.* Washington, DC: National League of Cities.

Kotler, Milton. 1971. The Politics of Community Economic Development. *Law and Contemporary Society* 36(1): 3—12.

Sagalyn, Lynne. 1990. Exploring the Improbable: Local Redevelopment in the Wake of Federal Cutbacks. *Journal of the American Planning Association* 56(4): 429—441.

Shanahan, Peter K. 1986. Economic Development at the Local Level: Public-Private Partnerships. *Australian Urban Studies* 13(4): n. p.

T. E. M. Associates, Inc. 1982. Technical Assistance for the Revitalization of Communities. Unpublished mimeo. Berkeley, CA: Author.

Weaver, Robert. 1991. Organizing and Staffing Economic Development Programs. In *Local Economic Development: Strategies for a Changing Economy*, edited by R. Scott Fosler. Washington, DC: International City/County Management Association.

Yin, Robert, and Douglas Yates. 1975. *Street Level Governments*. Lexington, MA: Lexington.

第 14 章 应对扁平化世界的到来和全球气候挑战

到目前为止,地方经济发展规划的学生们应该很清楚,这个领域是复杂而多层面的。地方经济发展在过去已经以简单的方式进行了实践,但是没有一个地方能够承担规划的失误,或者是聘请了造成这种失误的地方经济开发者。地方经济蓬勃发展取决于很多因素,而那些对经济开发者应该而且可以掌握的内容已经在本书中突出介绍了。然而,经济开发者可能还需要在他们职责以外的领域发挥协调和促进作用。例如,尽管灾难管理规划不是地方经济开发者的职责范围,但如果这样的规划不到位,所有经济开发者和地方官员的辛勤工作可能都会轻易地因飓风、火灾、地震或者其他自然灾害而付诸东流。没有良好的交通系统(包括陆地交通和航空交通、公共交通和私人交通),货物和人们的快捷运行就不能保证,经济发展活动就会被遏制。因此,经济开发者经常需要提倡交通改善。同样,他们还需要提倡劳动者住房的充足供应,以吸引更有竞争力的人员进入。同时他们也要提倡高质量的医疗保健和学龄前教育直至高等教育。这些都是获得高质量劳动力以及提升社区吸引力的高质量生活的重要基础。对于关注高科技的经济发展战略来说,强久的教育体系更是重中之重。

在本书的最后一章,我们讨论科技和创新的经济发展战略,从而更好地应对扁平化的世界以及全球气候变化。我们还会讨论一些其他有助于保护、发展甚至是重铸地方经济的战略。

14.1 通过技术和创新寻找解决方案

在开始就必须申明,尽管科技和创新是应对气候变化和保持竞争力的重要因素,但它们也绝不是唯一的解决方案。生活方式的变化以及逐渐降低碳依赖的商业运营方式可以将气候变化最小化,并且不一定需要新的科技解决方案。例如,将主要交通方式由以石油为燃料的私人汽车和卡车进行转变,就可以采用现有的轨道交通技术和最少的科技(如自行车和步行)。

高科技在 20 世纪的最后 20 年发展成为 IT 战略,并继续成为 21 世纪经济发展的动力。那些关于吸引和维持高科技企业的种种著述层出不穷,同时也显示出复杂的后果。正如促使高科技企业选择立足于某一个社区而非其他社区的因素一样,精确严谨的方法引发了相当大的争论(Blakely and Nishikawa, 1992; Luger and Goldstein, 1991; Saxenian, 1987; Willonghby, 2000)。一些分析家认为,对于绝大多数的社区而言,其所做的政策抉择的结果或是创造高技术的工作岗位,或是根本没有工作岗位(Blakely, Roberts and Manidis, 1988)。

即使是在 2000 年网络泡沫破灭之后,高科技企业仍是经济发展专家和地方政府官员的最爱。各级政府官员对于吸引、维持和鼓励新的高科技企业的发展仍然不遗余力。实际上,在西方几乎每一个城市都有一个高科技园区,都有自己的高科技战略,或者是其他一些形式的规划方案。通常,这些战略利用大学资源和公共设施,以便创建或孕育以特定科技为内容的创新型企业,并使之能够打进全球市场。也就是说,今天的目标已经不再是吸引一个公司,像在"烟囱导向"的时代那样,而是创造能让更多高科技公司的总部扎根于此的条件,打造成像硅谷一样有典型意义的高科技园区。在加利福尼亚州的这个区域,仅仅是旧金山湾区的南部,公司就正在不断地被创造出来。这些公司已经成为投机、混乱的来源,而且成为经济发展的"行骗者"。

实际上,大多数西方国家已经开始执行各自的科技战略,并给予特定科学技术和特定地区以同等关注。例如,法国、瑞典、德国、意大利和日本等国都已经纷纷开始执行各自的雄心勃勃的地区科技发展方案,为特定地区寻求恰当的科学技术并安置特定人才和实物基础设施。在美国,很多城市或地区都被公认为成功发展科技的典范,如加利福尼亚州的圣何塞、爱莫利维尔-奥克兰、圣迭戈,纽约市,马萨诸塞州的坎布里奇(剑桥),犹他州的奥登,得克萨斯州的奥斯汀,还有北卡罗来纳三角区。日本的高科技园区以及法国的索菲亚科技园区都是北美高科技园区以外的佼佼者。这些特殊的环境是很多旨在刺激新的高科技企业的政策的主题。然而，Luger and Goldstein（1991）表明：

> 科技园区在刺激所在地区的经济发展方面将取得最大的成功，这在于它已经通过丰富的资源投入吸引了科学家、工程师这些高级人才。当然这并不意味着在这方面禀赋较差的地区，就不具有高科技的发展前景，但是更多的基础性长期投资应该首先用于提升公共高等教育、环境质量以及生存机会。（pp.183—184）

Willoughby（2000）警告支持者说，科技政策存在风险，尤其是在选择正确的技术投资领域方面。很显然，试图选择或者是集中关注任何高科技项目比单纯依靠传统的经济发展部门更难。然而，急迫的政府官员提出并推动了具体的技术途径，例如科技园区和大学孵化器，作为"种子"培育或孵化新企业。

所有这些活动似乎都忽视了一个现实，那就是高科技发展几乎不可能通过传统产业激励政策，如免费的土地或者是低税收政策来推动（Luger and Goldstein，1991）。反而，这些现象表明，先进技术企业是由区域的特质引致的。经济发展的问题在于：对于一个不具有合适的环境的社区，现在怎样才能形成或刺激出合适的环境呢？在本章中，我们不能武断地对这一问题给予回答，但是我们将对社区在不同的科技发展阶段都需要什么去检验和培育它们使高科技企业环境得以产生、维持、发展的创新与科技发展能力给出建议。

14.2 科技发展过程

鼓励和促进高科技发展所必需的支持机制是纷繁复杂的。在本章中所开列的只是一个概括的必备支持设施名单。我们认为基本的导向是，所谓的"软件基础设施"（良好的生活设施、文化和教育机构）有助于维持所谓的"硬件基础设施"（资金和其他物质因素），而不是相反。在为高科技发展做规划时，我们必须首先理解科技运作的过程机制。这一运作过程包括四个阶段。在任何一个阶段提供的必要支持中存在缺陷，都将最终阻碍新产品和新兴产业的发展。

14.2.1　高科技区域选择模型

科技发展进程具有周期性和相互作用性。在这一进程中的每一个阶段都既可以回复到前一个阶段，又可以与之相互作用。例如，失败的产品会激发新的研究或是创新的全新阶段。这一进程有其自身所必需的支持机制。在相当多的例子当中，由于地区政策或计划没有正确地认识到进程的不同阶段，因而没有在适当的时机创造出合适的环境。在下文中，将对以科技为基础的经济发展战略所必需的基础设施部分进行描述：

（1）研究基础。研究明确新的科技产业或产品所依赖的基本的科学原理。研究既可以是应用性研究（试图解决特定问题或是应用于某一技术领域），也可以是基础性研究（为特定企业而进行的持续相关的非特定领域研究）。有特定目标的研究可以为市场驱动，被市场所需的知识引导；也可以为科技驱动，由可确证的特定科技能力所引导。每一个研究领域也将有其自身特有的支持机制。绝大多数的基础性研究由国立大学或实验室承担，经费主要由政府提供。绝大多数应用性研究由大型企业承担。很多大学设立的研究机构既包括从事基础性研究的研究所，也包括从事应用性研究的机构。研究机构之间的网络交流是经济发展中真正的孵化器（Blakely and Nishikawa，1992）。

（2）发明创造。发明创造作为产品，是否直接源于研究依具体情况而定。通常发明创造源于试图改进操作有效性的想法。在很多的实例中，设备、器械或是方案设计都是发明创造的结果。它们不断发展并改进成为新的科技产品。科技氛围造就了促进更多发明创造的良好环境。此外，地方组织能否帮助取得专利所有权，与社区是否提供科技创新资金都很重要。因此，像旧金山附近的硅谷这样的地方能够发展新兴企业并非出于偶然。旧金山地区有着成熟发达的风险资本，并且能为科学家们提供出色的法律服务。

（3）改进与发展。改进源于科学研究、发明革新，是指对现有技术的修正或提升。例如软件的更新，提高了操作的效率。

科技发展进程的第二阶段是产品的开发。在这一阶段，概念、研究原理、发明创造和改进都会转化为实际的产品。产品样品或模型被制作出来，以用于检验其性能和应用性，以及评估其投入商品生产的可能性。更多的细节上的可行性研究和许多市场调研亦将随之展开。

社区或区域可以在产品的改进与发展方面给予帮助，提供实际的企业孵化器设施和科技创新或生产所需的土地，从而使得企业得以在最初的运作过程中寻找到适当的空间。

（4）创新与推广。科技发展进程的第三阶段涉及新产品或新工艺的商业化。公司将要决定研发的产品究竟是进行商业生产还是转卖。一旦决定生产，公司将与投机资本或者其他的生产资金来源进行合作。总之，在创新与推广的阶段，市场、风险资本和企业家将会成为重中之重。

在整个科技发展进程中的前三个阶段，都只意味着资金的不断投入。公司通过研发的新技术的投产或者转卖来回收研发成本并获利。因此，全部进程的最后一个阶段是生产阶段。大型公司将购买或改进的高科技样品进行生产和推广。其他公司则将分享主产品的附属部分的生产，比如晶片和集成电路的生产。在生产阶段中稳定的市场和生产监控都是基本的环节。在某项产品的技术生命终结之前，对于研究、技术发展和营销的定期反馈都对决定该项产品是继续改进生产还是终止生产起到至关重要的作用。

为了有助于工艺技术的发展，社区应当提供"信息交流的场所"。这些交流场所既可以是会议中心，也可以是饭馆、剧院。从某种意义上讲，这类"软件基础设施"比起道路、下水管线和特定的工业园等硬件设施都更为重要。

14.2.2 区域/社区的先进技术支持机制

在科技发展进程的每一个阶段里，都需要一套复杂的支撑体系以确保研究或思想得以进入生产阶段。高新技术的发展需要适时、完备的综合支持机制。高科技企业根据自身的发展阶段，而有着复杂且相互关联的特定需求，这包括企业规模、技术基础和全球市场定位。

在表 14.1 中,列出了之前讨论过的不同发展阶段的支撑体系。

表 14.1　各产业不同科技发展阶段的要求

要求	研究	开发	推广	生产
信息	社会交流	中心/饭店	创新中心	出版
传播	图书馆			
战略联系	数据库		信息处	市场
人力资源	研究型科学家,发明家	熟练的技工	企业家,投机金融家	管理部门,熟练工人
教育和研究设施	大学研究院所	研究实验室	会议设施	社区学院,科研院所
环境质量	生活和工作环境	生活和工作环境	生活和工作环境	生活和工作环境
政府支持	应用研究的政府合同,补助	联合经营	信息支持服务	补助,出口激励
融资	研究资助	私人投资和风险资本	私人投资和风险资本	科研院所融资
技术图景	高质量的居住区	在杰出人物当中的知名度	由专业科技公司进行清楚识别	高质量的公司
企业设施	科研院所,大学和国家实验室	创新孵化器,建筑中心,实验室	创新孵化器,建筑中心,实验室	技术、商业和高质量的工业园
基础设施	应用于研究设备的基础设施	研究中心,检验区	研究中心,检验区	光纤,机场,废物处理

14.3　培育高科技基地

创造一个能够最大化信息交流和直接联系以及战略关系的环境,是高科技成功发展的关键所在。信息与资本和专业技术知识交换的网络或渠道,构成了支撑高科技产业发展所需的其他实物、社会、经济以及环境系统的基点。

14.3.1 人力资源

人力资源的技能、专门技术和企业家精神是高科技发展的重要支持机制。参与研究的大多数人拥有硕士及以上学历,并且有些人拥有多种专业背景。

在全球性的大型企业中,员工来自不同的文化和语言环境,因此在处理人际关系时,社交技能必不可少。在以科学和社会为内容的研讨会中,相同背景的人们之间的联系和互动促进了社交技能的发展。硅谷成功的关键点之一就是本地科学家之间建立起的高度的互动。

在开发和推广阶段,最为重要的资源是市场营销人员。老于世故的企业家们的能力是联结产品开发与生产资本的关键。依托于人力资源支持机制而训练有素的财经、市场营销人员能够推进生产,并且吸引投机资本。当产品生产出来时,在科技发展的最后一个阶段,所需要的是特定的市场营销、财经和管理技能。

雇员的流动性是高科技区域的一个重要特征。这主要是因为环境的飞速变化和科技企业较高的失败几率。此外,许多个人并不想隶属于公司而宁愿基于合同或项目受雇。绝大多数商家对此表示满意,因为这避免了在经济衰退或是技术生产周期完结时与雇员之间的问题。这种流动也在很大程度上促进了人员之间的相互交流,因此也促进了思想的交流,为企业和科研中心提供了进行在职课程进修的便利方式。

14.3.2 教育和研究设施

高科技发展的另一项重要支持是具有国际水平的大学或科研院。在美国及其他地区的研究结果表明,尽管大学在高科技研究中发挥直接作用,但它们较大的专业科研院所更强调应用型研究,是先进科技发展的主要催化剂。斯坦福研究所就是推动加州硅谷高科技发展的重要因素之一。这样的研究所可能是私人或是公共基金支持的,由一个或多个中心组成。

和这些机构同样重要的还有研究实验室和孵化器设施,它们往往和大公司联系紧密,例如贝尔实验室(Bell Laboratories)和王安研究院(Wang Research Institute)。大公司倾向于成立分部,并将工作分配给主要活动围绕研究和开发展开的子公司。政府研究中心在这个过程中也很重要,很多都和广泛性研究或纯学理研究有关。

尽管大学、研究所和实验室在科技发展中起到了重要的教育作用,但中学也同样需要强大的支持,提供给未来的研究者、创新者和技术工人。学生们在高中要掌握扎实的数学、科学、计算机技能,还有一些研究方法的基本培训,以增强他们在高科技企业的就职能力(Leigh and Walcott, 2003)。

14.3.3　环境质量和社区舒适度

人们生活和工作的环境质量是个人选择居住地区的重要影响因素。通行全世界的实践经验说明,从事研发工作的人员会选择在高质量的居住环境中生活,这种高质量的居住环境包括良好的生活设施,完备的文化、商业和教育设施。

14.3.4　商业和支持机构

尽管大学和科研院所在推动高科技企业发展中发挥着至关重要的作用,但拥有大量研发活动的大公司与机构同样也推动了科技产业发展和集群。美国许多大公司难以计数的高科技项目发展都与国防合同有关。而另外一些致力于制药、生物、医药和化学领域的公司则为高科技产业的发展提供了附带的利益。

许多州政府和地方政府把吸引科技企业的分支机构当成了本地区高技术经济发展的基础,是因为它们错误地认为这些分支机构的运营中能够产生新的公司,并将公司总部落户在本地。虽然存在着这种可能性,但是当前的研究表明,从科研总部中形成新公司的几率很小(软件开发业除外)。如果一家公司搬迁总部或是搬迁主要部门和生产线到另一个社区,它通常会继续利用自身的内部支持机制以确保分支部门的运营。

然而,通过推行促进小型科技企业产生、发展的战略,一个社区能够创造出本地区的科技产业集群。当这种情况出现时,科技发展的多重效应就极为重要,因为研发企业将会从那些规模较大的公司那里得到合同。

小公司是产品开发的科技生命周期的组成部分。许多公司都不可能发展成为大型企业,但它们会成为大规模运作的组成部分。近几年来,建设创新中心以鼓励从事高科技的小规模企业发展已经成为一种趋势。一些小规模公司倒闭了,部分原因在于它们与为之服务的大企业疏远了关系。创新中心最为理想的区位是邻近主要消费者或高科技产品的开发者和研究机构的地方。

作为高科技发展的催化剂,科研机构的重要性往往被忽略,因为很多人单纯地认为大部分的创新副产品是来自企业。医药科学是科学发展最快的领域之一;医院是医药科学领域诸多研究的基础所在。当医院发展得越来越专业化时,对更精密的仪器、药物、疫苗和设备就会有着更大的需求。高科技企业有大量的机会去满足这些院所的需求。

政府机构作为高科技的催化剂,提供了远程通信、政府科学实验室、农业与海洋研究中心以及行政服务等。而最后一项任务也变得越来越依靠稳定的数据库和检索系统来维持运转。高技术产业对于国防事业的益处已经得到证明,但是其他的政府机构仍然有许多特殊的需求期待其去满足。

14.3.5　企业孵化器设施

企业孵化器设施包括建筑、空地,或者其他与高科技相关的不动产。其中的一些设施也可以成为其他支撑体系的一部分,例如,大学、科研院所、研究实验室以及创新中心和会议中心。

有五种专业开发区能够为新企业提供场所:研究与科学园区、高科技园区、商业园区和高质量的工业园区。对它们的描述分述如下:

> 研究园区:坐落于花园式环境中的高质量、低密度的园区,在这里不断进行着重要的学术交流,研究者既从事研究和生产的改进工作,也涉足商业组织和企业领导。
>
> 科学园区:包括了研究和开发企业在内的创新中心,这里也包括了

与其科研和适当的辅助设施相关的轻工业生产。

　　高科技园区:兼有科研与生产的高科技产业所在地,坐落于风景优美、极具魅力的地方,和大学或主要研究机构息息相关。

　　商业园区:声名显赫的地区,适应诸多领域、种种活动的要求,包括生产、组装、销售以及其他办公活动。这类园区不必与学术机构相邻。

　　高质量的工业园区:这类园区引人注目的特征在于它满足了当前轻工业的特定需求。

新兴产业坐落在专门化、设施良好的地方有很多益处,良好的设施是指好的服务、共享的设施、高质量的环境和灵活的规划条件。

高级技术工人需要有高质量的娱乐、餐饮和零售场所。这些场所对于发展致力于研发和高科技产业的人群之间的联系方面同样具有重要作用。这种联系允许人们在非正式的情况下提出意见并且分享知识。

因为很多致力于科学、研究、开发领域的人们都有较高的收入,所以他们中很多人对于高水平的服务业有很大的需求,也愿意对其进行支付。他们对于昂贵住房和高质量学校的需求对于那些希望提高经济发展水平的社区来说非常具有吸引力。

不是所有的地方都能够成为创新和先进科技开发的中心,然而,每个社区都能够提高人力资源水平,将新技术(如先进的电信服务)纳入公共基础设施中。这样,它们就可以在新经济中更好地保持自己的竞争力。

面对更为广泛的气候变化挑战和精明增长目标,在上述几种模式中,我们更希望看到典型的绿地,以及低密度的发展模式,从而更好地改变未来。事实上,在未来,最具创新性的研究和商业活动可能希望找到能够符合可持续发展物质标准的园区和设施。例如,大学研究园区协会(Association of University Research Parks,AURP)和生物技术中心的生物技术理事会在2008年6月的一次联席会议上就有一个名为"创新:地上的绿色"的议程,着重讨论创建LEED① 认证的绿色研究园区这一话题。此外,位于北加利福尼亚温斯顿-塞勒姆(Winston-Salem)的皮埃蒙特三合会研究园(PTRP)已经通过了LEED,这是一个由美国绿地建筑委员会为公园基础设施和研究中心开发的

---

① 能源领导和环境设计(Leadership in Energy and Environmental Design)。

评级系统。这些标准要求建筑材料是可再生的,不伤害环境的,而且尽量少消耗能量。正如研究园区主席 Doug Edgeton 在《温斯顿-塞勒姆报》(*Winston-Salem Journal*)中所说的那样:

> 可持续发展实践与我们的使命和我们人口的利益相联系……我们努力成为更好的环境管理者,并创造一个可持续发展的地方,使 PTRP 成为创新产生的地方。(Craver, 2008)

全球化正在迅速地改变美国以及其他发达工业国家高科技地方经济发展战略的前景。将高科技工作外包到印度或其他地方对于这样的战略是一个很大的威胁。现在就判断美国地方经济发展的这种趋势的全面影响还为时尚早。然而,这一潮流使从学龄前到大学的教学系统对于全球化经济中保持持续的竞争力十分重要这一概念有所加强。美国公司能够将研究和分析工作外包给印度是因为印度有大批有良好教育的研究科学家以及一些与美国教授同样优秀的教授。当然,先进的交流和后勤系统类型的高科技也保障了科技发展和创新领域最优秀的科技人员的输出。

14.4 小结:地方经济发展规划的未来

美国在全球市场体系中既是领导者,也是跟随者和参与者。任何规模的美国企业都不可能在美国国内市场体系中保持独立,同样,任何社区也都是一样。美国企业和劳动力曾经受到保护而免于国际竞争,而现在则受到国际金融异动的困扰。经济发展规划和实践的传统体系不仅在应对本身经历了结构性变化的市场体系时显得效率不足,同时,其自身也成为导致环境和社会体系结构性变化值得关注的重要因素。对于这些变化迹象逐渐明晰的认知,包括贫富差距扩大和全球变暖,正在逐渐成为我们关注经济发展规划和实践传统体系转型的基点。除了近 900 名市长签署了气候保护协议,250 个城市已经开始控制其温室气体排放,其他的一些关键因素也在逐步取得进展。例如,在 2007 年 10 月,国际市/县管理者协会(International City/County Managers Association, ICMA)在可持续发展方面通过了一项正式决议,要求正确认识环境管理、经济发展、社会平等和财政活力之间相互依存的关系。布鲁金斯学会已经系统地阐明了美国未来的蓝图：

> 生产性、包容性和可持续增长，有助于美国维护其经济领导地位，培育一个强有力而多样化的中产阶级，促进美国努力应对气候变化，实现能源独立。（Berube，2007）

美国社区不再如曾经一样，以工业为社区和工人提供保障。硅谷在应对新经济方面比爱荷华城要更有优势。同时，任何优势都只是暂时的。因此，社区必须对其经济方向和密度进行更好的控制。这一任务或许艰巨，但并不是不可能实现的。地方经济和政治决策者不需要让社区的命运屈服于捉摸不定的机遇、市场，或是无法提供支持的联邦政策。地方经济发展的决策者必须面对许多关键问题。哪些有意义的工作可以将失业者和待业者纳入就业体系？是否有足够的工作岗位？是否有足够的"好工作"？是否有足够的能源和自然资源以支持地方经济的发展？一个孤立的社区是否能够应付失业、无家可归以及气候变化等问题？一个政治和经济相互分离的国家能否实现满足所有人的目标？

当然，这些问题没有固定的答案。但是，社区必须在影响全球经济及其对地区一般公民及特殊群体带来的后果问题上采取更好的态度和视角。为了解决这些问题，地方经济发展和就业创造可以设计得更为有效。在本书的最后这一节，我们指出两种未来地方经济发展规划和实践的方向，从而更好地应对扁平化和气候变化的世界。第一个方向要求在地方经济发展规划中纳入弹性规划。第二个方向是要追求四种经济发展战略——企业家、绿色、文化适配和知识基础——中的一种或多种，这些战略能够在实践中促进结构调整，并且成为地方经济发展规划的基础。

14.4.1　对经济调整或弹性规划的需求

美国经济发展局（EDA）将经济调整规划定义为促进地方更好地适应其经济变化的战略之设计和实施，这些经济变化可能引起一系列经济基础的结构性损坏，同时，这些变化可能在一夜之间发生，也可能在很长一段时间内形成，由产业或企业重组、新的联邦法律法规、国防开支削减以及对自然资源的消耗或自然灾害导致。除了美国经济发展局已经列出的，制度性和国际性的货币转移也引发了一系列不幸的趋势。例如，正如我们在本书之前讨论的，美国联邦储备委员会的监管松动和对住房抵押贷款的要求已经导致了次级抵押贷款危机，并且，危机已经上升到国际化程度，从而深刻影响了私人业主、地方金融机构和所有美国的城市。次贷危机对于地方经济的不良影响在 2008 年伴随着石油和天然气的价格上涨已经达到了前所未有的程度。因为美国对石油的依赖，其价格的大幅变动极大地提高了商业和货物运输的成本，使社区中的人们在经济上遇到了巨大的困难。由于石油是塑料和相关行业的基本原料，它也成为现代社会消费品的基本原料。因此，伴随着次贷金融市场的崩溃，基本居民消费领域也发生了空前的通货膨胀，以及燃料价格的上涨。尽管石油和天然气的价格上涨已经平息，但这对于很多美国社区来说仍是一个警告。石油和天然气成本的大幅提高严重威胁了中产阶级的生活方式，并且使工薪阶层家庭的生活变得尤为困难。向绿色、少燃料依赖的经济形式进行转变能够保证我们已经看到的价格飞速上涨对全国和地方经济的影响不会成为一个久挥不去的噩梦。

　　本书的第三版在"9·11"恐怖袭击之后一年出版，当时美国经济正努力摆脱由此带来的经济衰退。这本书在似乎更为严重的衰退期间付印，衰退伴随着税收收入的下降、空前的房价下跌和逐渐升高的失业率以及家庭和个人逐渐失去的医疗保障。

　　如果地方社区没有制订弹性规划，那我们只能期望这次衰退可以刺激他们这样做，以减小未来经济和社会变化带来的负面影响。

　　社区企业中心将一个有弹性的社区定义为"能够采取积极的行动，从而提高公民个人和集体应对和影响社会经济变化进程的社区"（2001）。因此，尽管弹性规划可以以其积极主动的态度与经济调整规划相区分，但它也包含了地方经济稳定这一相同的目标，尤其是在面临经济调整，包括恢复就业率和税收基础之时。社区企业中心已经指出了弹性社区的 23 种特点，并将其归于 4 个主要的分类：人群、组织、资源和社区进程（见表 14.2）。

表 14.2　弹性社区的特点

人群
1. 领导是社区的代表。
2. 当选的社区领导应当是有远见的、能分享权力并且建立共识的。
3. 社区居民参与做出社区重要的决策。
4. 社区具有荣誉感。
5. 人们对于社区的未来感到乐观。
6. 社区有互相援助合作的精神。
7. 人们对社区有依赖感。
8. 社区能够自力更生,依靠自己和自身资源解决重大问题。
9. 在各个层面都有坚强的信念以及对教育的支持。

组织

10. 社区中存在诸多社区经济发展(CED)组织,从而更好地实现社区经济发展的功能。
11. 社区组织建立伙伴合作关系。

资源

12. 社区就业多元化,而非单一雇主。
13. 社区主要的雇主由社区所有。
14. 社区拥有增强独立地方所有权的战略。
15. 社区有开放的多种谋生和经济活动方式。
16. 社区能够在自身以外寻求并获得资源(技能、专业和融资)以应对薄弱领域。
17. 社区明确自身在更广泛的经济范畴内的竞争地位。

社区进程

18. 社区拥有社区经济发展规划从而引导其发展。
19. 市民参与到社区目标和愿景的创立和建设中。
20. 在社区经济发展规划中,能够看到为了实现目标而正在进行的行动。
21. 对社区战略目标的进程有定期的评估。
22. 社区组织能够运用 CED 规划来指导其行动。
23. 社区所采用的发展方法能够照顾到社区内所有阶层中的人。

资料来源:经许可转载,社区企业中心,社区弹性项目,http://itresilience02.html。

地方企业在创造社区弹性方面贡献极大,这一点《持续性中心》(*Continuity Central*)的编辑 David Honour 十分推崇。持续性规划是在灾难发生时能够由企业促进关键功能恢复的一项活动。企业应该将社区弹性规划作为持续性规划的延伸,因为其成功的重要原因是依赖于一个功能健全的社区。因此,企业和地方政府以及其他经济发展因素应该将彼此作为重要的伙伴,以创造和履行社区弹性规划。

专栏 14.1

案例 14.1　社区弹性：商业社区的进一步思考？

刚刚开始商业持续性运作的企业及其他单位，往往将注意力集中于它们自身的组织内部。随着商业持续性运作日趋成熟，它们的视野也扩大到了供应链不稳和由附近的其他公司带来的威胁。这阻碍了很多商业持续经营的脚步。但是，商业持续性规划有一个更深远的维度，业内的先行者们已经在考虑：这就是社区弹性的重要性。

任何商业活动都非空中楼阁：它依存于地方社区之上。雇员、供应商和消费者，都可能来自地方。要获得所有的关键设备也要走当地的"最后一英里"。紧凑型社区中的商业也是紧凑型商业。因此，优良的商业持续性规划需要考虑企业对地方社区的依存性，并且，也要努力对地方社区弹性的增强有所帮助，这并非是乐于助人，而是自我保护。

企业倾向于把社区弹性完全看作当地政府和应急服务部门的事。毕竟，这些机构对应急规划和灾难应变承担法定责任。但是，当大范围危机来临时，你的公司也不过只是众多求救呼吁中的一声，而能够让贵公司恢复元气的及时的援助也很难保证。至少在初期，社区在面临危机时应自我支持，而且若事先进行了一定程度的规划，这样的自助行为将更为有效。

第一步就是要明确对于你的组织而言，地方社区由哪些构成。这包括不同的层面，每个层面呈现不同的风险水平，因此也就需要或多或少的投入和努力。

例如，若一家公司从城镇郊区的商业园中租赁了写字楼中的一间办公室，则它的地方社区会包括以下几个层面：

- 建筑层面：同一幢写字楼里其他公司组成的社区。
- 商业园层面：紧邻的其他企业组成的社区。
- 周边郊区。
- 城镇。

下一步要明确每一个层面你将要共事的持股人和社区集团。

之后你就可以采取积极的措施，可包括如下几条：

1. 工作上与地方政府规划保持一致，支持社区内其他企业的业务持续性意识的提升和教育。
2. 成立地方商业弹性团体，邀请其他地方企业加入。团体活动可包括：
- 定期举办论坛，对商业持续性进行讨论并交换意见。
- 进行测验和练习。
- 进行社区风险评估和商业影响分析（BIA）。这可能使之前你并未注意到的威胁浮出水面。

- 集体认购一个应急工作空间。
- 同意危机发生时共用一套机动复原设备。
- 共同出资雇用一名商业持续性顾问,为团体成员提供咨询;或提供团体培训。
- 再进一步讲,地方商业弹性团体可以建立并管理自己的地方复原中心。
- 地方商业弹性团体也可以成为与地方危机处理第一反应者保持联络的平台:预先决定可以进入警方警戒区域的人员,并为这些人员提供适当的身份认证和培训。
- 该团体可成立一个共同的地方商业持续性信息和危机的交流门户。http://www.continuitycentral.com/news03449.htm 是美国此类门户的一个例子。

3. 在雇员社区内与其共事。例如,将应急复原工作区域设在通勤区域而非总部;允许有弹性的家庭办公以避免交通对商业持续性的破坏。这也可包括对那些尚未影响到商用写字楼但已对住家和雇员社区有影响的当地突发事件保持警惕。可以对雇员在交通、育儿、再住房等方面提供帮助,以确保雇员良好的生活状态和生产力的迅速复原。

4. 若公司规模较大,则最好让公司的商业持续性团队去做协助地方政府的商业持续性规划活动的志愿者。这将减少政府工作的时间和预算,因此你的协助将受到欢迎。

社区弹性不仅对于企业的商业持续性有益,也符合时下强调企业社会责任(corporation social responsibility,CSR)的趋势。企业社会责任是对企业良好声誉的日益增长的要求,目前在很多国家,媒体和大型企业都希望能出台企业社会责任的政策。将社区弹性活动融入企业社会责任的实现之中是一个双赢的局面;确保企业既看上去将社区需要放在首位,同时又能为企业自身带来实际利益。

资料来源:改编自《社区弹性:商业社区的进一步思索?》(*Community Central*,June 2008)。© Continuity Central Portal Publishing Ltd.

14.4.2 促进地方经济发展规划和实践的结构转化的四项战略

促进结构转化的四项战略对于促进表 14.2 中所示的弹性社区特性的形成有很大作用。

企业家战略侧重于在地方经济内成立地方企业并提供就业机会。这需要大量核心企业家、强大的支持网络,以及随时准备改变、寻求革新、甘冒风险的社区(Lichtenstein, Lyons and Kutzhanova, 2004)。此战略依赖于社会和专业网络的创建。这些网络将企业所有者和服务提供者联系在一起,并提供资源、材料、劳动力、资金和新的市场。

第二项地方经济发展战略来自环境友好或绿色发展。在环境友好战略中,可以发掘很多因素,包括绿色商业、绿色建筑、废物处理/分类业务、棕地再开发、绿色空间开发、环保旅游、环保工业开发等。这些因素提供了成立新公司和增加就业岗位的机会,增加了对创新的需求,并用传统的营销和招聘策略吸引将可持续发展放在首位的人。

第三项经济发展战略侧重于创建文化适配社区。这类社区将其变化的人口视为可利用的资源,或寻求将艺术和文化当作经济发展的工具。这些情况并不互相排斥。尽管有缺乏社区支持、住房十分困难、英语技巧差及失业等问题,但少数族裔已经成功地建立起了遍布美国城市和乡村的企业和社区。他们正在成为乡村社区和中心城市不可或缺的一分子,将孩子们送进衰退的学校,将企业设在没落的街道,将艺术注入垂死的城镇。文化适配战略要求经济开发者为不同的群体量体裁衣。这可以包括将商业支持材料翻译为恰当的语言,或将少数族裔企业与可能购买它们产品或服务的公司网络连接在一起。另外一些基本步骤包括提供有针对性的进修、培训和风险投资等。

最后一项经济发展战略就是知识型战略。这项战略侧重于人力资源,从早期儿童教育开始,到形成熟练劳动力,再到创新与创造力的培养,直至激发新的商业和就业来源。知识型社区由它们特殊的资源决定。这可以包括企业或私人部门社区成员、其他社区发展组织以及教育或研究机构,例如大学和学院。公私合作很普遍。知识型社区的一大特色就是它们不仅将教育系统视为劳动力开发的工具,还将其视为可以促进平等的工具(School Communities That Work, 2002),并且当存在"参与经济活动的有意义的机会和享受生活质量提高的利益的广泛分布"时,会产生"共同增长"(Schweke, 2004, p.3)。

作为本书的结尾,我们如何强调也不为过的是,目前对于地方经济发展规划与实践而言是富有挑战但振奋人心的时刻。经济开发者在帮助社区对这个扁平化的、面临气候挑战的世界做出反应上扮演着关键角色。传统的经济开发实践将不再适合开创可持续的经济发展和应对扩大的不平等趋势。为了更好地服务于他们的社区,地方经济开发者需要对影响地方经济的主要力量有深入的理解。进一步说,地方经济开发者必须将他们的力量用于帮助社区实施富有创造性和思想性的战略,来创造可持续、有弹性的经济。

参考文献和建议阅读材料

Association of University Research Parks (AURP). 2008. Accessed June 28, 2008 from http://www.aurp.net/bioparks2008/program/index.cfm.

Berube, Alan. 2007. *MetroNation: Now U.S. Metropolitan Areas Fuel American Prosperity*, November 6. Accessed November 22, 2008 from http://www.brookings.edu/reports/2007/1106_metronation_berube.aspx.

Blakely, Edward J., Brian Roberts, and Philip Manidis. 1988. Inducing High Tech: Principles of Designing Support Systems for the Formation and Attraction of Advanced Technology Firms. *International Journal of Technology Management* 2(3—4): 337—356.

Blakely, Edward J., and Nancy Nishikawa. 1992. Inducing High Technology Firms: State Economic Development Strategies for Biotechnology. *Economic Development Quarterly* 6(3): 241—254.

Case, John. 1992. *From the Ground Up: The Resurgence of American Entrepreneurship*. New York: Simon & Schuster.

Craver, Richard. Research Park to Adopt Green Guidelines. *Winston-Salem Journal*, June 13, 2008. Accessed June 28, 2008 from http://www2.journalnow.com/content/2008/jun/13/research-park-to-adopt-green-guidelines.

Estrin, Judy. 2009. *Closing the Innovation Gap*. New York: McGraw-Hill.

Friedmann, Thomas. 2008. *Hot, Flat, and Crowded*. New York: Farrar, Straus & Giroux.

Leigh, Nancey Green, and Susan L. Walcott. 2003. Network Creation and Public Policy in Biosciences Technology: The Southeast Versus the Vanguard States. *Southeast Geographer* 41: 193—208.

Lichtenstein, Greg A., Thomas S. Lyons, and Nailya Kutzhanova. 2004. Building Entrepreneurial Communities: The Appropriate Role of Enterprise Development Activities. *Journal of the Community Development Society* 35: 5—24.

Luger, Michael I., and Harvey A. Goldstein. 1991. *Technology in the Garden: Research Parks and Regional Economic Development*. Chapel Hill: University of North Carolina Press.

Rycroft, Robert W., and Don E. Kash. 1992. Technology Policy Requires Picking Winners. *Economic Development Quarterly* 6(3): 227—239.

Saxenian, AnnaLee. 1987. *The Cheshire Cat's Grin: Innovation, Regional Development, and the Cambridge Case*. Working Paper no. 497. Berkeley: University of California, Institute of Urban and Regional Development.

Saxenian, AnnaLee 1990. Regional Networks and the Resurgence of Silicon Valley. *California Management Review* 33(1): 89—112.

Schweke, William. 2004. *Smart Money: Education and Economic Development*. Washington, DC: Economic Policy Institute.

School Communities That Work. 2002. *School Communities That Work for Results and Equity*. Available from 895 Broadway, 5th Floor, New York, NY.

Willoughby, Kelvin. 2000. *Building Internationally Competitive Technology Regions: The Industrial-Locational-Factors Approach and the Local-Technological-Milieux Approach*. Paper presented at the Management and Technology Program, College of Engineering and Applied Science, State University of New York at Stonybrook, December.